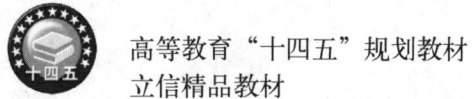

高等教育"十四五"规划教材
立信精品教材

商业银行
业务与经营（第三版）

主　编　李　鹏　张素勤
副主编　张靖霞　王静娅

图书在版编目(CIP)数据

商业银行业务与经营／李鹏，张素勤主编．—3版．—上海：立信会计出版社，2024.5（2025.1重印）
ISBN 978-7-5429-7600-0

Ⅰ.①商… Ⅱ.①李…②张… Ⅲ.①商业银行-银行业务-教材②商业银行-经济管理-教材 Ⅳ.①F830.33

中国国家版本馆 CIP 数据核字（2024）第 066850 号

策划编辑　　陈　旻
责任编辑　　陈　旻
美术编辑　　吴博闻

商业银行业务与经营（第三版）
SHANGYE YINHANG YEWU YU JINGYING

出版发行	立信会计出版社
地　　址	上海市中山西路 2230 号　　邮政编码　200235
电　　话	(021)64411389　　传　　真　(021)64411325
网　　址	www.lixinaph.com　　电子邮箱　lixinaph2019@126.com
网上书店	http://lixin.jd.com　　http://lxkjcbs.tmall.com
经　　销	各地新华书店
印　　刷	浙江临安曙光印务有限公司
开　　本	787 毫米×1092 毫米　　1/16
印　　张	21.25
字　　数	518 千字
版　　次	2024 年 5 月第 3 版
印　　次	2025 年 1 月第 2 次
书　　号	ISBN 978-7-5429-7600-0/F
定　　价	58.00 元

如有印订差错，请与本社联系调换

第三版前言

党的二十大报告中指出,高质量发展是全面建设社会主义现代化国家的首要任务。在推动我国经济社会高质量发展和推进中国式现代化的新征程中,金融业肩负着时代所赋予的新的历史使命。2023年10月召开的中央金融工作会议首次明确提出要加快建设金融强国,推进金融高质量发展。随着我国经济金融改革不断深化,商业银行面临的金融风险日益复杂,外部竞争日趋激烈,客户需求更加多元化,利差空间不断缩窄,经营形势日益严峻,高质量发展的压力空前巨大。

在此背景下,为使读者更加全面深入学习商业银行业务与经营,掌握商业银行从业的基本知识和技能,我们对本书第二版进行了大幅修订,以更加系统地阐述商业银行的基本业务,更加全面地反映我国商业银行业务与经营的最新实践,更加突出商业银行经营管理的重点,更加明确我国银行业未来发展的趋势,力图打造一本适合中国国情的特色化商业银行业务与经营教材。本书的特点可以概括为三个方面:一是凸显金融的政治性。更新了各章的思政案例,更加强化课程思政。二是注重业务的合规性。补充了大量银行业务必须遵守的法律法规内容,并在每章后列出涉及的相关法律法规,充分反映了我国银行监管领域的新要求。三是强化内容的应用性。在各章中增加实务专栏,反映银行最新业务动态,更加便于读者理解相关知识点,提高知识运用的能力。

本书由郑州航空工业管理学院李鹏教授和张素勤教授担任主编,郑州航空工业管理学院张靖霞和王静娅担任副主编。全书共十三章,写作分工如下:第一章,由张素勤负责编写;第二和第五章,由张靖霞负责编写;第三和第六章,由河南财经政法大学王建英负责编写;第四和第十一章,由徐天祥负责编写;第七和第十章,由王静娅负责编写;第八和第九章,由盛昌琴负责编写;第十二章,由李鹏负责编写;第十三章,由郑州财经学院张心怡负责编写。

在教材修订过程中,我们得到了众多金融业界专家和朋友们的热心帮助和指导,立信会计出版社的编辑同志为本书的出版付出了大量的劳动,在写作过程中我们也参考了国内外同行大量研究成果。在此一并向大家表示衷心的感谢!对教材中参考的相关教材和著作,我们尽可能进行标注并作为参考文献列出,如因我们的疏忽而未加以标注者,我们在此表示深深的歉意!

本书所依托的商业银行业务与经营课程为河南省精品在线开放课程、河南省线上一流本科课程、河南省本科高校研究性教学示范课程,并由中国大学慕课网提供在线课程。在该平台上,我们为读者提供了丰富的案例、习题、视频、课件和专题文献等教学资源。高校师生和社会读者可登录中国大学慕课网(www.icourse163.org/)检索到本课程后自行下载使用。

由于我们水平所限,加上时间仓促,书中若有疏漏处,真诚地希望读者不吝赐教,电子邮箱为 syyhzzhy@126.com,欢迎读者与我们联系。

编 者

2024 年 4 月

目　录

第一章　商业银行概述 ... 1
第一节　商业银行的职能与地位 ... 1
专栏1-1　我国民营银行的经营现状 ... 3
第二节　商业银行的经营原则 ... 8
第三节　商业银行的设立及组织结构 ... 11
专栏1-2　我国商业银行的退出 ... 15
思政案例　中国工商银行全方位提升制造业金融服务水平 ... 24
本章小结 ... 25
本章思维导图 ... 26
本章思考题 ... 26
本章涉及的主要法律法规 ... 26

第二章　商业银行资本管理 ... 27
第一节　商业银行资本概述 ... 27
第二节　《巴塞尔协议》 ... 34
第三节　我国商业银行的资本管理 ... 43
专栏2-1　2023年系统重要性银行附加资本监管要求 ... 46
第四节　商业银行的资本管理策略 ... 48
专栏2-2　我国商业银行优先股的发行情况 ... 50
思政案例　国务院决定支持商业银行多渠道补充资本金 ... 52
本章小结 ... 53
本章思维导图 ... 54
本章思考题 ... 54
本章涉及的主要法律法规 ... 55

第三章　商业银行负债业务 ... 56
第一节　商业银行负债业务概述 ... 56
第二节　商业银行存款业务 ... 60
专栏3-1　我国商业银行个人养老储蓄业务创新 ... 68
第三节　商业银行借款业务 ... 74
专栏3-2　我国商业银行发行可转债的情况 ... 79

思政案例　邮储银行打造存款竞争力，助力实体经济发展 …………………… 80
　　本章小结 ………………………………………………………………………… 81
　　本章思维导图 …………………………………………………………………… 82
　　本章思考题 ……………………………………………………………………… 83
　　本章涉及的主要法律法规 ……………………………………………………… 83

第四章　商业银行现金资产与流动性管理 …………………………………… 84
　第一节　商业银行现金资产概述 ………………………………………………… 84
　第二节　商业银行现金资产管理 ………………………………………………… 86
　　专栏4-1　2018年以来我国金融机构法定存款准备金率明显下降 …………… 89
　第三节　商业银行流动性管理 …………………………………………………… 92
　　思政案例　英国诺森罗克银行挤兑事件 ……………………………………… 100
　　本章小结 ………………………………………………………………………… 101
　　本章思维导图 …………………………………………………………………… 102
　　本章思考题 ……………………………………………………………………… 102
　　本章涉及的主要法律法规 ……………………………………………………… 103

第五章　商业银行贷款业务 …………………………………………………… 104
　第一节　商业银行贷款概述 ……………………………………………………… 104
　第二节　商业银行贷款管理原则与管理制度 …………………………………… 109
　第三节　商业银行贷款的信用分析 ……………………………………………… 112
　　专栏5-1　我国个人征信系统介绍 ……………………………………………… 125
　第四节　商业银行主要贷款业务的管理要点 …………………………………… 126
　　专栏5-2　应收账款质押介绍 …………………………………………………… 128
　第五节　商业银行贷款的质量管理 ……………………………………………… 135
　　专栏5-3　商业银行不良贷款分析报告的内容要求 …………………………… 142
　　思政案例　中国已成为全球最大绿色信贷市场 ……………………………… 142
　　本章小结 ………………………………………………………………………… 143
　　本章思维导图 …………………………………………………………………… 145
　　思考题 …………………………………………………………………………… 145
　　本章涉及的主要法律法规 ……………………………………………………… 145

第六章　商业银行证券投资业务 ……………………………………………… 147
　第一节　商业银行证券投资业务概述 …………………………………………… 147
　　专栏6-1　我国商业银行证券投资的主要品种 ………………………………… 151
　第二节　商业银行证券投资策略 ………………………………………………… 152
　　专栏6-2　我国商业银行债券投资风险管理 …………………………………… 156
　　思政案例　硅谷银行债券投资失败的成因及启示 …………………………… 158

本章小结 159
　　本章思维导图 159
　　思考题 159
　　本章涉及的主要法律法规 160

第七章　商业银行表外业务 161
第一节　表外业务概述 161
第二节　中介服务类表外业务 164
第三节　代理投融资服务类表外业务 169
　　专栏 7-1　我国商业银行理财业务发展历程及现状 173
第四节　担保承诺类表外业务 176
第五节　其他类表外业务 180
　　专栏 7-2　远期利率协议业务的原理及应用 181
　　思政案例　我国商业银行理财子公司积极转型 183
　　本章小结 184
　　本章思维导图 185
　　思考题 186
　　本章涉及的主要法律法规 186

第八章　商业银行国际业务 187
第一节　国际结算业务 187
　　专栏 8-1　商业银行国际业务助力我国航空业发展 190
第二节　外汇买卖业务 191
第三节　国际贸易融资业务 193
　　思政案例　"一带一路"倡议下中国银行践行大行担当 199
　　本章小结 200
　　本章思维导图 201
　　思考题 201
　　本章涉及的主要法律法规 201

第九章　商业银行市场营销管理 202
第一节　商业银行市场营销概述 202
第二节　商业银行的市场营销策略 203
　　专栏 9-1　我国商业银行构建智慧营销新格局 206
　　思政案例　中信银行借力数据仓库赋能信用卡大数据营销 208
　　本章小结 209
　　本章思维导图 210
　　思考题 210

本章涉及的主要法律法规 ………………………………………………………… 210

第十章　商业银行资产负债管理 ……………………………………………… 211
　　第一节　商业银行资产负债管理理论及其发展 ………………………………… 211
　　第二节　商业银行利率敏感性缺口管理 ………………………………………… 219
　　　　专栏10-1　中国工商银行利率敏感性分析 ………………………………… 221
　　第三节　商业银行持续期缺口管理 ……………………………………………… 224
　　第四节　商业银行内部资金转移定价 …………………………………………… 230
　　第五节　我国商业银行资产负债管理的实践 …………………………………… 235
　　　　专栏10-2　商业银行资产负债全景管理流程 ……………………………… 241
　　　　思政案例　硅谷银行破产对我国商业银行资产负债管理的警示 ………… 243
　　本章小结 …………………………………………………………………………… 244
　　本章思维导图 ……………………………………………………………………… 245
　　思考题 ……………………………………………………………………………… 245
　　本章涉及的主要法律法规 ………………………………………………………… 245

第十一章　商业银行绩效评价 ………………………………………………… 246
　　第一节　商业银行绩效评价概述 ………………………………………………… 246
　　　　专栏11-1　中国人民银行发布2022年四季度金融机构评级结果 ………… 249
　　第二节　商业银行财务报表 ……………………………………………………… 252
　　第三节　商业银行财务分析方法 ………………………………………………… 260
　　第四节　商业银行绩效评价中的风险修正——RAROC方法 ………………… 265
　　　　思政案例　中国商业银行在全球银行排名中屡获佳绩 …………………… 270
　　本章小结 …………………………………………………………………………… 272
　　本章思维导图 ……………………………………………………………………… 272
　　思考题 ……………………………………………………………………………… 273
　　本章涉及的主要法律法规 ………………………………………………………… 273

第十二章　商业银行全面风险管理 …………………………………………… 274
　　第一节　商业银行全面风险管理概述 …………………………………………… 274
　　　　专栏12-1　商业银行应报告的重大风险事项 ……………………………… 283
　　第二节　信用风险管理 …………………………………………………………… 286
　　　　专栏12-2　关联交易管理制度与禁止性规定 ……………………………… 288
　　第三节　操作风险管理 …………………………………………………………… 296
　　第四节　流动性风险管理 ………………………………………………………… 299
　　　　思政案例　包商银行被监管机构接管 ……………………………………… 306
　　本章小结 …………………………………………………………………………… 307
　　本章思维导图 ……………………………………………………………………… 308

思考题 ··· 308
　　本章涉及的主要法律法规 ··· 309

第十三章　商业银行发展趋势 ··· 310
第一节　网络银行 ··· 310
第二节　智慧银行 ··· 313
　　专栏13-1　国内智慧银行建设情况分析 ······································· 316
第三节　开放银行 ··· 317
第四节　物联网银行 ·· 322
　　思政案例　中原银行打造供应链平台，支持小微企业发展 ······ 324
　　本章小结 ·· 325
　　本章思维导图 ··· 325
　　思考题 ·· 326
　　本章涉及的主要法律法规 ··· 326

参考文献 ··· 327

第一章 商业银行概述

> **本章 学习目标**

在现代经济活动中,商业银行各项业务经营活动对国家的经济发展有着十分重要的影响。学生通过本章学习,应了解商业银行的起源与发展历程;掌握商业银行的性质;掌握商业银行的职能与地位;掌握我国商业银行的三大经营原则;掌握我国商业银行的设立及退出条件;熟悉我国商业银行组织结构的有关规定。

第一节 商业银行的职能与地位

一、商业银行的产生与发展

(一)早期的商业银行

汉语中,"银行"一般指专门从事货币信用业务的机构。在我国《辞海》中,"银行"是指通过存款、放款、汇兑、储蓄等业务,承担信用中介的信用机构。"银行"一词,英文为"Bank",来源于意大利语 Banca,原为储钱柜的意思,指早期货币兑换商借以办理业务所使用的板凳。人们公认的近代银行萌芽是在意大利的威尼斯。早在1272年,意大利的佛罗伦萨出现第一家银行——巴尔迪银行,1310年又有佩鲁齐银行设立,后因债务问题这两家银行于1348年倒闭。1397年,意大利又设立了麦迪西银行。

比较具有近代意义的银行是在1587年建立的威尼斯银行。中世纪的威尼斯凭借其优越的地理位置而成为著名的世界贸易中心,欧洲各国商人云集于此。为了顺利地进行商品交换,需要把各自携带的大量不同形状、不同成色和重量的各地铸币兑换成威尼斯地方货币,于是就有专门的货币兑换商出现,专门从事货币兑换业务。随着商品经济的发展,货币收付的规模也日益扩大,各地商人为了避免长途携带和保存大量金属货币带来的不便和危险,便将用不完的金属货币委托货币兑换商保管,单纯为兑换铸币而收取手续费的商人开始出现。后来又发展到委托货币兑换商办理支付和汇兑,货币兑换商借此集中了大量货币资金。货币兑换商发现这些长期大量集存的货币余额相当稳定,可以用来发放高利贷,获取高额利息收入,因此,货币兑换商便从原来被动接受客户委托保管货币,转变成积极主动地揽取货币保管业务,并降低保管费或不收取保管费,到后来还给委托保管货币的客户一定的好处,此时货币保管业务便演变成了存款业务,货币兑换商演变成了集存款、贷款和汇兑支付、结算业务于一身的早期银行,于是货币兑换商逐渐地开始了信用活动,银行的萌芽开始出现,体现银行本质特征的信用业务就由此产生和发展。

(二)现代商业银行的形成

商业银行是商品经济发展到一定阶段的必然产物,并随着商品经济的发展不断完善。

现代商业银行的最初形式是资本主义银行,通过两种途径产生:一种是由高利贷银行演变而成的,一种是由股份制银行发展而成的。

1. 高利贷性质的商业银行

16世纪初,欧洲商品经济的发展给予早期银行极大刺激。货币兑换商们由原来货币兑换业务逐步发展成为既办理兑换业务又经营货币存款、贷款、汇款等业务,形成了以存款、放款和汇款三大业务为主的专门经营机构——银行,如意大利的威尼斯银行、米兰银行等。

随着欧洲世界贸易中心的北移,银行由意大利传到欧洲各国,16世纪后半叶,荷兰、德国等相继成立了带有浓厚高利贷性质的银行,如荷兰的阿姆斯特丹银行、德国的纽伦堡银行等。这些金融机构的主要经营内容为货币的兑换和存款、贷款发放等,年平均利率高达20%～30%,经营对象主要为政府或有特权的少数企业。高利贷银行由于利率过高,阻碍了资本主义经济的发展。

2. 股份制商业银行

英国是资本主义生产方式建立最早的国家,其近现代商业银行的产生发展有一定的代表性。1653年,英国建立了资本主义制度,英国的工业和商业都有了较大的发展。工商业的发展,需要有可以提供大量资金融通的专门机构与之相适应,金匠业在原来为统治者提供融资服务、经营债券、办理贴现等业务的基础上,又以自己的信誉做担保,开出代替金属条块的信用票据,并得到人们广泛接受,具有流通价值。至此,更具近代意义的银行产生了。随着资本主义生产方式的产生、发展和壮大,资本主义经济的发展和国际贸易的进一步扩大,迫切需要建立能汇集闲置货币资本,并按照适度的利息水平提供贷款的银行,早期银行逐步实现向近现代商业银行的过渡。工业革命对资金产生了巨大需求,客观上要求商业银行能发挥金融中介作用,把大量闲置资金汇集起来,然后以适度的利率贷给工商企业。在这种形势下,西方商业银行以两种不同的途径建立起来:一些高利贷性质的银行,逐渐适应新的生产关系,最后演变为商业银行;另一些商业银行则根据资本主义原则以股份形式组建和创建起来。

1694年,英国成立的英格兰银行是世界上第一家资本主义股份制的商业银行,也是现代商业银行产生的象征。新成立的英格兰银行实力雄厚、规模巨大,向工商企业贷款的利率较低,成为当时现代银行的典范。此后现代商业银行体系在全世界范围内得到快速发展。

(三)我国的商业银行

与西方的银行相比,我国的银行产生较晚。我国在南北朝时期就出现抵押业务的经营,隋唐时期典当业已比较普遍。到了唐代,随着贸易的发展,产生了兼营银钱保管、汇兑和贷款的机构——柜坊,出现了类似汇票的"飞钱",这是我国最早的汇兑业务。在北宋时期,四川富商发行的交子,成为我国早期的纸币。明清时期,当铺成为主要的信用机构,一些较大的经营银钱兑换的钱铺发展成为银庄,逐步开办存款、汇兑业务。

我国出现最早的现代银行是外国银行在华开设的分支机构。从1845年开始,英国的汇隆银行、麦加利银行,法国的法兰西银行纷纷在中国建立分支机构。在国外银行发展的刺激下,为了摆脱外国银行的支配,清政府于1897年在上海成立了中国通商银行,标志着中国现代银行的产生。此后,浙江兴业银行、交通银行相继成立。人们根据我国长期使用白银作为货币材料这一情况,遂将当时专门从事货币信用业务的这类外国金融机构"Bank"称为"银行",这一翻译既达意又形象。

我国最早的国家银行是1905年清政府成立官商合办的户部银行,1908年改为大清银行,1912年改为中国银行。1948年12月,中国人民银行在石家庄成立。经过70多年的发展,如今我国多层次银行体系已基本形成,主要包括国有大型商业银行、全国性股份制商业银行、城市商业银行、农村商业银行(含农村信用社)、民营银行、村镇银行和外资银行等,为促进我国实体经济和社会发展提供了重要支撑。从2022年年末我国商业银行市场结构来看,各类商业银行及其他金融机构总资产的市场占比分别为:国有大型商业银行的市场占比较高,达到41.2%;全国性股份制商业银行的占比为17.5%;城市商业银行的占比为13.1%;农村商业银行[1]的占比为13.2%;其他类金融机构[2]的占比为15.0%。由此可见,国有大型商业银行仍是我国商业银行的主力军,其他类别商业银行的地位和作用也不容小觑。

截至2022年12月末,我国有国有大型商业银行6家,分别是中国工商银行、中国建设银行、中国农业银行、中国银行、交通银行和中国邮政储蓄银行;全国股份制商业银行12家,分别是招商银行、上海浦东发展银行、中信银行、光大银行、民生银行、华夏银行、平安银行、兴业银行、广发银行、渤海银行、浙商银行和恒丰银行;城市商业银行128家;农村商业银行1 569家,农村信用社577家,农村合作银行23家;外资法人银行41家;村镇银行1 651家;民营银行19家(不包括2014年之前由民营资本出资开办、已归入其他银行类别的银行)。我国2014年之后设立的19家民营银行分别是前海微众银行、浙江网商银行、武汉众邦银行、江苏苏宁银行、四川新网银行、北京中关村银行、湖南三湘银行、天津金城银行、重庆富民银行、吉林亿联银行、山东蓝海银行、上海华瑞银行、温州民商银行、无锡锡商银行、梅州客商银行、辽宁振兴银行、福建华通银行、安徽新安银行和江西裕民银行。

专栏1-1

我国民营银行的经营现状

民营银行是由民营企业设立,由政府特许经营银行业的金融组织。民营银行充分利用金融科技手段,服务实体经济,达到普惠金融的目的。与国有商业银行相比,民营银行具有两个重要特征:一是私营性,民营银行的产权结构主要以非公有制经济成分为主;二是自主性,民营银行的经营管理具有较大的灵活性。民营银行的设立,可以实现我国金融机构的多元化,促进金融市场的充分竞争。

一、资产总额

截至2022年年末,19家民营银行资产总额达17 781.49亿元,年增长8.61%。资产千亿元的民营银行增至4家,即微众银行(4 738.62亿元)、网商银行(4 410.89亿元)、众邦银行(1 077.88亿元)、苏宁银行(1 042.89亿元)等,这4家民营银行资产总额合计11 270.28亿

---

[1] 农村金融机构包括农村商业银行、农村合作银行、农村信用社和新型农村金融机构。
[2] 其他类金融机构包括政策性银行及国家开发银行、民营银行、外资银行、非银行金融机构和金融资产投资公司。

元,占民营银行资产总额的63.38%。其中,微众银行和网商银行的资产总额均超过4 000亿元,远远高于其他民营银行。振兴银行(267.12亿元)、华通银行(258.96亿元)、新安银行(210.53亿元)、裕民银行(176.73亿元)等4家民营银行的资产总额均不足300亿元。

二、盈利能力

2022年,19家民营银行共实现营业收入797.37亿元、净利润176.29亿元,较2021年分别增长21.94%和29.30%,同时,民营银行盈利能力分化趋势明显。

从营业收入看,微众银行和网商银行依托腾讯和蚂蚁集团庞大的流量优势和先进的技术实力,分别实现营业收入353.64亿元和156.86亿元,占民营银行整体营业收入的比例达64.02%。其他民营银行的营业收入均在41亿元以下,其中,客商银行(5.0亿元)、华通银行(5.58亿元)、裕民银行(5.42亿元)的营业收入相对较低。三湘银行(-5.84%)、富民银行(-0.34%)、亿联银行(-24%)、华瑞银行(-39.41%)营业收入出现负增长。金城银行2022年营业收入增长率达到146.54%,在民营银行中表现突出。

从净利润看,微众银行和网商银行的净利润分别为89.37亿元和35.38亿元,占民营银行整体净利润的70.76%。其他民营银行的净利润均在11亿元以下,其中,华瑞银行税后净亏损3.41亿元,是唯一一家亏损的民营银行。2022年,新网银行(-25.84%)、三湘银行(-21.55%)、蓝海银行(-1.21%)、华瑞银行(-252.46%)、裕民银行(-19.03%)出现负增长,其他民营银行净利润均实现不同程度的增长,金城银行净利润同比增长893.18%,表现出众。华通银行净利润同比增长600.00%,也大幅领先其他民营银行。

三、资产质量

2022年,19家民营银行不良贷款率均满足监管要求,整体风险可控。19家民营银行不良贷款率均值为1.32%。在4家资产千亿的民营银行中,网商银行不良贷款率最高,为1.94%;苏宁银行不良贷款率最低,为0.99%。华瑞银行、新网银行、金城银行、亿联银行的不良贷款率均超过1.6%。苏宁银行、华通银行、锡商银行、客商银行、民商银行的不良贷款率均低于1%,处于较低水平。

资料来源:罗丽媛,2022年民营银行年报分析[J],银行家,2023(6):34-41。

二、商业银行的性质

商业银行是以追求最大利润为目标,以多种金融负债与资产为经营对象,利用负债进行信用创造,为客户提供综合性、多功能服务的金融企业。同时,商业银行是以经营存款、放款,办理转账结算为主要业务,以盈利为主要经营目标的金融企业。

依据我国2015年《中华人民共和国商业银行法》(以下简称《商业银行法》)的规定,商业银行是指依照《商业银行法》和《中华人民共和国公司法》(以下简称《公司法》)设立的,吸收公众存款、发放贷款、办理结算等业务的企业法人。

商业银行既具有现代企业的基本特征,又属于特殊的金融企业。

(一)商业银行是企业

商业银行在下列方面具有企业的一般特征:第一,与普通企业一样,商业银行必须具有业务经营所必需的自有资本。第二,商业银行实行独立核算、自负盈亏,经营目标也是利润最大化。我国《商业银行法》规定,商业银行"实行自主经营,自担风险,自负盈亏,自我约束"。因此,获取最大利润是商业银行经营的最终目标,也是商业银行发展的内在动力。第三,和普通企业一样,商业银行也必须依法经营、照章纳税。

(二) 商业银行是金融企业

商业银行是经营货币资金的金融企业。商业银行的活动范围不是一般的商品生产和商品流通领域,而是货币信用领域。商业银行是承担资金融通功能的金融企业。一般企业创造的是使用价值,而商业银行创造的是能充当一般等价物的存款货币。

(三) 商业银行是特殊的金融企业

商业银行是特殊的金融企业,是综合性、多功能的金融企业,其特殊性表现在三个方面。

1. 商业银行不同于中央银行

商业银行与中央银行的主要区别体现在经营业务的目标和资金的往来对象不同。商业银行是以盈利为经营目标的,而中央银行的经营活动是为实现国家的宏观经济政策服务,是不以盈利为目标的。商业银行业务往来的对象是工商企业、公众及政府,而中央银行业务往来的对象是政府和金融机构。商业银行是做具体业务的银行,而中央银行不仅是银行的银行,也是管理金融事务的国家机关。

2. 商业银行不同于政策性银行

商业银行与政策性银行都是从事银行业务的金融机构,其最根本的区别是经营目标不同。政策性银行一般是指政府出资或参股设立,以贯彻国家产业政策、区域发展政策为目的,不以盈利为目标,在特定的业务领域内从事金融活动的金融机构。商业银行是以盈利性作为其经营目标的金融企业。

3. 商业银行不同于其他非银行金融机构

商业银行与其他非银行金融机构的区别主要体现在经营业务的范围和方式不同。商业银行是最典型的银行,可以经营完全的信用业务,能够提供更多、更全面的金融服务,是唯一能够吸收活期存款的金融机构。其他非银行金融机构,如信托、保险和证券投资等机构,不能吸收活期存款,只能提供某一方面或某几个方面的金融服务。随着金融自由化和金融创新的发展,商业银行经营的业务和提供的服务范围越来越广泛,现代商业银行正向"万能银行"和"金融百货公司"方向发展,业务活动多样化是商业银行业务发展的必然趋势。

三、商业银行的职能

商业银行是一国经济中最重要的金融中介机构,拥有信用中介、支付中介、信用创造、金融服务和调节经济五大职能。

(一) 信用中介

信用中介是商业银行最基本的职能。信用中介是指商业银行通过负债业务和资产业务将资金的供求双方联结起来,实现社会资金融通的职能。一方面,商业银行通过吸收存款和借入款项等负债业务,把社会上的各种闲散货币资金集中到商业银行。另一方面,商业银行又通过贷款、投资等资产业务,把吸收来的资金投向需要资金的各企业和部门。商业银行在发挥信用中介职能时,既是货币资金的借入者,又是货币资金的贷出者。商业银行的信用中介职能示意图,如图 1-1 所示。

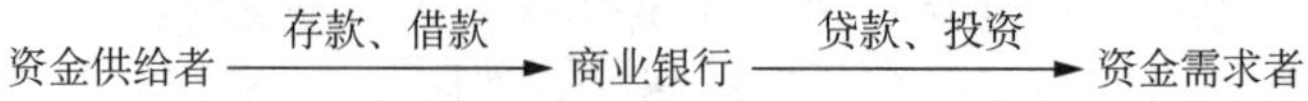

```
资金供给者  —存款、借款→  商业银行  —贷款、投资→  资金需求者
```

图 1-1　商业银行的信用中介职能示意图

商业银行发挥信用中介职能可以起到以下作用。

1. 将闲散货币资金转化为资本

商业银行通过开办活期存款和储蓄存款等业务,把居民手中的闲散货币资金集中起来,积少成多后再投放到生产和流通领域,成为生产资本、商品资本或货币资本,扩大社会资本的规模,促进生产和流通的发展。

2. 让闲置资金得到充分利用

商业银行通过各种存款形式,还能把从再生产过程中游离出来的暂时闲置的货币资金转化为生产资本和商品资本等职能资本,在社会资本总量不变的情况下,提高资本使用效率,扩大生产和流通规模,提高社会资本总的增值能力。

3. 续短为长,满足社会对长期借贷资本的需求

尽管商业银行的资金有存有取,但是商业银行的资金总有一个始终存在的最低余额,加上商业银行存款种类的多样化,就可以使众多短期资金来源在期限上相互衔接,变成数额巨大的长期稳定资金余额,以满足社会对长期借贷资本的需求。

(二) 支付中介

支付中介是商业银行的传统职能,是在信用中介的基础上产生的。支付中介是指商业银行利用活期存款账户,为客户办理各种货币结算、货币收付、货币兑换和转移存款等业务活动的职能。借助这一职能,商业银行成为工商企业、政府、家庭个人的货币保管者、出纳人和支付代理人,使商业银行成为社会经济活动的出纳中心和支付中心,成为整个社会信用链的枢纽。

从历史上看,商业银行支付中介职能在逻辑上要早于信用中介职能,但当银行的信用中介功能形成后,支付中介功能的发挥就要以信用中介功能为前提了。现代商业银行所提供的转账结算和支付汇兑等服务主要是面向其存、贷款客户的,而支付中介功能发挥得好,反过来又促进了银行存贷款业务的扩大,使银行的信用中介功能得到更充分的展现。

商业银行在执行支付中介职能的过程中,发挥着重要的作用。首先,可以使商业银行持续拥有比较稳定的廉价资金来源,客户如果想利用商业银行的支付中介功能获得转账结算等服务便利,就必须在商业银行开立活期存款账户,并存入一定的资金,这使商业银行能集中大量低息甚至无息资金,有利于降低银行资金成本。其次,可以节约社会流通费用。由于商业银行广泛提供转账结算和支票收付服务,既可以加速资金周转,又可以大大减少现金的使用量和流通量,进而使现金的保管、铸造、印刷和运转等社会流通费用大大减少。

随着经济的发展和互联网的应用,以网络为平台的第三方支付迅速形成了较为重要的支付方式,对商业银行的支付中介地位产生冲击。相比于传统的银行支付方式,第三方支付具有使用成本低、操作简便、服务周到的优势,受到了广大客户的支持,对商业银行中间业务造成了巨大的冲击,支付结算功能遭到弱化。然而,第三方支付平台在支付便捷的同时也出现了很多安全问题。因此,面对客户的多样化需求,商业银行要构建便捷的支付体系,优化支付流程,提升金融产品质量。此外,商业银行要加强与第三方支付平台的合作,实现互利共赢。

(三) 信用创造

信用创造是商业银行的特殊功能,是在信用中介和支付中介职能的基础上产生的。信用创造是指商业银行利用可以吸收活期存款以及各项资金来源的有利条件,通过发放贷款、从事投资和办理结算等业务活动,衍生出更多存款,达到扩大信贷规模,从而扩大社会货币供给量的最终目的。

商业银行的信用创造对整个社会经济的发展具有巨大的推动作用。商业银行通过派生存款的创造为社会提供更多的资金,有力地支持了经济的发展。更重要的是,通过信用创造的制约机制,商业银行可以成为调节国民经济的强有力的经济杠杆。中央银行可以根据国家宏观经济发展的实际情况,通过对基础货币投放量、存款准备金率和再贴现率等进行适度调整,来影响商业银行的信用创造规模,最终达到对全社会货币供应量进行灵敏、有效的控制,促进国家经济的平衡、协调、快速发展的目的。

(四) 金融服务

金融服务是指商业银行利用其在国民经济活动中的特殊地位,及其在提供信用中介和支付中介业务过程中所获得的大量信息,运用电子计算机等先进手段和工具,为客户提供的其他服务。这些服务主要有咨询、代理融通、信托、租赁和财富管理等。

通过提供金融服务,商业银行既扩大了社会联系面和市场份额,加快了信息传播,提高了信息技术的利用价值,促进了信息技术的发展,又为银行取得不少手续费收入。借助日新月异的信息技术,商业银行的金融服务功能正在发挥着越来越大的作用,并使整个商业银行业发生革命性变化,向着"网络银行""智慧银行""开放银行"和"物联网银行"的方向发展,以期为客户提供更便捷、全方位的金融服务。

(五) 调节经济

调节经济是指商业银行在中央银行货币政策指引下,配合国家宏观政策,通过其信用中介活动,借助于存贷款利率、金额、期限和偿还条件等差异,实现对经济结构的调节,引导资金流向,调整产业结构。商业银行还可以通过在国际市场上的融资活动,调节本国的国际收支状况。

四、商业银行的地位

商业银行业是业务品种齐全、技术手段先进、服务质量不断提高的关键性行业,对整个社会经济活动的影响显著,在国民经济中居于重要的地位。

(一) 商业银行是整个国民经济活动的中枢

商业银行是从事工商企业、家庭个人和政府存贷款业务的金融机构,它与工商企业、家庭个人和政府有着密切的资金借贷关系,并且通过办理各种形式的结算业务,为社会经济活动实现绝大部分的货币周转。它的存款、贷款业务活动直接影响并在相当大程度上制约着工商企业、家庭个人的经济活动和经营范围,影响着经济结构的变化。它的结算业务又加速了社会资金流转,提高了资金使用效益,并为企业和居民的经济活动以及日常生活带来了极大的便利。在提供这些业务的过程中,商业银行也就自然而然地成为整个国民经济活动的中枢。

(二) 商业银行业务活动对社会货币供给有重要影响

商业银行是各种金融机构中唯一能接受活期存款的机构,商业银行利用工商企业、家庭个人和政府开设的活期存款账户,一方面,大量吸收活期存款,并提供转账结算服务;另一方面,利用贷款、投资业务和支票转账结算服务又引发派生存款,通过这种派生存款的创造与削减,来影响社会货币供给总量。

(三) 商业银行是社会经济活动的信息中心

商业银行通过其日常业务活动,详细地掌握各行业、部门、企业及家庭个人等最全面、准确的经济信息。商业银行成为海量信息的生产者,并在此基础上为各部门、企业和个人提供投资咨询和财务咨询服务。商业银行已经成为全社会大数据管理的重要数据来源和社会经济活动的信息中心,为社会经济的发展提供积极的引导作用,为调整产业结构、产品结构及国民经济中其他各项重要的比例关系,实现经济稳定、持续的发展,做出重要贡献。

(四) 商业银行是国家实施宏观调控的重要途径

商业银行是社会资本运动的中心,是国家实施宏观经济调控政策的重要途径。由于市场经济还存在信息不对称、未来不确定等缺陷,政府有必要根据不同时期经济发展的需要,制定并实施财政政策、货币政策等宏观经济政策,对经济实行宏观调控。这些宏观经济政策的实施都与商业银行有着密切的关系。政府利用财政信用调节经济时所发行的政府债券,有很大一部分销售给商业银行。当政府实行产业政策对经济结构进行调整时,商业银行就要配合政府的产业政策调整贷款投向。中央银行制定和执行货币政策、调节信贷规模、调节社会货币供给量,主要也是通过商业银行的业务活动来进行的。例如,当出现经济过热、通货膨胀率过高的经济现象时,中央银行就会实行紧缩性货币政策,提高存款准备金率,提高利率或在公开市场上卖出有价证券,而商业银行就要减少其贷款和投资规模,增加存款,与中央银行相配合实现货币政策最终目标。

第二节 商业银行的经营原则

商业银行的经营具有高负债率、高风险的特点,受到政府严格的监管与约束。这一经营特点决定了商业银行必须在保证安全性和流动性的前提下,才可能实现获取利润的目标。我国《商业银行法》规定,商业银行以安全性、流动性、效益性为经营原则,实行自主经营、自担风险、自负盈亏和自我约束。

一、安全性原则

安全性是商业银行第一经营原则,是商业银行生存的前提。

商业银行必须保持足够的清偿力,经得起重大风险和损失,能随时应付客户的提存,使客户对银行保持坚定的信任。坚持安全性原则有助于避免各种不确定性因素对银行的资产、负债、利润、信誉造成不良影响,保证商业银行的稳健经营和发展。以安全性为经营管理原则,可以减少资产损失,增强预期收益的可靠性,也有助于银行树立良好的公众形象。商业银行必须做到以下几点。

(一)合理安排资产规模和结构,注重资产质量

商业银行通常都按照贷款与存款的比率、资本净值与资产的比率、不良贷款占全部贷款的比率等指标要求来控制其资产规模与结构。如果贷款与存款比率过高,甚至贷款总额超过存款总额,都表明该商业银行资产的风险系数过大,会影响银行经营的安全性。如果不良贷款占贷款总额比率过高,也反映该银行资产质量低劣,会危及银行的安全。商业银行要通过保留一定的现金资产和优质有价证券来改善资产结构,提高抵抗风险的能力。

(二)提高自有资本在全部负债中的比重

商业银行的资金来源主要是吸收存款和借入款项,这种负债经营本身就包含着很大的风险,所以商业银行是高风险行业,商业银行主要是靠保持清偿力来抵御和防范这种风险。保持清偿力的基础是商业银行拥有充足的自有资本。自有资本在全部负债中的比例高低,既是人们判断一个银行实力的主要依据,又是银行信用及赢得客户信任的基础。一家商业银行若能在社会上有较高的信用,得到人们的充分信任,那么即使发生暂时的资金周转困难,也会因人们的信任而不发生挤兑,保证其经营安全。所以,商业银行要根据实际情况,不断补充自有资本总额。

(三)必须遵纪守法,合规经营

商业银行必须健全法规制度,强化合规性管理,对各种业务建立科学和严格的管理流程,特别是对那些内含风险较高的业务要有完善的、体现权力制衡的内控机制,并严格执行各项规章制度。

商业银行要认真贯彻审慎经营、稳健发展理念,确保银行以稳妥的方式开展业务。商业银行应当严格遵守银保监会制定的审慎经营规则,包括法人治理、风险管理、内部控制、资本充足率、资产质量、损失准备金、风险集中、关联交易和资产流动性等内容,制定其他相应的审慎经营规则,必须要认识、监测与控制银行业务内在的风险。

二、流动性原则

商业银行的流动性,是指资产的变现能力和负债的筹集能力,体现在资产和负债两个方面。商业银行筹集和运用资金,必须始终保持较大的流动性,随时可以适当的价格取得可用资金,以便随时应付客户提存及银行各项支付的需要。

(一)资产的流动性

资产的流动性,是指在银行资产不遭受损失的条件下,能够迅速变现的能力。衡量商业银行资产变现能力有两个标准:一是资产变现的成本,某项资产变现的成本越低,则该项资产的流动性就越强;二是资产变现的速度,某项资产变现的速度越快,越容易变现,则该项资产的流动性越强。

商业银行流动性最高的资产包括库存现金、在中央银行的超额准备金存款和在其他银行的活期存款。这三项资产均可随时用于清偿支付,所以每家商业银行都必须保持一定比例的这类资产。流动性较高的资产有对其他银行或金融机构的临时贷款、银行购买的国债及其他短期债券等。流动性较差的资产有中长期贷款等。

（二）负债的流动性

负债的流动性，是指银行在需要时能够以较低的成本、快速地获得所需要资金的能力。某项负债的筹资成本越低、筹集速度越快，该项负债的流动性就越强。

在一般情况下，下列资金来源被认为是商业银行可以取得的，即直接向中央银行借款、向中央银行再贴现、发行可转让存单、向其他银行借款和利用回购协议等。这些来源的资金成本相对较低，不会造成银行为增加流动性而减少贷款和投资。

三、效益性原则

效益性是商业银行经营活动的最终目标。因此商业银行既要追求自身的盈利，又要注重社会效益。

作为企业法人，盈利是商业银行的首要目的，商业银行一切经营活动的中心和原动力是取得最大效益，这既是银行充实资本、提高竞争力的基础，也是股东利益之所在。效益提升，可以增加股东权益，提高股票价格，增加资本；可以增强银行信誉，吸引更多的客户，筹集更多的资金；可以增强抵御金融风险的能力；可以吸引更多更好的人才。

商业银行的盈利来自商业银行业务收入与业务支出的差额。商业银行的业务收入主要有贷款利息、投资收入和劳务收入等。商业银行的业务支出主要有存款利息、借款利息、贷款投资损失和经营费用等。因此，商业银行可以通过提高收入水平、降低成本和改善经营管理等途径提高银行的效益。商业银行实现盈利的主要途径有以下几方面。

（一）尽量减少现金资产，扩大盈利资产比重

现金资产是商业银行资产中流动性最强、盈利性最差的资产，它不能为银行提供利润收入。长期贷款和长期投资又是商业银行资产中盈利性最好、流动性最差的资产，是银行利润的主要来源。为了保持银行流动性，保证银行有足够的清偿力，商业银行必须保有一部分现金资产，但其规模不能太大，否则会影响银行盈利水平。

（二）以尽可能低的筹资成本取得更多的资金

对商业银行而言，只有取得更多的资金来源、吸收更多的存款，才能更多地发放贷款和进行投资，扩大盈利性资产。吸收资金要有成本，商业银行不能不顾资金成本高息揽存，这既不利于其他银行，又使自己的资金成本上升，业务支出增加，最终不仅会降低本银行的盈利水平，还有可能使银行陷入高额利息支出的困境，有时甚至导致银行破产倒闭。所以，商业银行在吸收资金来源时都要仔细核算成本，使资金来源成本低于资金运用所获得的净收入，以保证银行的盈利最大化。现代商业银行都很注意通过为客户提供良好的服务来吸引更多的廉价资金。例如，活期存款利息率很低，有很多西方国家还规定不给活期存款支付利息，这种不付息或低息的活期存款可以通过现金或支票方式存入，也可以通过贷款投资等业务派生。如果一家商业银行能比其他银行为客户提供更多更好的服务，则不仅会使该银行的原始存款大量增加，还会使贷款、投资业务扩大从而带来更多的派生存款，使银行资金成本水平总体下降，提高了银行的盈利能力。

（三）减少贷款和投资损失

贷款和投资损失不仅会冲销银行的利润，还会危及银行的安全，所以人们也常用贷款和投资损失的多少作为衡量一家银行经营状况好坏的重要标准。为了保证自身经营安全、实

现其盈利最大化目标,商业银行特别注重对贷款和投资项目的预测管理,并十分重视贷后检查。积极过问债务人的经营状况,以减少坏账损失风险,按时足额收回本金和利息,增加银行的利润收入。

此外,商业银行还要注意加强内部经济核算,节约管理费用;严格操作规程,完善监管机制减少事故和差错;防止内部人员因违法、犯罪活动而造成银行重大损失。

总之,实现安全性、流动性和效益性目标,是商业银行经营管理的基本要求所决定的,也是商业银行实现自身微观效益和宏观经济效益相结合、相一致的要求所决定的。商业银行的"三性"原则既有联系又有矛盾。一般来说,流动性与安全性成正比,流动性越强,风险越小,安全越有保障。流动性、安全性与效益性成反比,流动性越强,安全性越好,效益水平就越低。安全性是经营的前提,只有经营安全,才可能会获利;流动性是实现安全的必要条件,有了较高的流动性,才会安全经营,盈利才能得到保证;效益性是商业银行经营的最终目标,保证安全性、流动性的目的就是为了获得盈利,取得最大的经济效益。因此,商业银行在经营管理中,必须从资产和负债两个方面加强管理,不断调整和协调安全性、流动性和效益性。商业银行在对资金来源和资产规模及各种资产的风险、收益、流动性进行全面预测和权衡的基础上,首先考虑安全性,在保证安全的前提下争取最大的利润,解决安全性和效益性的矛盾,而实现安全性和效益性统一的最好选择就是提高银行经营的流动性。

第三节 商业银行的设立及组织结构

一、商业银行的设立

(一)商业银行的设立条件

商业银行是以安全性、流动性和效益性为经营原则的高风险金融企业。设立商业银行一般应有利于银行业的公平竞争,在确保银行安全、稳健运营的前提下,以最适度的规模获得较大的市场份额。在创立商业银行之前,应对在该地区设立商业银行的可行性、该地区经济及金融条件的有利性进行分析。

1. 经济条件

拟设立商业银行地区的经济条件,是指该地区的生产力发展水平、人口状况、工商企业经营状况和地理位置等影响商业银行经营管理的因素与条件。

(1)生产力发展水平。一个地区的生产力发展水平对该地区商品经济的发育程度和总体经济实力有直接影响,对商业银行资产负债业务的规模与结构产生制约性的影响。在生产力发展水平较高的地区,商品经济发达,企业数量众多,大中型企业多,企业效益较好,居民收入水平较高。由此,该地区会形成较多的社会闲置货币资金,有利于商业银行扩大存款;客户对商业银行贷款的需求量往往也很大。随着生产力水平的提高,人口增多,人们的收入增长,该地区企业和居民对住房和汽车等高层次消费品的需求也不断增长,从而使该地区对银行借贷资金的需求规模不断扩大。伴随着存款、贷款业务的发展,商业银行的中间业务,如转账结算、汇兑和信用证等业务也会不断发展。因而,商业银行应当设立在生产力发展水平较高的地区。

（2）人口状况。拟设立商业银行地区的人口状况，会影响商业银行的资金来源和资金运用的额度、结构和成本。商业银行只有设立在人口密集的地区，才可能以较低的成本吸收到足够量的资金；也只有把商业银行设立在人口众多的地区，市场的资金需求量才可能足够大。商业银行应该设立在人口众多而且人口变动合理的地区。从商业银行经营的角度看，合理的人口变动应该是：人口数量增长快；人口中高收入者所占比例增长快；人口结构中高消费群体的人群众多。因为相对而言，高收入的人群存款较多、消费水平高、消费需求大，对商业银行贷款的需求量也较大，更有利于商业银行开展资产负债业务。当然，人口的分布和变动也体现着该地区经济和商业发达的程度。越是经济发展水平高、商业发达的地区，人群的收入水平越高、收入的增长越快，人口越密集，越有利于商业银行开展业务。

（3）工商企业经营状况。工商企业经营状况与银行业务的兴衰息息相关。商业银行的中间业务主要是为工商企业而开办的，一个地区的工商企业众多，且经营良好，发展稳定，行为规范，在该地区设立商业银行，既可以促进工商业繁荣，又有利于商业银行业务发展，经营风险较小，取得较高的经济效益。

（4）地理位置。商业银行应当选择设立在交通便利、通信发达的地区。该地区集中了各种大量的资源，尤其是人力资源和信息资源。商业银行属于高风险行业，需要有大量高素质人才经营管理，开展业务，也需要有足够的信息供银行管理者作为决策参考依据。商业银行的资产业务、负债业务和中间业务等都对信息和通讯有很强的依赖性，尤其是在商业银行业务电子化和网络化的背景下，很难想象，一家设立在交通落后、信息闭塞、通讯不便地区的银行能取得良好的经营业绩。

2. 金融条件

金融条件的好坏取决于一个地区潜在客户的信用意识、经济的货币化程度、金融市场的发育状况、金融机构的竞争状况和监管当局的有关政策。

（1）潜在客户的信用意识。商业银行所从事的经营活动是以借贷为主的信用活动，这种信用活动是以公众对信用的需求为基础的。公众的信用意识强，对银行信用的需求就旺盛，有利于商业银行拓展自己的业务量。反之，公众的信用意识弱，对银行信用的需求就不足，就不利于银行资产业务、中间业务的拓展。信用意识强的地区，人们的偿债意识也强，商业银行业务的风险就小，有利于银行业务经营的安全性。信用意识强的地区，信用制度就比较发达，对银行资金的周转、调拨都会带来很大的方便，有利于提高银行经营的流动性。

（2）经济的货币化程度。经济的货币化程度是与该地区市场的经济发展水平正相关的。某一地区的市场经济比较发达，则该地区经济货币化程度就比较高，货币流通量也比较大，能够为商业银行的业务经营提供良好的货币基础。

（3）金融市场的发育状况。健全和规范的金融市场会为商业银行拓展业务提供一个良好的发展空间。在一个金融市场发育迟缓的地方，商业银行的业务经营活动会遇到许多不便，资金融通渠道少而不畅，参与金融活动的经济主体少而信用意识较弱，利率管制严而利率水平变动不灵活等，都会使商业银行业务拓展受到限制。金融市场比较发达的地区，融资渠道多且市场资金调度方便，参与金融活动的经济主体多而信用意识较强，银行潜在客户众多，利率管制合理而利率水平变动灵活，有利于商业银行发挥资金雄厚的规模优势，并有利于银行利用各种先进的管理方法和金融工具来降低经营成本。因而，商业银行应选择在金融市场具有一定深度和广度比较好的地区设立。在一个比较成熟的金融市场上,融资规模大,融资工具和手段多,资产的流动性强,融资活动比较规范,这些都为商业银行业务拓展提供了良好的市场基础。

(4) 金融机构的竞争状况。金融机构的竞争状况将会影响拟设立商业银行所在地的市场份额和盈利能力。商业银行是能够吸收活期存款的金融机构。设立一家新的商业银行不仅要考虑和已有的商业银行进行竞争,还要考虑和其他金融机构进行竞争。因此,在一个地区设立商业银行之前,必须对该地区金融业发展与竞争状况进行充分的调查研究,既要注意对原有商业银行数量、存款规模及其增长趋势、贷款能力及潜在贷款需求、盈利水平及盈利能力、经营政策及业务范围等进行分析,还要注意对该地区其他金融机构的数量、规模、业务范围和业务状况等进行调查分析,在此基础上预测设立新的商业银行有无较大的发展空间,然后决定是否要在该地区设立商业银行。

(5) 监管当局的有关政策。监管当局的有关监管政策会对商业银行的经营活动及其盈利水平发生重要影响。这包括对商业银行业务经营范围有无限制、对工商业发展的方针、对地方金融机构特别是地方商业银行有无优惠政策、对金融机构违法经营活动的惩罚是否严厉等。在金融业实行信贷、保险、信托、证券分业经营的地区,商业银行往往只能经营信贷业务,而无权经营其他业务,此时银行的经营范围就非常狭窄,资产业务的开展就难以分散化,风险较大而盈利的空间较小。反之,在金融混业兼营的地区,商业银行可以经营任何金融业务,银行的经营范围就非常广泛,业务的开展就种类多且分散化,风险较小而盈利的空间较大。当然,金融混业兼营环境下,商业银行存在更多的竞争对手,当该地区监管当局对所有金融机构都能一视同仁,对违法金融机构一律都能给予严厉惩处,则该地区的金融活动就比较规范,会为商业银行的经营活动提供良好的政策环境。在那些监管当局对各种不同金融机构实行差别对待,如在对某些金融机构管制宽而对某些金融机构管制特别严格的地区,则不宜设立商业银行,因为这种政策会导致不公平竞争,并容易滋生违法犯罪活动,不利于商业银行的发展。

(二) 商业银行的设立程序

设立商业银行一定要严格把关和约束,规范监管,严格准入制度,这样才能预防金融风险,防止给投资人带来重大损失,产生极坏的社会影响。一旦投资者(包括机构投资者或政府)决定在某一地区设立商业银行,就要按照规定程序办理组建商业银行的事务。依照我国《商业银行法》和《公司法》规定,商业银行设立程序有申请登记、招募股份和验资开业三个步骤。商业银行设立程序,如图1-2所示。

申请登记 ──→ 招募股份 ──→ 验资营业

图1-2 商业银行设立程序示意图

1. 申请登记

(1) 商业银行的形式。大多数国家都明确规定,商业银行必须以公司形式组织。有不少国家,如美国、法国和英国等,还规定创立商业银行不能以个人名义申请。美国规定,设立商业银行必须有5个以上的发起人;英国规定,银行必须有6个以上的合作者共同建立;法国规定,不允许采用个体独资经营的方式。这些规定主要出于两方面考虑:一是商业银行的社会性较强,成立之后将会和众多的客户发生资金往来关系、债权债务关系,为保障社会公众的利益,商业银行必须是公司法人;二是为了防止有人借设立商业银行之名,骗取他人财富,危及社会公众和存款人和投资者的利益。

(2) 填写并上交申请登记书。凡申请设立商业银行者,必须按法律规定的要求,将申请登记书送至金融主管部门。申请登记书必须载明下列内容:银行的名称及公司组织的种类、资本总额、业务种类及经营范围、业务计划、总行及分行所在地、发起人姓名、籍贯、住址及履历等。

当主管部门接到申请登记书后,按以下原则进行审核:是否有利于竞争,防止银行业垄断;是否有利于保障银行体系的安全,防止倒闭;是否有利于保持商业银行的合理规模,降低管理费用,提高服务质量。经审核,如果金融监管部门认为符合上述原则要求,并且新设行的业务种类及业务计划都比较适当,便给予批准。

2. 招募股份

现代商业银行多以股份公司的形式建立。当申请营业登记书被核准之后,发起人的实有资本往往不足,应依照股份公司的有关规定,进行招股。发起人要制定招股章程及营业计划书,写明发行规模、股份种类。如果是委托其他银行代募,则要写明代募行名称等。然后呈中央银行等主管机构审批,待批准后进行股东招募工作。商业银行股本招募有两种方式,一是公开招募,即向社会公开发行银行股票;二是定向招募,即将银行股票卖给指定的投资者。

3. 验资营业

股本筹集完毕,应该向有关部门呈交验资证明书,申请开业。经有关部门验收,资本规模额达到规定要求,方可发给营业执照,开始营业。

(三) 我国商业银行的设立

我国《商业银行法》规定,设立商业银行,应当经国务院银行业监督管理机构审查批准。未经国务院银行业监督管理机构批准,任何单位或个人不得从事吸收公众存款等商业银行业务,任何单位不得在名称中使用"银行"字样。

1. 设立条件

我国《商业银行法》于1995年施行,经历了2003年和2015年两次修订。依据我国《商业银行法》的规定,设立商业银行,应当具备下列条件:有符合《商业银行法》和《公司法》规定的章程;有符合《商业银行法》规定的注册资本最低限额;有具备任职专业知识和业务工作经验的董事、高级管理人员;有健全的组织机构和管理制度;有符合要求的营业场所、安全防范措施和与业务有关的其他设施。设立商业银行,还应当符合其他审慎性条件。依据《中华人民共和国银行业监督管理法》的规定,商业银行应当严格遵守的审慎经营规则,包括风险管理、内部控制、资本充足率、资产质量、损失准备金、风险集中、关联交易和资产流动性等内容。

设立全国性商业银行的注册资本最低限额为10亿元人民币。设立城市商业银行的注册资本最低限额为1亿元人民币,设立农村商业银行的注册资本最低限额为5 000万元人民币。注册资本应当是实缴资本。国务院银行业监督管理机构根据审慎监管的要求,可以调整注册资本最低限额,但不得少于上述规定的限额。同时,我国对村镇银行、民营银行和外资银行的设立条件有不同幅度的放宽。

2. 申请设立

依据我国《商业银行法》的规定,设立商业银行,申请人应当向国务院银行业监督管理机构提交下列文件、资料:①申请书,申请书应当载明拟设立的商业银行的名称、所在地、注册资本、业务范围等;②可行性研究报告;③国务院银行业监督管理机构规定提交的其他文件、资料。

设立商业银行的申请经审查符合《商业银行法》规定的,申请人应当填写正式申请表,并提交下列文件、资料:①章程草案;②拟任职的董事、高级管理人员的资格证明;③法定验资机构出具的验资证明;④股东名册及其出资额、股份;⑤持有注册资本5%以上的股东的资信证明和有关资料。⑥经营方针和计划。⑦营业场所、安全防范措施和与业务有关的其他设施的资料。⑧国务院银行业监督管理机构规定的其他文件、资料。

3. 审批及成立

我国《银行业监督管理法》规定,国务院银行业监督管理机构应当在规定的期限,做出批准或不批准的书面决定;决定不批准的,应当说明理由。银行业金融机构的设立,自收到申请文件之日起,6个月内;银行业金融机构的变更、终止,以及业务范围和增加业务范围内的业务品种,自收到申请文件之日起,3个月内;审查董事和高级管理人员的任职资格,自收到申请文件之日起,30日内。决定批准的,颁发经营许可证;商业银行领到金融经营许可证后,到工商管理机构领取营业执照,自领取营业执照之日起,商业银行成立。决定不批准的,应当书面通知申请人并说明理由。

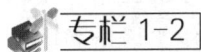
专栏1-2

我国商业银行的退出

为了保护存款人利益,恢复金融市场秩序,维持金融稳定,银行业监管机构有必要对问题银行进行处理。对发生风险的商业银行进行处置的方式主要有接管和终止。

1. 商业银行的接管

《商业银行法(修改建议稿)》第九十二条规定,商业银行出现下列情形之一,已经或者可能导致商业银行无法持续经营,严重影响存款人利益的,国务院银行业监督管理机构可以决定对该银行实行接管,并成立或者指定接管组织,具体实施接管工作:①资产质量持续恶化;②流动性严重不足;③存在严重违法违规行为;④经营管理存在重大缺陷;⑤资本严重不足,经采取纠正措施或者重组仍无法恢复的;⑥其他可能影响商业银行持续经营的情形。接管期限最长不得超过24个月。

(1) 接管目标。接管是商业银行已经或者可能发生信用危机,严重影响存款人的利益,国务院银行业监督管理机构对该银行采取的监管措施。接管的目的是对被接管的商业银行采取必要措施,以保护存款人的利益,恢复商业银行的正常经营能力。

(2) 接管程序。接管由国务院银行业监督管理机构决定,并组织实施。国务院银行业监督管理机构的接管决定应当载明下列内容:①被接管的商业银行名称;②接管理由;③接管组织;④接管期限。接管决定由国务院银行业监督管理机构予以公告。接管自接管决定实施之日起开始。接管期限届满,国务院银行业监督管理机构可以决定延期,但接管期限最长不得超过2年。

(3) 接管法律效力。自接管开始之日起,由接管组织行使商业银行的经营管理权力,但被接管的商业银行的债权债务关系不因接管而变化。

(4) 接管终止。依照《商业银行法》,有下列情形之一的,接管终止:①接管决定规定的期限届满或者国务院银行业监督管理机构决定的接管延期届满;②接管期限届满前,该商业银行已恢复正常经营能力;③接管期限届满前,该商业银行被合并或者被依法宣告破产。

2. 商业银行的终止

《商业银行法》规定,商业银行因解散、被撤销、重组和被宣告破产而终止。

(1) 因解散而终止。商业银行因分立、合并或者出现公司章程规定的解散事由需要解散的,应当向国务院银行业监督管理机构提出申请,并附解散的理由和支付存款的本金和利息等债务清偿计划。经国务院银行业监督管理机构批准后解散。商业银行解散的,应当依法成立清算组,进行清算,按照清偿计划及时偿还存款本金和利息等债务。国务院银行业监督管理机构监督清算过程。

(2) 因被撤销而终止。撤销是监管部门对其批准设立的金融机构依法终止其法人资格的行政强制措施。商业银行因吊销经营许可证被撤销的,国务院银行业监督管理机构应当依法及时组织成立清算组,进行清算,按照清偿计划及时偿还存款本金和利息等债务。

(3) 因重组而终止。重组的目的是对被重组的银行业金融机构采取市场退出方式,以维护市场信心和秩序,保护存款人利益。

(4) 因被宣告破产而终止。商业银行不能支付到期债务,经国务院银行业监督管理机构同意,由人民法院依法宣告其破产。商业银行被宣告破产的,由人民法院组织国务院银行业监督管理机构等有关部门和有关人员成立清算组,进行清算。商业银行破产清算时,在支付清算费用、所欠职工工资和劳动保险费用后,应当优先支付个人储蓄存款的本金和利息。

因此,无论是因解散、被撤销、重组或是被宣告破产而终止,商业银行在注销之前都必须经过清算。在商业银行主动性比较强的解散中,国务院银行业监督管理机构主要监督清算过程;在因国务院银行业监督管理机构撤销商业银行产生的清算中,国务院银行业监督管理机构应当依法及时组织成立清算组,进行清算,并按照清偿计划及时偿还存款本金和利息等债务。在人民法院主导的破产清算中,国务院银行业监督管理机构等有关部门和有关人员在人民法院的组织下参与清算。①

二、商业银行的组织结构

(一) 商业银行的组织形式

商业银行的组织形式是指商业银行在社会经济生活中的存在形式。商业银行的组织形式可以按照组织形式和经营范围进行不同的分类。

1. 按商业银行的组织形式划分

按组织形式,可以把商业银行分为单一银行制、分行制和持股公司制。

---

① 参考资料:胡继晔编著:《金融监管》,高等教育出版社,2023年。

（1）单一银行制。单一银行制是指商业银行只有一个单独的银行机构，银行业务完全由一个营业机构来办理，不设立或不允许设立分支机构的银行组织形式。这种形式在美国的商业银行中非常普遍。其主要原因是：美国是一个各州独立性极强的联邦制国家，在历史上，各州的经济发展极不均衡，东西部差距很大。为了促使经济的均衡发展，鼓励中小企业的发展，各个州都采取了许多措施来限制金融权力的集中，反对银行兼并，反对银行业务在不同州之间的相互渗透，防止银行吞并，禁止银行跨州开设分支机构，特别禁止其他地区银行在本州设立分支机构。结果造成美国的商业银行很多，其中大部分商业银行的规模较小。

单一银行制有下列优点：其一，银行在各区域内独立经营，符合自由竞争的原则，因为数量较多的银行同时存在，可以维持竞争局面，防止垄断。其二，有利于银行与当地政府的协调，促进本地区的经济发展。其三，单一制银行在经营决策上自主性强，灵活性大，能够根据市场环境的变化及时调整、改变经营策略。

单一银行制存在的缺点有：其一，该制度使银行业务限制在某个地区、某个行业，使银行易受该地区、该行业经济发展状况的影响，风险难以分散。其二，由于银行规模较小，难以采用新技术，其业务发展和金融创新受到限制，经营成本较高，抵御风险的能力弱，信誉差，也不易取得规模效益。其三，由于没有分支机构，商业银行的数量众多，不利于金融当局的监管。其四，由于没有分支机构，跨地区金融交易的成本较高，不利于资金余缺的调剂，使资金无法得到最有效的配置。

（2）分行制。分行制的特点是法律允许除了总行之外，在国内外各地普遍设立若干分支机构，形成以总行为中心的、庞大的银行网络。这种银行制度源于英国的股份制银行，大多数国家的商业银行采取这种制度，我国的商业银行也是实行分行制。

和单一银行制相比，实行分行制的优点非常明显：其一，分行制下的商业银行，一般规模较大，易于采用现代化的设备，能够为客户提供全面的高质量的金融服务，它有利于银行吸收存款、扩大资本总额和经营规模，能取得规模经济效益。其二，由于分支机构众多，业务上可以相互支持，代理业务成本低，便于银行使用现代化管理手段和设备来提高服务质量，加快资金周转速度，提高资金的使用效率。其三，银行内部可以实行高度分工，提高效率，降低成本，有利于银行调剂资金、转移信用、分散和减轻多种风险。其四，总行家数少，有利于金融监管当局的控制和管理，其业务经营受地方政府干预小。其五，由于资金来源广泛，有利于提高银行的竞争实力，资产实力雄厚，信誉好，市场占有率高。

但是，分行制也有其自身的缺陷，主要体现在以下方面：其一，易于形成金融垄断，不利于充分竞争。其二，分行制下的商业银行，内部层次众多，增加了银行的管理难度，就要求总行对分支机构具备较强的控制能力，要求总行具有完善的信息系统和严密的成本控制手段，否则将造成效益的下降。其三，在人员的安排轮换上也会出现某些弊端：如果调动频繁，则会导致新人对市场、环境及客户了解不够；如果一些人员长期待在一个地方，总行的控制能力将会下降。其四，分支机构管理人员不像单一制银行那样关心当地经济的发展，分支机构的经营成果主要由上级行来评价，盈利也要上交总行，其经营决策自然要依据总行的业务方针来决定。

（3）持股公司制。持股公司制的银行亦称集团制银行，即由一个集团成立股份公司，专门负责收购其他独立的银行具有决定性表决权的股份。这些独立银行的业务和经营决策权属于股权公司控制,从而实现大银行通过持股公司把许多小银行甚至一些企业置于自己控制之下。持股公司有两种类型:非银行性持股公司和银行性持股公司。前者是通过大企业控制某一银行的主要股份成立起来的;后者是由大银行直接组织一个持股公司,由若干较小的银行从属于这一大银行。

持股公司制商业银行的优点是:能够有效扩大资本量,增强银行的实力,提高抵御金融风险的能力,提高市场竞争力,它弥补了单一银行制的不足。而持股公司制容易形成银行业的集中和垄断,不利于银行业的竞争,在一定程度上限制了银行经营的自主性,不利于银行业的创新。

2. 按商业银行的经营范围划分

按经营范围划分,商业银行可分为全能银行制和专业银行制。

(1)全能银行制。全能银行制又称综合性银行制,是指金融监管当局对商业银行业务领域没有限制,商业银行可以经营所有的金融业务,即商业银行不仅可以全面经营银行业务,而且能经营证券业务和保险业务。

全能银行制在以德国为代表的欧洲大陆国家广为流行,德国是实行全能银行制的典型代表。全能银行制的优点,体现在以下方面:第一,能向客户提供全面、综合的金融服务,增强与客户的联系。如果客户需要资金,全能银行可以提供贷款;如果客户想发行债券或股票,全能银行可以承销或包销;如果客户想收购或兼并其他企业,全能银行可以提供咨询和财务顾问服务等。由于全能银行能够经营全面性银行业务,可以从不同领域、不同层次与客户进行合作,因而容易在银行与客户之间建立密切的、伙伴式的关系。第二,有利于银行体系的稳定。全能银行开展全面、综合的银行业务可以使其业务多元化,达到分散风险的目的。全能银行制的缺点主要是容易导致金融业的垄断。

(2)专业银行制。专业银行制又称单元银行制,商业银行只能经营传统银行业务,即吸收存款、发放贷款等业务,不得兼营证券业务。其余的如长期信用、证券投资、信托和保险等业务则有专门的专业金融机构经营,商业银行不得涉足。银行业与证券业相分离的金融体制又称为"分业经营"体制,即银行业与信托业、证券业和保险业的分业经营。

(二)商业银行的组织架构

商业银行的组织架构,是指就单个商业银行而言,银行各部门内部及部门之间相互联系、相互作用的组织管理系统。以股份制商业银行为例,其组织架构可分为决策机构、执行机构、监督机构和管理机构四个层次。

1. 决策机构

商业银行的决策机构由股东大会、董事会以及董事会下设的各种委员会组成。

2021年中国银保监会发布《银行保险机构公司治理准则》,明确提出,国有银行保险机构应当按照有关规定,将党的领导融入公司治理各个环节,持续探索和完善中国特色现代金融企业制度。国有银行保险机构应当将党建工作要求写入公司章程,列明党组织的职责权限、机构设置、运行机制和基础保障等重要事项,落实党组织在公司治理结构中的法定地位。《银行保险机构公司治理准则》首次将党的领导与公司治理有机融合的要求正式写入监管制度,首次在监管制度层面对国有机构党的领导与公司治理有机融合提出总体要求,同时明确民营机构要积极发挥党组织的政治核心作用。

（1）股东大会。依据《公司法》的规定，股东大会是由全体股东共同组成的权力机构，是商业银行的最高权力机构和决策机构，是对商业银行的重大事项行使最终决策权的机构。依据中国银保监会2021年发布的《银行保险机构公司治理准则》，银行保险机构股东大会应当在法律法规和公司章程规定的范围内行使职权。除了公司法规定的职权，银行保险机构股东大会职权至少应当包括：①对公司上市作出决议；②审议批准股东大会、董事会和监事会议事规则；③审议批准股权激励计划方案；④依照法律规定对收购本公司股份作出决议；⑤对聘用或解聘为公司财务报告进行定期法定审计的会计师事务所作出决议；⑥审议批准法律法规、监管规定或者公司章程规定的应当由股东大会决定的其他事项。公司法规定的股东大会职权不得授予董事会、其他机构或者个人行使。

股东大会会议分为年度股东大会和临时股东大会。股东大会会议应当以现场会议方式召开。

（2）董事会。商业银行董事会是由股东大会选举产生的决策机构，是股东大会的执行机构。各银行董事会的人数视银行规模大小不同而定。依据我国《银行保险机构公司治理准则》的规定，银行保险机构的董事会由执行董事、非执行董事（含独立董事）组成，董事会人数至少为5人。银行保险机构的董事为自然人，由股东大会选举产生、罢免。执行董事是指在银行保险机构除了担任董事，还承担高级管理人员职责的董事；非执行董事是指在银行保险机构不担任除董事外的其他职务，且不承担高级管理人员职责的董事。

独立董事是指在所任职的银行保险机构不担任董事以外的其他职务，并与银行保险机构及其股东、实际控制人不存在可能影响其对公司事务进行独立、客观判断关系的董事。银行保险机构应当建立独立董事制度，独立董事人数原则上不低于董事会成员总数1/3。《银行保险机构公司治理准则》对银行保险机构独立董事的独立性和专业性进行了规范。例如，已经提名非独立董事的股东及其关联方不得再提名独立董事；独立董事在一家银行保险机构累计任职不得超过6年。为保证独立董事应当保证有足够的时间和精力有效履行职责，明确规定，1名自然人最多同时在5家境内外企业担任独立董事；明确提出，同时在银行保险机构担任独立董事的，相关机构应当不具有关联关系，不存在利益冲突；1名自然人不得在超过2家商业银行同时担任独立董事，不得同时在经营同类业务的保险机构担任独立董事。

依据我国《商业银行法》的规定，有下列情形之一的，不得担任商业银行的董事、高级管理人员：①因犯有贪污、贿赂、侵占财产、挪用财产罪或者破坏社会经济秩序罪，被判处刑罚，或者因犯罪被剥夺政治权利的；②担任因经营不善破产清算的公司、企业的董事或者厂长、经理，并对该公司、企业的破产负有个人责任的；③担任因违法被吊销营业执照的公司、企业的法定代表人，并负有个人责任的；④个人所负数额较大的债务到期未清偿的。

依据《银行保险机构公司治理准则》，董事会对股东大会负责，董事会职权由董事会集体行使，董事会职权由公司章程根据法律法规、监管规定和公司情况明确规定。除了公司法规定的职权，商业银行董事会职权至少应当包括：①制订公司增加或者减少注册资本、发行债券或者其他证券及上市的方案；②制订公司重大收购、收购本公司股份或者合并、分立、解散及变更公司形式的方案；③按照监管规定，聘任或者解聘高级管理人员，并决定其报酬、奖惩事项,监督高级管理层履行职责;④依照法律法规、监管规定及公司章程,审议批准公司对外投资、资产购置、资产处置与核销、资产抵押、关联交易、数据治理等事项;⑤制定公司发展战略并监督战略实施;⑥制定公司资本规划,承担资本或偿付能力管理最终责任;⑦制定公司风险容忍度、风险管理和内部控制政策,承担全面风险管理的最终责任;⑧负责公司信息披露,并对会计和财务报告的真实性、准确性、完整性和及时性承担最终责任;⑨定期评估并完善银行保险机构公司治理;制订章程修改方案,制订股东大会议事规则、董事会议事规则,审议批准董事会专门委员会工作规则;⑩提请股东大会聘用或者解聘为公司财务报告进行定期法定审计的会计师事务所;维护金融消费者和其他利益相关者合法权益;⑪建立商业银行与股东特别是主要股东之间利益冲突的识别、审查和管理机制;⑫承担股东事务的管理责任;⑬公司章程规定的其他职权。

为确保董事会的运作效率,提升董事会的专业化水平,《银行保险机构公司治理准则》及《上市公司治理准则》都规定了董事会专业委员会制度。《银行保险机构公司治理准则》规定,银行保险机构董事会应当根据法律法规、监管规定和公司情况,单独或合并设立专门委员会,如战略、审计、提名、薪酬、关联交易控制、风险管理、消费者权益保护等专门委员会。

战略委员会的主要职责包括:①拟订战略及发展规划,监测、评估其实施情况;②审核年度经营计划和固定资产投资预算;③审查年度经营计划和固定资产投资预算执行情况;④评估各类业务的协调发展状况;⑤审核重大组织调整和机构布局方案;⑥审核银行重大投资、融资方案;⑦在董事会授权范围内行使股权投资、信息技术规划和资本充足率管理等权限;⑧董事会授权的其他事宜。

审计委员会的主要职责包括:①监督银行财务报告,审查银行会计信息及其重大事项披露;②监督及评估银行内部控制;③监督及评价银行内部审计工作;④监督及评估外部审计工作;⑤关注可能出现的不当行为并确保有适当安排;⑥向董事会报告委员会工作;⑦董事会授权的其他事宜。

提名委员会的主要职责包括:①组织拟订董事和高级管理人员的选任标准和程序;②就董事候选人、行长人选、首席审计官人选和董事会秘书人选,及董事会各专门委员会人选向董事会提出建议;③审核董事会的架构、人数及组成(包括技能、知识及经验方面),并就为执行银行的公司策略而拟对董事会作出的调整提出建议;④评估董事会成员履职情况;⑤审核行长提名的高级管理人员人选;⑥拟订高级管理人员的发展计划及关键后备人才的培养计划;⑦董事会授权的其他事宜。

薪酬委员会的主要职责包括:①审核行长提交的银行薪酬管理制度;②组织拟订董事及高级管理人员的业绩考核办法,提交董事会审议;③组织对董事和高级管理人员的业绩考核,根据考核结果和监事会的尽职情况评价,提出对董事和高级管理人员薪酬分配的建议,提请董事会审议;④根据监事会对监事的业绩考核,提出对监事薪酬分配方案的建议,提请董事会审议;⑤监督本行绩效考核制度和薪酬制度的执行情况;⑥董事会授权的其他事宜。

关联交易控制委员会的主要职责包括:①根据法律、法规、规章及银行章程的要求,设计并提出银行重大关联交易衡量标准以及银行关联交易管理和内部审批备案制度,报董事会批准;②确认银行关联方,并向董事会和监事会报告,同时向银行相关工作人员公布;③接受一般关联交易的备案,或在必要的情况下批准一般关联交易;④审查重大关联交易,并提交董事会批准,并应同时报监事会;⑤董事会授权的其他事宜。

风险管理委员会的主要职责包括:①根据本行总体战略,审核本行风险管理政策,并对其实施情况及效果进行监督和评价;②持续监督并审查本行风险管理体系的有效性;③指导本行的风险管理制度建设;④监督和评价风险管理部门的设置、组织方式、工作程序和效果,并提出改善意见;⑤审议本行风险报告,对本行风险状况进行定期评估,提出完善本行风险管理的意见;⑥对本行分管风险管理的高级管理人员的相关工作进行评价;⑦监督银行核心业务、管理制度和重大经营活动的合规性;⑧兼任美国风险管理委员会的职责;⑨董事会授权的其他事宜。

消费者权益保护委员会的主要职责包括:①指导和督促消费者权益保护工作管理制度体系的建立和完善,督促高级管理层落实相关工作,指导消费者权益保护工作重大信息披露;②董事会授权的其他事宜。

董事会专门委员会向董事会提供专业意见或根据董事会授权就专业事项进行决策。各相关专门委员会应当定期与高级管理层及部门交流商业银行经营和风险状况,并提出意见和建议。各专门委员会成员由董事组成,应当具备与专门委员会职责相适应的专业知识或工作经验。审计、提名、薪酬、风险管理、关联交易控制委员会中独立董事占比原则上不低于1/3,审计、提名、薪酬、关联交易控制委员会应由独立董事担任主任委员或负责人,审计委员会成员应当具备财务、审计、会计或法律等某一方面的专业知识和工作经验。

2. 执行机构

商业银行的执行机构由总经理(行长)和副总经理(副行长)及各业务职能部门组成。

(1) 总经理(行长)。总经理(行长)是银行的行政首脑,其职责是执行董事会的决定,组织开展银行的业务活动。出任商业银行总经理(行长)的人选需具备以下条件:具有经营和管理银行的专门知识和组织才能,并在商业银行高级管理工作岗位上工作过若干年份;有较强的事业心和责任心,忠于职守,重视效益;善于研究客户的心理需要,把握时机,做出正确决策;富有想象力,善于运用新的思维和方法对待银行经营中遇到的问题开辟新的业务;能与下属保持良好的联系,善于调动下属的积极性。

(2) 副总经理(副行长)及各业务职能部门。在总经理(行长)的领导下,商业银行一般设置若干个副总经理(副行长)以及业务职能部门。例如,银行内部可设置贷款、信托与投资、营业、会计人事和公共关系及开发研究等部门,通常由银行的高级副总经理(副行长)主管贷款业务,在高级副总经理(副行长)领导下,有2名副总经理分别主管工商贷款和其他贷款业务。由1名副总经理(副行长)主管信托投资,由1名副总经理(副行长)主管营业,包括柜台业务、财务会计、保管和其他业务。由人事部经理主管人事工作包括行员培训等,由公共关系部经理负责对外联络工作。

一般把商业银行中负责业务开拓、直接面对客户的部门,称为前台部门;把从事风险管理、计划财务、产品开发、人力资源管理和战略规划等部门,称为中台部门;将负责支持业务和交易处理系统的部门,称为后台部门。

3. 监督机构

商业银行的监督机构由股东大会选举产生的监事会、审计委员会及银行的稽核部门组成。

监事会是对公司的财务及业务进行监督的法定、常设监督机构,对股东大会负责。监事会制度旨在强化监事会对董事会与高级管理层的监督,实现对决策权与执行权的有效制衡,进而提升公司经营的合法性与合规性,促进公司的可持续发展。监事会由职工代表出任的监事、股东大会选举的外部监事和股东监事组成,监事会成员不得少于3人,其中,职工代表的比例不得低于1/3,外部监事的比例不得低于1/3。

商业银行监事会的监督职责既包括会计监督,又包括业务监督。监事会应当重点关注以下事项:①监督董事会确立稳健的经营理念、价值准则和制定符合公司情况的发展战略;②对公司发展战略的科性、合理性和稳健性进行评估,形成评估报告;③对公司经营决策、风险管理和内部控制等进行监督检查并督促整改;④对董事的选聘程序进行监督;⑤对公司薪酬管理制度实施情况及高级管理人员薪酬方案的科学性、合理性进行监督。此外,监事会在履职过程中有权要求董事会和高级管理层提供信息披露、审计等方面的必要信息。监事会认为必要时,可以指派监事列席高级管理层会议。监事会还可以独立聘请外部机构就相关工作提供专业协助。

监事会会议每年度至少召开4次,监事可以提议召开监事会临时会议。

4. 管理机构

商业银行的管理机构由全面管理、财务管理、人事管理、经营管理和市场营销管理等几方面组成。

全面管理由董事长、总经理(行长)负责,主要职责是确定银行目标业务计划和经营预测,并制定政策指导、控制及评价分支机构及银行业务、职能部门的工作。

财务管理由副总经理(副行长)负责,主要职责是负责银行筹资及成本管理、现金管理等,并编制财务预算,进行财务控制、审计、税收和风险管理。

人事管理由人事部门负责,主要职责是招募、培训职工,进行工作和工资评审、处理劳资关系。

经营管理由总经理(行长)负责,主要职责是根据银行确定的计划和目标,安排组织各种银行业务,分析经营过程中出现的各种问题,保证银行经营安全。

市场营销管理由总经理(行长)、副总经理(副行长)及有关业务、职能部门负责人共同参与,主要职责是分析消费者行为及市场变动状况,确定市场营销战略,开展广告宣传、促销和公共关系,制定银行服务价格,开发产品和服务项目。

每家商业银行都应当根据它所服务的地区市场的特点采取多种方法来构筑其组织体系,绝不能一概而论。银行所服务的地区差别对于银行的信贷需求有很大的差异,而地区的信贷需求往往又决定了银行的信贷业务规模及信贷部门的组织结构,并对信贷人员素质提出不同要求。

(三) 我国商业银行的组织结构

1. 我国商业银行的组织形式

目前,我国商业银行组织制度主要采取分行制,允许商业银行在全国范围或一定区域内设立分支行,各分行不具有独立法人资格,整个银行对外是一个独立法人。

我国商业银行实施分业经营制。《商业银行法》第三条规定,商业银行可以经营下列部分或者全部业务:吸收公众存款,发放短期、中期和长期贷款,办理国内外结算,办理票据承兑与贴现,发行金融债券,代理发行、代理兑付、承销政府债券,买卖政府债券、金融债券,从事同业拆借,买卖、代理买卖外汇,从事银行卡业务,提供信用证服务及担保,代理收付款项及代理保险业务,提供保管箱服务,其他业务。《商业银行法》第四十三条规定,商业银行在中国境内不得从事信托投资和证券经营业务,不得向非自用不动产投资或者向非银行金融机构和企业投资,但国家另有规定的除外。

2. 我国商业银行的组织架构

我国《商业银行法》规定,商业银行的组织架构适用公司法的规定。商业银行的体制、经营环境不同,其组织架构会有一定差异。

下面以中国工商银行为例,分析我国商业银行的组织架构。中国工商银行建立了由股东大会、董事会、监事会和高级管理层组成的组织架构,中国工商银行组织架构示意图,如图 1-3 所示。

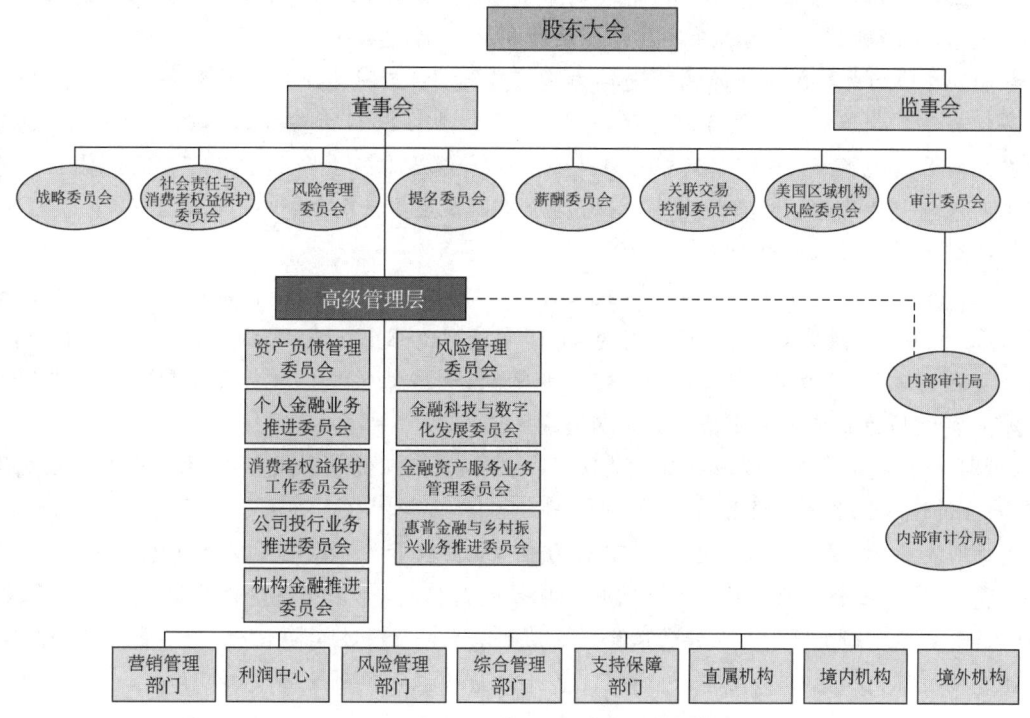

图 1-3　中国工商银行组织架构示意图

股东大会是中国工商银行的权力机构,依法对重大事项做出决策,包括决定银行的经营方针和投资计划,审议批准银行的年度财务预算方案和决算方案,审议批准银行的利润分配方案和弥补亏损方案,修订银行章程、股东大会、董事会和监事会议事规则等。董事会是中国工商银行的决策机构,对股东大会负责。董事会下设风险管理委员会、战略委员会、审计委员会、提名委员会、薪酬委员会、关联交易控制委员会。监事会是中国工商银行的监督机构,向股东大会负责,对银行财务活动、风险管理和内部控制、董事会和高级管理层及其成员履职尽责情况进行监督。高级管理层是执行机构,对董事会负责。行长依据法律、法规、规章和银行章程规定、股东大会及董事会的授权行使职权。高级经营管理层设行长 1 名,副行长1名,其他行领导2名。

思政案例

中国工商银行全方位提升制造业金融服务水平

一、思政目标

本案例紧紧围绕以商业银行社会责任为核心的金融素质教育展开,重点让学生感悟银行服务制造业发展、服务实体经济发展的重要性,强化学生对金融与实体经济互相促进、健康发展的理解,增强国情教育,突出培养学生实现中国式现代化的时代责任感。

二、案例内容

1. 提升制造业金融服务水平的举措

中国工商银行将服务实体经济和支持制造业发展纳入公司章程,深入实施制造业金融发展规划,不断开创服务制造业高质量发展新局面。

(1) 持续加大对制造业的信贷支持力度。连续开展"制造业金融服务年""制造业金融服务提升年""制造业金融服务深化年"专项行动。截至2021年年末,中国工商银行制造业贷款余额2.16万亿元,中国工商银行成为唯一一家制造业贷款余额破2万亿元的银行。中国工商银行大力优化信贷投放结构,新增制造业贷款主要投向新材料、生物医药、电力装备、新能源汽车等高技术制造业。

(2) 多措并举执行贷款定价优惠政策。强化贷款定价优惠,支持制造业减费让利。截至2022年第一季度末,中国工商银行为47家重点制造业企业提供320亿元优惠利率贷款。设立重点领域FTP激励机制,对新增制造业贷款、制造业票据贴现提供FTP优惠,在同业中率先实现制造业贷款和票据贴现优惠全覆盖。

(3) 提供精准高效的供应链融资服务。第一,以全产业链金融服务,助力提升制造业高级化、产业链现代化水平。截至2021年年末,制造业产业链核心企业融资余额超7500亿元,上下游关联企业融资超3000亿元。第二,助力核心企业提升关联风险控制能力。在企业采销交易场景中,高度融合企业实时订单、账期、仓单等交易信息,为企业搭建供应链融资管理系统,帮助其更好地判断上下游企业经营风险。支持制造业企业通过"融安e信"等定制化风险工具,线上查询投标商风险信息及提示。第三,提升对高技术客群的金融支持。依托大数据、区块链、物联网等金融科技,延伸供应链核心企业信用,有效提升高新技术企业资金获得性。

(4) 充分发挥制造业金融的高带动效应。促进全产业链绿色升级,刻画"营销地图",推出涵盖六大产品体系、30个重点产品的制造业金融服务特色产品包;精准服务制造业龙头科创企业,重点支持国产大飞机、长征运载火箭、"复兴号"动车等"大国重器"制造,不断加强对核心技术企业的支持力度。建立与政府、行业协会、重点高校、优质投资机构的常态化互动合作机制。积极参与国家先进制造业一期、二期基金,形成"政产学研用"生态闭环。持续升级"专精特新"中小企业滴灌产品体系,为纳入优质制造业和新动能名单的"专精特新"中小企业提供差异化的优惠利率政策支持。

2. 发挥国有大行在支持制造业高质量发展中的示范和引领作用

中国工商银行将继续发力把服务制造业放在金融"三项任务"更加突出的位置,全力打造"制造业金融服务领军强行",更好地发挥国有大行在支持制造业高质量发展中的示范和引领作用。

(1) 加强银政合作互动,更好地助力制造业稳链固链强链。积极跟进先进制造业产业集群、国家战略新兴产业集群、制造业单项冠军、"专精特新"企业等白名单企业(项目),第一时间从源头批量获取信息,扩大优质制造业项目和客户的覆盖面,分行业制定供应链服务策略和精准施策,助力形成具有更强创新力、更高附加值、更安全可靠的产业链供应链。

(2) 推动供给侧结构性改革,更好地满足制造业企业全方位的投融资需求。做好"贷款+债券"服务,在发挥好信贷业务压舱石作用的同时,进一步加大对制造业企业的债券融资支持;做好"融资+融物"服务,对飞机、船舶等"大国重器"加大融资租赁支持。围绕跨境经营的中资优质制造业企业,加强境内外机构联动,提供包括出口买方信贷、国际贸易融资、跨境人民币结算等业务的一揽子金融服务。突出品牌化。设立制造业金融专营机构,积极推广制造业企业技术提升支持贷款、重大科技创新项目专项金融服务、绿色债券承销与投资、科创知识产权贷款等产品,加大科技研发资源倾斜。

三、思考题

1. 商业银行如何支持重点领域发展?
2. 商业银行支持实体经济发展的措施有哪些?

资料来源:

国家金融监督管理总局,http://www.cbirc.gov.cn/2022年6月28日:工商银行积极发挥主力军作用,全方位提升制造业金融服务水平。

本章小结

1. 商业银行的性质。商业银行是以追求最大利润为目标,以多种金融负债与资产为经营对象,利用负债进行信用创造,为客户提供综合性、多功能服务的金融企业。商业银行既具有现代企业的一般特征,独立核算、自负盈亏、照章纳税,又是综合性、多功能、能够吸收活期存款的特殊金融企业。

2. 商业银行的职能与地位。商业银行拥有信用中介、支付中介、信用创造、金融服务和调节经济五大职能。商业银行在国民经济中处于重要地位,是整个国民经济活动的中枢,业务活动对社会货币供给有重要影响,是社会经济活动的信息中心,也是国家实施宏观调控的重要途径和基础。

3. 我国商业银行的经营原则。我国商业银行以安全性、流动性和效益性为经营原则,安全性是商业银行的第一原则,效益性是商业银行的最终经营管理目标。

4. 商业银行的设立。商业银行的设立要符合公平竞争、安全稳健和规模适度原则。商业银行设立的程序有申请登记、招募股份和验资开业三个步骤。

5. 商业银行的组织结构。商业银行的组织形式主要有三种类型,即单一银行制、分行制与持股公司制。我国商业银行主要采取分行制,实施分业经营模式。商业银行的组织架构,可分为决策机构、执行机构、监督机构和管理机构四个层次。

本章思维导图

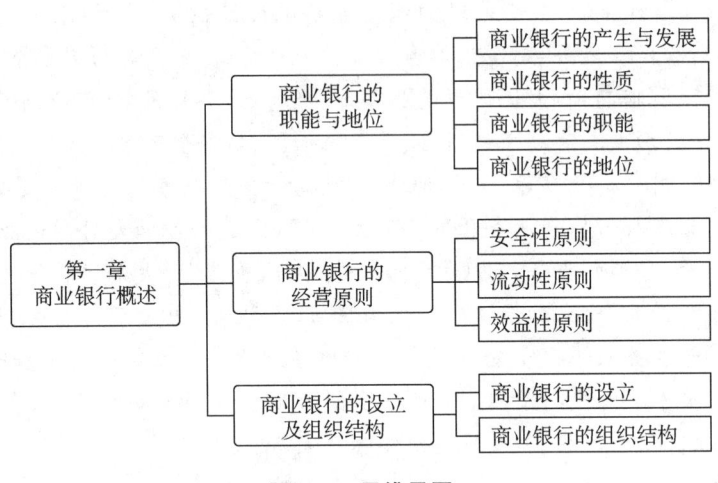

图 1-4 思维导图

本章思考题

1. 如何理解商业银行的性质？
2. 商业银行有哪些职能？
3. 简述商业银行在国民经济中的地位。
4. 如何理解我国商业银行的经营原则？
5. 我国商业银行设立的条件和程序是什么？
6. 简述商业银行的组织形式和组织架构。

本章涉及的主要法律法规

《中华人民共和国商业银行法》
《银行保险机构公司治理准则》
《中资商业银行政许可事项实施办法》
《中华人民共和国公司法》

第二章　商业银行资本管理

本章 学习目标

资本是商业银行业务经营的基础和防范风险的根本保障。学生通过本章学习,应了解商业银行资本的功能,掌握商业银行资本的来源构成;了解《巴塞尔协议》产生的背景及其发展历程;掌握《巴塞尔协议Ⅰ》《巴塞尔协议Ⅱ》《巴塞尔协议Ⅲ》的主要内容及其评价;了解《巴塞尔协议》在中国的实施情况;掌握中国商业银行资本金的构成、资本监管指标的计算方法、资本监管要求;掌握资本管理的策略。

第一节　商业银行资本概述

一、商业银行资本的内涵

商业银行资本的内涵不同于一般企业,商业银行资本的内涵较为宽泛,除了所有者权益,还包括一定比例的债务资本,商业银行具有双重资本的特点。为此,商业银行经常将所有者权益称为一级资本或核心资本,而将长期债务称为二级资本或附属资本。

要了解商业银行资本的内涵,必须理解账面资本、监管资本和经济资本的含义以及它们之间的关系。

1. 账面资本

一般企业的账面资本是基于会计学意义上的,即企业的资本等于资产总额减去负债总额后的净值,这个净值被称为所有者权益或净资产价值或产权资本或自有资金。

2. 监管资本

监管资本是从监管当局角度看的银行资本,指监管当局规定商业银行必须持有的资本。监管当局一般会规定银行必须持有的最低资本量,所以监管资本又称最低资本。监管资本规定了商业银行的最低资本要求,增强了商业银行抵御风险的能力,可以使商业银行能够及时冲销经营过程中各种不确定性造成的损失,从而保护存款人,降低银行清算破产的概率,并且维持银行系统的稳定。

3. 经济资本

经济资本描述的是在一定的置信度水平下,商业银行为了应对未来一定期限内资产的非预期损失而应该持有或需要的资本金。经济资本是根据银行资产风险程度的大小计算出来的虚拟资本。它的一个重要特点是它是指所"需要的"资本或"应该有"多少资本,而不是银行实实在在已经拥有的资本。经济资本本质上是一个风险概念,因而又称为"风险资本"。

通过经济资本的计量和管理可以将银行不同类别的风险进行定量评估并转化为统一的衡量尺度,以便于银行分析风险、考核收益和配置资源。商业银行可以根据其资产组合的规模、复杂程度和风险管理能力等因素,选择相应的计量方法。经济资本配置是经济资本管理的主要内容,其实质是对风险的分配,即明确某一个经营机构、业务或产品所能承受的最大风险。对于商业银行而言,需要合理地进行经济资本分配,各业务单元的收益与风险相匹配,保证经济资本被分配到使用效率最高的业务领域,实现风险调整后的收益最大化。

4. 不同资本之间的关系

账面资本、监管资本和经济资本三者之间既有区别,又有联系。账面资本反映的是所有者权益,而监管资本和经济资本则是从覆盖风险与吸收损失的角度提出的资本概念。在资本功能方面,账面资本与监管资本具有交叉性,均可以用于吸收损失。从数量角度而言,账面资本经过一定的调整,可以得到符合监管要求的"合格资本",其数额应大于最低监管资本要求;银行要稳健、审慎经营,持有的账面资本还应大于经济资本。从银行管理角度来看,相对于监管资本,经济资本更好地反映了银行的风险状况和资本需求,对银行风险变动具有更高的敏感性,目前已经成为先进银行广泛应用的管理工具。

二、商业银行的资本构成

(一) 股本:普通股和优先股

1. 普通股

银行普通股是一种所有权证书,代表普通股股东对银行的所有权。这种所有权体现在银行普通股股东享有分配和处置银行税后利润的权利,以及拥有制定和修改银行章程、任免银行董事会成员、决定银行经营大政方针的权利。银行普通股是银行资本来源的核心,具有永久性质。普通股通常来源于以下两种情况:一是在银行组建时,由投资者投资形成;二是在银行增资时,通过发行普通股形成。

普通股是银行资本来源的核心。增发普通股有助于增强银行的资本实力,增强抵御风险的能力,维护金融体系的安全。但增发普通股对银行现有股东而言,并非是最具吸引力的资本来源形式。其原因在于:一方面,增发普通股具有股权稀释效应,削弱了现有股东对银行的控制权,摊薄了现有股东在近期内的收益水平。另一方面,增发普通股的成本较其他资本来源形式相比要高,不利于银行市场价值最大化目标的实现。因而,银行在增加资本决策时,是否选择增加普通股融资,需要考虑以下几个因素:第一,其他资本来源的可得性及其资本构成的限制;第二,其他资本来源方式的灵活性及其成本。

2. 优先股

银行优先股也是一种权利证书,它代表优先股股东对银行的所有权。但这种所有权体现在银行优先股股东享有按照固定的股息率取得股息的权利,以及对银行清算财产分配权优于普通股股东的优先权,而不拥有对银行经营的表决权。实际上,优先股具有普通股和债券的双重特点。

优先股具有如下特性:第一,优先股融资不会稀释股权,可以减缓银行普通股股价和收益的下降。当银行需要补充资本时,发行普通股会带来普通股股价和每股收益的一定比例的降低,特别是在银行普通股股价低于面值时,这一比例的降低会导致市场对普通股的"消化"能力和接受能力的降低,造成银行普通股抛售的压力,对普通股股东构成极为不利的影响。而发行优先股则不然,与发行普通股相比,尽管发行优先股会增加固定股息支付的压力,但由于不会增加普通股股数,从而不会造成普通股股价和收益的比例下降,进而可以起到减缓普通股股价和收益下降的作用。第二,优先股的资本成本低于普通股。银行是按固定的股息率向优先股股东支付股息的,银行向优先股股东支付的股息小于向普通股股东支付的股利。第三,优先股无到期日,不存在偿还压力。第四,优先股融资具有财务杠杆效应。在正效应情况下,优先股融资可提高普通股的收益率。正是因为优先股的上述特性,银行普遍接受优先股这一融资方式。

(二) 盈余:资本盈余和留存收益

盈余由两部分构成:一是资本盈余,二是留存收益。资本盈余是由外源资本渠道形成的盈余,而留存收益则是由内源资本渠道形成的盈余。

1. 资本盈余

资本盈余由两部分构成:一是资本公积,二是重估储备。

(1) 资本公积。资本公积是指由商业银行的投资者或其他人或其他单位投入,所有权归属于银行股东,但不构成银行股本的那部分资本。具体来说,资本公积来源于以下几个部分:①资本溢价。资本溢价是指投资者实际缴纳的出资额超过股本的部分。理论上,银行发行普通股和优先股融资时,股票发行价格可分为溢价、平价和折价。但在实际操作时,通常是按照等于或高于股票面值的价格发行。如果采取溢价发行,银行发行股票实际筹集的资金必然大于按面值计算的股本,超出股本以上的那部分就是资本溢价。资本溢价是资本公积来源的主体。②接受捐赠财产的价值。它包括银行接受的现金资产和非现金资产的价值,以及银行在对被投资单位的长期股权投资采用权益法核算时,银行按其持股比例计算的被投资单位接受捐赠的财产价值。③外币资本折算金额。这是指银行接受境外投资者的外币投资时,由于汇率变化而形成的按即期汇率计算的外币折算为记账本位币的金额与按签订出资协议时的汇率计算的外币折算为记账本位币的金额的差额。

(2) 重估储备。重估储备来源于对银行的某些资产的价值进行重新评估。重估储备可以通过两种形式产生:一种是对计入资产负债表的银行房产的正式评估,称作房产物业重估储备;另一种是来自隐藏价值的资本名义增值,是由于银行持有的有价证券价值上升所造成的,称为证券重估价值。

2. 留存收益

留存收益由盈余公积和未分配利润两部分构成。

(1) 盈余公积。盈余公积是指银行按照规定从税后净利润中提取的各种积累资金。我国银行的盈余公积包括:①法定盈余公积,是指银行按照有关法律规定的比例从税后净利润中提取的盈余公积。②任意盈余公积,是指根据股东会决定,按照规定的比例从税后净利润中提取的盈余公积。③公益金,是指银行按照规定的比例从税后净利润中提取的用于职工集体福利设施支出的基金。

(2) 未分配利润。未分配利润是指银行以前年度实现的,留待以后年度分配的留存利润。

(三) 债务资本:资本票据和债券

银行的债务资本是指固定期限不低于5年(包括5年),除非银行倒闭或清算,不用于弥补银行日常经营损失,且其要求权排在存款和其他负债之后的长期债务。因此,债务资本又称后期偿付债务或次级债务。这部分债务具有特殊性质,体现在:第一,这部分债务具有明确的利息和偿还期限,在性质上属于银行负债;第二,在银行倒闭或清算时,因其要求权安排在存款和其他负债之后,客观上发挥着保护存款人利益的作用,因而又具有资本性质。

银行的债务资本通常包括资本票据和债券两类。

1. 资本票据

资本票据是一种以固定利率计息的小面额后期偿付证券,其期限在7~15年。它可以在金融市场上出售,也可以向银行的客户推销。

2. 债券

债券包括两类:一类是资本债券,另一类是可转换债券。资本债券是指那些期限较长、发行面额较大的债务凭证。可转换债券是指银行发行的可按事先约定在一定时期内转换为普通股的资本性债券,这种债券既具有债券的性质,又具有股票的性质。

债务资本可以发挥资本的作用,是银行的补充性资本。它具有如下优势:第一,债务利息在税前列支,可降低筹资成本,提高银行股东收益率,实现企业价值最大化目标。第二,债务资本不会稀释银行股权,不会影响股东对银行的控制权。但是,因为债务资本在本质上还是银行的债务,到期需要偿还,因而,银行应控制次级债务规模,以免发生违约。

(四)其他来源:储备金

储备金是指银行为了应付未来回购、赎回资本债务或防止意外损失,按照一定比例从税前利润中提取的各种准备金,主要包括偿债基金、贷款损失准备金和证券损失准备金等。

对于偿债基金,在未来需要回购和赎回债务资本时,银行用历年从税前利润中提取积累的偿债基金偿还债务,这部分基金客观上起到了替换债务资本的作用,因而,偿债基金具有补充资本的作用,是银行的一项资本来源。对于贷款损失准备金和证券损失准备金,当未来贷款、证券投资发生损失时,银行可以用历年从税前利润中提取和积累的这部分准备金予以弥补,客观上起到了与股本相同的作用,是银行的一项资本来源。由于这些准备金是在税前列支,可以享受税收优惠,同时又具有与股本相同的作用,因而备受商业银行的青睐。

三、商业银行资本的功能

各国对资本的定义不同,对资本功能的描述也不同。例如,联邦储备理事会对银行资本功能的描述是:对不可预见的损失能起缓冲作用,协助维持公众对某一银行的信心,当发生不能偿债的情况时对提款人提供部分保护,支持银行的合理增长。英国英格兰银行曾在1980年发表的一份"资本标准"中,确认资本的四个重要功能是:作为损失的缓冲;对潜在的存款者表明股东用自己的资金承担风险的意愿;提供无固定融资成本的资源;作为对总的经营基础投入资金的适宜形式。

一般来说,商业银行资本的功能主要有营业功能、保护功能和管理功能三项。

(一)营业功能

资本的营业功能是指资本是商业银行经营的基础。根据我国《商业银行法》相关规定,任何银行在设立时,必须首先筹集一定数量的资本金;否则,商业银行的设立就无从谈起。同时,银行设立时需要有营业场所、营业设备以及一定数量的铺底资金,这些方面投资所需的资金只能由股东投入的资本金来解决。随着银行规模不断扩大,营业场所和营业设备方面的投资也会随之增加,相应地,追加的资本金投入也会增大。

(二) 保护功能

资本的保护功能是指资本是商业银行抵御经营风险、弥补资产损失的物质基础,进而可以起到保护债权人权益、保证商业银行经营安全的作用。

根据剩余索取权理论,股东是企业收益的索取者,也是企业损失的承担者。这主要体现在:一是企业经营取得的利润归股东所有,在会计核算上反映为所有者权益增加,即资本增加;二是企业经营发生的损失由股东承担,在会计核算上反映为所有者权益的减少,即资本减少。可见,股东投入的资本是企业抵御经营风险、弥补资产损失的重要物质基础。企业拥有充足的资本实力,就能有效抵御经营风险,一方面保护了债权人的权益,另一方面也保证了自身经营的安全。

作为特殊的金融企业,商业银行资本的保护功能更显突出。商业银行的业务经营体现在通过吸收存款的方式筹集资金,然后以贷款或投资的方式运用资金。贷款和投资业务的风险是客观的,一旦风险变为现实就会发生资产损失。因此,商业银行必须拥有充足的资本,以便有效抵御经营风险。由于商业银行是高负债企业,其资金来源的绝大部分是存款人的存款,其对资本的要求也有别于一般企业,体现在资本的构成方面,除了所有者权益以外,还包括一定比例的债务资本。

需要强调的是,在实行存款保险制度之后,当存款人的存款遭受损失时,由存款保险机构进行补偿,这一制度虽然在一定程度上保护了债权人的权益,但是却不能完全取代资本的保护功能,因为存款保险制度对存款人权益的保护是有限度的。

(三) 管理功能

资本的管理功能是指银行管理当局通过一系列资本指标对商业银行经营实施监督管理,同时商业银行自身也应加强资本管理以满足监管当局规定的最低资本要求。

信用中介功能是商业银行的最基本功能,商业银行通过负债业务,集中社会上的各种闲散货币资金,然后通过资产业务投向需要资金的各经济部门,实现社会资金在资金盈余方和赤字方之间的融通。在间接融资格局下,商业银行所具有的信用中介功能使其成为社会经济活动的枢纽,商业银行经营是否安全对整个金融体系的稳定有着至关重要的影响。然而,商业银行是一个高负债企业,同时其资产业务的风险又是客观存在的,因此,为保证金融体系的安全,各国银行监管当局都对商业银行实施强有力的监管,其中一项重要内容就是在资本方面制定一系列监管指标,如资本充足率等。从商业银行自身来看,为保证经营的安全,通过调整资产和负债业务,使相关的资本指标达到监管当局规定的要求。

四、商业银行资本充足性及其衡量

(一) 商业银行资本充足性

商业银行资本充足性是指商业银行资本数量必须超过金融监管当局所规定的能够保障正常营业并足以维持充分信誉的最低限度;同时,商业银行现有资本或新增资本的构成,应该符合商业银行总体经营目标或所需新增资本的具体目的。因此,商业银行资本充足性有数量和结构两个层面的内容。

1. 资本数量的充足性

从不同的角度出发,对资本数量充足性的认识也不尽相同。从金融监管当局维护银行的安全和银行体系稳定的角度看,其所规定的开业许可额是最低限额。从存款人角度看,小额存款人(一般指低于 50 万元)因其在银行倒闭时能按照存款保险制度获得全部偿付,因而对银行资本是否充足并不太关注;而未参加存款保险的存款人的态度则恰恰相反。不同类型的银行家对资本数量的态度也不一样。稳健型的银行家为增强公众的信心,乐意保持更多一些的资本,而风险型银行家的态度则相反。然而,商业银行资本量的充足性同时包含资本适度的含义,保持过多的资本是没有必要的。首先,高资本量会有高资本成本,特别是权益资本成本不能节税,资本的综合成本大大高于吸收存款的成本,由此降低了银行的盈利性。其次,过高资本量反映银行可能失去了较多的投资机会,缺乏吸收存款的能力以及收回贷款的能力。因此,对商业银行而言,资本充足性是资本适度,并不是越多越好。

2. 资本结构的合理性

资本结构的合理性是指普通股、优先股、留存盈余和债务资本等应在资本总额中占有合理的比重。从静态角度看,资本结构是指债务资本与股权资本的比例关系,或指银行债务资本在总资本中所占的比重。从动态角度看,商业银行为了满足自身的成长需要,或为了降低融资成本,或为了增强融资灵活性等,会按一定的融资顺序增加资本或调整其资本构成。因此,商业银行的资本结构不是一成不变的,而是灵活的。合理的资本结构既可以降低商业银行的经营成本与经营风险,又可以使银行具备筹资灵活性和财务稳健性。

规模不同的商业银行的资本结构应该有所区别。小银行为吸引投资者及增强其金融灵活性,应力求以普通股筹措资本;大银行则可相对扩大资本性债券,以降低资本的使用成本。资本结构还受银行经营情况变动的影响。贷款需求和存款供给是否充足会大大影响资本结构。当贷款需求不足而存款供给相对充分时,银行增资的方式应以增加附属资本为主;反之,应采取增加银行核心资本的做法。

(二)商业银行资本充足性的衡量

由于商业银行资本充足性评价标准的多样化,衡量商业银行资本充足性是一项非常复杂的工作。历史上,随着商业银行经营目标的变化,以及商业银行资本管理理论的发展,商业银行资本充足性的衡量指标和方法也日趋科学。

1. 比率分析法

比率分析法是指通过资本与资产负债表项目的各种比率指标来确定商业银行资本需要量的方法。20 世纪以来,商业银行常见的用于衡量资本充足性的指标有下述几个。

(1) 资本与存款比率。这是最早用来衡量商业银行资本需要量的指标,由美国在 20 世纪 30 年代最先使用,后被许多国家采用。它表明商业银行资本对存款的"耐力"程度。为防止银行出现流动性风险,商业银行应保持一定的资本与存款比率。第二次世界大战前,各国商业银行普遍要求资本与存款的比率保持 10% 左右。但是,商业银行的流动性风险主要来自贷款和投资等资产项目的变现能力不足,而不是存款,更不能将商业银行的风险与存款的规模视为正比例关系。因此,这种方法逐渐被各国放弃。

(2) 资本与总资产比率。由于商业银行的损失主要来自资产,该比例将银行资本量与全部资产挂钩,简洁明了,它能在一定程度上反映商业银行抵御资产意外损失的能力。由于这一比率计算比较方便，直到现在还常常被人们用来作为快速测试资本需要量的一种方法。该比率一般要求在8%左右。但是，该指标未能考虑资产结构对资本需要量的影响。

（3）资本与风险资产比率。随着商业银行资产结构的变化，商业银行的风险资产增加，原先的资本与资产比率越来越显示出其缺陷。于是，商业银行家及金融管理当局设计了资本与风险资产比率，以此来真实反映商业银行的资本是否充足。一般认为，该比率至少要达到15%。比率中的风险资产是指不包括商业银行第一、第二级准备金在内的资产，只有这些资产才有必要考虑其保障程度。

这一指标将不必由资本给予保障的资产排除在外，较多地体现了资本"抵御资产意外损失"的功能，该指标比前两个指标更具科学性。但是，资本与风险资产比率并没有考虑不同类别资产的风险差异，不同风险的资产对资本的需要量不同。

（4）资本与不同类型风险资产的比率。在考虑了不同资产对资本的不同要求后，提出了资本对于不同类型风险资产的比率，这一方法又称纽约公式。1952年，该方法由美国纽约联邦储备银行设计，它根据商业银行资产风险程度的差异，将银行资产分为无风险资产、风险较小资产、普通风险资产、风险较高资产、有问题资产、亏损资产和固定资产六类，并分别对每类资产规定了0、5%、12%、20%、50%、100%的资本要求比率。将商业银行资本需要量与资产风险程度挂钩，是对资本与风险资产比率的深化。

商业银行在资产分类基础上，利用加权平均法将各类资产额分别乘以各自的资本资产比率要求，并进行加总，即可求得银行最低资本量。很明显，这一指标比前面的三个指标更具科学性。

2. 综合分析法

综合分析法认为，商业银行资本需要量不仅受资产数量和结构的影响，同时还受银行经营管理水平和资产流动性等多种因素影响。因此，就必须综合多方面因素进行分析。

20世纪70年代，美国金融监管当局认为影响资本需要量的非数量因素主要有银行的经营管理水平、资产的流动性、收益及留存盈余、存款结构的潜在变化、银行股东的特点和信誉、营业费用的数量、营业活动的有效性、银行满足本地区现在与将来竞争需要的能力等八个方面。

综合分析法虽然全面，但在某些方面的判断上不可避免地带有一定的主观性，常常影响分析结论的准确性。因此，在实际工作中，人们常常将综合分析法与比率分析法结合起来运用。

3.《巴塞尔协议》法

由于西方各国关于商业银行资本量定义的不统一，关于资本充足性也没有规范标准，导致了在国际范围内商业银行资本管理的混乱。因此，统一国际商业银行资本构成并制定银行资本充足比例的国际监管条例就成为大势所趋。为促进各国间的公平竞争，并增强国际金融体系的安全性，1988年，西方十二国中央银行在瑞士巴塞尔达成了《关于统一国际银行资本衡量和资本标准的协议》（简称《巴塞尔协议》），规定12个参加国应以国际可比性及一致性为基础制定各自的对于银行资本的标准及规定。《巴塞尔协议》对银行资本衡量采用的全新的方法。

第二节 《巴塞尔协议》

一、《巴塞尔协议》产生的背景

为了加强银行资本的保护功能，促进国际银行体系的安全，消除国际银行在国际金融市场上的不平等竞争条件，1987年12月10日，国际清算银行在瑞士的巴塞尔召开了由12个西方发达国家中央银行行长参加的会议，专门讨论加强经营国际业务的商业银行资本及风险资产的监管问题，并于1988年7月达成了《巴塞尔协议》。《巴塞尔协议》产生的背景主要有以下几个方面。

（一）国际银行业竞争日趋激烈，资本与资产的比例呈下降趋势

20世纪60年代以后，在负债管理理论的影响下，西方商业银行采取积极的扩张策略，使得资产负债规模迅速扩大，资本与资产的比例呈现不断下降趋势。1970年，世界最大的37家银行的资本与资产的比例略大于5%，到了1980年，该比例仅为3.75%左右。资本与资产比例的下降趋势使得商业银行抵御信贷风险的能力降低，引起各国银行管理当局的高度关注。

（二）金融衍生品交易量直线上升，国际银行业风险加大

20世纪60年代以来，国际银行业金融创新活动迅速发展。特别是20世纪80年代后，随着期货业的出现，各种金融衍生工具层出不穷，并在国际银行业广泛使用，其交易量直线上升。这一现象使得国际银行业之间的关系更加复杂，相互依赖程度加深，资本在各国间的流动更加频繁和难以控制，一旦某个环节出现问题，将会对国际金融市场带来巨大的冲击，其后果是十分可怕的。

（三）金融危机呈现国际化趋势

金融的国际化使得各国银行之间的关系日益密切和复杂，形成了一个错综复杂的金融链条，一旦这一链条中的某家银行发生倒闭，势必会波及链条中的其他银行。受此影响，某家银行破产倒闭所引发的金融危机，不仅仅影响该国家或地区的经济，还会波及其他国家甚至是世界经济，引发全球性的经济危机。20世纪80年代，由墨西哥债务危机引发的拉美债务危机就是其中一例。金融危机的国际化趋势，使得各国银行管理当局意识到防范国际银行业风险已刻不容缓。

二、《巴塞尔协议》的内容

《巴塞尔协议》是1975年2月成立的国际性常设跨国银行监督管理机构——巴塞尔委员会颁布的一系列国际统一银行监督管理的重要文件的统称。自从巴塞尔委员会成立以来，颁布了一系列有关商业银行资本金标准和风险管理的指导性文件。随着经济情况的变化，《巴塞尔协议》也在不断地发展，1988年、2004年、2010年分别颁布了三个版本的《巴塞尔协议》，下面对此进行简要介绍。

（一）《巴塞尔协议Ⅰ》的主要内容

为促进世界各国商业银行的公平竞争，并增强国际金融体系的安全性，1988年西方

12国的中央银行在瑞士巴塞尔达成了《关于统一国际银行资本衡量和资本标准的协议》(以下简称《巴塞尔协议Ⅰ》),规定12个参加国应以国际可比性及一致性为基础,制定各自的银行资本的标准及规定。其主要内容包括:监管资本及其构成;银行资产的风险权重和加权比率以及表外项目的信用转换系数;标准化比率指标和过渡期的实施安排。

1. 监管资本的构成

该协议把资本分成两部分:第一级资本称为核心资本,由股本和税后留利中提取的储备金组成;第二级资本称为附属资本,由未公开储备、重估准备、普通准备金及普通呆账准备金、带有债务性质的资本工具、长期次级债务所组成。

《巴塞尔协议Ⅰ》对银行资本定义的依据为:银行资本的构成部分应取决于资本吸收银行损失的能力,而不是银行资本的不同形式。因此,银行资本应以吸收表内、表外业务可能产生的损失为基础。但是,世界各国对银行资本构成因素和解释并不一致。

1) 核心资本

核心资本具有资本价值相对稳定的特点,由永久性股东权益和公开储备组成。永久性股东权益包括已经发行并完全缴足了的普通股股本和永久性非累积优先股;公开储备是指以留存盈余或其他盈余形式在资产负债表上明确反映的储备,包括股票溢价、资本增值、未分配利润和每年利润中提留的收益等。另外,对于综合列账的银行持股公司,核心资本还包括其不完全拥有的子公司中的少数股东权益。

2) 附属资本

附属资本又称补充资本,是处于次要地位的资本,主要由非公开储备、重估储备、普通准备金及普通呆账准备金、带有债务性质的资本工具、长期次级债务组成。

(1) 非公开储备。它是指不在银行资产负债表上公开标明的储备,这种储备与公开储备具有相同的质量,可以自由、及时地被用于应付未来不可预见的损失。由于其没有公开于资产负债表中,许多国家不承认其为资本的合法构成部分,因此不能被包括在核心资本中,且只有在国家金融监督机构允许的条件下方可进入附属资本之内。

(2) 重估储备。它来源于对银行某些资产价值进行重新评估,以便反映其真实市值,或者使其相对于历史成本更接近于真实市值,并且将重估的储备包括在银行的资本中。《巴塞尔协议Ⅰ》认为,重估储备可以通过两种形式产生:一种是对计入资产负债表的银行房产的正式重估,称作房产物业重估储备;另一种是来自隐藏价值的资本名义增值,是由于银行持有的有价证券价值上升所造成的,称为证券重估价值。

巴塞尔委员会认为,重估储备计入附属资本的条件是监管机构认为这些资产是审慎作价的,并且充分反映了价格波动及被迫强制销售的可能性。另外,巴塞尔委员会认为,在列入附属资本之前,应对重估储备的账面价值和市场价值之间的差额打55%的折扣,以反映市场价值波动的风险,以及一旦增值收益实现后需要纳税的可能性。

(3) 普通准备金及普通呆账准备金。它们是银行为了防备未来可能出现的亏损而设立的准备金,可以列入银行的附属资本。不过,如果是为了已经确认的损失或者为某项特别资产明显下降而设立的准备金,则不能用来防患未确定的损失,因此,不能列入附属资本范围之内。

(4) 带有债务性质的资本工具。这类资本工具既带有一定的股权性质,又有一定的债务性质,能够在不必清偿的情况下承担损失、维持经营,因而可以列为附属资本。《巴塞尔协议Ⅰ》规定,这类资本工具必须符合下列要求:第一,它们是无担保的、从属的和缴足金额的;第二,它们不可由持有者主动赎回,未经监管当局事先同意也不准赎回;第三,除非银行被迫停止交易,否则它们须用于分担损失;第四,虽然基本工具会带来连带付息的责任,而且还不能像普通股的股息和红利那样削减或延期支付,但是当银行盈利不敷支出时,可以允许推迟支付这些利息。

《巴塞尔协议Ⅰ》认为,累积性优先股可列入该种资本内。另外,加拿大的长期优先股、法国的经常变动的参与证券和从属证券、英国的循环从属债务和优先股及美国强制性的可转换债务工具也可列入这一范畴。

(5) 长期次级债务。这类资本包括普通的、无担保的、初级锁定期限最少在5年期以上的次级债务资本工具和不许赎回的优先股。这类工具由于期限固定,并且通常不用于分担继续从事交易的银行损失,因此,必须对其在资本中所占的比例严格加以限制。《巴塞尔协议Ⅰ》规定,这类债务最多不能超过核心资本的50%。

在规定了两级资本之后,《巴塞尔协议Ⅰ》又指出,为计算以风险加权的资本比率,应将商誉从核心资本中扣除,并扣除没有综合到银行集团的资产负债表中的、对从事银行业务和金融活动的附属机构的投资,以避免同一资本来源在一个集团的不同机构中重复计算。

为了不对某些国家内银行体系在结构方面的重大变革(如银行资本的集中、兼并等)造成妨碍,巴塞尔委员会暂时不赞成从银行资本中扣除其所持有的、由其他银行或接受存款公司所发行的资本。

2. 资产风险权重的规定

20世纪80年代中期前,发达国家的金融管理当局所规定的银行最低资本限额仅与银行的总资产有关,而与银行资产的质量与风险没有直接的联系。1986年,美国金融管理当局首先提出银行资本数额应反映银行资产的风险程度。银行资本应能够吸收与消化由于客户违约而产生的损失。

1) 资产负债表内的资产风险权数

根据资本与风险资产对称的规律,银行最低资本限额应建立在资产的风险等级之上。各国在银行表内资产风险类别与风险权数的判断标准上各不相同。《巴塞尔协议Ⅰ》对资本充足性规定了国际统一的标准。该协议把表内资产分成四类,其风险权重分别为0、20%、50%和100%。资产风险权数根据资产风险大小而定,风险越小的资产,其风险权数越小;反之,则越大。

银行在风险权数给定的基础上,利用加权平均法,将各项资产的货币数额乘以其风险等级权数,得到该项资产的风险加权值,各级风险加权值的累加值即为银行表内风险加权资产。它是确定银行资本限额的重要依据之一。表内风险资产的计算公式为:

$$\text{表内风险资产} = \sum \text{表内资产额} \times \text{风险权数}$$

根据《巴塞尔协议Ⅰ》,风险资产的类别及相应的权数为:

(1) 0风险权数的资产。它包括:第一,现金;第二,以本币定值,并以此通过对央行融通资金的债权;第三,对经济合作与发展组织(OECD)成员国,或对国际货币基金组织达成与其借款总体安排相关的特别贷款协议的国家的中央政府或央行的其他债权;第四,用现金或者用 OECD 成员国中央政府债券做担保,或由 OECD 成员国的中央政府提供担保的贷款等。

(2) 20% 风险权数的资产。它包括:第一,对多边发展银行的债权以及由这类银行提供担保或以这类银行的债券做抵押的债权;第二,对 OECD 成员国内的注册银行的债权以及由 OECD 成员国内注册提供担保的贷款;第三,对 OECD 以外国家注册的银行余期在 1 年内的债权和由 OECD 以外国家的法人银行提供担保的、余期在 1 年内的贷款;第四,托收中的现金款项;第五,对非本国的 OECD 成员国的公共部门机构的债权,以及由这些机构提供担保的贷款等。

(3) 50% 风险权数的资产。完全以居住用途的房产做抵押的贷款归入这一类。

(4) 100% 风险权数的资产。它包括:第一,对私人机构的债权;第二,对 OECD 之外的国家的中央政府的债权;第三,对公共部门所属的商业公司的债权;第四,房屋设备和其他固定资产;第五,不动产和其他投资;第六,所有其他的资产等。

2) 资产负债表外项目的信用转换系数

银行资产负债表外业务的迅速发展及其资产风险增大,银行资本要求也应包含和体现这类活动可能产生的损失。但表外业务风险测定非常困难,《巴塞尔协议Ⅰ》建议采用信用转换系数把表外业务额转换为表内业务额,然后再根据表内同等性质的项目进行风险加权。

《巴塞尔协议Ⅰ》把银行的表外项目分成五大类,并对前四类表外业务分别给定了信用转换系数,第五类则因其与外汇和利率有关而须做特别处理。资产负债表外业务及其信用转换系数如下,各国可根据其市场业务的做法,在有限的范围内将特定的表外业务划入下面所列的业务之内:

(1) 100% 信用转换系数的表外业务。它包括:第一,直接信用替代工具,如保证和承兑;第二,销售和回购协议以及有追索权的资产销售;第三,远期资产购买、超远期存款和部分缴付款项的股票和代表承诺一定损失的证券。

(2) 50% 信用转换系数的表外业务。它包括:第一,某些与交易有关的或有项目;第二,票据发行融通和循环包销便利;第三,其他初始期限在 1 年以上的承诺。

(3) 20% 信用转换系数的表外业务。有自行偿付能力的与贸易有关的或有项目归入此类。

(4) 0 信用转换系数的表外业务。类似初始期限在 1 年以内的,或可以在任何时候无条件取消的承诺均属此列。

(5) 与外汇和利率有关的或有项目。商业银行在这类项目的交易中,可能发生的损失仅仅是替换成本,而非交易合同所代表面值的信用风险。为此,《巴塞尔协议Ⅰ》建议使用现时风险暴露法和初始风险暴露法这两种特殊的处理方法。

信用转换系数是表外业务转换为表内资产的前提条件,也是正确计算银行风险加权资产的重要依据,表外风险资产的计算公式为:

$$表外风险资产 = \sum 表外资产 \times 信用转换系数 \times 表内相对性质资产的风险权数$$

3.《巴塞尔协议Ⅰ》的实施要求

在对表内资产风险权数及表外项目的信用转换系数讨论的基础上,就可以计算银行资本充足性。《巴塞尔协议Ⅰ》中规定的计算公式为:

$$一级资本比率 = \frac{核心资本}{风险资产总额} \times 100\%$$

$$二级资本比率 = \frac{附属资本}{风险资产总额} \times 100\%$$

$$资本对风险资产比率 = \frac{核心资本+附属资本}{风险资产总额} \times 100\%$$

《巴塞尔协议Ⅰ》有其具体的实施要求:国际大银行的资本对风险资产比率应达到8%以上,其中核心资本至少要占总资本的50%,一级资本比率不应低于4%;附属资本内普通贷款准备金不能高于风险资产的1.25%,次级长期债务的金额不得超过一级资本的50%。

虽然《巴塞尔协议Ⅰ》的规定并不具有强制性,但它是当今国际银行业最重要的公约之一,对从事国际业务的商业银行来说,具有很强的约束力。

4. 对《巴塞尔协议Ⅰ》的评价

《巴塞尔协议Ⅰ》是在认识到银行资本金是抵御银行风险的一道防火墙的前提下,规定银行必须保持一定的资本充足比率,从而抵御银行信用风险和化解债务危机的协议。该协议虽然没有任何官方约束力,但却约定俗成地适用于所有从事国际业务的银行机构。该协议自发布以来,满足特定资本充足率已成为银行从事国际银行业务的通行证。《巴塞尔协议Ⅰ》的颁布和实施,不仅有助于国际商业银行资本的统一规范管理,缩小各国在金融管理方面的差异,而且有利于建立优胜劣汰的机制,使得各国商业银行能够平等竞争,提高资源在全世界范围内的优化配置。

不可否认,《巴塞尔协议Ⅰ》在加强资本金管理、提高银行风险抵御能力、限制银行资产的无节制扩张和化解债务危机等方面表现出强劲的生命力。但是,随着越来越多的金融衍生工具的运用、资产证券化和银行控股公司的出现,《巴塞尔协议Ⅰ》也不断地面临着实践的挑战。

(1)《巴塞尔协议Ⅰ》对于风险外延和内涵的界定比较狭隘。《巴塞尔协议Ⅰ》仅仅考虑信用风险,忽视了其他风险。人们从巴黎银行、大和银行的倒闭到东南亚金融危机,逐步认识到信用风险不是唯一影响银行安全的风险因素。银行实际上处于一个动荡不安的市场中,受到市场风险、操作风险、利率风险和流动性风险等其他风险的困扰和侵袭。即使满足8%的资本充足率,也并不意味着银行可以高枕无忧。

(2)《巴塞尔协议Ⅰ》滞后于金融创新。金融监管的过程就像是一场追逐的游戏,被监管者始终都跑在监管者的前面。被监管的银行为了逃避监管,总喜欢寻找监管的漏洞,不断开发出并不违背监管条例的创新工具而"逍遥法外",从而实现监管套利。例如,金融资产证券化、金融控股公司的广泛建立以及银行全能化等工具创新和组织创新,不仅使监管部门鞭长莫及,而且引发了信用风险以外的其他风险。

(3)《巴塞尔协议Ⅰ》对非OECD成员国有歧视待遇。对于非OECD成员国银行、政府超过1年的债权,无论其信用程度如何,风险权重均为100%;而由OECD成员国对金融机构担保的债权,则一律为20%。这使得非OECD成员国银行不得不保持更多的资本储备,从而降低其财务杠杆效应,削弱了其国际竞争力,不利于其从事国际金融业务,参与国际竞争。

(4) 风险敏感度不高。《巴塞尔协议Ⅰ》规定的风险权重过于单一,对于 OECD 成员国仅有 0、20%、50% 及 100% 四个档次,无法反映信贷风险的真实程度。当不同风险资产在同一档次中转换时,风险权重无法随之变化。即在同一风险权数等级中,没有进一步对信贷风险进行细化。例如,对 AAA 级公司发放的贷款与发放给 CCC 公司的贷款的风险权数没有差别。因此,有限的风险权重档次并不能充分体现各种资产之间的信用差别,也就难以准确反映银行面临的真实风险。

此外,《巴塞尔协议Ⅰ》还忽略了信贷风险可以通过组合分散的可能性。当资产和资产组合信贷风险之间具有相关关系时,可以通过资产组合的分散,控制一部分信贷风险。《巴塞尔协议Ⅰ》中风险权重的设定实际是假设各种资产的风险具有独立性。

(二)《巴塞尔协议Ⅱ》的主要内容

《巴塞尔协议Ⅰ》以不同形式在全世界 100 多个国家被采用。然而,随着技术进步和金融创新,巴塞尔委员会认识到有必要对协议进行修改。经过成员国以及全球银行监管当局的广泛讨论,巴塞尔委员会分别公布了三次意见征询稿,最终于 2004 年 6 月通过了《统一资本计量和资本标准的国际协议:修订框架》(以下简称《巴塞尔协议Ⅱ》),并于 2006 年年底在成员国开始实施。

《巴塞尔协议Ⅱ》包括最低资本规定、监管当局的监管检查以及市场纪律三大支柱。其中,监管当局的监督检查以及市场纪律是最低资本要求的补充。三大支柱相辅相成,有助于提高金融体系的安全性和稳健性。

1. 第一支柱:最低资本规定

《巴塞尔协议Ⅱ》承袭了《巴塞尔协议Ⅰ》中对资本的界定以及对资本充足率的要求。《巴塞尔协议Ⅱ》解决的是对风险加权资产的风险计量问题。第一支柱涵盖了对市场风险、信用风险和操作风险的资本要求。其中,操作风险是指由于不正确的或错误的内部操作过程、人员、系统或外部事件导致直接或间接损失的风险。根据《巴塞尔协议Ⅱ》,资本充足率的分母等于所有信用风险加权的风险资产加上 12.5 倍的市场风险和操作风险的资本要求。即:

$$资本充足率 = \frac{资本总额}{信用加权资产 + 12.5 \times (市场风险的资本要求 + 操作风险的资本要求)} \geq 8\%$$

假定某一银行的信用风险加权资产为 875 美元,对市场风险的资本要求为 10 美元,对操作风险的资本要求为 20 美元,那么资本充足率的分母为 1 250 美元[875+(10+20)×12.5]。《巴塞尔协议Ⅱ》要求的资本总额与总风险加权资产比率仍然为 8%。

对于信用风险的衡量,可以循序渐进地采用标准法、初级内部评级法或高级内部评级法。标准法是在《巴塞尔协议Ⅰ》中处理信用风险的方法上修改而成,该方法以外部评级机构对信贷资产和借款人的信用评估作为分析的基础。在内部评级法中需要确定的参数有违约概率、违约损失率、违约风险暴露和有效期限。如果银行可以决定四个参数,则称为高级法;如果银行仅有权限决定违约概率,则称为初级法。只有满足信息披露、遵守监管审查的最低要求的银行才可以选择内部评级法。这种循序渐进的方法将鼓励银行不断提高计量和管理风险的能力。《巴塞尔协议Ⅱ》中对于操作风险的度量同样提供了三种循序渐进的方法，即基本指标法、标准法和内部度量法，并且提出未来银行可以根据自身的损失分布、业务类型和风险种类逐步实行操作损失分布法。

2. 第二支柱：监管当局的监督检查

监管当局的监督检查被视为最低资本要求和市场纪律的重要补充。但是，监管当局的监督检查无法替代管理部门的经验和判断。管理层最了解银行面临的风险，因此保证资本充足率的责任仍在管理层。确保银行能够在全面风险评估的基础上进行完善的资本充足性估算是第二支柱的目标。监管当局将负责评估银行相对于其承担的风险水平资本是否充足，包括银行是否妥善处理了不同风险之间的关系。在第二支柱中，巴塞尔委员会希望银行与监管当局能够积极展开对话，当资本不足时，可以迅速果断地采取措施降低风险和补充资本金。由此，监管部门可以集中精力对付那些问题银行。此外，监管当局必须负责衡量在第一支柱下银行是否满足使用内部评级法的最低要求。

监管当局进行监督检查必须遵循以下四项原则：第一，银行应具备与其风险状况相适应的评估总量资本的一整套程序，以及维持资本水平的战略。第二，监管当局应检查和评价银行内部资本充足率的评估情况及其战略，以及银行监测和确保满足监管资本的能力，若对最终结果不满意，监管当局应采取适当的监管措施。第三，监管当局应希望银行的资本高于最低监管资本比率，并应有能力要求银行只有高于最低标准的资本。第四，监管当局应争取及早干预，从而避免银行的资本低于抵御风险所需的最低资本水平；如果资本得不到保护和修复，则需迅速采取补救措施。

此外，监管当局可通过现场检查、非现场检查或与银行相关部门约谈，以监督检查最低标准的遵守情况。监管当局还需要检查其他方面的内容，包括监督检查的透明度以及对银行账簿利率风险的处理。

3. 第三支柱：市场纪律

巴塞尔委员会相信市场纪律具有强化资本监管、帮助监管当局提高金融体系安全稳健的潜在作用。银行有效的信息披露可向市场参与者提供信息，发挥市场的约束作用。《巴塞尔协议Ⅱ》对银行定性和定量信息披露的内容以及披露的频率和渠道也做出相关规定。不能自始至终满足信息披露要求的银行将不具备使用内部评级的资格，但巴塞尔委员会并不要求披露专有信息，也不希望增加银行不必要的负担。

4.《巴塞尔协议Ⅱ》的突破和完善

1) 最低资本规定

《巴塞尔协议Ⅱ》继承了《巴塞尔协议Ⅰ》以资本充足率为核心的监管思路，强调资本金要求的核心地位，但是《巴塞尔协议Ⅱ》中的最低资本规定又对《巴塞尔协议Ⅰ》进行了大刀阔斧的改革，具体体现在以下几个方面：

(1)《巴塞尔协议Ⅱ》中风险的外延得到了扩展。《巴塞尔协议Ⅱ》中风险的外延扩展到市场风险、操作风险和利率风险。随着金融衍生工具的广泛运用和金融自由化的趋势，信用风险、操作风险和其他风险相互交织，威胁着银行经营的稳健性，加大了银行的经营风险，屡屡将银行推向破产的边缘，威胁着整个金融体系的稳定。全面风险管理的概念早在1997年9月推出的《有效银行监管的核心原则》中就已经确立了。虽然该文件未能提供具有操作性的监管办法和完整的计量模型，但它为《巴塞尔协议Ⅱ》的全面风险管理深化埋下了伏笔。《巴塞尔协议Ⅱ》就是一个比较完善的、包容各种风险的计量模型，它充分体现了风险和资本要求相对称的原则。

（2）《巴塞尔协议Ⅱ》对资信水平高的银行和企业予以承认，不再寻求所谓的国家下线。若银行和企业享有高于注册国的外部评级，对其风险暴露可以享受优惠风险权重。同时，银行对其他银行的以本币计值并以本币作为资金来源的短期债权亦享受优惠风险权重。这些方案更加客观地反映了风险的情况，破除了国别歧视，有利于公平竞争。

（3）风险敏感度增强。在企业风险暴露的风险权重中增加150%的风险档，对低资信企业的风险权重也有所调整，扩大了150%风险权重下涵盖的项目等。这些举措都是巴塞尔委员会对提高风险敏感程度所做出的努力，使模型能够更有效地辨别风险。

（4）改进了计量方法。对于信用风险的计量有标准法、初级的内部评级法和高级的内部评级法；对于操作风险有基本指标法、标准法和内部计量法。银行和监管部门可以根据掌握的资源和技术力量，循序渐进地选择特定的计量方法。这些计量方法的设计采取了激励和约束机制。选择比较高级的方法的银行必须满足一些基本前提，但是可以享受更多的自主权或者享受某种权重优惠，或者可以在国际融资市场以较低的资金成本筹集资金。这样就激发了银行的升级愿望，使银行不再是被动地适应监管要求，而是主动地去配合监管部门的审查，满足监管要求。

（5）承认了某些信用缓解技术，如抵押、担保和信用派生品等，更侧重于这些技术的风险特性，而不是表面形式。鉴于某些风险缓解技术可能会带来其他形式的风险，巴塞尔委员会根据各种方法制定了最低操作标准。这使得《巴塞尔协议Ⅱ》能够更加客观地度量信用风险，摒弃了《巴塞尔协议Ⅰ》过于僵化呆板的计算模式。

（6）扩大了资本的约束范围。针对各界对《巴塞尔协议Ⅰ》的批评，《巴塞尔协议Ⅱ》对诸如组织形式、交易工具等的变动，提出了相应的资本约束对策。对于单笔超过银行资本规模经营15%的对非银行机构的投资，或者这类投资的总规模超过银行资本规模，就要从银行资本中减除相同数额；对于以商业银行业务为主的金融控股公司以及证券化资产，则重新制定了资本金要求，要求银行提全、提足所有种类、各种形式资产的最低资本金；此外，还充分考虑到了控股公司下不同机构的并表问题，并已着手推动与保险业监管机构的合作，拟制定新的相应规则来形成金融业联合监管的架构，以适应银行全能化发展的大趋势。

2）监管当局的监督检查

《巴塞尔协议Ⅱ》强调监管部门的监督检查，但始终坚持银行管理部门负有保持资本充足的责任。同时，《巴塞尔协议Ⅱ》注意到银行作为利益主体可能会利用信息的不对称做出违背监管规则的逆向选择，并由此产生道德风险的问题。因此，将监管部门的监督检查提上日程，并对监管部门的职责做了全面规定，使各国中央银行或其他监管部门都有了一个明确而详尽的行动指南。

3）市场约束

《巴塞尔协议Ⅱ》强调市场约束在强化资本监管、帮助监管当局提高金融体系安全稳健方面的作用。如果市场参与者能够主动、积极地关注银行的经营状况，并且参与银行的监管，银行在千千万万投资者的注视下必然会产生控制风险水平、强化风险管理的内在要求。

市场的约束力量会比监管部门的监管有效得多。要使市场真正对银行发挥作用，先要解决信息披露的问题，使市场能够及时了解到银行的财务水平、风险水平和所持有的资本数量等信息。《巴塞尔协议Ⅱ》对银行的信息披露的内容、渠道和频率等都做出了相关规定，为市场机制发挥作用创造了信息条件。

(三)《巴塞尔协议Ⅲ》的内容

《巴塞尔协议Ⅱ》于2008年在全球范围内实施，但正是这一年，爆发了美国次贷危机。这次席卷全球的次贷危机真正考验了《巴塞尔协议Ⅱ》，也促使其在危机中不断得到修订和完善。巴塞尔委员会于2010年9月通过了修订后的《巴塞尔协议Ⅲ》(简称《巴Ⅲ》)，《巴Ⅲ》扩大了风险覆盖范围，细化了对信用风险资产的风险权重分配，提高了模型风险识别的敏感度，使事前监管变得更为有效。2017年，巴塞尔委员会发布了《巴塞尔Ⅲ：后危机改革的最终方案》(简称《新巴Ⅲ》)，对《巴Ⅲ》进行了进一步的修订，形成了多层次监管体系，并在2023年1月1日起正式实施。《新巴Ⅲ》重点对风险资产的计量方法进行了完善和更新，提高了风险加权资产计量的可靠性、可比性和风险敏感性。《巴Ⅲ》的主要内容有以下几方面。

1. 提高资本充足率要求

《巴Ⅲ》对核心一级资本充足率、一级资本充足率的最低要求有所提高，引入了资本防护缓冲资金，提升银行吸收经济衰退时期损失的能力，建立与信贷过快增长挂钩的反周期缓冲资本区间，对大型银行提出附加资本要求，降低"大而不能倒"带来的道德风险。根据这项协议，全球商业银行在2015年之前，核心资本充足率的下限由4%提高至6%，普通股构成的核心一级资本占风险资产的下限由2%上调至4.5%，同时计提2.5%的资本防护缓冲资金和不高于2.5%的逆周期缓冲资本。

2. 严格资本扣除限制

对于少数股权、商誉、递延税资产、对金融机构普通股的非并表投资、债务工具和其他投资性资产的未实现收益、拨备额与预期亏损之差、固定收益养老基金资产和负债等计入资本的要求有所改变。

3. 扩大风险资产覆盖范围

提高了"再资产证券化风险暴露"的资本要求，增加了压力状态下的风险价值，提高了交易业务的资本要求，提高了场外衍生品交易和证券融资业务的交易对手信用风险的资本要求等。在风险资产权重上，《新巴Ⅲ》在更大的资产覆盖范围中重新进行了资产类别的划分，同时为各资产风险敞口分配了更细致、灵活的风险权重。

4. 引入杠杆率

为弥补资本充足率要求无法反映表内外总资产的扩张情况的不足，减少对资产通过加权系数转换后计算资本要求所带来的漏洞，引入了杠杆率，以衡量银行资本充足率的可靠性。

5. 加强流动性管理

为了加强流动性管理，降低银行体系的流动性风险，引入了流动性监管指标，包括流动性覆盖率和净稳定资产比率。同时，巴塞尔委员会提出了其他辅助监测工具，包括合同期限错配、融资集中度、可用的无变现障碍资产和与市场有关的监测工具等。

第三节 我国商业银行的资本管理

为了加强我国商业银行资本管理,银行监管部门根据《巴塞尔协议》,结合我国的具体国情,在不同时期相继出台了一系列有关商业银行资本管理的规章制度,以加强对我国银行业资本的监管,维护银行体系的稳健运行。本节内容在回顾《巴塞尔协议》在中国开展进程的基础上,结合最新颁布的《商业银行资本管理办法》相关规定,对我国商业银行的资本管理进行介绍。

一、《巴塞尔协议》在我国的实施

为了将我国的银行监管标准与世界接轨,在充分考虑《巴塞尔协议》的监管标准的基础上,结合本国的实际情况,2004年,我国银行监管部门出台了《商业银行资本充足率管理办法》,明确规定了资本充足率的计算方法和监督检查措施,以满足《巴塞尔协议Ⅰ》的基本要求。随后,在2008年全球金融危机爆发之后,我国开始银行业资本监管的改革。2009年10月,银行监管部门出台了《关于完善商业银行资本补充机制的通知》,主要用来规范次级债券在银行间的交叉持有等问题,同时提高了核心资本的要求。2009年12月,银行监管部门又发布了《商业银行资本充足率信息披露指引》,对银行业资本充足率信息披露的内容、范围和流程进行了明确规定。此后,银行监管部门还发布了《商业银行资本计量高级方法验证指引》《商业银行资本充足率监督检查指引》和《商业银行资产证券化风险暴露监管资本计量指引》。

随着《巴塞尔协议Ⅲ》的实施,全球步入《巴塞尔协议Ⅲ》时代。2011年4月,中国银监会根据《巴塞尔协议Ⅲ》的规定,在借鉴国际最佳实践经验并结合国内监管实际的基础上,发布了《中国银行业实施新监管标准指导意见》,对我国商业银行的资本充足率、杠杆率和流动性等方面的监管标准做出了明确规定,确立了银行业监管标准的政策框架;同年6月,银行监管部门发布了《商业银行杠杆率管理办法》,确立了银行业杠杆率监管的基本框架;同年7月,发布了《商业银行贷款损失准备管理办法》。

2012年6月7日,中国银监会颁布《商业银行资本管理办法(试行)》,该文件被称为中国版《巴塞尔协议Ⅲ》,并于2013年1月1日正式实施。与此同时,《商业银行资本管理办法(试行)》颁布之前实施的一系列法律法规废止。《商业银行资本管理办法(试行)》全面引入了《巴塞尔协议Ⅲ》确立的资本质量标准及资本监管最新要求,涵盖了最低资本要求、储备资本要求和逆周期资本要求、系统重要性银行附加银行资本要求等多层次监管要求,促进银行资本充分覆盖银行面临的系统性风险和个体风险。

近年来,随着我国经济金融形势和商业银行风险特征的发展变化,我国资本监管面临一些新问题,有必要根据新情况进行调整。此外,国际监管规则也发生了较大变化。2017年年底,巴塞尔委员会发布了《巴塞尔Ⅲ改革最终方案》,作为全球银行业资本监管最低标准。我国作为巴塞尔委员会成员,需按要求实施相关监管标准,并接受"监管一致性国际评估",评估结果将在全球公布。国家金融监督管理总局立足于我国银行业实际情况,结合国际监管改革最新成果,对原《商业银行资本管理办法(试行)》进行了修订,有利于促进银行持续提升风险管理水平,引导银行更好地服务实体经济。修订的主要内容是围绕构建差异化资本监管体系,修订重构第一支柱下风险加权资产计量规则、完善调整第二支柱监督检查规定,全面提升第三支柱信息披露标准和内容。2023年11月1日,国家金融监督管理总局令第4号公布《商业银行资本管理办法》(以下简称《资本办法》),该办法自2024年1月1日起施行。

二、我国商业银行的资本构成及扣除项目

(一) 资本构成

1. 核心一级资本

核心一级资本包括:

(1) 实收资本或普通股。

(2) 资本公积。

(3) 盈余公积。

(4) 一般风险准备。

(5) 未分配利润。

(6) 累计其他综合收益。

(7) 少数股东资本可计入部分。

2. 其他一级资本

其他一级资本包括:

(1) 其他一级资本工具及其溢价。

(2) 少数股东资本可计入部分。

3. 二级资本

二级资本包括:

(1) 二级资本工具及其溢价。

(2) 超额损失准备。

商业银行采用权重法计量信用风险加权资产的,超额损失准备可计入二级资本,但不得超过信用风险加权资产的1.25%。这里所称超额损失准备是指商业银行实际计提的损失准备超过损失准备最低要求的部分。损失准备最低要求由国家金融监督管理总局另行规定。

商业银行采用内部评级法计量信用风险加权资产的,超额损失准备可计入二级资本,但不得超过信用风险加权资产的0.6%。这里所称超额损失准备是指商业银行实际计提的损失准备超过预期损失的部分。

(3) 少数股东资本可计入部分。

(二) 资本扣除项目

计算资本充足率时,商业银行应当从核心一级资本中全额扣除以下项目:

(1) 商誉。

(2) 其他无形资产(土地使用权除外)。

(3) 由经营亏损引起的净递延税资产。

(4) 损失准备缺口。

商业银行采用权重法计量信用风险加权资产的,损失准备缺口是指商业银行实际计提的损失准备低于损失准备最低要求的部分。

商业银行采用内部评级法计量信用风险加权资产的,损失准备缺口是指商业银行实际计提的损失准备低于预期损失的部分。

（5）资产证券化销售利得。

（6）确定受益类的养老金资产净额。

（7）直接或间接持有本银行的股票。

（8）对资产负债表中未按公允价值计量的项目进行套期形成的现金流储备,若为正值,应予以扣除;若为负值,应予以加回。

（9）商业银行自身信用风险变化导致其负债公允价值变化带来的未实现损益。

（10）审慎估值调整。

（三）资本净额

在资本构成分析的基础上,资本净额的计算公式如下:

$$资本净额 = 核心资本 + 附属资本 - 扣减项$$

资本净额是约束商业银行业务发展的紧箍咒。尤其对于高风险的银行信贷业务,保持一定数量的资本净额是信贷业务规模扩张的前提。我国银行监管部门往往根据资本净额来衡量银行授信的集中度和关联交易合规情况。

三、我国商业银行的资本监管指标

在新修订的《资本办法》中,资本监管指标包括资本充足率和杠杆率。资本充足率计算公式为:

$$资本充足率 = \frac{总资本 - 对应资本扣减项}{风险加权资产} \times 100\%$$

$$一级资本充足率 = \frac{一级资本 - 对应资本扣减项}{风险加权资产} \times 100\%$$

$$核心一级资本充足率 = \frac{核心一级资本 - 对应资本扣减项}{风险加权资产} \times 100\%$$

商业银行杠杆率的计算公式为:

$$杠杆率 = \frac{一级资本 - 一级资本扣减项}{调整后的表内外资产余额} \times 100\%$$

商业银行总资本包括核心一级资本、其他一级资本和二级资本。商业银行应当按照《资本办法》的规定计算各级资本和扣除项。

商业银行风险加权资产包括信用风险加权资产、市场风险加权资产和操作风险加权资产。商业银行应当按照《资本办法》相关规定分别计量信用风险加权资产、市场风险加权资产和操作风险加权资产。此外,根据《资本办法》规定,商业银行市场风险加权资产为市场风险资本要求的12.5倍,即市场风险加权资产＝市场风险资本要求×12.5;商业银行操作风险加权资产为操作风险资本要求的12.5倍,即操作风险加权资产＝操作风险资本要求×12.5。

四、我国商业银行的资本监管要求

我国商业银行资本监管要求包括资本充足率监管要求和杠杆率监管要求两部分。

(一) 资本充足率监管要求

资本充足率监管要求包括最低资本要求、储备资本和逆周期资本要求、系统重要性银行附加资本要求以及第二支柱资本要求。

1. 最低资本要求

商业银行各级资本充足率最低要求包括：核心一级资本充足率不得低于5%，一级资本充足率不得低于6%，资本充足率不得低于8%。

2. 储备资本

商业银行应在最低资本要求的基础上计提储备资本。储备资本要求为风险加权资产的2.5%，由核心一级资本来满足。国家金融监督管理总局有权根据宏观经济金融形势、银行业整体风险状况以及单家银行经营管理和风险水平等情况，对储备资本要求进行调整。

3. 逆周期资本要求

商业银行应当在最低资本要求和储备资本要求之上计提逆周期资本。逆周期资本的计提与运用规则由中国人民银行会同国家金融监督管理总局（原银保监会）另行规定。

4. 系统重要性银行附加资本要求

《资本办法》规定，我国商业银行在满足最低资本要求、储备资本和逆周期资本要求外，系统重要性银行还应计提附加资本。

2021年8月26日，中国人民银行审议通过《系统重要性银行附加监管规定（试行）》，自2021年12月1日起施行。该规定适用于依据《系统重要性银行评估办法》认定的系统重要性银行。

系统重要性银行在满足最低资本要求、储备资本和逆周期资本要求的基础上，还应满足一定的附加资本要求，由核心一级资本满足。

系统重要性银行分为五组，第一组到第五组的银行分别适用0.25%、0.5%、0.75%、1%和1.5%的附加资本要求。若银行同时被认定为我国系统重要性银行和全球系统重要性银行，附加资本要求不叠加，采用两者孰高原则确定。银行应在进入系统重要性银行名单或者系统重要性得分变化导致组别上升后，在经过一个完整自然年度后的1月1日满足附加资本要求。若银行退出系统重要性银行名单或者系统重要性得分变化导致组别下降，立即适用新的资本要求。

中国人民银行、国家金融监督管理总局可以根据宏观经济形势、金融风险变化和银行业发展实际对系统重要性银行附加资本要求进行调整，报国务院金融稳定发展委员会审议通过后实施。系统重要性银行应拥有充足的资本和债务工具，增强总损失吸收能力，在经营困难时能够通过减记或转股的方式吸收损失，实现有序处置。

专栏 2-1

2023年系统重要性银行附加资本监管要求

为加强宏观审慎管理，完善系统重要性银行监管，根据《系统重要性银行评估办法》的要求,中国人民银行、国家金融监督管理总局开展了 2023 年度我国系统重要性银行评估。2023 年 9 月 22 日,中国人民银行、国家金融监督管理总局发布我国系统重要性银行名单,认定 20 家国内系统重要性银行,其中国有商业银行 6 家、股份制商业银行 9 家、城市商业银行 5 家。按系统重要性得分从低到高分为五组,第一组 10 家、第二组 3 家、第三组 3 家、第四组 4 家、第五组暂无银行进入(表 2-2)。根据我国《系统重要性银行附加监管规定(试行)》要求,国内系统重要性银行第一组到第五组的银行分别适用 0.25%、0.5%、0.75%、1% 和 1.5% 的附加资本要求。

北京时间 2023 年 11 月 27 日,金融稳定委员会(Financial Stability Board)官方公布了 2023 年全球系统重要性银行名单,也就是俗称的 G-SIBs。

全球系统重要性银行由金融稳定委员会与其他合作伙伴共同编制,旨在识别那些在全球金融体系中占据核心地位的银行。所以,这些银行也会被要求持有更高的核心资本,就是越重要的银行,所需要的额外核心资本缓冲就越多。

2023 年全球总共有 29 家银行上榜,数量上较 2022 年少了 1 家,瑞士信贷和意大利裕信银行被移出名单,我国的交通银行首次上榜。另外,还有数家银行的档位发生了变化。具体名单详如表 2-1 所示。

表 2-1　2023 年全球系统重要性银行名单

档次	附加资本	2022 年名单	2023 年名单
5	3.50%	(空)	(空)
4	2.50%	摩根大通银行	摩根大通银行
3	2.00%	美国银行、花旗银行、汇丰银行	美国银行、花旗银行、汇丰银行
2	1.50%	中国银行、巴克莱银行、法国巴黎银行、德意志银行、中国工商银行、三菱 UFJ 金融集团	中国农业银行、中国银行、巴克莱银行、法国巴黎银行、中国建设银行、德意志银行、中国工商银行、三菱 UFJ 金融集团、瑞银集团
1	1.00%	中国农业银行、纽约梅隆银行、中国建设银行、瑞士信贷银行、法国 BPCE 集团、法国农业信贷银行、荷兰国际集团、瑞穗金融集团、摩根士丹利、加拿大皇家银行、桑坦德银行、法国兴业银行、渣打银行、道富银行、三井住友金融集团、多伦多道明银行、瑞银集团、意大利裕信银行、富国银行	交通银行、纽约梅隆银行、法国 BPCE 集团、法国农业信贷银行、荷兰国际集团、瑞穗金融集团、摩根士丹利、加拿大皇家银行、桑坦德银行、法国兴业银行、渣打银行、道富银行、三井住友金融集团、多伦多道明银行、富国银行

资料来源:财联社 2023-11-27。

我国的中国工商银行、中国银行依然处于第二档,中国农业银行、中国建设银行由最低的第一档升至第二档位。交通银行首次上榜,位于第一档。按照国际要求,工、农、中、建四家银行位于第二档,执行 1.5% 的附加资本要求,交通银行执行 1% 的附加资本要求。

根据我国《系统重要性银行附加监管规定(试行)》要求,若银行同时被认定为我国系统重要性银行和全球系统重要性银行,附加资本要求不叠加,采用两者孰高原则确定。因此,我国的工、农、中、建四家银行应执行 1.5% 的全球系统重要性银行附加资本监管要求，交通银行应执行 1% 的全球系统重要性银行附加资本监管要求。

结合国内及全球系统重要性银行评定结果，今后我国相关商业银行的附加资本监管要求，如表 2-2 所示。

表 2-2　我国系统性重要银行各组名单及附加资本要求

组别	名　单	附加资本要求
第一组	中国光大银行、中国民生银行、平安银行、华夏银行、宁波银行、江苏银行、广发银行、上海银行、南京银行、北京银行	0.25%
第二组	中信银行、浦发银行、中国邮政储蓄银行	0.5%
第三组	招商银行、兴业银行	0.75%
第三组	交通银行①	1%
第四组	中国工商银行、中国银行、中国建设银行、中国农业银行	1.5%
第五组	（空）	1.5%

资料来源：根据中国人民银行网站相关资料整理。

5. 第二支柱资本要求

国家金融监督管理总局及其派出机构有权在第二支柱框架下提出更审慎的资本要求，确保资本充分覆盖风险，包括：①根据风险判断，针对部分资产组合提出的特定资本要求；②根据监督检查结果，针对单家银行提出的特定资本要求。国家金融监督管理总局及其派出机构有权确定特定资本要求应由核心一级资本、其他一级资本或二级资本来满足。

（二）杠杆率监管要求

除了上述资本充足率监管要求，商业银行的杠杆率不得低于 4%。按照《系统重要性银行附加监管规定（试行）》文件规定，系统重要性银行在满足杠杆率要求的基础上，应额外满足附加杠杆率要求。附加杠杆率要求为系统重要性银行附加资本要求的 50%，由一级资本满足。

商业银行应当持续满足监管部门的最低资本充足率要求。监管部门有权对资本不能充分覆盖风险的商业银行采取干预或纠正措施，督促其提高资本充足水平。根据我国《商业银行资本充足率监督检查指引》第一百零二条的规定，商业银行在监管限定期限届满时仍不能满足监管资本要求的，监管部门视情况依法采取相关监管措施。具体措施包括：第一，要求商业银行限制资产增长速度；第二，要求商业银行降低风险资产规模；第三，限制商业银行增设机构或开办新业务；第四，责令商业银行调整董事、高级管理人员或限制其权利；第五，依法对商业银行实行接管或者促成机构重组，直至予以撤销。

第四节　商业银行的资本管理策略

根据《巴塞尔协议》，商业银行的资本充足率必须达到规定的要求。如果资本充足率未

---

① 交通银行是 2023 年全球系统性重要银行。

达到规定的要求,商业银行就必须根据自身的具体情况,采取一定的对策,使资本充足率达到规定要求。根据资本充足率的计算方法,资本管理的对策应从以下两方面入手：一是增加资本总量,优化资本结构；二是压缩资产规模、调整资产结构,降低风险资产额,防范市场风险和操作风险。通常前者称为分子对策,后者称为分母对策。

一、分子对策

所谓分子对策,是指通过增加资本总量或调整资本结构,使资本充足率达到规定要求的对策。

(一) 内源资本策略

利润留存的方式增加资本是银行补充资本的一条重要途径。与外源资本融资相比,内源资本融资具有诸多优点：第一,不必通过公开市场筹集资本,可以免去发行成本,因而可以降低融资成本；第二,相对于发行普通股而言,不会稀释股权,从而不会导致股东控制权的削弱和股东每股收益的降低。

内源资本融资也具有一定的局限性,体现在：第一,内源资本融资的多少取决于银行的盈利状况。在红利分配比例不变的情况下,银行的盈利水平提高,留存利润会相应增加,从而可以支持更多的资产增长；反之,则相反。第二,内源资本融资的多少取决于银行的股利分配政策。在盈利水平既定的情况下,银行的股利分配比例降低,利润留存比例提高,留存利润会增加,从而可以支持更多的资产增长；反之,则相反。由于降低股利分配比率会使当期股利分配减少,从而导致股票市场价格降低,因此,银行在制定股利政策时,通常会采用稳定的股利分配政策,即银行每年按照一个相对固定的比例向股东支付股利。

(二) 外源资本策略

当银行的内源资本融资无法满足其资本需要时,可考虑通过外源资本融资解决资本不足问题。外源资本融资的方式包括以下几种。

1. 发行普通股

普通股代表银行股东对银行的所有权。一般情况下,银行在组建时是采取发行普通股的方式筹集本金。在经营过程中,如果银行发生资本不足时,也可以通过向社会公众增发股票的方式筹集资本。

发行普通股增加的是银行的核心资本,因此,发行普通股增加资本是银行监管当局鼓励的一种外源资本融资方式。但是,银行本身则持有相反的态度。这是由于：第一,发行普通股筹集资本的发行费用较高；第二,发行普通股会削弱银行原有股东的控制力,分散银行的控制权；第三,发行普通股会降低杠杆作用,使银行的每股收益降低。

一般情况下,不同规模的银行选择外源资本融资的余地是不一样的。对大银行而言,由于其信誉和知名度较高,发行普通股融资较为容易。同时,发行新股后对原有股东的控制权的稀释程度较轻,也较为愿意发行普通股融资。但是,对中小银行而言则不同,由于信誉和知名度较低,发行普通股融资较为困难。同时,发行新股后对原有股东的控制权的稀释程度较重,也相对不愿意发行普通股融资。

2. 发行优先股

优先股是介于银行债券和普通股之间的一种融资工具。它有固定的股息收入,其股息分配优于普通股,在银行清算时,优先股股东拥有优先清偿权,但无表决权。

与发行普通股一样,发行优先股也要承担较高的发行费用,同时,由于优先股股息率高于债券利息率,而且,股息支付又是在普通股之前,因此,发行优先股会减少普通股的股利分配金额。

 专栏2-2

我国商业银行优先股的发行情况

商业银行是我国优先股市场的中坚力量。出于补充资本的需求,自2014年优先股市场重启以来,有多家银行成功发行优先股。2014年4月30日,浦发银行成为第一家发布优先股发行预案的上市银行。中国农业银行于2014年11月28日成功发行了400亿元的优先股,成为我国第一家成功发行优先股的上市银行。

截至2023年1月末,共有35支境内商业银行发行优先股,募集资金总额合计8 391.5亿元。其中,除"齐鲁优1"的发行银行齐鲁银行在发行优先股时为新三板挂牌银行,其余发行银行均为沪深交易所上市银行。分银行类型来看,截至2023年1月末,国有行、股份行和城商行的发行支数分别为10支、13支和12支,募集资金总额分别为4 600亿元、2 735亿元和1 056.5亿元,其中金额较大的3支优先股分别为:2019年7月17日上市的中国银行730亿元的"中行优3"、2019年10月16日上市的工商银行700亿元的"工行优2"、2018年1月15日上市的建设银行600亿元的"建行优1"。目前仅中国银行2支固定股息率的优先股和齐鲁银行优先股已赎回,其余发行满5年的银行优先股均未赎回。

由商业银行发行的优先股,从资本补充的角度来看,属于商业银行的其他一级资本工具,在条款设置上需符合《商业银行资本管理办法(试行)》《关于商业银行资本工具创新的指导意见(修订)》《关于商业银行发行优先股补充一级资本的指导意见(修订)》等文件的相关规定。发行银行优先股的主要条款包括清偿顺序劣后、有条件赎回权、股息取消和强制转股等。

35支境内商业银行优先股中仅"中行优1""中行优2"和"平银优01"3支采用固定股息率,其余均采用分阶段调整的股息率,每5年股息率按照"基准利率+固定息差"的方式重置,即以每5年为一个计息周期,每个计息周期内股息率相同。商业银行优先股的平均固定息差基本符合同年份国有行、股份行、城商行从低到高的规律。

商业银行优先股的投资群体除了银行、证券、保险、基金、信托等金融机构,还包括一定比例的非金融企业。从35支境内银行优先股的初始持有者结构来看,基金公司及子公司、保险公司及保险资管公司、非金融企业、信托公司、商业银行及银行理财、证券公司及子公司的初始认购金额在总发行金额中分别占比33%、26%、19%、13%、6%和2%。各环节银行优先股的投资对象均不超过200人,受限于投资范围较窄,银行优先股的流动性偏弱。

境内银行优先股均发行于2014年11月至2020年1月,此后未有发行,主要系2019年商业银行永续债推出后,由于其发行主体要求相对较低且发行方式为公募、涉及的投资者更广而且交易相对便利,对银行优先股形成替代效应。

资料来源:
1. 光大证券固收研究报告.优先股深度剖析[R].2023年5月.
2. 光大证券固收研究报告.关注银行优先股及其投资机会[R].2022年11月.
3. 中金固定收益研究报告.关注银行优先股的配置价值[R].2023年2月.

3. 发行中长期债券

根据《巴塞尔协议》,商业银行可以发行中长期债券补充资本,属于附属资本范畴。这种债券的特点是,在银行清算时,其求偿权位于各类存款之后,同时,其平均期限较长。

发行中长期债券筹集资本具有诸多优点:第一,中长期债券的利息在税前支付,可以享受税收优惠,从而降低融资成本。第二,中长期债券虽然是被银行作为资本使用的,但在本质上仍然是一种债券,因而不会削弱股东对银行的控制权。第三,如果债券资本的收益超过利息成本,可增加银行股东的每股收益。

但是,发行中长期债券也有一定的限制,体现在:第一,中长期债券具有法定的还本付息要求,如果银行发行的中长期债券数量过多,会增加银行还本付息的压力,使银行背上沉重的债务负担,降低社会公众对银行的信心。第二,由于利率的多变性,发行中长期债券会使银行面临利率风险,在遇到利率上升时会增加银行的利息负担。第三,发行中长期债券在数量上具有限制。《巴塞尔协议》规定,附属资本不得超过总资本的50%,长期次级债务不得超过核心资本的50%。

基于以上分析,外源资本融资策略为:对核心资本不足的银行来说,应通过发行新股的方式来筹集资本。为了不影响股东利益以及增强今后融资的灵活性,银行可考虑通过发行优先股的方式来增加资本。对于核心资本已占到50%以上的银行来说,可考虑通过发行中长期债券的方式来增加资本。

二、分母对策

分母对策就是通过优化资产结构,尽可能地降低风险权重高的资产在总资产中的比重,同时加强表外业务管理,尽可能选择转换系数较低、其相应风险权重较低的表外业务。因此,分母对策的重点是压缩资产规模,降低风险资产的比重,从而提高资本充足率。

(一) 压缩资产规模

在既定的资本充足率要求下,银行资产规模越大,对资本的需求也越大。因此,对于资本充足率未达到要求的银行来说,通过出售一部分高风险或市值较高的金融资产,可减少银行资产规模,就会相应提高资本对资产的比例。与工商企业不同,银行资产构成有其自身特点:第一,现金资产存量较高;第二,金融债权比例极高;第三,房产等被固化了的资本相对较少。因此,压缩银行资产规模应符合银行资产管理的目标要求。

银行持有一定比例的现金资产,其目的在于保持流动性和清偿力,体现在:一是要满足客户提取存款进行日常交易的需要;二是要满足银行监管当局对法定准备金的规模规定;三是要满足于中央银行或其他往来支行支票清算对现金的要求;四是要满足代理行支付代理费而换取服务所需要的现金。银行满足以上四个方面对现金需要能力的大小反映了其流动性的强弱。银行流动性与盈利性往往矛盾,但与安全性往往一致,因此,银行现金存量的大小应以直接满足流动性要求为目标,而与资本管理关系不大,主要是因为银行现金资产是无风险资产。

银行金融债权主要包括各种证券投资和贷款,其收入是银行收入的主体,因此,它们在银行资产中所占比例很高。银行持有的证券主要是具有高流动性和低风险的金融证券,这部分资产既能满足银行对流动性的要求,又能满足银行对盈利性的要求,是银行管理流动性和盈利性的重要手段。因此，证券投资的管理目标不是简单压缩其规模，而是应从流动性和盈利性管理角度，实施有效的投资组合；银行贷款是银行资产业务的主要部分，是银行资产管理中最重要的内容，也是银行资本管理的主要对象。如果银行资本充足率未达到规定要求，压缩贷款规模应是银行资本管理的重点。

（二）调整资产结构

在总资本和总资产不变的情况下，调整资产结构，降低资产中高风险资产的比重，会相应降低风险资产规模，从而可以提高资本充足率。如前所述，在银行的资产构成中，现金资产的作用在于保持银行流动性和清偿力，且无风险。证券投资除了能满足流动性和盈利性的要求外，还能为银行调整贷款规模提供空间，因此，资产结构调整的重点应是证券投资和各类贷款。由于贷款的风险权重高于金融证券，因此，在资本充足率未达到规定要求时，可以通过降低具有高风险权重的贷款比重，提高具有降低风险权重的金融证券比重，以提高资本充足率。

思政案例

国务院决定支持商业银行多渠道补充资本金

一、思政目标

本案例围绕以审慎经营为核心的银行可持续发展教育展开，重点让学生理解资本监管对银行审慎经营的重要性，强化学生对银行资本监管的理解，培养学生审慎经营思维，提高学生对防范风险、实现银行可持续发展重要性的认知水平。

二、案例内容

2019年2月11日，国务院常务会议决定支持商业银行多渠道补充资本金，增强金融服务实体经济和防风险能力。这次会议提出：一是对商业银行提高永续债发行审批效率，降低优先股、可转债等准入门槛，允许符合条件的银行同时发行多种资本补充工具；二是引入基金、年金等长期投资者参与银行增资扩股，支持商业银行理财子公司投资银行资本补充债券，鼓励外资金融机构参与债券市场交易。会议强调，资本金得到补充的商业银行要完善内部机制，提高对民营、小微企业贷款支持力度。可以预计，资本实力增强的银行业将会投入更多真金白银进入实体经济需要的领域。

"国家提出创新商业银行资本补充工具，支持银行多渠道补充资本，非常及时和重要，既有利于商业银行稳健可持续发展，更有助于提升商业银行服务实体经济的意愿和能力。"中国人民大学重阳金融研究院副院长董希淼表示。

加强资本监管是商业银行监管体系的核心要求之一。我国商业银行资本充足水平总体良好。数据显示，截至2018年三季度末，商业银行资本充足率、一级资本充足率、核心一级资本充足率分别达到13.81%、11.33%和10.8%，均符合监管要求。

"但是，商业银行仍然面临着较大的资本压力，随着资管新规等监管规定实施，表外业务正在回归表内，加快资本金消耗；成立理财子公司、金融资产投资公司等子公司，需要投入相当数量的资本金。"董希淼说。

目前我国商业资本补充工具较少，尤其是对非上市中小银行而言，一般通过发行二级资本债补充二级资本,可以使用的一级资本工具有限,优先股、可转债等发行门槛较高。资本补充机制不畅在一定程度上对我国银行业支持实体经济能力产生制约。

交通银行金融研究中心高级研究员梁栋材表示,永续债作为《巴塞尔协议Ⅲ》框架下的其他一级资本补充工具,在国外尤其是英美法等发达国家发展较快,已经成为一种较为成熟的混合资本融资工具。发行永续债是我国商业银行补充其他一级资本的重大工具创新。

据了解,监管部门近日已经批准中国银行发行不超过400亿元无固定期限资本债券,成为我国商业银行获批发行的首单此类新的资本工具。

三、思考题

1. 国家为什么要支持商业银行多渠道补充资本金?
2. 商业银行资本金的主要作用是什么?

资料来源:

新华社.国务院决定支持商业银行多渠道补充资本金[EB/OL].2019-02-11, http://www.gov.cn/zhengce/2019-02/11/content_5364866.htm.

本章小结

1. 商业银行资本的内涵不同于一般企业,除了所有者权益外,还包括一定比例的债务资本。商业银行具有双重资本的特点。商业银行经常将所有者权益称为一级资本或核心资本,而将长期债务称为二级资本或附属资本。

2. 商业银行资本的功能主要有营业功能、保护功能和管理功能三个。资本的营业功能是指资本是商业银行经营的基础。商业银行设立时必须首先拥有一定数量的资本金;资本的保护功能是指资本是商业银行抵御经营风险、弥补资产损失的物质基础,进而可以起到保护债权人权益、保证商业银行经营安全的作用;资本的管理功能是指银行管理当局通过一系列资本指标对商业银行经营实施监督管理,同时商业银行自身也应加强资本管理以满足监管当局规定的最低资本要求。

3. 银行资本充足性是指银行资本数量必须超过金融管理当局所规定的能够保障正常营业并足以维持充分信誉的最低限度;同时,银行现有资本或新增资本的构成,应该符合银行总体经营目标或所需新增资本的具体目的。因此,银行资本充足性有数量和结构两个层面的内容。

4. 1988年7月在瑞士巴塞尔达成了《关于统一国际银行的资本计量和资本标准的协议》,其主要内容包括监管资本及其构成、银行资产的风险权重和加权比率以及表外项目的信用转换系数、标准化比率指标和过渡期的实施安排等。2004年6月,巴塞尔委员会通过了《统一资本计量和资本标准的国际协议:修订框架》,并于2006年年底在成员国开始实施。其主要包括最低资本规定、监管当局的监管检查以及市场纪律三大支柱。其中,监管当局的监督检查以及市场纪律是最低资本要求的补充。巴塞尔委员会于2010年9月通过了修订后的《巴塞尔协议Ⅲ》,其内容主要有提高资本充足率要求、严格资本扣除限制、扩大风险资产覆盖范围、引入杠杆率、加强流动性管理等。2017年年底,巴塞尔委员会发布了《巴塞尔Ⅲ:后危机改革的最终方案》,作为全球银行业资本监管最低标准。我国作为巴塞尔委员会成员,需按要求实施相关监管标准,并接受"监管一致性国际评估",评估结果将在全球公布。

5. 根据《巴塞尔协议》，商业银行的资本充足率必须达到规定的要求。如果资本充足率未达到规定的要求，商业银行就必须根据自身的具体情况，采取一定的对策，使资本充足率达到规定要求。根据资本充足率的计算方法，资本管理的对策应从以下两方面入手：一是增加资本总量，优化资本结构；二是压缩资产规模、调整资产结构，降低风险资产额，防范市场风险和操作风险。通常，前者称为分子对策，后者称为分母对策。

6. 2012年6月7日，中国银监会颁布《商业银行资本管理办法（试行）》（该文件被称为中国版《巴塞尔协议》），并于2013年1月1日正式实施。该办法全面引入了《巴塞尔协议Ⅲ》确立的资本质量标准及资本监管最新要求，涵盖了最低资本要求、储备资本要求和逆周期资本要求、系统重要性银行附加银行资本要求等多层次监管要求，促进银行资本充分覆盖银行面临的系统性风险和个体风险。2023年，国家金融监督管理总局立足于我国银行业实际情况，结合国际监管改革最新成果，对原《商业银行资本管理办法（试行）》进行了修订，修订的主要内容是围绕构建差异化资本监管体系，修订重构第一支柱下风险加权资产计量规则、完善调整第二支柱监督检查规定，全面提升第三支柱信息披露标准和内容。2023年11月1日，国家金融监督管理总局令第4号公布《商业银行资本管理办法》，该办法自2024年1月1日起施行。

本章思维导图

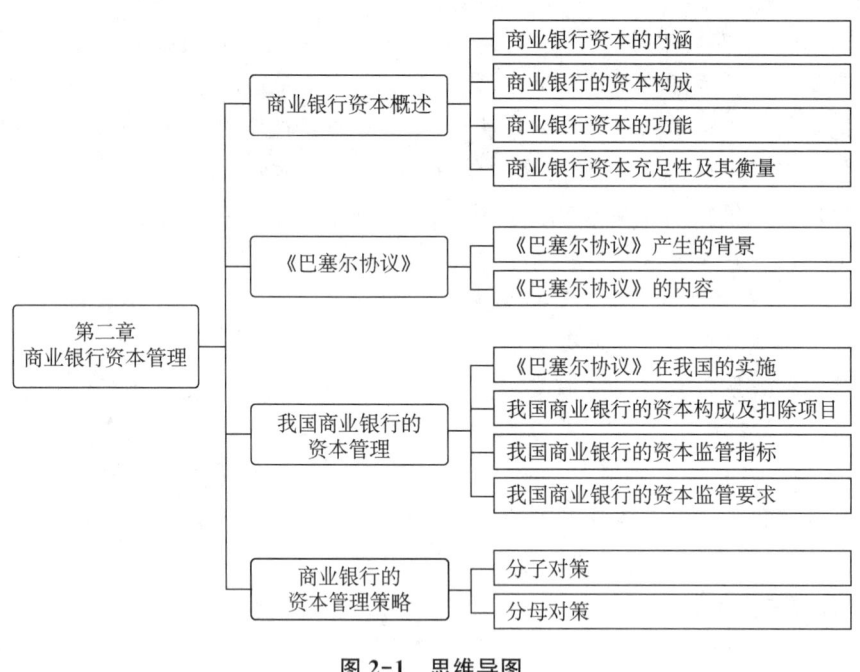

图2-1 思维导图

本章思考题

1. 商业银行资本的概念和作用是什么？
2. 根据《巴塞尔协议》，商业银行的资本筹集渠道有哪些？

3. 简述《巴塞尔协议Ⅰ》的主要内容及评价。
4. 简述《巴塞尔协议Ⅱ》的主要内容及评价。
5. 简述《巴塞尔协议Ⅲ》的主要内容及评价。
6. 简述资本管理分子对策的主要内容。
7. 简述资本管理分母对策的主要内容。
8. 我国商业银行的资本由哪些项目构成？
9. 联系我国商业银行实际情况，谈谈提高我国商业银行资本充足率的策略。

本章涉及的主要法律法规

《商业银行资本管理办法》
《商业银行次级债券发行管理办法》
《系统重要性银行评估办法》
《系统重要性银行附加监管规定(试行)》
《商业银行资本充足率监督检查指引》

第三章 商业银行负债业务

> **本章 学习目标**

商业银行负债是商业银行获取资金来源的业务,是商业银行经营的先决条件。商业银行的负债主要由存款、借款、其他负债组成。负债结构及负债成本的变化,极大地影响着商业银行的盈利水平和风险状况。学生通过本章学习,应熟悉商业银行负债的作用及原则,掌握商业银行负债的构成;掌握商业银行的传统存款业务,熟悉商业银行的存款创新渠道;掌握商业银行存款成本管理及存款管理的思路;掌握商业银行短期借款和长期借款的基本渠道。

第一节 商业银行负债业务概述

一、商业银行负债的概念

商业银行负债是指由商业银行承担的、尚未偿还的、能够以货币计量、必须以资产或劳务偿付的债务。负债代表着商业银行对其债务人所承担的全部经济责任,是商业银行的债务,是支撑商业银行资产业务的重要资金来源。

商业银行负债有广义和狭义之分。广义的负债,是指除商业银行自有资本之外的一切资金来源;狭义的负债,是指商业银行存款、借款等非资本性债务。本章以狭义的负债为研究对象。

二、商业银行负债的作用

负债业务是商业银行最基础、最主要的业务。作为信用中介,商业银行只有通过吸收存款、借入资金等形式集中社会上的闲散资金,才能通过贷放或购买有价证券等活动将闲散资金转化为资本,满足社会对资本需求。作为支付中介,商业银行必须以客户的存款为基础,才能代为办理货币资金的收付,实现货币的流通与支付。可见,负债业务是商业银行开展资产业务与表外业务的基础与前提。商业银行负债业务的重要作用表现在以下方面。

(一)负债是商业银行吸收资金的主要来源

负债是商业银行吸收资金的主要来源,是银行经营的先决条件。商业银行通过负债业务经营,将全社会各种闲散资金和待用资金有效地聚集起来,形成商业银行重要的资金来源,变消费基金为生产基金,变"死"钱为"活"钱,从而增加和扩大了商业银行信贷资金的总量。根据《巴塞尔协议Ⅲ》的有关要求,商业银行总资本充足率不低于8%,加上2.5%的资本留存缓冲,实际的总资本充足率要求不低于10.5%,因此,商业银行的负债提供了近90%的资金来源,负债规模的大小,体现了商业银行实力的强弱。

(二)负债是商业银行保持流动性的手段

通过负债业务,银行聚集起大量的可用资金规模,以确保合理贷款的资金需求和存款提取、转移的资金需要。同时，负债也是决定银行盈利水平的基础，一方面，在资产价格水平一定的情况下，负债成本费用的高低决定了银行盈利水平的高低；另一方面，银行负债所筹集的资金一般是贷放给企业，银行只能获取所贷放资金的一部分收益。这两方面都决定了银行资产的盈利水平要远远低于一般工商企业，银行要想获取社会平均利润，就必须尽量扩大负债规模，使资产总额几倍于自有资本。

(三) 负债是商业银行开展资产业务与中间业务的基础和前提

负债业务是商业银行开展资产业务的基础和前提。商业银行的负债规模及结构，制约着资产的规模与结构；而资产业务的开展，又可以促进负债业务的扩大。例如，商业银行通过贷款可以成倍地派生存款。商业银行要想扩大信贷规模，就必须大力组织存款。信贷资金的运动规律，决定了银行信贷资金来源与运用之间在期限、利率和信用关系等方面存在着内在的对应风险。商业银行必须注重存款期限、利率结构以及币种等问题对资产结构的影响，使之相互之间保持动态的平衡，谨防出现"借短放长"或者存贷利率倒挂等不合理现象。同时，负债也是商业银行开展中间业务的基础，正是因为商业银行的负债业务和资产业务把银行与客户有机地联系在一起，这就为商业银行进一步开拓与发展中间业务创造了条件。例如，通过存款业务的开展，可以为客户提供转账结算服务，从而提高了资金的周转速度，节省了全社会的流通费用；转账结算的范围和金额一般也是随着商业银行存款客户的增加和存款额的扩大而扩大。所以，转账结算等中间业务的发展，有赖于存款等负债业务的发展。

(四) 负债是商业银行同社会各界广泛联系的渠道

商业银行作为国民经济的综合部门和资金运动的枢纽，是社会资金活动的集散地。社会上所有经济单位的闲散资金和货币收支，都离不开商业银行的负债业务。一方面，银行为社会各界提供金融投资的场所、金融投资的工具，如各种存款和金融债券；另一方面，由于客户的资金流向经营领域，其货币收支随时会反映到银行的账面上，银行可以对其资金规模、资金流向以及经营活动了如指掌。银行在为客户提供各种信息咨询、担保等金融服务的同时，也可以为宏观金融决策部门和银行自身的营销策略反馈必要的市场信息。所以，负债业务是商业银行同社会各界进行联系、提供服务、反馈信息和有效监督的重要渠道。

三、商业银行负债的原则

商业银行负债经营应遵循依法筹资、成本控制、量力而行和结构合理的原则。

(一) 依法筹资原则

依法筹资原则是指商业银行在筹资过程中，不论采取何种方式或渠道，都必须要严格遵守国家的相关法律法规，不得进行违法筹资和违规筹资活动。依法筹资原则有两重含义：一是商业银行的筹资范围和渠道都必须符合有关法律的规定，不得超范围筹集资金；二是商业银行筹资必须严格遵守国家的利率政策，严禁高息揽存。一旦商业银行违法违规筹资，就会受到法律的制裁和监管部门的严格监控和制裁。

(二) 成本控制原则

成本控制原则是指商业银行在筹资活动中，要通过各种方法、手段来力求降低筹资成本，为取得合理的利差创造条件，努力提高盈利水平。盈利性是商业银行追求的最终经营目标，而商业银行盈利水平的高低取决于收入与成本的配比关系，其中，筹资成本又是经营成本的重要内容。所以，在其他条件相同的情况下，筹资成本的高低是直接影响商业银行盈利水平的关键因素。控制商业银行的筹资成本有两条基本途径：一是通过扩大筹资规模，降低变动成本，来达到降低筹资成本的目的；二是选择合理的筹资结构，使利息高低不同的负债相互组合，使负债综合平均成本最低。

（三）量力而行原则

量力而行原则是指商业银行在筹资活动中，要按照资产负债比例管理的规定组织筹资活动，避免过度负债行为。由于商业银行具有高负债、高风险的特点，客观上要求商业银行只有严格遵守资产负债比例的规定，才能提高经营信誉，保证经营的安全性，避免经营亏损甚至破产倒闭。量力而行是商业银行稳健经营在筹资方面的具体表现。在负债中要做到量力而行，应该做到：一是努力达到资本充足率标准，这样可以制约商业银行的负债规模；二是提高资产质量，降低不良贷款比例，这样可以减轻商业银行的负债压力，加快资金周转速度，减少经营损失。

（四）结构合理原则

结构合理原则是指商业银行在筹资活动中，通过保持合理的负债结构，来降低筹资成本和负债风险。商业银行应根据本行情况，建立行业、客户类型和产品种类等不同维度的负债结构指标管理体系，包括但不限于最大10户存款比例、最大10家同业融入比例等相关参考指标。商业银行负债结构合理性，可以通过两个方面来反映：一是负债（筹资）的综合平均成本，即负债的综合平均成本低，负债结构就合理；反之，就不合理。二是保持稳定的筹资来源，实行多样化的筹资方式和筹资渠道，避免单一的筹资方式和筹资渠道，减少筹资来源不稳定因素。

四、商业银行负债的结构

商业银行的负债由存款、借款和其他负债组成。存款是商业银行的被动负债，借款是商业银行的主动负债。在实际业务中，由于经济发展和金融环境的变化，商业银行的负债结构也处在不断变动之中，但是存款负债始终是商业银行的主要负债，也是银行经常性资金的来源。

以中国工商银行为例，2023年年末，中国工商银行的总负债为409 204.91亿元，比2022年年末增加48 257.64亿元，增长13.4%。其中，2023年年末的客户存款为335 211.74亿元，增加36 506.83亿元，增长12.22%。中国工商银行负债构成，如表3-1所示。

表 3-1　中国工商银行负债构成表　　　单位：人民币百万元

项目	2023年12月31日		2022年12月31日	
	金额	占比	金额	占比
客户存款	33 521 174	81.9%	29 870 491	82.8%
同业及其他金融机构存放和拆入款项	3 369 858	8.2%	3 187 712	8.8%
卖出回购款项	1 018 106	2.5%	574 778	1.6%
已发行债务证券	1 369 777	3.3%	905 953	2.5%

(续表)

项目	2023年12月31日		2022年12月31日	
	金额	占比	金额	占比
其他	1 641 576	4.1%	1 555 793	4.3%
负债合计	40 920 491	100%	36 094 727	100%

资料来源：中国工商银行股份有限公司2023年度报告。

从表3-1可以看出，中国工商银行负债总额呈逐年上升趋势。负债结构中，客户存款依然是中国工商银行最主要的资金来源，存款占负债总额的比重远远高于非存款负债。2022～2023年，客户存款均占81%以上。从客户结构上看，公司存款增加15 387.74亿元，增长10.5%；个人存款增加20 202.62亿元，增长13.9%。从期限结构上看，定期存款增加41 761.47亿元，增长27.6%；活期存款减少6 171.11亿元，下降4.4%。从币种结构上看，人民币存款318 378.35亿元，增加36 848.21亿元，增长13.1%；外币存款折合人民币6 833.39亿元，减少341.38亿元，下降2.0%。

从表3-1可知，2022～2023年，中国工商银行负债结构中，同业及其他金融机构存放和拆入款项占负债总额的比重从8.8%下降到8.2%，卖出回购款项占负债总额的比重从1.6%上升到2.5%，已发行债务证券占负债总额的比重从2.5%上升到3.3%，其他负债从4.3%降至4.1%，说明中国工商银行的负债结构从过去的单一依赖存款负债，过渡到客户存款与同业存放、债券等共存的多元化负债时代。商业银行的负债管理从传统的注重存款吸收转向负债结构的多样化是必然选择，尤其是在互联网金融热潮的冲击下，商业银行的经营和存款面临更多挑战，需要商业银行从被动负债管理转向主动负债管理。

五、商业银行的负债质量管理

（一）负债质量管理的概念

负债质量管理是指商业银行以确保经营的安全性、流动性和效益性为目的，按照与其经营战略、风险偏好和总体业务特征相适应的原则，就负债来源、结构和成本等方面所开展的管理活动。根据银保监会2021年3月发布并实施的《商业银行负债质量管理办法》，商业银行应当确立与本行负债规模和复杂程度相适应的负债质量管理体系，建立健全负债质量管理组织架构，建立完善的负债质量管理内部控制体系，建立健全负债业务创新管理机制，并将负债质量纳入绩效考评体系、将负债质量管理纳入内部审计范畴，至少按年度披露负债质量管理体系及负债质量状况等方面信息。

（二）负债质量管理的要素

商业银行应当重点从以下六个方面加强负债质量管理：①负债来源的稳定性。商业银行应当密切关注影响本行负债来源稳定性的内外部因素，加强对负债规模和结构变动的监测和分析，提高对负债规模和结构变动的管理，防止负债大幅异常变动引发风险。②负债结构的多样性。商业银行应当形成客户结构多样、资金交易对手分散、业务品种丰富、应急融资渠道多元的负债组合，防止过度集中引发风险。③负债与资产匹配的合理性。商业银行应当通过多种方式提升负债与资产在期限、币种、利率和汇率等方面的匹配程度，防止过度错配引发风险。④负债获取的主动性。商业银行应当根据业务发展和管理需要,提高通过各种渠道及时主动获得所需额度、期限和成本资金的能力。⑤负债成本的适当性。商业银行应当建立科学的内外部资金定价机制,加强内部资金转移价格管理,确保以合理的成本吸收资金。⑥负债项目的真实性。商业银行应当确保负债项目的真实性,负债交易、负债会计核算、负债统计等应当符合法律法规和有关监管规定。各项负债业务应当基于真实的债权债务关系,并符合会计准则的相关要求。

(三) 负债质量管理监督

根据《商业银行负债质量管理办法》第二十六条的规定,商业银行应当按照本办法要求,对负债质量管理情况进行年度评估,每年3月底前向银保监会或其派出机构报送上一年度的负债质量管理评估报告。重点内容包括但不限于:①负债质量管理的治理体系是否健全;②负债质量管理策略、政策及应急计划是否与本行经营战略、风险偏好和总体业务特征相适应;③负债质量管理要素是否符合本办法要求;④负债质量的识别、计量、监测及控制体系是否完善,对指标异常和超限额的情况报告和处理是否及时得当;⑤负债质量管理相关指标和限额是否符合现行规章制度要求,与过往年度相比是否存在不合理情况。

根据《商业银行负债质量管理办法》第二十七条的规定,商业银行应当及时向银保监会或其派出机构报告下列可能对本行负债质量产生不利影响的重大事项和拟采取的应对措施:①发生挤兑事件;②信用评级大幅下调;③重要融资渠道即将受限或失效;④大规模出售资产以偿还负债;⑤负债项目被其他监管部门发现重大违规;⑥负债总量或结构异常变化;⑦负债成本异常上升;⑧母公司或集团内其他机构的经营状况、流动性状况和信用评级等发生重大不利变化;⑨市场流动性状况对本行负债业务产生重大不利影响;⑩其他对负债质量可能产生重大影响的事项。

上述事项涉及重大突发事件的,应按照银保监会及其派出机构相关规定,另行报告。同时,根据《商业银行负债质量管理办法》规定,银保监会及其派出机构应当结合日常监管和商业银行负债质量管理报告,对商业银行负债质量管理的健全性和有效性进行评估,并作为制定商业银行监管规划,确定非现场监管重点和现场检查内容、范围,开展年度监管评级的重要考虑因素。银保监会及其派出机构可根据商业银行的经营管理情况、风险水平和负债业务开展情况等,对商业银行负债业务质量的管理要素、监测与分析工具、信息披露、报告制度等方面提出差异化审慎监管要求。对负债质量管理监管评估发现有重大缺陷和问题的商业银行,银保监会及其派出机构可以要求其制定整改方案,限期整改。情节严重逾期未整改的,可依据相关法律法规采取进一步监管措施或实施行政处罚。

第二节　商业银行存款业务

存款是商业银行最主要的资金来源,是商业银行经营活动的基础和前提,存款的数量和种类制约着银行的资产规模和结构。商业银行业务经营的成功与否,首先取决于能否吸收到所需要的资金,因此,存款业务在负债业务中占有最主要的地位。

一、商业银行的传统存款业务

（一）活期存款

活期存款是指客户无需预先通知，可以随时提取和支付的存款。开立活期存款账户主要是为了通过银行进行各种支付结算，存户可以随时开出支票对第三方进行支付而不用事先通知银行，因此，活期存款又称支票存款。活期存款是商业银行的重要资金来源，也是商业银行创造信用的重要条件。一般情况下，活期存款指单位、法人的存款。

活期存款的特点是流动性比较大，存取频繁，风险较大，并需要提供许多相关的业务，如存取服务、转账服务和提现服务等，因而其成本比较高。因此，活期存款的利息成本较低，但是营业成本较高。由于取款无需事前通知，所以活期存款是商业银行最不稳定和最无法预测的资金来源，潜在的到期期限最短。因而，商业银行对活期存款一般不支付或只支付极少的利息，甚至有时还要收取一定的手续费。

活期存款具有货币支付手段和流通手段的功能，能提高银行的信用创造能力。在活期存款的存取过程中，商业银行会获得一个稳定的活期存款余额，可以用于期限较长的高盈利资产的投资。活期存款的支票大多用于转账而不是提现，会形成派生存款，能有效提高银行的盈利水平。商业银行还可以通过吸收活期存款增进与客户的联络，在免费或低费的服务中争取客户、增加存款。因此，活期存款也是商业银行扩大信用、联系客户的重要渠道。但是，由于活期存款的流动性较强，各个国家一般都规定了比较高的存款准备金率。

（二）定期存款

定期存款是相对于活期存款而言的，是一种预先与客户约定期限，一般到期才能支取的存款。定期存款的利率视期限而定，期限越长，利率越高。传统的定期存款单不能转让流通，仅是提取存款的凭证，是存款所有权及获取利息的权利证书，因此，定期存款在灵活性、方便性、流动性和创造派生存款方面都不如活期存款。但定期存款单可以作为动产抵押品向银行贷款。

定期存款的特点是手续简便，费用较低，风险较小，定期存款只需开具一张定期存单，客户凭存单在到期时一次性办理支取本息手续，期间不需提供其他服务，银行所花的费用比较低。定期存款与活期存款相比，稳定性较好，客户一般未到期不能支取，存款准备金率比较低。而且由于定期存款存期固定，期限较长，为商业银行提供了稳定的资金来源，商业银行可以用来发放长期放款和投资。定期存款是银行稳定的资金来源，资金利率高于活期存款，营业成本低于活期存款。

（三）储蓄存款

根据《储蓄管理条例》的规定，储蓄存款又称个人存款或住户存款，即商业银行吸收的个人存款。储蓄行为是指居民个人将闲置不用的货币资金存入商业银行，可随时或按约定时间支取款项的一种信用行为。按存款支取方式的不同，储蓄存款可以分为活期储蓄存款和定期储蓄存款。

1. 活期储蓄存款

活期储蓄存款是指不规定存款期限，客户可以随时存取、存取金额不限的存款类型。活期存款通常1元起存，以存折或银行卡作为存取凭证。客户凭存折或银行卡及预留密码可在银行营业时间内通过银行柜面或通过银行自助设备随时存取现金，部分银行的客户可凭存折或银行卡在全国各网点通存通兑。

中国人民银行《关于人民币存贷款计结息问题的通知》规定,从 2005 年 9 月 21 日起,我国对活期储蓄存款实行按季度结息,每季度末月的 20 日为结息日,次日付息。该通知还对其他存款的计息方式进行了规定:除了活期和定期整存整取两种存款,计结息规则由各银行自己把握,即可以沿用普遍使用的每年 360 天(每月 30 天)计息期,也可选择将计息期全部化为实际天数计算利息,即每年为 365 天(闰年为 366 天),每月为当月公历的实际天数。

关于存款计息方式,该通知提供了两种选择:一种是积数计息法,即按实际天数每日累计账户余额,以累计积数乘以日利率计算利息。另一种是逐笔计息法,按预先确定的计息公式逐笔计算利息。目前,各家银行多使用积数计息法计算活期存款利息,使用逐笔计息法计算整存整取定期存款利息。存款具体采用何种计息方式由各银行决定,储户只能选择银行,不能选择计息方式。

2. 定期储蓄存款

定期储蓄存款是个人事先约定偿还期的存款,其利率视期限长短而定。根据不同的存款方式,定期存款分为四种(表 3-2),其中整存整取最为常见,是定期存款的典型代表。

表 3-2 定期存款种类

存款种类	存款方式	取款方式	起存金额	存取期类别	特点
整存整取	整笔存入	到期一次支取本息	50 元	3 个月、6 个月、1 年、2 年、3 年、5 年	长期闲置资金
零存整取	每月存入固定金额	到期一次支取本息	5 元	1 年、3 年、5 年	利率低于整存整取定期存款,高于活期存款
整存零取	整笔存入	固定期限分期支取	1 000 元	存期分为 1 年、3 年、5 年;支取期分为 1 个月、3 个月或半年一次	本金可全部提前支取,不可部分提前支取。利息于期满结清时支付,利率高于活期存款
存本取息	整笔存入	约定取息期到期一次性支取本金,分期支取利息	5 000 元	存期分为 1 年、3 年、5 年;可以 1 个月或几个月取息一次	本金可全部提前支取,不可部分提前支取。取息日未到不得提前支取利息,取息日未取息,以后可随时取息,但不计复利

3. 其他种类的储蓄存款

除了常见的活期存款和定期存款,还有一些传统存款种类,如表 3-3 所示。

表 3-3 其他存款种类特点

存款种类	特点
定活两便储蓄存款	存期灵活,开户时不约定存期,一次存入本金,随时可以支取,银行根据客户存款的实际存期按约定计息

(续表)

存款种类	特点
个人通知存款	开户时不约定存期,预先确定品种,支取时只要提前一定时间通知银行,约定支取日期及金额。目前,银行提供存款1天、7天通知储蓄存款两个品种,一般5万元起存
教育储蓄存款	父母为了子女接受非义务教育而存钱,分次存入,到期一次支取本金和利息。 利息免税:免征储蓄存款利息所得税。 利率优惠:1年期、3年期教育储蓄按开户日同期同档次整存整取定期储蓄存款利息利率计息;6年期按开户日5年期整存整取定期储蓄存款利率计息。 总额控制:教育储蓄起存金额为50元,本金合计最高限额为2万元。 储户特定:在校小学四年级(含四年级)以上学生。如果需要申请助学贷款,金融机构优先解决。 存期灵活:教育储蓄属于零存整取定期储蓄存款。存期分为1年、3年和6年。提前支取时必须全额支取

(四) 单位存款

单位存款又称机构存款、对公存款,是指机关、团体、部队、企业、事业单位和其他组织以及个体工商户(以下简称单位类客户)将货币资金存入商业银行,并可以随时或按约定时间支取款项的一种信用行为,是商业银行对存款单位的负债。按存款的支取方式不同,单位存款一般可作如下划分。

1. 单位活期存款

单位活期存款是指单位类客户在商业银行开立结算账户,将人民币存入银行,不规定存期,可随时转账、存取,银行按结息日人民银行规定的活期存款利率计付利息的一种存款。人民币单位活期存款结息日为每季度末月20日,存款利息自动转入相应的活期存款账户。单位活期存款账户又称单位结算账户,包括基本存款账户、一般存款账户、专用存款账户和临时存款账户。

2. 单位定期存款

单位定期存款是指单位类客户在商业银行办理的约定期限、整笔存入,到期一次性支取本息的存款类型,存期分3个月、6个月、1年、2年和3年和5年六个档次。存款按存入日中国人民银行挂牌公布的同档次存款利率计息。存期内如遇利率调整,不分段计息。存款可部分提前支取或逾期支取,支取或逾期部分存款按实存天数和支取日挂牌中国人民银行公布的活期存款利率计息,利随本清。

3. 单位通知存款

单位通知存款是指单位类客户在存入款项时不约定存期,支取时需提前通知商业银行,并约定支取存款日期和金额方能支取的存款类型。不论实际存期多长,按存款人提前通知的期限长短,可再分为1天通知存款和7天通知存款两个品种。存款计息以本金为基数,按支取日中国人民银行挂牌公布的相应存款利率和实际存款计息,利随本清。计息期间如遇利率调整,不分段计息;部分支取的,如留存部分高于起存金额时,仍从原存入日起计算存期,低于起存金额的,需结清,按支取日挂牌公告的活期存款利率计息,计息期间如遇利率调整,分段计息;实际存期不足通知存款期限的,其支取部分按支取日挂牌公告的活期存款利率计息,计息期间如遇利率调整,分段计息;未提前通知而支取的,其支取部分按支取日挂牌公告的活期存款利率计息，计息期间如遇利率调整，分段计息。

4. 单位协定存款

单位协定存款是指单位类客户通过与商业银行签订合同的形式约定合同期限、确定结算账户需要保留的基本存款额度、对超过基本存款额度的存款按中国人民银行规定的上浮利率计付利息、对基本存款额度按活期存款利率付息的存款类型。协定存款账户下设结算户（A户）和协定户（B户）两部分。协定存款账户中基本存款额度以内（A户）的存款按结息日或者支取日人民币单位活期存款利率计息，超过基本存款额度的存款（B户）按结息日或支取日中国人民银行公布的协定存款利率计息。计息期间如遇利率调整，分段计息。

5. 协议存款

协议存款是指利率市场化前，根据中国人民银行有关规定，商业银行可与保险公司、全国社会保障基金会等特定客户签署协议，自主确定存款期限、金额、利率和结息方式的存款，各类协议存款有最低起存期限和金额要求。

二、商业银行的存款业务创新

20世纪70年代以来，随着各国经济的发展，传统的商业银行存款业务越来越不能满足社会的多样化需要。同时，在金融体系内部，金融机构通过各种手段竞相吸引存户，为扩大存款展开了激烈的竞争。建立灵活方便的存款种类，已成为商业银行竞争的一条重要途径。近年来，西方商业银行积极开展存款业务的创新，在提倡存款服务便利化、存款利率浮动化的同时，不断推出新的存款品种。

（一）商业银行存款创新的原则

商业银行对存款工具的设计和创新，应该坚持以下原则。

1. 规范性原则

商业银行创新必须符合存款的基本特征和规范，也就是说，要依据银行存款所固有的功能进行设计，对不同的利率形式、计息方法、服务特点、期限差异、流通转让程度和提取方式等进行选择、排列和组合，以创造出无限丰富的存款品种。凡是脱离存款本质特征的设计，也就不称其为存款工具创新。

2. 效益性原则

效益性原则是指多种存款品种的平均成本以不超过原有存款的平均成本为原则。银行存款创新最终以获取一定的利润为目标，如因成本过高而导致银行收益下降甚至亏本，显然与银行的经营目标相悖。

3. 连续性原则

银行存款工具创新是一个不断开发的进程，因此，必须坚持不断开发、连续创新的原则。

4. 社会性原则

创新的存款工具，不能有损于社会宏观经济效益，应当有利于平衡社会经济发展所必然出现的货币供给和需求的矛盾，能合理调整社会生产和消费的关系，缓和社会商品供应和货币购买力之间的矛盾。

（二）我国商业银行的存款工具创新

我国商业银行的存款工具创新有多种形式，此处主要介绍大额可转让定期存单、同业存单和结构性存款等有代表性的存款创新。

1. 大额可转让定期存单

大额可转让定期存单是指商业银行为吸引客户的大额资金而签发给存款人的一种固定利率、大面额、可转让的定期存单。大面额存单的特点是可以转让,并且有较高的利率,兼有活期存款流动性和定期存款盈利性的优点。从国际经验看,不少国家在存款利率市场化的过程中,都曾以发行大额存单作为推进改革的重要手段。20世纪60年代初,美国市场利率不断上涨,各种证券收益率提高,而商业银行活期存款却不能支付利息,定期存款利率也受到上限限制,导致企业和个人把资金转移到证券市场,商业银行的存款大量流向证券市场。为了稳定和扩大存款,美国花旗银行于1961年开始发行大额可转让定期存单,作为逃避政府最高利率管制与存款准备金规定的一种手段。与传统的定期存款相比,可转让定期存单的面额较大,10万~100万美元不等,利率一般高于同期的定期存款利率,且可随时在二级市场出售转让,因此对客户颇具吸引力。

花旗银行发行的大额可转让定期存单的特点主要有:面额大,一般在500万~1 000万美元,最低10万美元,通常是1 000美元的整数倍;期限固定,一般从14天到1年不等,但是以30~180天最为常见;不记名;可以在市场上自由转让流通;安全性强,只可以定期支取;利率高于商业银行其他同期同档利率水平。

我国的大面额可转让定期存单于1986年由交通银行首次发行,利率高于同期存款。由商业银行直接向认购者出售,采取零售式发行,对居民个人发行的面额是500元或500元的整数倍;对企业发行的面额是5万元或5万元的整数倍,利率高于商业银行同期同档存款利率水平。2015年6月,中国人民银行颁布了《大额存单管理暂行办法》。我国大额存单的发行主体为银行业存款类金融机构,投资人包括个人、非金融企业和机关团体等非金融机构投资人;鉴于保险公司、社保基金在商业银行的存款具有一般存款属性,且需缴纳准备金,这两类机构也可以投资大额存单。考虑到不同投资群体投资能力的差异,《大额存单管理暂行办法》在存单起点金额设计上对个人和机构投资人有所区别,个人投资人认购的大额存单起点金额不低于30万元,机构投资人则不低于1 000万元。2016年,中国人民银行将个人投资人认购大额存单的起点金额调为20万元。大额存单发行利率以市场化方式确定。固定利率存单采用票面年化收益率的形式计息,浮动利率存单以上海银行间同业拆借利率为浮动利率基准计息。大额存单可以转让、提前支取和赎回。

2. 同业存单

同业存单是存款类金融机构在全国银行间市场上发行的记账式定期存款凭证,银行类金融机构包括政策性银行、商业银行、农村合作金融机构以及人民银行认可的其他金融机构,其投资和交易主体为全国银行间同业拆借市场成员、基金管理公司及基金类产品。

为拓展银行业金融机构的融资渠道,促进货币市场发展,2013年12月中国人民银行颁布了《同业存单管理暂行办法》。存款类金融机构发行同业存单,应当于每年首只同业存单发行前,向中国人民银行备案年度发行计划。存款类金融机构可以在当年发行备案额度内,自行确定每期同业存单的发行金额、期限,但单期发行金额不得低于5 000万元人民币。发行备案额度实行余额管理,发行人年度内任何时点的同业存单余额均不得超过当年备案额度。同业存单发行采取电子化的方式,在全国银行间市场上公开发行或定向发行。全国银行间同业拆借中心提供同业存单的发行、交易和信息服务。同业存单的发行利率、发行价格等以市场化方式确定,自 2017 年 9 月 1 日起,金融机构不得新发行期限超过 1 年(不含)的同业存单,期限为 1 个月、3 个月、6 个月、9 个月和 1 年,可按固定利率或浮动利率计息,并参考同期限上海银行间同业拆借利率定价。同业存单在银行间市场清算所股份有限公司登记、托管和结算。公开发行的同业存单可以进行交易流通,并可以作为回购交易的标的物,定向发行的同业存单只能在该只同业存单初始投资人范围内流通转让。发行人不得认购或变相认购自己发行的同业存单。

同业存单由于是低成本同业负债,市场扩容迅速,市场认可度显著提升,已成为股份制商业银行和农村商业银行的重要同业负债。

同业存单的特点及优势明显。对客户而言,同业存单流动性好。同业存单可以在二级市场交易,质押范围也越来越广泛;同业存单是定向发行,不同期限不同利率定价;同业存单收益增强,既有票面利率,又可以获得资本利得。此外,同业存单价格透明,操作方便。同时,对商业银行而言,同业存单具有稳定性,同业存单存款优于同业存款的稳定性,无提前支取的风险;属于商业银行的主动负债,商业银行可以根据期限、利率调整负债结构;商业银行通过同业存单获得的存款属于应付债券,无需缴纳存款准备金。此外,通过开展同业存单业务,商业银行还可以积累稳定的客户和投资人,有利于商业银行的长远发展。

同业存单属于商业银行同业负债的一种,但两者有很大的不同之处,具体体现在以下几个方面:①概念不同。同业负债是指商业银行向其他金融机构借入资金的行为,同业负债从本质上看,是金融同业机构间的负债关系。同业负债根据借款的不同形式,可分为同业存放、同业拆入和卖出回购等几种传统方式。同业存单是存款类金融机构在全国银行间市场上发行的记账式定期存款凭证,是银行主动负债的重要工具。②形成原因不同。同业存款是指因支付清算和业务合作等需要,由其他金融机构存放于商业银行的款项。但在信贷规模受到存贷比等指标控制的前提下,存放同业逐步向盈利性目标演进。同业存单作为同业存款的替代品出现,是利率市场化的一个重要工具。③性质不同。同业存单投资和交易主体为全国银行间同业拆借市场成员、基金管理公司及基金类产品,不属于存款保险范围。同业存款属于对公存款种类。从 2015 年起,中国人民银行对存款统计口径进行调整,同业存款纳入存款口径。

3. 结构性存款

长期以来,利率水平尤其是存款利率水平在我国受到严格的管制。银行在传统货币市场的利差空间越来越小,寻找提高存款收益的突破口成了各家银行努力的方向,通过将期权等衍生金融工具纳入传统负债业务是银行提高存款收益的最有效方法。商业银行面对较大的吸收存款压力,积极发展结构性存款并将其作为揽储的金融工具。

(1) 结构性存款的定义。根据中国人民银行《存款统计分类及编码标准(试行)》(银发〔2010〕240 号)的规定,结构性存款是指金融机构吸收的嵌入金融衍生工具的存款,通过与利率、汇率、指数等的波动挂钩或与某实体的信用情况挂钩,使存款人在承担一定风险的基础上获得更高收益的业务产品。结构性存款可视为"存款+期权",其具有固定收益证券和金融衍生品的双重特征。

结构性存款的本质是存款而非理财,需纳入资产负债表内核算,并缴纳存款准备金。商业银行应对结构性存款产品实施分离管理,基础资产按照储蓄存款业务管理,衍生交易部分按照金融衍生产品业务管理,一定程度上降低了结构性存款产品交易风险。但由于其嵌入境外衍生产品交易,投资者、银行以及管理部门仍面临一定的风险。

商业银行吸收结构性存款后,资金用于两部分:一部分和普通存款一样,用于发放贷款和配置债券等固定收益类金融产品,这部分配置较多;另一部分则配置于高风险高收益的金融衍生品,这部分配置较少。与一般存款相比,储户面临的更大风险主要来自金融衍生品投资部分,其预期的高收益也主要来自金融衍生品的投资收益。对储户而言,其收益也分为两部分:一部分是存款所产生的利息收益,另一部分是金融衍生品的投资收益。

(2)结构性存款的特点。结构性存款和理财产品都有保本型和非保本型,但是两者有明显区别。在商业银行的资产负债表上,结构性存款、保本型理财产品计入表内,非保本型理财产品计入表外。在存款准备金缴存上,结构性存款的保本部分、保本型理财需要缴纳存款准备金,非保本型理财不需要缴纳存款准备金。在资金资产配置方面,结构性存款部分可配置金融衍生品,也可以配置石油等大宗商品;而理财产品则配置债券,包括结构性存款在内的存款,拆放同业及买入返售等标准化资产。在信息透明度方面,理财产品的资金投向存在资金池运作,客户往往不清楚资金的最终投向,而结构性存款的衍生品投资往往在产品说明中有明确介绍。在风险保障方面,结构性存款的存款部分实行存款保险制度,最高偿付限额为50万元;而非保本型理财产品则没有这类保护。

(3)结构性存款创新的背景。就结构性存款产生及快速发展的背景看,都有商业银行吸收存款压力较大的因素存在。2017年以来,结构性存款得到快速发展,除了与商业银行吸收存款压力较大有关外,还与监管规定要打破刚性兑付等有密切的关系。从未来的发展看,在防范金融风险的大背景下,金融去杠杆会长期延续,严监管也会长期坚持,商业银行吸收存款的压力会长期存在,打破刚性兑付也是不可逆转的趋势。

2016年金融去杠杆力度加大,2017年强化了金融监管,银行业信贷投放大幅降低,通过信贷渠道派生存款规模大幅下降,企业存款和个人存款在2017年都发生大幅下降。同时,因为金融严监管,银行业金融同业资产规模快速下降,导致通过金融同业资产扩张创造存款的能力下降。因而银行业吸收存款的压力加大,需要寻求金融工具尤其是高收益的金融工具来提高存款的吸引力,并增强在同业中的竞争力。

当前相关监管要求打破刚性兑付,将导致结构性存款替代保本型理财。2018年4月,我国银保监会发布了《关于规范金融机构资产管理业务的指导意见》(以下简称《资管新规》),要求金融机构严控风险底线,明确指出"资产管理业务是金融机构的表外业务,金融机构开展资产管理业务时不得承诺保本保收益"。商业银行原有的保本型理财不再属于资管产品的范畴,非保本型理财也将实施净值化管理,对银行尤其是中小行的负债形成冲击,银行业此时便选择了与保本型理财替代性较高的结构性存款产品来吸引客户,结构性存款替代保本理财成为银行揽储的利器,得到迅速发展。目前商业银行结构性存款的收益率在3%~5%之间,利率一般挂钩某种外汇价格、主要指数和市场利率等。虽然其收益计入表内,但不受存款类产品的各种价格限制。

2019年10月,中国银保监会发布实施《关于进一步规范商业银行结构性存款业务的通知》,强调银行"不得发行收益与实际承担风险不相匹配的结构性存款",规范结构性存款中的衍生品交易部分,要求银行制定实施相应的风险管理政策和程序。

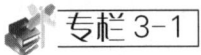专栏 3-1

我国商业银行个人养老储蓄业务创新

党的二十大报告提出"完善基本养老保险全国统筹制度,发展多层次、多支柱养老保险体系"。2022年4月,国务院办公厅发布《关于推动个人养老金发展的意见》,标志着以"账户制"为核心的个人养老金制度正式出台。同年11月,《个人养老金实施办法》正式发布,标志着个人养老金制度进入落地阶段。政策为商业银行带来多层次机遇。一是养老金业务的开展将为商业银行引来大量客户资源;二是个人养老金资产天然具有长期属性及持续的投资需求,可以带动存款、投资类产品的销售;三是以个人养老金业务作为着力点,带动商业银行集团多业务协同发展,有效提升客户专业化体验;四是借助集团专业财富管理与投资顾问服务能力,为客户提供专业化、定制化的资产配置服务方案,为客户实现养老财富的保值增值。

个人养老金产品是指符合金融监管机构要求,运作安全、成熟稳定、标的规范、侧重长期保值的金融产品。它包括个人养老储蓄、个人养老金理财产品、个人养老金保险产品和个人养老金公募基金产品等。商业银行经营的主要是个人养老储蓄业务。2022年11月,监管机构发布首批具备开办个人养老金业务资格的名单,包括6家大型国有商业银行、12家股份制商业银行和5家城市商业银行。自2022年11月20日,工商银行、农业银行、中国银行和建设银行开始进行为期1年的特定养老储蓄试点工作。试点阶段,单家银行特定养老储蓄业务总规模不超过100亿元。根据国家金融监管总局的统计,截至2023年1月,商业银行已开立个人养老金资金账户超过2 400万户,2023年上半年,商业银行特定养老储蓄存款已达到377亿元。

特定养老储蓄产品包括整存整取、零存整取和整存零取三种类型,产品期限分为5年、10年、15年和20年四档,不同期限的产品与客户年龄有一定的适配性,更加契合养老属性。此外,相较于其他养老产品,养老储蓄具有保本保息的特点,风险相对较低,且养老储蓄产品利率略高于大型银行5年期存款的挂牌利率,对于低风险偏好的养老客户具有特别的吸引力。

资料来源:王文婧.商业银行个人养老财富管理业务发展路径初探[J].银行家,2023(4):62-68.

三、商业银行的存款成本管理

存款业务是银行吸收资金的业务,资金的吸收只有在能为银行带来利润的条件下,才是合理的;否则,会对银行带来不利影响。因此,在银行存款业务经营中,要重视对存款成本的分析选择,要在不增加存款成本或尽量少增加成本的情况下,争取更多的存款,保持存款的稳定增长。

(一)商业银行存款成本的构成

银行存款成本主要有利息成本、营业成本、资金成本、可用资金成本、相关成本等。

1. 利息成本

利息成本是指商业银行以货币形式按照约定的存款利率和存款金额支付给存款者的报

酬。存款利率有固定利率与浮动利率之分。由于市场利率是不断变化的,若以固定利率计息,当市场利率下降时,银行就要遭受损失;反之,则客户就要遭受损失。因此,以浮动利率计息对存款人和银行都有降低风险的功效。

2. 营业成本

营业成本又称服务成本或非利息成本,是指除利息以外的其他所有开支,包括广告宣传费、柜台和外勤人员的工资、设备折旧、办公费用以及其他为存户提供服务所需的开支等。这种成本因存款的种类或形式不同而有很大的区别。一般来说,活期存款由于利率低,要提供的服务多,所以服务成本高;而定期存款因利率高,要提供的服务少,所以营业成本就相对较低。近年来,由于竞争的加剧,一些商业银行为了吸引客户存款往往通过更多的服务来获得竞争优势,导致营业成本增加较快,因此,营业成本是商业银行成本控制的重点。

3. 资金成本

资金成本是指商业银行为吸收存款而向客户支付的一切费用,包括利息成本和营业成本之和,反映了银行为获得存款而付出的代价。资金成本率的计算公式如下:

$$资金成本率 = \frac{利息成本 + 营业成本}{吸收的全部存款} \times 100\%$$

4. 可用资金成本

可用资金成本是指银行吸收的资金在扣除应交的法定存款准备金、必要的超额准备金后,可实际用于贷款和投资的资金所应该负担的全部成本。可用资金成本是确定银行盈利性资产价格的基础,也是银行经营中资金成本分析的重点。

5. 相关成本

相关成本是指与增加存款有关,以上四种成本之外的成本支出。它主要有风险成本和连锁反应成本。风险成本是指因存款增加引起银行风险增加而必须付出的代价。连锁反应成本是指银行对新吸收存款增加服务和利息,而引起的对银行原有存款也要相应增加的开支。

(二)商业银行存款成本的分析方法

1. 加权平均成本法

加权平均成本是指存款资金的每单位平均借入成本。其计算公式如下:

$$加权平均成本 = \frac{\sum(每种存款资金来源的量 \times 每种存款的单位平均成本)}{各类存款总量}$$

$$每种存款的单位平均成本 = \frac{\sum(利息成本 + 营业成本) \times 各类资金来源数量}{\sum 各类资金来源数量}$$

加权平均成本法主要用于不同商业银行各种负债成本的对比分析和同一银行历年负债成本的变动分析,通过对比同规模银行的平均借入成本和资产收益率,更容易说明该银行的支出和利润不同于其他银行的原因。但是,加权平均成本法的主要缺陷是没有考虑未来利息成本的变动。当未来利率上升时,历史平均成本就低于新增负债的实际成本,因此,以历史成本为基础的固定资产收益率就不能弥补成本,从而实现不了利润目标。当利率下降时,情况相反。因此,该方法不宜作为银行资产定价的依据。

2. 边际存款成本法

商业银行每项负债都有不同的边际成本,它随着市场利率、管理费用和该负债用于补充现金资产比例变化而变化,将这些独立的成本加在一起就可以得出新增资金的加权边际成本。

边际存款成本是指银行增加最后一个单位存款所支付的成本。其计算公式如下:

$$边际存款成本 = \frac{(新增利息 + 新增营业成本)}{新增存款资金}$$

边际存款成本法可以作为资产定价的依据。商业银行在确定资产价格时应明白,只有新增资产的边际收益大于新增负债的边际成本,商业银行才能获得适当的利润。因此,如果已知边际成本,商业银行可以使资产收益率目标略高于边际成本,从而保证适当的资产收益率与边际成本之差,以弥补违约风险损失和支付股东应得的报酬。因此,商业银行可以通过比较存款的边际成本与边际资产回报率来决定是否吸收新的存款,只有边际成本小于边际资产回报率时,才会吸引新资金来支持资产增长。

加权平均成本法能够准确评价一家商业银行的历史经营状况;边际成本法可以帮助商业银行决定选择哪种资金来源更合适;同时,边际成本法也能够为商业银行盈利性资产定价提供依据。存款的边际成本定价从某种意义上说可能要优于加权平均成本定价,因为在浮动利率体制下,利率的不断变化使平均成本的定价标准有些不合实际,边际成本定价更实用些。

下面以中国工商银行为例,分析商业银行的存款成本情况。2022~2023 年,中国工商银行的存款利息支出分别是 4 800.83 亿元和 5 896.88 亿元,存款平均付息率分别是 1.75%、1.89%。中国工商银行按产品类型划分的存款平均成本,如表 3-4 所示。由于存款付息率的上升和客户规模的增加,中国工商银行存款平均余额从 2022 年年底的 273 646.27 亿元,增加到 2023 年年底的 311 414.46 亿元。

表 3-4 中国工商银行按产品类型划分的存款平均成本 单位:人民币百万元

项目	2023 年			2022 年		
	平均余额	利息支出	平均付息率	平均余额	利息支出	平均付息率
公司存款						
定期	7 503 647	199 149	2.65%	5 803 074	150 011	2.59%
活期	7 228 582	73 564	1.02%	7 405 878	68 024	0.92%
小计	14 732 229	272 713	1.85%	13 208 952	218 035	1.65%
个人存款						
定期	9 535 044	254 834	2.67%	7 742 072	223 607	2.89%
活期	5 807 411	15 135	0.26%	5 407 007	17 007	0.31%
小计	15 342 455	269 969	1.76%	13 149 079	240 614	1.83%

(续表)

项目	2023年			2022年		
	平均余额	利息支出	平均付息率	平均余额	利息支出	平均付息率
境外业务	1 066 762	47 006	4.41%	1 006 596	21 434	2.13%
存款总额	31 141 446	589 688	1.89%	27 364 627	480 083	1.75%

资料来源：中国工商银行股份有限公司2023年度报告。

(三) 商业银行存款成本控制

1. 存款结构和成本选择

在一般情况下，如果存款期限长，利率和成本就高；反之，存款期限短，利率和成本就低。但如深入分析，情况未必一定如此。例如，活期存款的利率虽低，但营业成本高，因此，活期存款的总成本并不一定低。

在银行经营管理实践中，对存款结构的选择，需要正确处理以下关系：尽量扩大低息存款的吸收，降低利息成本相对数；正确处理不同存款的利息成本和营业成本的关系，力求不断降低营业成本支出；活期存款的发展战略必须以不减弱银行的信贷能力为条件；定期存款的发展不以提高自身的比重为目标，而应与银行存款的派生能力相适应。

2. 存款总量和成本控制

在商业银行的存款总量和成本之间的关系有四种不同的组合，包括：存款总量增长，成本反而下降；存款总量增长，成本随之上升；存款总量增加，成本不变；存款总量不变，成本增加。

以上四种组合表明，存款成本不但与存款总量有关，而且与存款结构、利息成本和营业成本占总成本的比重、单位成本内固定成本和变动成本比率等，都有密切的关系。因此，要求银行经营在不增加货币投入的情况下，尽量组合更多的存款，走内涵扩大再生产之路。例如，不能用率先提高存款利率、增设营业网点、增加内勤外勤人员等办法去扩大存款市场，而应在改变存款结构、创新存款品种、提高工作效率和服务质量等方面下功夫。

3. 可用资金的历史平均成本和边际成本分析

可用资金的历史平均成本，是指银行对已吸收的存款的全部利息成本加上营业成本除以全部可用资金。可用资金的历史平均成本对评价银行迄今为止的经营状况有极重要的意义，但其主要缺陷是不考虑未来利息成本变动。因为银行经营主要是面向未来，而不是回顾过去。当未来利率上升时，历史平均成本就低于新吸收的存款的实际成本，这样以历史成本为基础的资产收益率必然会相应下降，从而也就不能实现利润目标。当未来利率下降时，情况则相反，历史平均成本将高于新吸收成本存款的实际利息成本，这样使营利性资产的价格可能因高估而不利于竞争。

确定边际存款成本非常重要。因为只要已知边际存款成本，银行就可相应确定资金收益率的目标，使资产收益率略高于边际成本率，以弥补信用风险损失，保持适当的盈利。而且除存款外，可用资金的边际成本可反映其他各种资金来源的相对成本，以确定新增资金来源的最低费用目标。但是边际成本难以精确计算，商业银行需要对利率预测的结果进行经常性调整，以尽量使存款边际成本的预测趋于精确。

四、商业银行的存款管理

在商业银行负债中,存款占有举足轻重的地位。各国商业银行在负债业务不断创新的情况下,存款负债仍是其最主要的资金来源。我国商业银行负债中存款的比重一般较高,如中国工商银行 2022 年 12 月 31 日资产负债表中,负债总额 360 958.31 亿元,其中客户存款为 298 704.91 亿元,占其全部负债的比重高达 82.8%。

(一) 存款管理的原则

1. 维护存款人权益原则

(1) 存款自愿、取款自由、存款有息、为存款人保密。1992 年颁布的《储蓄管理条例》规定,储蓄机构办理储蓄业务必须遵循上述原则,1995 年颁布的《商业银行法》予以确认。存款自愿是指城乡居民持有的闲置货币存与不存、存多存少、存期长短、参加储蓄的种类、存到哪一个营业网点,都由个人选择,不受任何干预。取款自由是指存款人的取款时间、取款金额、取款用途都由存款人自己决定,银行必须按照监管规定或者约定付款,不得无故拖延、拒绝支付存款本金和利息。存款有息,即凡是存入银行的款项都要按照国家利率政策,付给存款人一定利息。

(2) 谁的钱入谁的账、归谁支配。这既是结算管理三原则之一,也是存款管理的一条重要原则。国家保护存款人的合法权益,存款人自主支配使用存款,他人不得动用。

(3) 真实性原则。存款业务应当基于真实的债权债务关系,并符合会计准则的相关要求。禁止通过虚构交易、对做交易以及乱用、错用会计科目或业务不入账等方式调增或调减负债。结构性存款的存款部分按照存款管理,不得通过设计结构性存款假结构来替代保本理财或按保本产品宣传销售侵害存款人权益。

2. 业务经营安全性原则

《商业银行法》要求商业银行以安全性、流动性、效益性为经营原则,实行自主经营,自担风险,自负盈亏,自我约束。经营的安全性是银行资金运行的重要保证条件,只有加强存款管理才能避免存款风险的发生。银行为了避免存款的风险,稳定经营的安全性,制定了结算办法账户管理办法以及有关规定,制约存款户的资金收付活动。同时,还严格支票管理制度,履行申领、签发、使用、保管和核销手续。

3. 合规经营原则

为规范商业银行吸收存款行为,约束存款"冲时点"等违规问题,银监会、财政部、人民银行于 2014 年 9 月发布《关于加强商业银行存款偏离度管理有关事项的通知》。2018 年 6 月,银保监会、人民银行对该通知进行修订,明确商业银行的月末存款偏离度不得超过 4%,加强存款稳定性管理,其中,月末存款偏离度=(月末最后一日各项存款−本月日均存款)÷本月日均存款×100%,同时还要求商业银行不得设立时点性存款规模考评指标,不得设定以存款市场份额、排名或同业比较为要求的考评指标,分支机构不得层层加码、提高考评标准及相关指标要求。

此外,《关于加强商业银行存款偏离度管理有关事项的通知》还要求商业银行不得采取以下手段违规吸收和虚假增加存款:一是违规返利吸存。即通过返还现金或有价证券、赠送实物等不正当手段吸收存款。二是通过第三方中介吸存。即通过个人或机构等第三方资金中介吸收存款。三是延迟支付吸存。即通过设定不合理的取款用款限制、关闭网上银行、压票退票等方式拖延、拒绝支付存款本金和利息。四是以贷转存吸存。即强制设定条款或协商约定将贷款资金转为存款；以存款作为审批和发放贷款的前提条件；向"空户"虚假放贷、虚假增存。五是以贷开票吸存。即将贷款资金作为保证金循环开立银行承兑汇票并贴现，虚增存贷款。六是通过理财产品倒存。即理财产品期限结构设计不合理，发行和到期时间集中于每月下旬，于月末、季末等关键时点将理财资金转为存款。七是通过同业业务倒存。即将同业存款纳入一般性存款科目核算；将财务公司等同业存放资金于月末、季末等关键时点临时调作一般对公存款，虚假增加存款。

(二) 存款管理的策略

1. 积极经营策略

存款规模大小主要取决于客户的动机和选择，对银行来说，存款实质上是一种被动负债。银行要在存款经营中实现预期的目标，就必须变被动负债为主动负债的积极经营，通过采取一系列策略和措施使自己推出的存款工具能迅速占领市场。银行要注重挖掘和维持巨大的可能存款量。为此，银行既要与尽可能多的存款对象保持密切的友好关系，尽量创造出能为不同收入层面、职业、居住地域和行业特征的客户提供所需存款产品的条件，又要通过不断创新和开拓，创造出尽可能多的存款工具、服务手段和技巧策略。

(1) 储蓄存款。对居民储蓄存款，要注意以下几方面问题：第一，必须重视利率高低的杠杆作用和优质高效的服务开发，并针对客户的储蓄动机设计出多样化的储蓄存款工具。第二，必须重视积极的营销，做好广告宣传，加强外勤并合理设置网点。第三，必须重视储蓄业务的内部管理要求，注重储蓄业务操作的现代化建设，提高储蓄工作人员的积极性，改善服务态度。

(2) 企业存款。对企业存款来说，要以提供全方位的信息服务，密切银行与企业的关系为核心，开发多样化的企业存款工具，努力以贷引存，做到存贷结合，并能结合银行的资产业务和中间业务，协助企业管好、用好资金。

2. 提高存款稳定性策略

存款的稳定性，是形成银行中长期和高盈利资产的主要资金来源。衡量存款稳定性的主要指标有活期存款稳定率和活期存款平均占用天数。其计算公式如下：

$$活期存款稳定率 = \frac{活期存款最低余额}{活期存款平均余额} \times 100\%$$

$$活期存款平均占用天数 = \frac{活期存款平均余额 \times 计算期天数}{存款支付总额}$$

因此，提高存款的稳定性，主要表现为提高活期存款的稳定率和延长存款的平均占用天数。

按照存款的波动性程度，商业银行存款可划分为易变性存款、准变性存款和稳定性存款三大类。易变性存款主要指活期存款，这类存款是现实的购买和支付手段，客户随时都可能向银行提现和转账，因此，这类存款的稳定性最差。准变性存款主要指定活两便存款、通知存款等。这类存款既不能提现和转账，又没有支取约定期限的制约。其稳定性介于活期存款和定期存款之间。稳定性存款主要指定期存款、可转让存单及专项存款等。这类存款在约定期内一般不能提前支取，是稳定性较强的存款。保证银行存款稳定性的重点是提高易变性存款的稳定性,同时努力延长稳定性存款和易变性存款的平均占用天数。

3. 保持存款适度规模策略

存款是商业银行最主要的资金来源,存款的多少直接体现着一家银行的资金实力大小。但是存款是有成本的,因此并不是存款越多对银行的经营就越有利。

从宏观经济运行的角度分析,影响商业银行存款规模的主要因素有宏观经济发展水平、金融当局货币政策和目标、金融法制法规的建设与完善等宏观因素,也有存款利率、服务质量、网点设置、产品创新、雇员形象、银行环境和资信状况等微观因素。因此,一国商业银行存款总量取决于该国国民经济发展的总体水平,其增减变化则受到多种因素的影响和制约,如存款利率变动情况、居民收入水平和消费支出结构、商品供给状况和物价水平、金融市场的发展水平以及传统习惯等。

从宏观角度判断存款规模是否适度,需要考虑多种因素,很难确定一个严格的数量标准。一般认为,只要存款的增长能够满足社会经济发展的需要,就达到了目标。从商业银行经营管理的角度分析,一家银行的存款量应控制在能够满足其贷款的发放及承受吸收存款的成本和管理负担的范围内,如超过这一范围,就属于不适度的存款增长,会给银行经营增加负担。只有当存款的期限结构既能满足银行资产业务的要求又能适当降低成本,存款的品种结构既能满足资产结构的要求又能满足客户多样化规模的需求,其规模才是合理的。

第三节　商业银行借款业务

一、商业银行的短期借款

(一) 商业银行短期借款的特征

相对于吸取存款而言,商业银行的短期借款是一种主动性负债,在时间、金额和期限上都有较大的选择余地,金额相对集中,可以弥补短期头寸的短缺,但利率较高,风险较大。短期借款的主要特征表现在以下几个方面。

1. 主动性

活期存款的余额随时都在发生变化,定期存款也存在提前支取的可能性,商业银行难以主动把握和控制,因而,在准确掌握某一时点上存款对于流动性的需要比较难。商业银行的短期借款具有充分的主动性,无论是时间和金额上都有明确的约定,银行既可以事先精确掌握,又可以加以有计划地选择和控制,有利于对负债的管理。

2. 集中性

存款是商业银行从众多分散的客户中获得的资金,每一笔的金额相对较小。短期借款则无论在时间上还是金额上都相对集中,每一笔借款的平均金额要大大高于每一笔存款的平均金额。由此,也使得短期借款的偿还时间和金额也相应集中,就对商业银行资产的流动性提出了较高的集中性要求,一旦无法在约定期限还款,就会影响银行信誉,加大风险。

3. 利率风险较高

一般情况下,短期借款的利率高于同期存款的利率,而且短期借款的利率与市场资金供求关系密切相关,极易受市场利率变动的影响。一旦市场上资金出现供不应求,短期借款的利率可能会快速上升,导致商业银行负债成本大幅度提高。因此,要加强对短期借款的成本分析和控制,降低利率风险。

4. 主要用于弥补短期头寸短缺

短期借款的时间较短,银行不能够长期占用,一般只用于弥补头寸短缺,解决银行临时性资金的不足和周转困难时的资金需要。尽管短期借款的稳定余额也可以长期占用,但是绝不能用短期借款来满足盈利性资产的资金需要,短期借款的动机只能是为了满足银行经营的流动性需要。

(二)商业银行短期借款的意义

1. 短期借款是商业银行非存款资金来源的重要渠道

在商业银行的负债业务中,存款始终是最主要的资金来源,但是随着商业银行的发展,非存款性负债日益增长,同业拆借、向中央银行借款、回购协议和向欧洲货币市场借款等短期负债,已经成为商业银行的重要资金来源。

2. 短期借款是满足商业银行周转金需要的重要手段

周转金是商业银行经营的保护性资金,只有持有足够的周转金,商业银行才能满足可能出现的支付需求。短期借款既能够降低存款波动的不利影响,又在一定程度上兼顾了盈利性的要求,因此,商业银行倾向于通过短期负债来满足资金周转的需要。

3. 短期借款提高了商业银行的资金管理效率

短期借款是商业银行的主动性负债,对流动性的需要在时间上和金额上都十分明确,商业银行依据安全性、流动性和盈利性的需要,对短期借款的时间和金额进行有效组合,提高资金的管理效率。同时,短期借款的增加使得商业银行资产和负债的流动性相应提高,能够更多地持有高盈利性的资产,从而有利于银行利润水平的提高。

4. 短期借款扩大了银行的经营规模,拓展了银行参与市场竞争的深度与广度

短期借款的增加意味着商业银行资金来源的增多,为银行资产业务的进一步拓展创造了条件,银行的经营规模将会随之扩大。商业银行通过短期借款可以加强与银行同业往来,有利于共同防御各种风险;银行向中央银行借款,为中央银行掌握商业银行信息和金融市场情况提供了资料,有利于中央银行执行货币政策;银行在国际金融市场的短期借款,有利于形成统一的国际金融市场。

(三)商业银行短期借款的方式

商业银行的短期借款渠道有同业借款、向中央银行借款和其他短期借款等方式。商业银行短期借款方式,如图 3-1 所示。

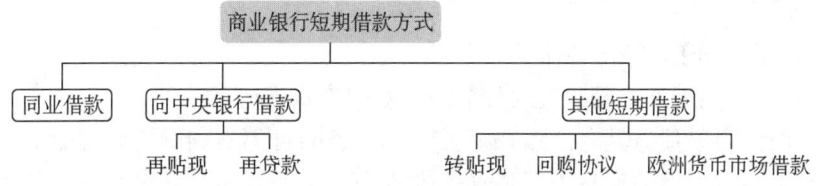

图 3-1　商业银行短期借款方式

1. 同业借款

同业借款是指商业银行之间或商业银行与其他除中央银行之外的金融同业之间进行的短期资金融通,主要用于日常性资金周转,是商业银行解决短期资金余缺、调剂法定准备金头寸而融通资金的重要渠道。

2. 向中央银行借款

商业银行向中央银行借款主要有两种形式,一是再贴现,一是再贷款。

(1) 再贴现。再贴现是指商业银行在办理贴现业务后,为了应付短期资金需要而再一次向中央银行办理贴现获取资金的行为。再贴现的金额,按票据面额扣除再贴现利息计算,再贴现利率一般略低于再贷款的利率。再贴现是中央银行三大传统货币政策工具之一,中央银行通过调整再贴现的利率、票据种类等,可以影响商业银行的筹资成本,起到影响基础利率的作用。

(2) 再贷款。再贷款是指商业银行从中央银行得到的信用贷款,是商业银行除存款之外最重要的资金来源,是中央银行控制货币供应量的主要途径之一。

3. 其他短期借款

(1) 转贴现。转贴现是指中央银行之外的投资人在二级金融市场上购进票据的行为。转贴现的利率可以由双方议定,也可以贴现率为基础并参照再贴现率而确定。二级市场的投资人在票据到期之前还可以继续转手买卖,继续办理转贴现。

(2) 回购协议。回购协议是指商业银行在出售证券等金融资产时签订协议,约定在一定期限后,按约定价格购回所出售证券,以获得即时可用资金的方式。协议签订后,银行向资金供给者出售证券、获得资金,协议期满时,再做反方向交易,以资金购回证券。回购协议最常见的交易方式有两种:一是证券的卖出和购回采用一致的价格,协议到期时以约定的收益率在本金之外另付费用;二是购回证券的价格高于出售证券的价格,差额即资金供给者的收益。回购协议通常在相互高度信任的金融机构之间进行,一般期限较短。商业银行通过回购协议融通的资金,不提交存款准备金,有利于实际借款成本的下降。

(3) 欧洲货币市场借款。欧洲货币市场具有以下特点:欧洲货币市场不受任何国家的政府管制和纳税限制。借款条件灵活,借款不限制用途;存款利率较高,放款利率较低,存放款利差较小;欧洲货币市场资金调度灵活、手续简便,业务方式主要是凭信用,短期借款一般只需要协议,无需担保品;借款利率由交易双方依据伦敦银行同业拆借利率(LIBOR)具体商定。由于我国对涉外金融管制较严,除中国银行外,国内其他商业银行对欧洲货币市场的短期借款渠道尚未真正开通。

二、商业银行的长期借款

(一) 商业银行长期借款的特征

商业银行的长期借款主要通过发行金融债券的方式进行。

与存款相比,金融债券具有许多特征:第一,筹资的目的不同。吸收存款是为了扩大银行资金来源的总量;发行债券是为了增加长期性资金来源和满足特定用途的资金需要。第二,筹资的机制不同。商业银行吸收存款是经常性的、无限额的;而发行债券是集中性的、有限额的。在商业银行吸收存款中,商业银行没有主动性,存款的金额、期限、币种和支取完全取决于存款的客户意愿;发行债券的主动权则在商业银行手中,商业银行对于债券发行的金额、利率、偿还期限和发行范围拥有绝对的主动权。第三,筹资的稳定性不同。存款的期限弹性很大,客户随时可能支取,银行要留有充足的支付保证金,使得存款资金的稳定性差;而债券有明确的到期日,一般无需提前还本付息,债券资金的稳定性较好。第四,筹资的流动性不同。除大额可转让定期存单外,存款的关系维系在存款人和吸存银行之间,一般无法转让,流动性差;金融债券一般不记名,可以在二级金融市场上流通转让,流动性强。第五,筹资的成本不同。吸收存款,商业银行需要众多的营业机构和营业网点、营业人员,业务量大,单位资金的筹集成本高;而发行金融债券则可以通过电话、互联网在国内外销售,单位资金的筹集成本低。

(二)商业银行长期借款的意义

商业银行借助于发行金融债券筹集资金具有十分积极的意义。第一,发行金融债券面向全社会,筹集范围广泛,不受商业银行所在地区资金状况、营业网点和人员数量的限制,可以突破商业银行原有的存贷关系的限制。第二,债券的利率较高、流动性强,对客户有较强的吸引力,有利于提高商业银行筹资的速度和数量。第三,发行债券所筹集的资金无需缴纳准备金,无形中会大大提高银行对筹集资金的利用率。第四,商业银行可以依据资金使用的需要,有针对性地发行债券,使资金来源与资金运用在期限上保持对称,有利于商业银行资产负债结构的均衡。

但是,金融债券的发行数量、利率受到管理当局严格的限制,银行要承担较高的发行费用,而金融债券流动性的强弱也较大地受金融市场发育和完善、规范程度的制约。所以,越是金融市场不够发达和完善的国家,金融债券不仅仅种类少,而且发行数量也较小。在欧美等大多数国家中,由于商业银行和其他金融机构同属于股份公司组织,故这些金融机构发行的金融债券,其发行、流通和转让与公司债券受相同法规管理。

(三)商业银行金融债券的种类

1. 一般性金融债券

一般性金融债券主要用于长期资金的筹集。其种类有普通金融债券、累进利息金融债券和贴现金融债券等。

普通金融债券是指商业银行发行的一种定期存单式的到期一次还本付息的债券,期限以3年以上居多,利率固定,一般略高于同期存款利率,平价发行,不计复利。累进利息金融债券是指商业银行发行的浮动期限式的利率与期限挂钩、分段累进计息的金融债券,期限为1~3年,平价发行,投资期限越长利率越高,债券持有者可以在最短和最长期限之间随时兑付,但是不满1年的不能兑付。累进利息金融债券有利于鼓励长期投资,也使得商业银行所筹集的资金相对稳定。贴现金融债券又称贴水金融债券,是指商业银行发行的在一定期限内、按一定的贴现率、以低于面值的价格折价发行的金融债券。这种债券的票面不印制利率和本金金额(发行价格),票面金额是到期兑付的债券本息额,发行价格与票面金额的差额就是投资者的收益。

2. 资本性金融债券

资本性金融债券是指商业银行为弥补资本金的不足而发行的资本性债券,其性质介于存款负债和股票资本之间,在《巴塞尔协议》中统称为附属资本或次级长期债务。

(1) 次级债。次级债是指固定期限不低于 5 年(包括 5 年),除非银行倒闭或清算,不用于弥补银行日常经营损失,且该项债务的索偿权排在存款和其他负债之后的商业银行长期债务次级债。其计入资本的条件是:不得由银行或第三方提供担保,并且不得超过商业银行核心资本的 50%。商业银行应在次级定期债务到期前的 5 年内,次级债券计入资本的部分应每年累积折扣 20%,即剩余期限在 4 年(含 4 年)以上的,以 100% 计;剩余期限在 3~4 年的,以 80% 计;剩余期限在 2~3 年的,以 60% 计;剩余期限在 1~2 年的,以 40% 计;剩余期限在 1 年以内的,以 20% 计。商业银行可根据自身情况,决定是否发行次级定期债务作为附属资本。

我国商业银行发行次级定期债务,须向银监会提出申请,提交可行性分析报告和招募说明书协议文本等规定的资料。募集方式为由银行向目标债权人定向募集。2003 年 11 月,银监会参考《巴塞尔协议》对附属资本中"长期次级定期债务"的规定,发布了《关于将次级定期债务计入附属资本的通知》,推动商业银行发行次级定期债务补充附属资本。为规范商业银行次级债券行为,2004 年 6 月,银监会与中国人民银行联合发布了《商业银行次级债券发行管理办法》,允许商业银行在银行间市场发行次级债券,进一步扩大了商业银行融资渠道,明显改善了我国商业银行资本不足、资本补充渠道单一的状况。

次级债属于债权融资,是向机构投资者定向募集资金,补充银行的资本金,银行通过次级债融资就必须考虑还本付息的压力,从而增强自身的盈利能力。

2001 年,兴业银行作为我国第一家获准发行次级债的商业银行发行了 30 亿元的次级债。其他银行也陆续发行次级债,作为资本补充来源。2010 年 3 月 19 日,中国银行发行次级债 249 亿元,中国工商银行也于 2010 年 9 月发行 220 亿元次级债用于补充资本金。

(2) 混合债。混合债(混合资本债券)是指针对《巴塞尔协议》对于混合(债务、股权)资本工具的要求而设计的一种债券形式,所募集资金可计入银行附属资本。作为商业银行补充资金的重要金融工具,混合债在国际上普遍为各银行所采用。2005 年 2 月,中国银监会下发《关于商业银行发行混合资本债券补充附属资本有关问题的通知》,允许符合条件的商业银行发行混合资本债券,在满足规定的条件下可以将混合资本债券计入附属资本。2006 年 9 月,中国人民银行发布第 11 号公告,对商业银行在银行间市场发行混合资本债券的行为做出具体规范。之后不久,兴业银行在全国银行间市场成功发行首只混合资本债券,发行总额 40 亿元,期限 15 年(经中国银监会批准,发行人 10 年后可赎回)。混合债的发行拓宽了商业银行补充资本充足率的渠道,能够缓解商业银行资本不足、资本补充渠道较少的状况,也使得银行的成长性不过分受到资本困境的约束。

混合债具有以下优势:第一,具有更强的资本属性。混合债的期限明显比次级债长。目前次级债的期限普遍为 5 年,而混合债的期限在 15 年以上,同时混合债自发行之日起 10 年内不得赎回,10 年后只有在得到银监会批准后具有一次赎回权。次级债每年计入附属资本的比例是递减的,而混合债计入附属资本的比例在存续期的最后 5 年才开始递减,这样混合债的每年平均资本要比次级债低,而混合债的基本属性表现得更强。第二,混合债提高了银行抗风险能力。这体现在利息递延和损失吸收两方面。利息递延是指发行混合债的银行在利息支付方面有一定的灵活性,核心资本充足率低于 4% 时,银行有权递延支付利息;当盈余公积与未分配利润之和为负,且最近 12 个月内未支付普通股现金股利时,银行必须延期支付利息。损失吸收是指银行陷入经营困境时,必须递延本金和利息。这种经营困境包括两种特定的情况:一种情况是当债券到期时,银行无力支付清偿权在混合债之前的银行债务;另一种情况则是银行支付混合债将导致无力支付偿索权在该债券之前的银行债务。这两种情况下均可延期支付混合债的本金和利息。混合债的清偿顺序列于商业银行其他负债之后、先于商业银行股权资本。

(3) 可转债。可转债全称为可转换债券,在目前国内市场,是指在一定条件下可以被转换成公司股票的债券。可转债具有债权和期权的双重属性,其持有人可以选择持有债券到期,获取公司还本付息;可以选择在约定的时间内转换成股票,享受股利分配或资本增值。所以,从某种意义上讲,可转债对投资者而言是保证本金的股票。可转债具备了股票和债券两者的属性,结合了股票的长期增长潜力和债券所具有的安全和收益固定的优势。此外,可转债比股票还有优先偿还的要求权。在我国,可转债已经与增发、配股一起并称为沪深股市上市公司二次融资的三大手段。

(4) 可分离债。可分离债即分离交易的可转换公司债券,是指上市公司公开发行的认股权和债券分离交易的可转换公司债券。其实质是一种债券和权证的投资组合。通过发行可分离债来融资的财务费用较少。可分离债一方面可以减少融资过程中的成本,另一方面企业有可能因为权证的到期行权而使股权稀释,发行量大,稀释效应也会强。但整体而言,财务费用节省的效应会大于股权稀释的影响。

3. 国际金融债券

国际金融债券是指商业银行在国际金融市场上发行的、面额以外币表示的金融债券。

(1) 外国金融债券。外国金融债券是指债券发行的商业银行通过外国金融市场所在国机构组织发行的、以该国货币为面值的金融债券。其特点是发行债券的商业银行在一个国家,债券的面值货币属于另一个国家。例如,我国商业银行通过日本金融机构在东京市场发行的日元债券就属于外国金融债券。

(2) 欧洲金融债券。欧洲金融债券是指发行金融债券的商业银行通过其他金融机构,在债券面值货币以外的第三国发行的金融债券。其特点是发行债券的商业银行在一个国家,债券在另一个国家或几个国家发行,而债券的面值货币属于第三国。例如,我国商业银行在伦敦市场发行美元债券、在法兰克福市场上发行日元债券,就属于欧洲金融债券,前者称为欧洲美元债券,后者称为欧洲日元债券。

(3) 平行金融债券。平行金融债券是指发行银行为筹措资金,在几个国家同时发行债券,分别以各投资国的货币标价,债券的筹资条件和利率基本相同。属于一家银行同时在不同国家发行的几笔外国金融债券。

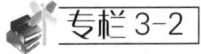专栏 3-2

我国商业银行发行可转债的情况

银行可转债是一种可以在特定的时间内转换成股票的债券,由银行发行,兼具债权和期权特性,因此,相比一般债券和股票在某些方面均有特殊优势:由于可转债具有转股特点,使其可以相对较低成本发行,通常情况下采取溢价发行;发行审核流程相对简单;期限较为灵活;在触发相应条款有利条件下可以强制转股;相对于增发方式,银行发行可转债对股本稀释较缓等。可转债在转股后可以补充银行核心一级资本,因此,银行可转债成为商业银行重要的资本补充工具。

从国际证券市场看,可转债作为银行融资的一项重要手段,自20世纪80年代在国际资本市场兴起以来备受瞩目。可转债在美国、欧洲和日本等地也取得了很大的发展,在资本市场上应用较为普遍。随着中国金融市场的快速发展,可转债作为一种新型投资工具备受关注,已经与增发、配股一起并成为上市公司二次融资的三大手段。

我国商业银行可转债起源于2003年,起量于2019年。2003年2月21日,民生银行作为国内首家发行可转债的银行,发行了40亿元人民币的可转债,该可转债于2003年8月27日进入转股期。2017年,可转债发行开始崭露头角时,银行可转债发行量再次突破400亿元,打破了2014~2016年连续3年无可转债发行的局面。2019年银行可转债发行规模起量,同年可转债发行量达到1 360亿元,占我国整体可转债发行规模的49%。2020年以来,实体经济增速整体放缓,银行股价持续低迷。2017~2021年,银行可转债每年发行数量不超过5只,截至2021年年末,转债市场400只存量转债中银行转债仅有15只。与此同时,银行可转债单笔发行金额均较大,自2017年以来发行的18只银行转债中,有10只发行规模超过100亿元,其中,浦发转债和兴业转债单笔发行规模达500亿元,是转债市场单笔发行规模最大的两只转债。由此不难看出,尽管银行发行数量较少,但仍以单笔超大规模的发行额度,使其成为可转债市场最为重要的组成部分。

2022年,受有效信贷需求下降、LPR多次下调等因素的影响,银行贷款收益率呈下降趋势。银行负债端竞争较激烈,存款利率下调幅度不及资产端收益率下降幅度,留存收益补充核心资本能力下降。银行发行可转债较为灵活,融资成本较低,是目前上市银行重要的融资方式。但2022年银行可转债发行规模降幅明显,全年共有齐鲁转债、常银转债、重银转债和成银转债4只银行转债发行,尽管转债数量较2021年没有明显变化,但发行规模仅为350亿元,同比下降68.18%。2023年,在经济复苏背景下,企业经营环境向好,信贷需求有望自然回升,银行息差压力有望降低,贷款结构或有所改善,银行经营环境向好,基本面预计维持稳健。市场普遍认为银行股估值修复有望回升,对银行转债形成利好。随着实体经济融资需求回暖及继续加大不良资产处置等,部分银行资本补充压力有所上升。同时,资本市场情绪回暖,也有助于提升可转债投资吸引力。

资料来源:

[1] 郭其伟.银行业专题研究:怎么看银行可转债? 未来智库,2021-12-21.

[2] 吕东.数量虽少但单笔规模大 2021年可转债发行银行仍是"大块头",证券日报[N].2022-01-07.

思政案例

邮储银行打造存款竞争力,助力实体经济发展

一、思政目标

本案例围绕邮储银行调整负债结构、支持实体经济展开,重点让学生理解负债成本对银行的重要性,让学生认识到金融服务实体经济的重要性,培养学生的金融素养和积极的社会责任感。

二、案例内容

实体经济是金融的根基,金融是实体经济的血脉,两者共生共荣。习近平总书记指出,金融要把为实体经济服务作为出发点和落脚点,全面提升服务效率和水平。近年来,邮储银行全力落实稳经济各项政策举措,把服务实体经济放在突出位置,强化负债管理,降低负债成本,全力支持小微企业、个体工商户等市场主体纾困发展,提升普惠金融服务的覆盖面、可得性和便利性。

从存款规模来看,截至2022年12月31日,邮储银行客户存款总额达12.71万亿元,在国有大型商业银行中排第五,全球银行1 000强中排名第13位。从存款网点数量来看,截至2022年,邮储银行有39 533个营业网点,网点数量比建行多了约2.5万个,比工行多了约2.4万个,比农行多了约1.7万个,比中行多了约2.9万个,比交通银行多了约3.7万个。同时,邮储银行的存款网点比四大行更加下沉。四大行的存款网点一般是铺到县城,仅个别网点延伸至经济发达的乡镇,而邮储银行通过代理网点等方式实现了更多的乡镇覆盖,深入农村,从而使邮储银行获得了极强的存款规模优势。从负债管理来看,2023年,邮储银行在负债管理上以金融发展和客户新的储蓄需求为基础,通过政策引导、赋能渠道、场景营销等手段,实现了存款结构的逐步优化。在负债结构上坚持"不唯规模、唯质量"的发展定力,以管理个人客户资产为转型为契机,以绩效考核为主要抓手,强化结构优化,继续保持低成本负债优势。通过强化负债结构优化,邮储银行继续保持低成本负债优势。2023年上半年付息负债的平均付息率1.57%,同比下降8个基点。

存款竞争力的提升极大地带动了邮储银行服务实体经济的能力。邮储银行以信用村普遍授信为抓手,加快推进"三农"金融数字化转型,巩固农村市场差异化竞争优势。加快城市业务发展,以重点城市为突破口,以点带面提升城市业务竞争力,在普惠金融方面推进线上线下有机融合,迭代升级服务模式。同时主动服务国家重大战略,践行国有大型商业银行的责任担当,持续加大乡村振兴支持力度,着力提升城乡居民服务水平,大力支持小微企业和民营经济,打造独具特色的下沉市场优势,有力地驱动全行高质量发展。

三、思考题

1. 商业银行调整负债结构,支持实体经济有何重要性?
2. 邮储银行如何利用网点下沉优势助力实体经济发展?

资料来源:

［1］中国邮政储蓄银行股份有限公司2023半年度报告摘要。
［2］中国邮政储蓄银行官网.营收净利润双增 净息差2.05% 邮储银行差异化竞争优势持续深化.［EB/OL］https://www.psbc.com/cn/gyyc/ycfm/ycdt/202311/t20231108_220589.html。
［3］袁喆奇,黄韦涵.商业银行负债管理专题报告:回归本源,打造存款竞争力［R］.未来智库,2022。
［4］中国邮政储蓄银行股份有限公司2022年年报。

本章小结

1. 商业银行负债是指商业银行承担的、尚未偿还的、能够以货币计量、必须以资产或劳务偿付的债务。商业银行负债有广义和狭义之分。广义的负债,是指除商业银行自有资本之外的一切资金来源;狭义的负债,是指商业银行存款、借款等非资本性债务。本章以狭义负债为研究对象。

2. 负债是商业银行吸收资金的主要来源，是保持流动性的手段，也是银行开展资产业务与中间业务的基础和前提，是银行同社会各界广泛联系的渠道。商业银行负债经营应遵循依法筹资、成本控制、量力而行和结构合理的原则。

3. 商业银行的负债由存款、借款和其他负债组成。存款是商业银行的被动负债，借款是商业银行的主动负债。

4. 商业银行的传统存款业务有活期存款、定期存款和储蓄存款。

5. 商业银行负债质量管理的目的是确保其经营的安全性、流动性和效益性，商业银行应当从负债来源的稳定性、负债结构的多样性、负债与资产匹配的合理性、负债获取的主动性和负债成本的适当性等方面加强负债质量管理。

6. 结构性存款是指金融机构吸收的嵌入金融衍生工具的存款，通过与利率汇率、指数等的波动挂钩或与某实体的信用情况挂钩，使存款人在承担一定风险的基础上获得更高收益的业务产品。结构性存款具有固定收益证券和金融衍生品的双重特征。

7. 银行存款成本主要有利息成本、营业成本、资金成本、可用资金成本以及相关成本。银行存款要实施积极经营策略，提高存款的稳定性，重点是提高活期存款的稳定率和延长存款的平均占用天数。同时，商业银行存款规模要适度，并不是存款越多对银行的经营就越有利。

8. 商业银行的短期借款渠道有同业借款、央行借款和其他借款。商业银行的长期借款主要通过发行金融债券的方式进行，包括一般性金融债券、资本性金融债券和国际金融债券。

■ 本章思维导图 ■

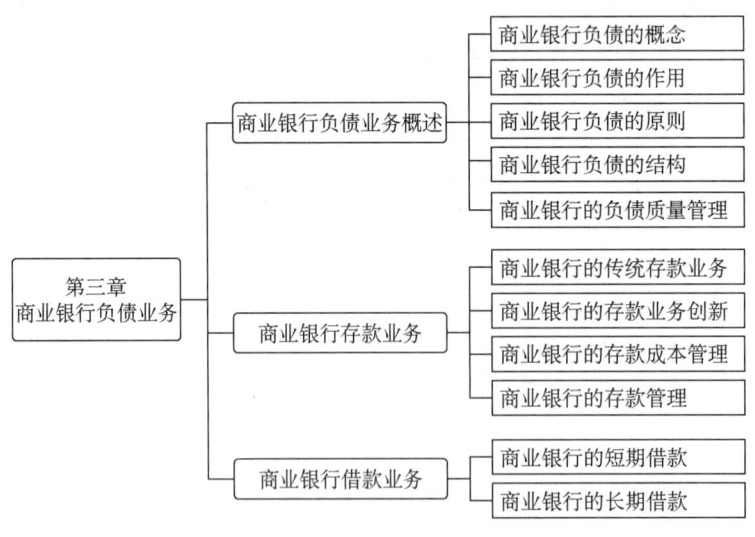

图 3-2　思维导图

本章思考题

1. 商业银行负债的作用和原则是什么?
2. 商业银行存款越多越好吗?为什么?
3. 如何加强商业银行的存款成本管理?
4. 商业银行短期借款和长期借款有何差异性?
5. 外国金融债券和欧洲金融债券有何不同?
6. 商业银行应如何加强负债的质量管理?
7. 国外的活期存款与我国的活期存款有何异同?

本章涉及的主要法律法规

《中国银保监会办公厅关于印发商业银行负债质量管理办法的通知》
《商业银行负债质量管理办法》
《关于加强存款利率管理的通知》
《存款保险条例》
《防范和处置非法集资条例》
《个人存款账户实名制规定》
《关于进一步规范商业银行结构性存款业务的通知》
《大额存单管理暂行办法》
《同业存单管理暂行办法》

第四章 商业银行现金资产与流动性管理

> **本章 学习目标**

学生通过本章学习,应掌握现金资产的构成、功能及管理原则;掌握库存现金的影响因素;熟悉法定存款准备金的管理要点,掌握超额准备金的影响因素及管理方法;了解同业存款的管理目的与方法;掌握流动性需求的概念、类型与预测方法;掌握流动性供给的渠道;理解流动性管理的内涵;熟悉并掌握流动性需求与供给的协调管理的方法。

第一节 商业银行现金资产概述

商业银行是高负债经营的金融机构,保持一定的清偿力对保证商业银行的稳健运营非常重要。现金资产为商业银行提供了最基本的流动性供给,是流动性最强的资产,可以随时用于满足客户的提现和贷款需求。

一、现金资产构成

日常生活提到的现金,一般是指交易中的纸币或硬币,对银行来说,就是客户由于存取而形成的库存现金,这些是所谓的狭义现金概念。而这里要探讨的商业银行现金资产,指的是广义的现金概念,主要由库存现金、在中央银行存款、存放同业存款和在途资金构成。

(一) 库存现金

库存现金是指商业银行保持在金库中的现钞和硬币。库存现金的主要作用是银行用来应付客户提现和银行本身的日常零星开支。为了维护商业银行日常的正常经营,银行必须保留一定比例的库存现金。但是,库存现金又是一种非盈利资产,并且保存库存现金需要花费大量的保管费用。因此,商业银行不能保留过多的库存现金,必须保持适度的规模。

(二) 在中央银行存款

在中央银行存款是指商业银行存放在中央银行的款项,由法定存款准备金和超额存款准备金两部分组成。

法定存款准备金是按照法定比率必须向中央银行缴存的存款准备金,具有强制性。其目的在于保障银行有充足的资金应付存款客户的提取,避免因流动性不足致使商业银行发生挤兑或者流动性危机。法定存款准备金已经成为中央银行进行宏观调控的重要货币政策工具,商业银行必须根据央行法定存款准备金率的变动及时调整其法定准备金。

超额存款准备金有广义和狭义两种含义。广义的超额存款准备金,是指商业银行吸收到存款中扣除法定准备金之后的余额;狭义的超额存款准备金,是指在存款准备金账户中,超过了法定存款准备金的那部分存款。这部分存款犹如工商企业在商业银行的活期存款,是商业银行在中央银行账户上保存的用于日常支付和债权债务清算的资金。它是商业银行的可用资金，其规模的大小直接影响着商业银行的信贷扩张能力。

法定存款准备金率的变化直接影响着商业银行超额存款准备金量的大小，在准备金总量不变的情况下，法定存款准备金与超额存款准备金在数量上存在此消彼长的关系。超额存款准备金数量的变化，又影响着商业银行信贷规模的大小，所以法定存款准备金率成为中央银行重要的货币政策工具手段。

(三) 存放同业存款

存放同业存款是指存放在其他商业银行用于银行间票据清算、代理收付、委托代理和投资咨询等业务的存款。它属于活期存款的性质，可以随时支取，因此，被视为银行的现金资产。该业务也有利于促进银行之间的业务往来和协作。

(四) 在途资金

在途资金又称托收未达款，是指本行通过对方银行向外地付款单位或个人收取的票据款项。商业银行在办理票据清算过程中，会产生需要委托其他商业银行收款但尚未收妥的款项，这其实是一笔他行占用的资金，但由于在途时间短，收妥后即成为存放同业存款，因此一般将其视为银行的现金资产。

二、现金资产功能

(一) 保持清偿力

商业银行是以利润最大化为经营目标的特殊企业，而现金资产又是一种无利或微利资产，在商业银行的总资产中，现金资产占比越高，盈利性资产就越少，因此，商业银行为了实现盈利性目标，就不能保持过多的现金资产。商业银行的经营资金主要来源于客户存款和各种借入款项，因此，商业银行必须随时无条件满足客户提取存款的要求，否则就有可能影响银行信誉，引发流动性风险，甚至使银行陷入清偿力危机而遭受破产的风险。所以，商业银行在追求盈利的过程中，必须保持一定数量的可直接用于应付提现和清偿债务的资产，而现金资产正是为了满足银行的清偿力而安排的准备资产。

(二) 保持流动性

商业银行的经营环境复杂多变，从其经营的安全性和盈利性要求考虑，商业银行应不断调整资产负债结构，保持一定的流动性。这不仅要求银行资产负债结构的合理搭配确保原有贷款和投资的高质量，同时需要银行持有一定数量的流动性准备资产，以利于银行及时抓住新的贷款和投资机会，从而为增加盈利、吸引客户提供条件。

三、现金资产管理原则

现金资产是商业银行流动性最强的资产，持有一定数量的现金资产，能够满足商业银行经营过程中的流动性需要。现金资产同时又是一种无利或微利资产，过多持有现金资产又会使银行失去很多盈利机会，因此，商业银行持有的现金资产不宜过多也不宜过少。商业银行现金资产管理的目的，就是要在确保流动性需要的前提下，将持有的现金资产的机会成本降到最低，以协调好银行经营的安全性与盈利性，使银行经营状况达到最佳。为此，银行现金资产的管理必须遵循以下原则。

(一) 总量适度原则

总量适度原则是指在一定时期内商业银行的现金资产必须保持在一个适当的规模内。这个适当规模是指由银行现金资产的功能和特点决定的在保证银行经营过程中流动性需要的前提下,为保持现金资产付出的机会成本最低时的现金资产数量。总量适度原则是商业银行现金资产管理最重要的原则。只有坚持现金资产的适度规模,才能实现银行经营安全性和盈利性的统一,促使银行经营总目标的实现。

(二) 适时调节原则

适时调节原则是指银行要根据业务过程中的现金流量变化,及时调节资金头寸,确保现金资产的规模适度。银行现金资产规模的变化,取决于在一定时期内银行业务经营过程中的现金流量的变化情况。银行要保持适度的现金资产规模,就需要根据现金流量的变化情况,及时地进行资金调度。当现金收入大于现金支出而使现金资产存量超过其适度规模时,应及时将多余部分头寸运用出去;而当现金支出大于现金收入而使现金资产存量小于适度规模时,银行应及时筹措资金补足头寸。因此,适时调节资金头寸是实现现金资产规模适度的必要手段。

(三) 安全保障原则

安全保障原则是指商业银行防止库存现金被盗、被抢或因清点、包装的差错及自然灾害等原因造成的风险。商业银行大部分现金资产由其在央行和同业的存款及库存现金构成,除库存现金外,其他的现金资产都是通过银行账户的资金转移完成支付的,只有库存现金是以现钞、硬币等实物形态存在,就不可避免地会发生风险。因此,银行要对库存现金严加管理,必须健全安全防范制度,严格业务操作规程,确保资金的安全无损。

第二节 商业银行现金资产管理

一、库存现金的管理

库存现金是具有安全流动性的非盈利资产,库存现金越多,流动性越强,而盈利性越差。为了保证在必要的流动性前提下实现更多的盈利,就需要把库存现金压缩到最低程度。为此,银行必须通过分析影响库存现金数量变动的各种影响因素,准确测算库存现金需要量,及时调节库存现金的存量,同时,加强各种管理措施,确保库存现金的安全。

(一) 影响银行库存现金的因素

1. 现金收支规律

银行的现金收支在数量上和时间上都有一定的规律可循。例如,对公出纳业务,一般都是上午大量支出现金,而下午则大量收入现金。此外,现金收支还受季节性因素的影响,有的季节银行现金收入多而支出少,而有的季节则正好相反。比如,春节前后现金收支就存在明显的季节因素变化,春节前一般现金支出较多而现金收入较少,而春节后正好相反。银行可以根据历年的现金收支状况,分析找出规律,为资金头寸的测算提供依据。

2. 营业网点及 ATM 机的数量

营业经营业务的每一个营业网点都需要一定的铺底资金,每一台 ATM 机也需要保证一定量的现钞供给。一般来说,营业网点与 ATM 机的数量越多,对库存现金的需求量也越多。

3. 后勤保障的条件

银行库存现金数量与后勤保障条件也有密切关系。如果银行后勤保障条件较好,运送现金的车辆、保安充足,且服务周到,就没有必要在每个营业网点存放太多的现金;否则,就必须在每个营业网点存放较多的现金。但是,这样做会增加占压现金的费用。

4. 与中央银行发行库的距离、交通条件与发行库的规定

如果商业银行的营业网点与中央银行发行库距离较近,交通运输条件较好,商业银行就可以尽量压缩库存现金的规模。中央银行发行库的营业时间、出入库时间的规定,也对商业银行的库存现金产生重要影响。如果中央银行发行库的营业时间短、规定的出入库时间和次数少,势必增加商业银行的库存现金。

5. 第三方支付的应用

随着银行业务的不断创新,银行结算工具的种类不断增多,现代化的结算方式日益被客户接受。特别是随着网络技术的发展,微信、支付宝扫码支付等第三方支付方式的出现,非现金的支付方式日益成为现代居民,尤其是年轻群体广为追求的新型结算方式。因此,新的结算工具越多,结算方式越先进,客户接受的程度越高,银行需要保持的库存现金就越少。

6. 商业银行现金管理水平

商业银行内部管理也是影响库存现金的一个重要因素。例如,银行内部是否将库存现金指标作为员工工作业绩的考核指标,是否与员工的经济利益挂钩,银行内部各专业岗位的配合程度等,都会影响库存现金的数量变化。

(二)库存现金需要量的确定

1. 库存现金需要量的匡算

银行库存现金是其为了完成每天现金收支活动而需要持有的即期周转金。匡算库存现金需要量主要应考虑两个因素:

(1)库存现金周转时间。银行库存现金周转时间的长短受多种因素的影响,如银行营业网点的分布状况和距离、交通运输工具的先进程度和经办人员的配置、进出库制度与营业时间的相互衔接情况等。一般来说,城市银行的网点分布距离较近,交通运输条件较好,库存现金的周转时间则较短;农村银行的网点分布一般比较分散,相互之间的距离较远,而且交通运输条件也较差,其库存现金的周转时间较长。同时,银行的库存现金是分系统层次供给的,下级行的现金由上级行供给,因此,上级行库存现金的周转时间也包含了下级行库存现金的周转时间,所以,管理层次多的银行与管理层次少的银行相比,其库存现金周转时间也长一些。

(2)库存现金支出水平的确定。从理论上讲,所有现金支出和现金收入都会影响库存现金,但在匡算库存现金需要量时,银行主要是防止出现收不抵支的问题。通常只需考察现金支出水平对库存现金的影响。匡算现金支出水平,一方面要考虑历史上同期的现金支出水平,另一方面要考虑一些季节性和临时性因素的影响。在实际工作中可用以下公式来计算现金支出水平:

$$即期现金支出水平 = 前期平均现金支出水平 \times 保险系数 \times 历史同期平均发展速度$$

其中：

$$前期平均现金支出水平 = 前30天现金支出累计发生额/30$$

$$保险系数 = 标准差 \times 置信概率度$$

$$标准差 = \sqrt{\sum(每天现金支出额 - 平均现金支出额)^2/30}$$

$$历史同期平均发展速度 = \sqrt[考察年数-1]{\frac{去年同月现金支出累计发生额}{最早年份同月现金支出累计发生额}}$$

公式中：同月是指考察时点前半月和考察时点后半月相加。

求出即期现金支出水平后，以此与库存现金周转时间相乘，再加减一些其他因素，即库存现金需要量。

2. 银行保持现金适度量的措施

在测算了最适运钞量和现金调拨临界点之后，银行保持适度库存现金已经有了一个客观的依据，但要切实管好库存现金，使库存现金规模经常保持在一个适度规模上，还需要银行内部加强管理，提高管理水平。银行应从以下几方面采取措施：第一，应将库存现金状况与有关人员的经济利益挂钩，促使有关人员在保证支付的前提下，主动压缩库存规模，实现现金库存的最优化。第二，尽可能在对公现金出纳业务中实现规范化操作。为此，要大力开展代发工资业务，要把开户单位发工资日及每天的资金支出金额均匀地排列在每一天，要掌握客户发放工资和其他大额提现的时间和金额规律。第三，要掌握储蓄现金收支规律，只要掌握了这种规律，银行就可以在保证支付的前提下压缩备用金的库存。第四，解决压低库存现金的技术性问题。

（三）库存现金的安全管理

从经营的角度讲，银行的库存现金显然是最为安全的资产。但事实上，银行库存现金也有其特有的风险，这种风险主要来自被盗、被抢和自然灾害的损失，也来自业务人员清点、包装中的差错，还可能来自银行内部不法分子的贪污挪用。因此，银行在加强库存现金适度性管理的同时，应当严格库房的安全管理，在现金清点、包装、入库、安全保卫、出库和现金运送等环节，采取严密的责任制度、监测制度、保卫制度和有效的风险防范措施，确保库存现金的安全无损。

二、存款准备金的管理

存款准备金是商业银行现金资产的主要构成部分。存款准备金包括两个部分：一是按照中央银行规定的比例上缴的法定存款准备金；二是准备金账户中超过了法定存款准备金的超额存款准备金。因此，存款准备金的管理包括满足中央银行法定存款准备金要求和超额存款准备金的适度规模控制两个方面。法定存款准备金不仅是为了防范银行的流动性危机，更重要的是，它作为中央银行调节商业银行信用规模的一项重要工具而被纳入货币政策的操作体系。因此，商业银行的存款准备金管理中，首先应当满足法定存款准备金的要求。

（一）法定存款准备金的管理

目前，西方国家计算法定存款准备金主要使用滞后准备金计算法和同步准备金计算法。滞后准备金计算法主要适用于非交易性账户存款，根据前期的存款余额来确定本期准备金的需要量。同步准备金计算法主要适用于交易性账户存款,是以本期的存款余额为基础计算本期的准备金需要量。银行可根据以上两种方法计算出来的准备金需要量加总作为一定时期需要缴纳的存款准备金金额,同时,再将这一需要量与已缴纳的存款准备金余额相比较,及时从中央银行的存款准备金账户调减或补足。

我国法定存款准备金现行的管理措施主要包括:第一,采用平均法考核。2015年9月15日,中国人民银行宣布改革存款准备金考核制度,由1998年存款准备金制度改革提出的时点法改为平均法考核,以促进金融机构稳健经营。时点法考核是指维持期内每日营业终了时,金融机构按法人存入的存款准备金余额与准备金考核基数之比,不得低于法定存款准备金率。平均法考核是指以一定期间内的存款准备金日终余额算术平均值与准备金考核基数之比来计算存款准备金。平均法考核方式更加稳定,可以帮助金融机构平衡好资金运用效率和流动性安全的关系,督促其不断提高流动性管理的主动性和科学性,也有利于平滑货币市场波动。第二,设立每日下限。每日下限是指金融机构存款准备金日终余额不得低于存款准备金考核基数的90%,以保证金融机构在日常运营中具备足够的流动性。第三,实施缓冲机制。中国人民银行设立了1个百分点的缓冲区间,可以为金融机构在管理存款准备金时提供更多的灵活性和空间,避免出现因存款准备金计算误差导致的罚款等情况。

此外,我国法定存款准备金从2004年4月25日起实行差别存款准备金率制度。金融机构适用的存款准备金率与其资本充足率、资产质量状况等指标挂钩。金融机构资本充足率越低、不良贷款比率越高,适用的存款准备金率就越高;反之,金融机构资本充足率越高、不良贷款比率越低,适用的存款准备金率就越低。该制度可以有效制约资本充足率不足且资产质量不高的金融机构的贷款扩张。

专栏4-1

2018年以来我国金融机构法定存款准备金率明显下降

2018年以来,中国人民银行16次下调存款准备金率,如图4-1所示,共释放长期资金约12.3万亿元。其中,2018年4次降准释放资金约3.65万亿元,2019年3次降准释放资金约2.7万亿元,2020年3次降准释放资金约1.75万亿元,2021年2次降准释放资金约2.2万亿元,2022年2次降准释放资金约1.03万亿元,2023年2次降准释放资金超过1万亿元。降准政策的实施优化了金融机构的资金结构,满足了银行体系特殊时点的流动性需求,加大了对中小微企业的支持力度,降低了社会融资成本,推进了市场化法治化"债转股",鼓励了广大农村金融机构服务当地、服务实体,有力地支持了疫情防控和企业复工复产,发挥了支持实体经济的积极作用。

截至2023年9月15日,金融机构平均法定存款准备金率约为7.4%,较2018年年初降低7.5个百分点,其中,大型银行存款准备金9%,中型银行存款准备金7%,中小银行存款准备金5%。降准操作并不改变央行资产负债表规模,只影响负债的结构,短期内商业银行可能根据经营需要减少对中央银行的负债,因此,基础货币可能有所下降。但从长期来看,降准不但不会使货币供应量收紧,反而具有很强的扩张效应。降低法定存款准备金率,意味着商业银行被央行依法锁定的资金减少了,可以自由使用的资金相应增加了,从而提高了货币创造能力。

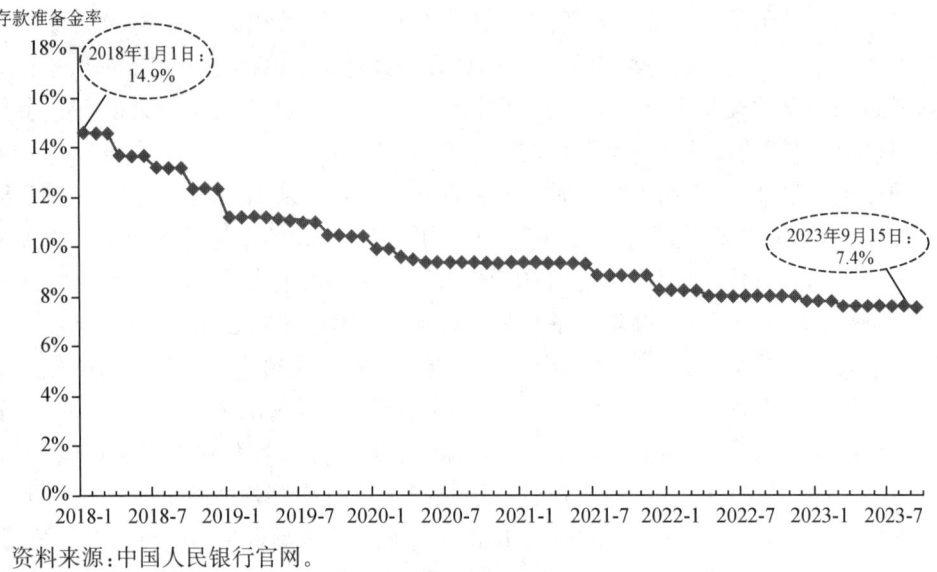

资料来源：中国人民银行官网。

图 4-1 2018 以来金融机构平均法定存款准备金率变动情况

（二）超额存款准备金的管理

超额存款准备金又称备付金，是商业银行在中央银行准备金账户上超过了法定存款准备金的那部分存款。超额存款准备金是商业银行最重要的可用头寸，是银行用来进行投资、贷款、清偿债务和提取业务周转金的准备资产。商业银行在中央银行的超额存款准备金虽然也能获得一定的利息收入，但与其他盈利资产，如贷款和投资等相比，属于微利资产。因此，银行在超额存款准备金账户保留的存款不宜过多。银行超额存款准备金管理的重点，就是要在准确测算超额存款准备金需要量的前提下，适当控制准备金规模。

1. 影响存款准备金需要量的因素

影响商业银行超额存款准备金需要量的因素主要有：

（1）存款波动。商业银行的存款包括对公存款和储蓄存款。一般来说，对公存款的变化主要是通过转账形式进行的，如本行客户对他行客户付款，会导致对公存款下降，同时本行超额存款准备金流出；本行客户收取他行客户支付的货款，这会使本行对公存款增加，同时超额存款准备金也增加。对个人的储蓄存款和部分对公存款的变化则主要是通过现金收支来表现的。由于储蓄存款大多是以现金存入，当存款增加，首先表现为现金增加，然后银行将现金缴存中央银行，最终引起超额准备金的增加；反之，则相反。

商业银行在分析存款波动对超额存款准备金需要量的影响时，重点应分析导致存款下降的情况。因为只有在存款下降时才会导致超额存款准备金需要量的增加。存款的下降受近期因素和历史因素影响，在实际匡算中，还必须考虑其他特殊因素的影响。

（2）贷款的发放与收回。贷款的发放与收回对超额存款准备金的影响主要取决于贷款使用的范围，如果贷款的使用对象是本行开户的企业，本行在中央银行的存款将不会发生变化，如果贷款发放的对象是在他行开户的企业，或者本行开户的企业在取得贷款后立即对外支付，就会减少本行在中央银行的存款，从而使本行的超额存款准备金下降。此时，银行就需要准备足够的超额存款准备金。

同理,贷款的收回对超额存款准备金的影响也因贷款对象的不同而有所不同。他行开户的贷款企业归还贷款会使本行超额存款准备金增加,而本行开户的贷款企业归还贷款不会影响超额存款准备金的需要量。

由此贷款发放对超额存款准备金需要量的计算公式是:

$$\text{贷款发放对超额存款准备金的需要量} = \text{用于对他行支付的贷款} + \left(\text{用于对本行支付的贷款} - \text{已收回贷款}\right) \times \text{法定存款准备金比率}$$

(3) 其他因素。除了存款波动和贷款的发放与回收外,还有其他因素对于商业银行超额存款准备金有影响。这些因素主要有:第一,向中央银行借款因素。商业银行向中央银行借款和还款的规模对比,导致超额存款准备金的增加或减少。在一定的期间,当借款额大于还款额时,超额准备金增加,当借款额小于还款额时,超额准备金减少。第二,同业往来因素。商业银行之间的往来,如果是通过中央银行来支付清算,则同业应付及应收头寸会影响超额存款准备金规模。如果在某一时期的同业往来中,某商业银行的同业往来是应付头寸,则说明该行的拆入资金大于拆出资金,需要进行对外偿付资金,其超额存款准备金会减少;反之,若是应收头寸则超额存款准备金会增加。第三,法定存款准备金调整因素。在一定时期内,商业银行在中央银行的存款规模一定的情况下,法定存款准备金与超额存款准备金是此消彼长的关系。如果在此期间中央银行调整法定存款准备金比率,或者商业银行存款规模变化,都会影响该银行在央行的超额存款准备金数量。第四,信贷资金调拨因素。当分析期内需要调出信贷资金时,会减少商业银行的超额存款准备金,而当可以调入信贷资金时,就会增加超额存款准备金。第五,财政性存款因素。财政性存款的上缴,会减少商业银行的超额存款准备金。

2. 超额存款准备金的调节

商业银行超额存款准备金是微利资产,但是其对于商业银行的流动性却有着非常重要的作用。从节省机会成本的角度来说,商业银行应该持有较少的超额准备金,但如果超额存款准备金不足,银行又将被迫从外部以较高成本借入资金。所以,商业银行需要权衡超额存款准备金持有的机会成本与超额存款准备金不足时补偿流动性的成本,以保持超额存款准备金的适度规模。

当未来的头寸需要量较大,现有的超额存款准备金不足以应付需要时,银行就应当设法补足头寸,增加超额存款准备金;当未来头寸需要量减少,现有超额存款准备金剩余时,则应及时将多余的超额存款准备金运用出去,寻求更好的盈利机会。商业银行可通过同业拆借、短期证券回购及商业票据交易、向中央银行融资、商业银行系统内资金调度、出售其他资产等多种方式来进行超额存款准备金头寸的补充。

三、同业存款的管理

(一) 同业存款的目的

任何一家银行由于业务特点和人力、物力的限制,都不可能在其他业务触及的每一个地方设立分支机构。它在没有分支机构的地区的一些金融业务,就需要委托当地的银行等金融机构来代理。那些较大的银行一般都是双重角色。一方面,它作为其他银行的代理行而接受其他银行的存放同业款。另一方面,它又是被代理行,将一部分资金以活期存款形式存放在其他代理行。这就形成了银行之间的代理行业务。商业银行在其他金融机构保持的一定数量的活期存款就是同业存款。

银行之间开展代理业务需要花费一定的成本。商业银行在其代理行保持一定数量的同业存款,主要目的就是支付代理行代办业务的手续费。代理行可以将同业存入款用于投资,用于投资的收入补偿其成本并获利,由于这部分存款也随时可以使用,与库存现金和在央行的超额准备金没有什么区别,因此也成为商业银行现金资产的组成部分。

同业存款的管理也需要遵循适度规模原则,同业存款虽然可以获得一定的利息收入,但相对于其他投资来说,是微乎其微的。同业存款过多,机会成本就会相应增加;而同业存款过少,则会影响银行之间委托代理业务的开展,不利于银行之间的协作。所以,商业银行同样需要对同业存款需要量进行准确预测。

(二) 同业存款需要量的测算

商业银行同业存款需要量主要受到以下几个因素的影响:

（1）使用代理行的服务数量和规模。同业存款的目的就是同业之间的协作,所以所需代理行服务数量和规模就成为影响同业存款需要量的最重要因素。代理行服务数量和规模与同业存款需要量成正比关系。

（2）代理行的收费标准。在银行之间进行委托代理业务时,代理行通常会向委托行收取一定数量的手续费,所以,代理行的收费标准也会对同业存款需要量产生影响,收费标准越高,同业存款需要量越大。

（3）可投资余额的盈利率。这里的可投资余额,是指同业存款的可投资余额。银行的同业存款是可以获取一定的利息收入的,银行通过同业存款的投资收益来弥补其为他行代理业务支付的成本。所以,同业存款中可投资余额盈利情况对同业存款需要量产生直接影响。通常,同业存款盈利率与同业存款需要量成反比关系。

第三节 商业银行流动性管理

流动性对于商业银行的经营是十分必要的,这是因为,商业银行的存款和贷款之间存在着期限的不匹配,以及商业银行的资产和负债业务对利率都具有很强的敏感性。期限的不匹配要求银行必须时刻准备足够的现金满足客户现金的需求;利率的变动同时影响存款和贷款的需求,使银行的流动性头寸发生变化,如果出现流动性的缺口,则银行必须及时采取措施弥补流动性不足,防止流动性危机的发生。

一、商业银行流动性与流动性管理概述

商业银行的流动性是指商业银行满足存款人提取现金要求、借款人的正常贷款需求,支付到期债务的能力。商业银行提供现金满足客户提取存款的要求和支付到期债务本息,这部分资产称为基本流动性,基本流动性加上为贷款需求提供的资产,称为充足流动性。商业银行通过两种方式保持充足的流动性:一是通过负债、增资的方式,如吸收存款、发行债券和注入资金等方法;二是通过资产变现,如收回信贷资产、出售持有的有价证券和固定资产等。

流动性管理是指商业银行在经营活动中既要保持足够流动性的资产以满足对流动性需求，又要防止流动性过剩带来的成本增加。其实质在于避免流动性盈余和不足，主要通过对商业银行资产和负债的流动性进行管理，以实现商业银行资产和负债的流动性供需之间的合理匹配。当资金来源与运用不匹配时，商业银行便存在流动性缺口，即商业银行流动性供给与需求之差。当流动性供给增加，而流动性需求减少时，则表现为流动性过剩；当流动性供给减少，而流动性需求增加时，则表现为流动性不足。当然，也可能出现流动性供给与需求同增同减的情况，但幅度可能不尽相同。因此，商业银行需要对流动性进行合理预测，对流动性供给的渠道进行合理分析，并讲究科学合理的流动性管理策略，以尽量避免出现流动性风险。

二、商业银行流动性需求和流动性供给

(一) 商业银行流动性需求的概念与类型

1. 商业银行流动性需求的概念

商业银行流动性需求是客户对银行提出的、必须立即兑现的现金需求。商业银行日常面对的流动性需求通常来自存款客户提取现金、合理的贷款需求、偿还其他负债（如由于同业拆借、回购协议、向央行借款等方式形成的对其他金融机构或央行的债务）、向央行缴存存款准备金、支付营业费用及税金和向股东支付股利等。

2. 商业银行流动性需求的类型

商业银行的流动性需求根据其自身特点，可以分为以下类型。

(1) 季节性流动性需求。季节对银行的存贷款业务具有很重要的影响。流动性需求由于存贷款的波动而出现季节性特征。存贷款的季节性变动通常与自然气候类型、社会习俗和地区习惯等密切相关。例如，贷款业务中的农业贷款，通常是春季贷款需求较高，秋季贷款资金回笼较多，这便显示了很强的季节性。商业银行的客户类型越单一，则季节性流动性需求越明显，这就需要商业银行能够区分存款与贷款的季节性变动部分与可靠稳定部分。商业银行可以通过历史资料，加上对相应行业进行研究，预测各行业资金需求的季节性，进而预测出本行的流动性需求。

(2) 趋势性流动性需求。这是一种长期性的流动性需求，是由商业银行所服务地区的人口、劳动力、技术、储蓄、消费和投资等社会经济发展情况决定。如果商业银行服务的主要区域是最新开发地区，或者商业银行服务的产业是新兴产业，其贷款需求一般会比较大且存款较少，在较长时间内表现为净现金需求。如果商业银行服务于成熟稳定地区或产业，则贷款需求较少而存款较多，现金需求量较少。

(3) 周期性流动性需求。这种流动性需求是由经济发展的周期性所引发的。经济周期的变化会引起企业投资与盈利水平的变化，进而导致居民的收入和消费水平的变化。银行存款的吸收和贷款的发放依赖于企业的投资需求和居民的收入水平，所以，银行的流动性需求受到经济周期的影响。银行可以通过在以往经济周期中，自身存贷款的相应规模和变动，预测下一个经济周期银行的流动性需求变化情况。

(4) 临时性流动性需求。银行的发展不仅受到宏观经济的影响，同时也会受到一些突发事件的影响。例如，突发性自然灾害、重大政治和经济事件、战争、信用危机等，这些都会给商业银行的流动性带来临时冲击。商业银行无法预测这些临时性因素的发生，只能通过

储备足够的准备金或临时向市场寻求流动性来应对。

(二) 商业银行流动性供给渠道

商业银行在对流动性状况有了大致的估算后,就可以根据其需求组织相应的流动性供给。

1. 负债业务流动性供给

商业银行从负债方提供流动性主要通过吸收客户存款、向央行借款或再贴现、同业拆借、发行金融债券等渠道。其中,吸收客户存款是商业银行最重要的流动性来源。而且,存款的综合成本在商业银行的各项资金来源中是相对较低的,所以,各家商业银行都非常重视存款工作。吸收客户存款已成为商业银行持续稳定的流动性供给来源。

2. 资产业务流动性供给

商业银行从资产方提供流动性供给主要有三种方法。

第一种方法是通过持有一定比率的、流动性较强的资产,以银行资产的方式来存储流动性。它包括持有一定比率的现金资产(如现金、存放在央行的超额准备金等);持有一定数量的、可以随时在货币市场上变现的各种有价证券,尤其是各种短期有价证券,来满足日常的流动性需要。

第二种方法是贷款与证券的到期偿还。一般而言,银行发放的贷款和持有的证券都有明确的到期日,这些资产如能到期偿还,也可以为商业银行提供流动性供给,但如果贷款逾期、证券不能按时收回本息,就会影响商业银行的流动性供给。

第三种方法是通过资产转换的方式来满足增加的流动性需要。仅通过银行所持有的流动性较强的资产无法弥补流动性缺口时,银行可以通过在市场上出售部分资产,如未到期的信贷资产、有价证券、固定资产等来弥补。这些方式一般成本较高,而且会向市场释放一种影响银行信誉与公众信心的不良信号,除非迫不得已,银行是不会采取这些方式补充流动性的。

3. 表外业务流动性供给

随着金融创新进程的加快与深入发展,除了传统的银行存贷业务外,商业银行所从事的一些表外业务也为其提供了稳定的经济来源。承兑、担保、贷款承诺、期权与期货、远期与互换等表外业务为商业银行带来了丰富的收入来源,这些手续费、佣金收入占银行总收入的比重越来越大,已成为商业银行流动性供给的重要渠道。

三、商业银行流动性需求预测

商业银行流动性管理的核心任务就是要保证银行经营过程中的适度流动性。也就是说,一方面,银行要保证其流动性储备能够足以满足正常和非正常的现金支出需要;另一方面,银行又要追求盈利最大化。为此,需要商业银行准确计算和预测流动性需要,为银行的流动性管理提供可靠依据。银行预测流动性的方法主要有以下几种。

(一) 资金来源与运用法

资金来源与运用法又称因素法,是指商业银行通过对引起未来一段时间内存款、贷款及应缴存款准备金变化情况的分析,判断预测期内流动性需要量的方法。

存款和贷款是影响银行流动性状态的重要业务。存款增加、贷款减少会减少银行的流动性需求;反之,存款提取、贷款增加则会增加流动性需求。因此,银行对于流动性预测,主要包括对存款客户提取存款要求的预测以及对贷款客户贷款需求的预测。

除了存贷款业务外,其他资金来源与运用业务也会影响流动性需求的变化。需要注意的是,有些资金来源与运用项目的变化,不会引起商业银行可用资金总量的变化,但会引起可用资金结构的变化,如向中央银行缴存法定存款准备金、收回和增加存放同业等。

资金来源与运用法的关键是对影响存贷款变动的因素进行准确预测。一般来讲,影响存贷款变化的因素除了宏观经济、金融的运行状况以及货币政策导向外,还有各种微观因素的影响。具体而言,影响商业银行存款变化的因素主要包括个人收入的预期增长率、社会商品零售额预期增长率、存款利率变化、货币市场预期收益率、预期的通货膨胀率等;影响商业银行贷款变化的主要因素包括国民生产总值的预期增长率、企业的预期利润率、货币供应量的预期变化、预期的通货膨胀率、商业银行贷款利率的预期变化等。

商业银行存款数额的变动相应地会影响其应上缴存款准备金数额的变化,因此,商业银行在对同一时期内存款与贷款的可能变化进行估算,并根据估算变化值来预计未来的流动性盈余与流动性赤字时,应考虑到存款准备金的变化情况。估算基本公式为:

$$\text{未来一段时间内流动性盈余或赤字} = \text{全部存款的预期变化} - \text{存款准备金的预期变化} - \text{全部贷款的预期变化}$$

【例 4-1】 某商业银行上年总存款为 55 亿元,总贷款为 35 亿元,法定存款准备金率为 15%。该行未来 3 个月存贷款预测表,如表 4-1 所示。

表 4-1 某商业银行存贷款预测表 单位:亿元

月份	存款总额预测值	存款变化额预测值	存款准备金变化额	贷款总值预测值	贷款变化额预测值	预计流动性盈余(+)或赤字(−)
上年	55			35		
1	50	−5	−0.75	40	+5	−9.25
2	52	+2	+0.3	43	+3	−1.3
3	55	+3	+0.45	40	−3	+5.55

从表 4-1 中可见,该银行在 1 月份预计存款要下降,而贷款要增加,则 1 月份银行会出现现金支出大于现金收入的状况,即出现流动性赤字 9.25 亿元;预计 2 月份存款贷款均会有小幅增加,但 2 月份最终预计还会出现小幅赤字;到了 3 月份,存款继续增加,贷款有小幅下降,会出现流动性盈余 5.55 亿元。为此,根据上述流动性的预计情况,银行管理者需要采取不同的应对措施:当出现流动性盈余时,积极地将资金发放出去,以获取最大的资金收益;当出现流动性赤字时,采取适当的方式筹措资金,以满足银行的流动性需要。

(二) 资金结构法

资金结构法是指对商业银行的负债业务按照被提取的可能性进行结构分类,对不同种类的债务根据其流动性需要提取不同比例的准备金,再与资产业务流动性需求进行加总便是商业银行整体的流动性需求的预测方法。存款和贷款是商业银行最主要的资产和负债业务,它们的变动是影响商业银行流动性变化的主要因素。因此,资金结构法主要是通过分析存贷款的资金结构及其变化趋势来预测未来的流动性。

资金结构法的基本步骤如下所述。

1. 划分存款或银行负债的类型

存款是商业银行的被动型负债,商业银行无法直接控制存款的数量、结构以及变动趋势,只能根据以往的经验数据以及对客户存款行为特征的分析,而对客户存款的数量以及变动趋势做出大致的估计。商业银行可以根据存款的一些基本特征来划分存款的类型,并由此分析其变化规律和特点。这种分类方法也可以运用于银行的整个负债业务类型中。

通常,根据被提取的可能性,银行负债可以分为三类。

(1) 易变性负债。这类负债对利率极为敏感,随时有被提取的可能,如活期存款、同业拆借等,银行必须能够随时应付客户提或借入款的偿付要求。

(2) 准变性负债。这类负债在近期内有可能被取走,但又不能确定,如定活两便存款、零存整取存款以及到期可以自动转存的存款等,银行需要保留足够的资金,以应付其流动性需求。

(3) 稳定性负债。这类负债是银行可以在较长时期内使用的资金,近期内被提取的可能性极低,如到期不能自动转存的定期存款、金融债券等,商业银行只需保留极少的资金以应付流动性需求。

2. 确定流动性准备提取比率并计算负债业务的流动性准备

根据上述三类负债的稳定性程度,需要相应提取不同比率的流动性准备,这些比率的确定大多根据历史经验或者银行习惯判断,并非千篇一律。例如,西方商业银行根据长期的历史经验对上述负债提取流动性准备的比率一般为:对易变性负债提取 95% 的流动性准备,对准变性负债提取 30% 的流动性准备,对稳定性负债提取 15% 的流动性准备。其计算公式为:

$$负债的流动性准备=(易变性负债-法定存款准备金)\times 95\%$$
$$+(准变性负债-法定存款准备金)\times 30\%$$
$$+(稳定性负债-法定存款准备金)\times 15\%$$

3. 计算资产的流动性准备

资产的流动性需求,主要体现在贷款的需求方面。一般来说,为了保持银行与客户之间的良好关系,银行必须随时准备发放贷款以满足符合银行信用评估要求的客户的合理融资要求。贷款发放后,借款者通常会立即使用这些资金,因此,贷款的流动性准备一般为 100%。为此,商业银行必须预计最大可能的新增贷款需求,并保持 100% 的流动性准备,满足银行贷款的流动性需求。其计算公式为:

$$贷款的流动性准备 = 新增贷款额 \times 100\%$$

4. 计算银行总流动性需求

银行总流动性需求计算公式为:

$$总流动性需求 = 负债的流动性准备 + 贷款的流动性准备$$

【例 4-2】某商业银行支行目前的存款与非存款负债情况为:易变性存款为 3 200 万元,准变性存款(包含大额存款和非存款负债)为 3 000 万元,稳定性存款为 1.2 亿元。三类资金的流动性准备比率分别为 95%、30%、15%。根据规定,其法定存款准备金比率为 15%。该银行上年度贷款总额为 1.4 亿元,根据历史经验,该行贷款年均增长率为 10%。按此比率计算,在未来 1 年中,该行的新增贷款余额的最大可能是 1.54 亿元,其中,目前新增已发放 1.1 亿元。问：该行应保持多少流动性准备？

$$\begin{aligned}流动性总需求 &= 负债的流动性准备 + 贷款的流动性准备 \\ &= (3\,200 - 3\,200 \times 15\%) \times 95\% + (3\,000 - 3\,000 \times 15\%) \times 30\% \\ &\quad + (12\,000 - 12\,000 \times 15\%) \times 15\% + (15\,400 - 11\,000) \times 100\% \\ &= 9\,279(万元)\end{aligned}$$

（三）概率分析法

概率分析法是指借助于数学中概率论有关方法来分析估算商业银行流动性状况的预测方法。商业银行的存款超出预测数额而出现大幅度增长，或者贷款需求可能由于经济不景气等原因超出预测而大幅度降低，将使商业银行出现大量的流动性盈余，这是流动性最好的状况。如果商业银行的存款超出预测，出现大幅度的下降，甚至达到历史的最低点，而合格贷款需求超出预测出现大幅度上升时，商业银行面临着巨大的流动性赤字，这是流动性最坏的状况。在实际工作中，商业银行面临流动性最好和最坏的可能性较低，而介于两者之间的可能性较大。

对于上述三种情况，银行可以根据经验以及对各种影响因素的掌握，给出每种情况出现的概率，并据此计算银行预期的资金流动性需求。其计算公式如下：

$$\begin{aligned}流动性需求 &= 最好状况出现的可能性 \times 最好状况下银行的流动性缺口 \\ &\quad + 最坏状况出现的可能性 \times 最坏状况下银行的流动性缺口 \\ &\quad + 最可能状况出现的可能性 \times 最可能状况下银行的流动性缺口\end{aligned}$$

【例 4-3】 某商业银行预计下周存贷款业务变化情况。概率分析法运用实例，如表 4-2 所示。

表 4-2 概率分析法运用实例　　　　　　　　　　　　　　　单位：亿元

可能的流动性状况	预期存款	预期贷款	预期流动性缺口	发生概率
最好的状况（最大存款、最小贷款）	3.5	2.3	+1.2	10%
最可能的状况	2.8	2.6	+0.2	70%
最坏的状况（最小存款、最大贷款）	2.3	3.1	−0.8	20%

根据表 4-2 数据，商业银行的流动性需求为：

$$\begin{aligned}流动性需求 &= 1.2 \times 10\% + 0.2 \times 70\% + (-0.8) \times 20\% \\ &= 0.1(亿元)\end{aligned}$$

因此，银行的相关管理部门要为下周可能出现的 0.1 亿元的流动性盈余做出计划，合理安排资金使用。

四、商业银行流动性需求与流动性供给的协调管理

商业银行的流动性需求与流动性供给之间必须相互协调，才能保证银行获得需要的流动性。因此，商业银行必须对自身的流动性供需状况进行总体评价，并通过选择不同风格的管理策略和管理方法，保证银行流动性处于最佳状态。

（一）商业银行流动性供需状况的评价方法

商业银行可以采用以下两种方法进行流动性状况的评价。

1. 缺口分析法

商业银行流动性需求与流动性供给的主要影响因素,如表4-3所示。

表4-3 商业银行流动性需求与流动性供给的主要影响因素

资金来源项目(流动性供给增加)	资金运用项目(流动性需求增加)
收回贷款利息和本金	发放贷款
债券变现或到期收回	客户提取存款
吸收存款	偿还借款
出售银行资产	购买债券
货币市场借款	运营费用及税金
同业拆借	缴纳法定存款准备金
手续费、佣金服务收入	收购股份
发行新股	派发现金股利

当商业银行流入的流动性供给大于流出的流动性需求时,商业银行流动性表现为正缺口,商业银行存在流动性盈余。此时,银行应该设法将多余的流动性资金投入到盈利性资产中。

当商业银行流入的流动性供给小于流出的流动性需求时,商业银行流动性表现为负缺口,商业银行存在流动性赤字。此时,银行应及时筹集资金,满足银行的流动性需求,避免出现流动性危机。

2. 比率分析法

商业银行可以采用多种流动性指标或者是建立流动性评价指标体系来衡量银行流动性的大小。商业银行常用流动性指标,如表4-4所示。

表4-4 商业银行常用流动性指标

指标	计算公式	与流动性关系
现金比率	(库存现金+同业存款)/总资产	+
流动性证券比率	政府债券/总资产	+
无风险资产比率	(库存现金+同业存款+政府债券)/总资产	+
同业拆借净值比率	(同业拆出—同业拆入)/总资产	+
流动资产比率	(库存现金+同业拆借净值+政府债券)/总资产	+
流动性货币比率	货币市场资产/货币市场负债	+
短期投资比率	(短期同业存款+同业拆出+短期证券)/总资产	+
短期投资敏感负债率	(短期同业存款+同业拆出+短期证券)/敏感性负债	+
核心存款比率	核心存款/总资产	+
定活存款比率	活期存款/定期存款	—

注:① "+"号表示指标越高流动性越好,"—"号表示指标越低流动性越好。
② 敏感性负债是指各种对利率变动敏感的资金来源,如同业拆借、回购协议证券等。

通过对各项指标的计算,银行可以分析并了解某一时期的流动性供需状况,并采取相应的举措。

此外,我们还可以用一些市场衡量标准来评价银行的流动性管理状况。为此,银行管理应该特别重视一些市场风险信号,如公众信心、银行股票价格的变化、大额可转让存单以及其他负债的风险溢价情况、银行出售资产的频率以及损失情况、银行满足客户的承诺状况与履约情况、银行是否频繁并大量地从中央银行借款等。通过这些市场信号对商业银行的流动性管理效果进行衡量,有利于商业银行内部管理,也有利于监管当局、储户和投资者对银行的经营状态做出正确的判断。

(二)流动性需求管理的策略

通过采取一定的方法对商业银行的流动性状况进行评判后,如果出现较大的流动性盈余,则说明银行资金利用效率较低,会影响银行盈利能力。但如果出现流动性赤字,说明银行流动性不足;如果不能及时筹集资金补足流动性,则很容易造成银行流动性危机。所以,保持适度的流动性,在面临流动性赤字时采取必要策略满足流动性需求是银行长远发展的关键所在。通常,银行在进行流动性需求管理决策时注意遵循以下策略,银行可以根据自身的规模和营运特点选择合适的管理策略。

1. 进取型策略

依靠主动负债而非变现资产的方式弥补流动性缺口,称为进取型策略。通常采取这种策略要求银行必须具有较大规模的资产、雄厚的实力且信誉良好。能否采取这种策略的关键在于对负债成本与资产运用收益的对比分析。如果筹集负债的成本低于资产运用的收益,那么便可以采取这种方式。但是,采取这种策略时,遇到市场资金供给不足时,则筹资成本会较高,有时即使愿意出较高的成本也不能短时间内筹集到足够的资金,容易导致流动性风险发生。

2. 保守型策略

当银行出现流动性不足时,银行通过资产转换的方式来弥补流动性缺口,这种策略称为保守型策略。这种方式下,银行无须在市场上融资,受市场资金供求的影响较小,对银行的规模和信誉要求较低。这种策略要求银行要留有较高的第二准备金,且在流动性不足时收缩资产的规模。这种策略虽然风险较小,但会给银行带来较高的机会成本,一般只有中小银行才愿意采取这种策略。

3. 成本最低策略

商业银行可以结合自身的情况与市场状况,在对资金成本与风险承受能力进行分析的基础上,选择一个成本最低的方案称为成本最低策略。可以通过资产的转换或出售,也可以通过发行债券或吸收存款,甚至可以综合采取以上两种方案。只要能在有限的时间内、现有市场条件下,以最低成本满足流动性需求,就是最佳方案。

(三)流动性需求与流动性供给协调管理方法

1. 资产的转换和出售

资产的转换和出售时,银行通过调节自身资产的规模和结构来满足自身流动性需求的方式。为了保持适当的流动性,银行通常会持有流动性资产,流动性资产一般包括库存现金、在央行的超额准备金、同业拆出款项、短期政府债券、商业票据和短期回购协议等。当商业银行出现流动性不足时,可以以较低的成本在市场上迅速变现,方便快捷地弥补流动性不足。流动性资产收益较低,如果银行持有的流动性资产过多就会给银行带来较高的机会成本,如果流动性资产较少,当出现流动性不足时容易出现资金链断裂,引发流动性风险。此外,当银行出现较严重的流动性不足时,可以通过其他银行资产的转换和出售来获取流动性。但是,其他资产的流动性较差,且转换和出售需要承担较高的交易费用,还可能由于市场价格波动给银行带来资产损失。所以,商业银行在经营中,应该科学地预测流动性需要,尽量保持适度的流动性资产规模,以减少通过收缩其他资产的方式来缓解流动性不足情况出现。

2. 主动负债

商业银行可以通过主动负债的方式来筹集资金,满足自身流动性需求。主动负债包括向中央银行再贴现和再贷款、同业拆借、发行大额可转让定期存单、回购协议等方式。通过这种方式获取流动性,可以使银行在日常经营中保持较少的流动性资产,增加盈利性资产的比例,提高商业银行的盈利能力。但是,主动负债方式受货币政策与货币市场等外界因素影响较大,特别是当市场发生系统性资金短缺时,银行很难从外界筹集到资金,就容易引发流动性风险。主动负债是银行盈利性较高、风险较大的一种流动性管理方式,较多的约束使得其只适用于规模大、信誉好的银行。

▰ 思政案例 ▰

英国诺森罗克银行挤兑事件

一、思政目标

本案例围绕以控制风险为核心的金融风险教育展开,重点让学生理解流动性风险管理在银行经营管理中的重要性,强化学生对流动性风险的理解,培养学生风险管理思维,提高学生对防控流动性风险的认知水平。

二、案例内容

2007年,受美国次级债危机导致的全球信贷紧缩影响,英国第五大抵押贷款机构——诺森罗克银行发生储户挤兑事件。自9月14日起全国范围的挤兑发生以来,截至18日,仅仅几天的时间就有30多亿英镑从诺森罗克银行流出,占该行240多亿英镑存款总量的12%左右,其电话银行和网上银行业务一度出现崩溃。为防止系统性银行危机的出现,英国财政部、英格兰银行与金融管理局先后采取了注资以及存款账户担保等救助措施,诺森罗克银行的储户挤兑情况才有所缓解,银行体系的恐慌局面才得以控制。

此次该银行的挤兑事件发生原因总结为以下五个方面:

第一,融资过于依靠批发市场。与其他银行资金主要来自储户不同,诺森罗克银行大部分资金来源于金融机构。在其资金来源构成中,零售存款业务资金来源不足全部的1/4,而超过3/4的资金来自批发市场,这个比例远远高于英国其他几大抵押贷款公司。不同于零售存款融资具有较强的稳定性特征,资金绝大部分来源于批发市场的诺森罗克银行更容易受到市场上资金供求的影响。

第二,资产负债的利率缺口过大。批发市场和住房贷款市场不同的定价机制加大了诺森罗克银行的利率缺口。无论是发行债券还是住房贷款的资产证券化都是依据市场上3个月的Libor来定价的,然而该银行的住房抵押贷款则是按照英格兰银行的基准利率来发放。这种投融资的定价方式在货币市场利率大幅高于官方利率时会造成银行损失。在当时该银行的资产中,发放给消费者的抵押贷款达967亿英镑,占总资产的85.2%。据估计,在这967亿英镑抵押贷款中有120亿英镑是直接暴露在这种利率缺口风险之下的。

第三,原有的融资渠道受阻。7月份以来,受美国次贷危机造成的全球货币市场流动性紧张的影响,主要靠批发市场来融资的诺森罗克银行已经很难再获得稳定的融资渠道。

第四,上半年以来经营收益下降。资产负债利率缺口的扩大以及因流动性不足导致的贷款业务放缓降低了经营收益,而引起储户挤兑的直接原因正是该银行预期收益的下降。尽管上半年诺森罗克银行在抵押贷款市场上的份额大幅增加,从2006年下半年的14.5%上升到18.9%,总资产也比一年前增长了28%,但是其利润并没有显著地上升。2007年上半年,诺森罗克银行的税前利润不足3亿英镑,几乎与上年同期没什么变化。资产大幅增加,而赢利不增,足见银行经营收益下降的事实。2017年9月14日,诺森罗克银行又发出经营预警,指出利率的升势出乎意料,信贷萎缩问题导致资产增长放缓,预计2007年的税前利润将比预计低20%左右。这一消息的公布也直接引发了当日大范围内的储户挤兑。

第五,投资美国次债级带来的损失。诺森罗克银行在美国次级债券市场上的投资并不多,仅占其全部资产的0.24%,大约有2.75亿英镑,其中,2亿英镑投资在美国的债务抵押债券,0.75亿投资于房产抵押担保证券。同时,这些有价证券的持续期小于2年,不会对2006年或2007年的放贷产生影响。但是,尽管相对于总体的资产来说损失不大,但这在诺森罗克银行的所有有价证券投资中已占40%的份额,而恰恰是这部分投资的损失对市场上投资者的心理影响效应可能更大,使得投资者产生了恐慌情绪。

三、思考题

1. 结合我国现实分析商业银行流动性风险形成的一般原因。
2. 商业银行流动性风险的防范措施有哪些?你如何看待我国商业银行的流动性风险?

资料来源:

英国诺森罗克银行挤兑事件,https://www.gaodun.com/caiwu/363359.html。

本章小结

1. 现金资产为商业银行提供了最基本的流动性供给,是流动性最强的资产,可以随时用于满足客户的提现和贷款需求。商业银行现金资产主要由库存现金、在中央银行存款、存放同业存款和在途资金构成。其作用是保持清偿力和流动性。

2. 商业银行现金资产管理的目的,就是要在确保流动性需要的前提下,将持有的现金资产的机会成本降到最低,以协调好银行经营的安全性与盈利性,使银行经营状况达到最佳。银行现金资产管理必须遵循总量适度原则、适时调节原则和安全保障原则。

3. 库存现金是指商业银行保持在金库中的现钞和硬币,其主要作用是银行用来应付客户提现和银行本身的日常零星开支;库存现金是具有安全流动性的非盈利资产,库存现金越多,流动性越强,而盈利性越差。为了保证在必要的流动性前提下实现更多的盈利,就需要把库存现金压缩到最低程度。

4. 中央银行存款是由法定存款准备金和超额存款准备金两部分组成，只有超额存款准备金才是商业银行的可用资金。存款准备金的管理包括满足中央银行法定存款准备金要求和超额存款准备金的适度规模控制两个方面。

5. 存放同业存款是商业银行存放在代理行用于银行间票据清算、代理收付、委托代理和投资咨询等业务的存款；同业存款的管理也需要遵循适度规模原则。

6. 商业银行的流动性是指商业银行满足存款人提取现金要求、借款人的正常贷款需求，支付到期债务的能力。商业银行通过两种方式保持充足的流动性：一是通过负债、增资的方式，如吸收存款、发行债券和注入资金等方法；二是通过资产变现，如收回信贷资产、出售持有的有价证券、固定资产等。

7. 商业银行的流动性需求根据其自身特点，可以分为季节性流动性需求、趋势性流动性需求、周期性流动性需求和临时性流动性需求。银行预测流动性的方法主要有资金来源与运用法、资金结构法和概率分析法。

8. 流动性管理是指商业银行在经营活动中既要保持足够的资产流动性以满足对流动性需求，又要防止流动性过剩带来的成本增加。其实质在于避免流动性盈余和不足，主要通过对商业银行资产和负债的流动性进行管理，以实现商业银行资产和负债的流动性供需之间的合理匹配。商业银行流动性管理的核心任务就是要保证银行经营过程中的适度流动性。

本章思维导图

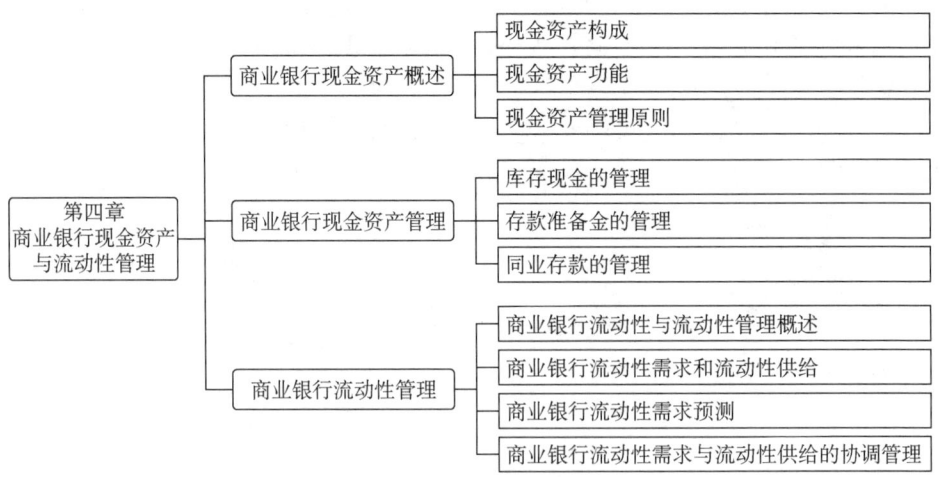

图 4-2　思维导图

本章思考题

1. 商业银行现金资产由哪些构成？其主要作用是什么？
2. 商业银行现金资产管理的原则是什么？
3. 影响库存现金的因素有哪些？

4. 影响商业银行超额准备金需要量的因素有哪些？商业银行如何调节超额准备金需要量？
5. 如何预测商业银行的流动性需求？
6. 商业银行保持流动性的方式主要有哪些？
7. 如何理解商业银行的流动性管理？

本章涉及的主要法律法规

《中国人民银行关于实施平均法考核存款准备金的通知》
《中国人民银行关于加强存款准备金管理有关事项的通知》
《中国人民银行关于实行差别存款准备金率制度的通知》

第五章 商业银行贷款业务

本章学习目标

通过本章学习,学生应了解贷款的定义、分类方法和贷款程序;掌握贷款政策的主要内容;掌握信用贷款、保证贷款、抵押贷款和质押贷款的操作和管理要点;掌握贷款信用分析技术及其主要财务指标;掌握不良贷款的处理方法及贷款质量监管指标。

第一节 商业银行贷款概述

贷款是商业银行的传统业务,是商业银行最主要的盈利资产,是商业银行实现股东权益最大化目标的主要经营手段。然而,贷款又是一种风险较大的资产,如何防范和化解风险是商业银行经营管理的重点。

贷款是商业银行作为贷款人,按照一定的贷款原则和政策,以还本付息为条件,将一定数量的货币资金提供给借款人使用的一种借贷行为。其构成要素包括贷款对象、条件、用途、期限、利率和方式等。

一、贷款种类

从银行经营管理的需要出发,可以对银行贷款按照不同的标准进行分类。

(一) 按照贷款期限分类

商业银行贷款按期限不同,可以分为短期贷款、中期贷款和长期贷款。

1. 短期贷款

短期贷款是指贷款期限在1年以内(含1年)的贷款。

2. 中期贷款

中期贷款是指贷款期限在1年以上(不含1年)5年以下(含5年)的贷款。

3. 长期贷款

长期贷款是指贷款期限在5年(不含5年)以上的贷款。

(二) 按贷款有无担保分类

商业银行贷款按有无担保划分,可以分为信用贷款、保证贷款、抵押贷款和质押贷款。

1. 信用贷款

信用贷款是指银行完全凭借客户的信誉而无需提供抵押物或第三者保证而发放的贷款。这类贷款从理论上讲风险较大,因而,银行要收取较高的利息,且一般只向银行熟悉的较大的公司借款人或资信良好的借款人提供,对借款人的条件,要求较高。

2. 保证贷款

保证贷款是指以第三人承诺在借款人不能偿还贷款时,按约定承担一般保证责任或者连带责任而发放的贷款。银行一般要求保证人提供连带责任保证。

3. 抵押贷款

抵押贷款是指以借款人或第三者的财产作为抵押发放的贷款。如果借款人不能按期归还贷款本息,银行将行使抵押权,处理抵押物以收回贷款。

4. 质押贷款

质押贷款是指以借款人或第三者的动产或权利作为质押物发放的贷款。

抵押贷款和质押贷款由于有财产作为还款的保证,贷款风险相对较小。但其贷款手续较复杂,且需要花费抵押物(质押物)的评估、保管等费用,贷款的成本也比较大。

(三) 按照贷款的偿还方式分类

银行贷款按照其偿还方式的不同,可以分为一次性偿还贷款和分期偿还贷款两种方式。

1. 一次性偿还贷款

一次性偿还贷款是指借款人在贷款到期日一次性还清贷款本金的贷款,其利息可以分期支付,也可以在归还本金时一次性付清。一般来说,短期的临时性周转性贷款都是采取一次性偿还方式。

2. 分期偿还贷款

分期偿还贷款是指借款人按规定的期限分次偿还本金和支付利息的贷款。这种贷款的期限通常按月、季、年确定。商业银行中长期贷款大都采用这种形式,至于贷款到期内分期偿还的次数、每次偿还的本金金额、利息的支付等都由借贷双方谈判决定,并在借款合同中明确规定。

(四) 按照贷款的用途分类

贷款的用途非常复杂,它涉及再生产的各个环节、各种产业、各个部门和各个企业,与多种生产要素相关,贷款用途本身也可以按不同的标准进行划分。

按照我国习惯的做法,通常有两种分类方法:一是按照贷款对象的部门来分类,分为工业贷款、商业贷款、农业贷款、科技贷款和消费贷款;二是按照贷款具体用途来划分,分为流动资金贷款和固定资金贷款。

(五) 按照银行发放贷款的自主程度分类

按银行发放贷款的自主程度划分,银行贷款可以分为自营贷款和委托贷款。

1. 自营贷款

自营贷款是指银行以合法方式筹集的资金自主发放的贷款,这是商业银行最主要的贷款,由于是自主贷款,因此,贷款风险及贷款本金和利息的回收责任都由银行自己承担。

2. 委托贷款

委托贷款是指由政府部门、企事业单位及个人等委托人提供资金,由银行(受托人)根据委托人确定的贷款对象、用途、金额、期限和利率等代为发放、监督使用并协助收回的贷款。这类贷款,银行不承担风险,通常只收取委托人付给的手续费。

(六) 按贷款的质量或风险程度分类

按照贷款的质量或风险程度划分,银行贷款可以分为正常类贷款、关注类贷款、次级类贷款、可疑类贷款和损失类贷款五类(具体内容详见本章第五节)。

二、贷款政策

贷款政策是指商业银行为实现其经营目标,在中央银行制定的宏观信贷政策的指导下而制定的指导贷款业务开展的各项方针和措施的总称,也是商业银行为贯彻安全性、流动性和盈利性三项原则的具体方针与措施。

(一)商业银行制定贷款政策的目的

商业银行制定贷款政策的目的主要有两个:一是保证其业务经营活动的协调一致。贷款政策是指导每一项贷款决策的总原则,理想的贷款政策可以支持商业银行做出正确的贷款决策,对商业银行的经营做出贡献。二是保证商业银行贷款的质量。正确的信贷政策能够使商业银行的信贷管理保持理想的水平,避免风险过大,并能够恰当地选择业务机会。

(二)制定贷款政策应考虑的因素

商业银行在制定贷款政策时,一般要考虑以下因素。

1. 有关法律、法规和国家的货币政策、财政政策

商业银行的贷款业务是在国家的有关法律、法规的规范下,在一定时期国家宏观经济政策和金融监管政策的指导下来开展的。因此,在制定贷款政策时,商业银行的高层管理者首先必须了解并掌握国家有关的法律和法规,熟悉国家在一定时期的财政政策、货币政策以及金融监管政策要求,使商业银行的贷款业务既合法又合理,既体现国家法律和政策的要求,又能取得较好的经济效益。

2. 商业银行的资本金状况

商业银行的资本金状况对贷款政策有重要影响。资本的构成、核心资本与附属资本的比例、资本与加权风险资产的比率、资本与存款的比率以及贷款呆账准备金与贷款的比率等都会影响银行承担贷款风险的能力。资本金实力较强,资本构成中核心资本比率较高、呆账准备金较充裕的银行,承担贷款风险的能力就较强;反之,如果资本实力较弱、资本结构脆弱、呆账准备金较低,银行承担风险的能力也较低,在发放高风险贷款时应十分谨慎。

3. 商业银行的负债结构

商业银行的负债结构和负债的稳定性状况也是影响银行贷款政策的一个重要因素。按照稳健经营的原则,商业银行必须根据负债的结构来安排资产的结构,因此,银行负债的性质、期限、利率和费用等都直接制约着贷款结构的形成。在制定贷款政策时,银行管理者必须从本行负债结构及稳定性状况的现实和可能性出发,合理安排贷款的期限结构、用途结构和利率结构。

4. 服务地区的经济条件和经济周期

经济决定金融,银行所在地区的经济发展状况对银行贷款政策有着直接的影响。在贷款政策文件中,应根据经济发展的现实条件的变化,及时、不断地调整贷款结构、投向,以确保贷款为经济发展服务。同时,银行贷款政策应充分考虑经济周期的影响,在经济萧条、市场不景气时,银行大量发放中长期贷款往往要承受较大的风险。在经济结构调整时期,银行贷款的投向要特别注意与国家产业政策协调。

5. 银行信贷人员的工作能力和经验

制定贷款政策时,银行信贷人员的素质也是一个不容忽视的因素,信贷人员的素质包括知识水平、能力、经验和责任心等。一般情况下,如果本行信贷人员素质较高,银行贷款业务可以更多地向具有较高风险和收益的领域拓展；反之，如果本行信贷人员总体上素质较低，那么，在制定贷款政策时，不仅要对贷款各个环节的工作实施更加严格的控制，而且应尽量避免涉及高风险领域，以免由于信贷人员的知识、能力、经验不足和责任心不强，给银行贷款带来不应有的损失。

（三）贷款政策的内容

商业银行贷款政策的内容应当体现商业银行的经营目的与经营战略，决定商业银行业务方向。商业银行贷款政策的主要内容包括以下几方面。

1. 贷款规模政策（投量政策）

商业银行贷款业务发展战略应当明确确定银行贷款发放的规模和速度。确定贷款业务开展的规模，既要考虑国家宏观经济政策的要求、当时经济发展的客观需要，又要考虑银行的实际能力，既不能过高地估计自己的发展能力，导致业务发展失控，增加贷款风险，也不能过低地估计自己的发展能力，束缚住自己的手脚，丧失业务发展的机会。商业银行在贷款政策中应当为自己确定一个合理的贷款规模，因为这有利于银行制定一项详细而周密的年度贷款计划。虽然影响贷款规模的因素相当复杂，但商业银行在贷款政策的制定中有必要做出说明。通常，银行根据负债资金来源情况及其稳定性状况以及中央银行规定的准备金比率、资本金状况、银行自身流动性准备比率、银行经营环境情况和银行经营管理水平等因素来确定计划的贷款规模，既符合银行稳健经营的原则，又最大限度地满足客户的贷款需求。

2. 贷款结构政策（投向政策）

商业银行贷款业务发展战略还应当明确确定银行贷款发放范围（包括客户、区域和行业）。贷款结构对商业银行信贷资产的安全性、流动性和盈利性有十分重要的影响，因此，银行贷款政策必须对银行贷款结构做出明确的规定。

（1）贷款客户结构。不同客户对银行的盈利贡献大相径庭，所以，银行必须首先发现和找到自己的客户群体，解决好客户定位和市场定位问题，对银行贷款客户结构做出调整。

从目前情况看，多数商业银行的客户结构具有以下特点：大企业客户数量占比少，但业务量占比高；中小企业客户数量占比高，但业务量占比小。按照成熟市场的经验，一旦利率完全市场化，随着直接融资渠道的发展和各种金融工具创新，加之非理性的竞争，商业银行将面临大企业客户迅速流失的风险。在稳定的中小企业客户群体尚未建立的情况下，这将会形成对商业银行的沉重打击。通过中小企业客户与大型企业客户对商业银行发展意义的比较分析可以看出，商业银行在追逐大企业客户的同时，应该充分重视中小企业客户，大力发展中小企业客户群，优化贷款客户结构，增强核心竞争力和抵御风险能力。

（2）贷款区域结构。贷款区域结构是指银行控制贷款业务的地域范围。商业银行受所在地区经济发展的制约，贷款往往集中在某一个区域。

银行贷款的地区与银行的规模有关。大银行因分支机构众多，在贷款政策中一般不对贷款地区做出限制，中小银行则往往将其贷款业务限制在银行所在城市和地区或该银行的传统服务地区，银行在这些地区的贷款投放量往往较大，而且与当地的工商界建立了良好的往来关系。这使得银行对该地区的经济情况比较了解，对借款人的信用分析、贷款质量跟踪检查较为方便、可靠，在该地区放款时对银行来说更安全。

（3）贷款行业结构。银行管理部门通常在考虑了诸如贷款的风险、保持流动性、银行所要服务的客户类型和银行工作人员的能力等因素后,在农业、工业、商业、交通运输业和服务业等领域中分配贷款总额。

3. 贷款定价政策

在市场经济条件下,贷款的定价是一个复杂的过程,银行贷款政策应当进行明确的规定。银行贷款的价格一般包括贷款利率、贷款补偿余额和对某些贷款收取的费用,因此,贷款定价也不仅仅是一个确定贷款利率的过程。在贷款定价过程中,银行必须考虑资金成本、贷款风险程度、贷款的期限、贷款管理费用、存款余额、还款方式、银行与借款人之间的关系、资产收益率目标等多种因素。对于贷款业务量较大的银行来说,通常是由贷款委员会或信贷管理部门根据贷款的类别、期限,并结合其他各种需要考虑的因素,确定每类贷款的价格。

目前世界主要商业银行采取的贷款定价方法主要有目标收益率定价法、基础利率定价法、成本加成定价法、优惠加数定价法、优惠乘数定价法和保留补偿余额定价法等。

2019年8月16日,中国人民银行2019年第15号公告,决定改革完善贷款市场报价利率(LPR)形成机制,并于8月20日起实施。公告指出,各银行今后应在新发放的贷款中主要参考贷款市场报价利率定价,并在浮动利率贷款合同中采用贷款市场报价利率作为定价基准,各银行不得通过协同行为以任何形式设定贷款利率定价的隐性下限。此举对推动我国商业银行贷款利率市场化发挥了积极的推动作用。

4. 贷款担保政策

贷款的担保政策中,应根据有关法律确定贷款的担保政策。贷款担保政策一般应包括以下内容:

(1) 明确担保的方式,如《中华人民共和国民法典》(以下简称《民法典》)规定的担保方式有保证人担保、抵押担保、质押担保、留置等。

(2) 规定抵押品的鉴定、评估方法和程序。

(3) 确定贷款与抵押品价值的比率、贷款与质押品价值的比率。

(4) 确定担保人的资格和还款能力的评估方法与程序等。

在再贷款政策中明确上述担保政策是为了在贷款中能够完善贷款的还款保障,确保贷款的安全性。

三、贷款程序

(一)贷款申请

凡符合条件的借款人在银行开立结算账户与银行建立信贷关系后,如果出现资金需要,都可以向银行申请贷款。借款人申请贷款必须填写借款申请书。借款申请书的基本内容包括借款人名称、性质、经营范围、申请贷款的种类、期限、金额、方式、用途、用款计划以及有关的经济技术指标等。

(二)贷款调查

银行接到借款人的借款申请后,应指定专人进行调查。调查的内容包括:一是关于借款申请书内容的调查,主要包括内容填写是否齐全、数字是否真实、申请贷款的用途是否真实合理等;二是贷款可行性的调查,主要包括借款人的品行、借款合法性、借款安全性和借款盈利性。

(三）对借款人的信用评估

银行在对借款人的借款申请进行深入调查研究的基础上，还要利用掌握的资料，对借款人进行信用评估并划分信用等级。信用评估可以由贷款银行独立进行，评估结果由银行内部掌握使用，也可由中国人民银行认可的有资格的专门信用评估机构对借款人进行统一评估，评估结果供各家银行使用。

（四）借款审批

对经审查符合贷款条件的借款申请，银行应当及时进行审批。银行要按照"分级负责、集体审定、一人审批"的贷款审批制度进行贷款决策，逐笔逐级签署审批意见并办理审批手续。为了保证贷款决策科学，凡有条件的银行都应当建立贷款审查委员会进行集体决策。

（五）借款合同的签订和担保

借款合同经审查批准后，必须按《民法典》及相关法规，由银行与借款人签订借款合同。对于保证贷款，保证人必须向银行出具不可撤销担保或由银行与保证人签订保证合同；对于抵押贷款和质押贷款，银行必须与借款人签订抵押合同或质押合同。需要办理公证或登记的，还应依法办理公证和登记手续。

（六）贷款发放

贷款合同生效后，银行应按合同规定的条款发放贷款。在发放贷款时，借款人应先填好借款借据，经银行经办人员审核无误，由信贷部门负责人或主管行长签字盖章后送银行会计部门，由其将贷款按规定划入借款人账户，供借款人使用。

（七）贷款检查

贷款发放以后，银行要对借款人执行合同的情况，即借款人的资信状况进行跟踪调查和检查。检查的内容主要包括借款人是否按合同规定的用途使用贷款、借款人资产负债结构的变化情况、借款人还款能力及还款资金来源的落实情况等。对违反国家有关政策、制度和借款合同规定的，检查人员应及时制止并提出处理意见。对问题突出、性质严重的，要及时上报主管领导甚至上级行采取紧急措施，以尽量减少贷款的风险损失。

（八）贷款收回

贷款到期后，借款人应主动及时归还贷款本息。一般可由借款人开出结算凭证归还本息，也可由银行直接从借款人账户扣收贷款本息。贷款到期，由于客观情况发生变化，借款人经过努力仍不能还清贷款的，应提前向银行提出展期申请，如果银行同意展期，应办理展期手续。贷款展期后，如果展期期限加上原贷款期限达到新的档次利率期限，就按新期限档次利率计息。如果银行不同意展期或展期以后到期仍不能还款，即列为逾期贷款，银行对其进行专户管理，并加大催收力度。

第二节　商业银行贷款管理原则与管理制度

为避免或减少贷款风险，提高贷款经济效益，银行不仅要掌握贷款风险管理的技术方法，同时也需要加强贷款过程的内部控制，始终坚持贷款管理基本原则，建立和健全银行内部贷款管理制度，防范贷款风险的产生。

一、贷款管理原则

贷款管理原则是指商业银行向客户发放贷款的原则,即银行在办理贷款业务时必须遵循的基本准则。它对于贷款的投向、贷款条件和用途、贷款方式以及数额都起着作用。各国商业银行贷款原则,基本上都采取"流动性、安全性、盈利性、效益性"的原则。具体到商业银行贷款管理原则,是指商业银行对借款人发放贷款的基本准则,是银行和借款人必须共同遵守的行为准则,也是约束商业银行贷款活动的行为规范,是商业银行分配和调控信贷资金制约和规范贷款活动的根本性规则。我国商业银行法规定,商业银行业务经营必须遵循安全性、流动性和效益性原则,因此,商业银行开展贷款业务,也必须遵循安全性、流动性和效益性原则。具体到商业银行贷款业务的开展,"三性"原则可以具体分为以下原则。

(一) 全流程管理原则

全流程管理原则强调,要将有效的信贷风险管理行为贯穿到贷款生命周期中的每一个环节。强调贷款全流程管理,有助于实现贷款管理模式由粗放型向精细化的转变,提高商业银行贷款发放的质量,加强贷款风险管理的有效性。

(二) 诚信申贷原则

诚信申贷主要包含两层含义:一是借款人恪守诚实守信原则,按照贷款人要求的具体方式和内容提供贷款申请材料,并且承诺所提供材料是真实、完整、有效的;二是借款人应证明其信用记录良好、贷款用途和还款来源明确合法等。

(三) 协议承诺原则

协议承诺原则要求银行业金融机构作为贷款人,应与借款人乃至其他相关各方通过签订完备的贷款合同等协议文件,规范各方有关行为,明确各方权利义务,调整各方法律关系,明确各方法律责任。

(四) 审贷分离原则

审贷分离原则是指银行业金融机构将贷款审批与贷款发放作为两个独立的业务环节,分别管理和控制,以达到降低信贷业务操作风险的目的。推行审贷分离,一方面,可以加强商业银行的内部控制,防范操作风险;另一方面,可以践行全流程管理的理念,建设流程银行,提高专业化操作,强调各部门和岗位之间的有效制约,避免前台部门权力过于集中。

(五) 实贷实付原则

实贷实付原则是指银行业金融机构根据借款人的有效贷款需求,主要通过贷款人受托支付的方式,将贷款资金支付给符合合同约定的贷款人交易对象的过程。实贷实付原则的关键是让借款人按照贷款合同的约定用途使用贷款资金,减少贷款挪用的风险。

(六) 贷后管理原则

贷后管理原则是指商业银行在贷款发放后所开展的信贷风险管理工作。贷后管理原则包括:①监督贷款资金按用途使用;②对借款人账户进行监控;③强调借款合同的相关约定对贷后管理工作的指导性和约束性;④明确贷款人按照监管要求进行贷后管理的法律责任。

二、贷款管理制度

(一) 审贷分离制

贷款的全流程通常称为"贷款三查",即贷前调查、贷时审查和贷后检查。贷前调查是指贷款发放前银行对贷款申请人基本情况的调查,并对其是否符合贷款条件和可发放的贷款额度做出初步判断;调查的重点主要包括申请人资信状况、经营状况、申请贷款用途的合规性和合法性、贷款担保情况等。贷时审查是指审查人员对调查人员提供的资料进行核实、评定,复测贷款风险度,提出审核意见,按规定履行审批手续。贷后检查是指贷款发放后,贷款人对借款人执行借款合同情况及借款人的经营情况进行追踪调查和检查。如果发现借款人未按规定用途使用贷款等造成贷款风险加大的情形,可提前收回贷款或采取相关保全措施。

审贷分离制是建立在贷款三查基础上的制度,是指按照横向制衡和纵向制约的原则,将信贷业务办理过程中调查、审查、审批及经营管理各个环节的工作职责进行科学分解,由不同层次和不同部门承担,并规范各个相关责任者的行为,实现信贷部门相互制约的制度。

审贷分离制要求严格授权管理,各级行必须在权限范围内办理信贷业务,超越权限的信贷业务,由信贷管理部报有权审批行信贷管理部复审,上级行贷审会审议,有权审批人审批,经营行客户部实施经营管理。

实施审贷分离制使信贷前后台业务分离,即信贷业务的调查与经营管理职能由前台部门承担,信贷业务的审查、审批和决策由后台部门负责。前台接触客户没有决策权,后台不接触客户有决策权,在管理机制上形成部门间相互制衡和业务流程各环节相互制约、各岗位自我约束与协作并重的商业银行内控和运行机制。

(二) 授权管理制度

授权是指授权主体就信贷业务经营和管理中有关权力事项对授权对象所做出的一种限制性规定。银行授权是指银行一级法人对其所属业务职能部门、分支机构和关键业务岗位开展业务权限的具体规定。

当前商业银行在全国设点布局迅速增加,增设分支机构数量庞大,分支机构层级趋于复杂,业务经营情况不断变化,建立以统一管理、分级授权为基础的授信授权体系,合理确定授信权限,在提高审批效率的同时有效防范风险,对商业银行提高信贷经营效率具有重要意义。因此商业银行必须在法定经营范围内对有关业务职能部门、分支机构关键业务岗位进行授权,建立法人授权管理制度。商业银行业务职能部门和分支机构以及关键业务岗位应在授予的权限范围内开展业务活动。

(三) 授信管理制度

授信是指商业银行对其业务职能部门和分支机构所辖服务区及其客户所规定的内部控制信用高限额度。具体范围包括贷款、贴现、承兑和担保等。授信当事人分为授信人和受信人,授信人为商业银行业务职能部门及分支机构,受信人为商业银行业务职能部门和分支机构所辖服务区及其客户。

授信方式包括基本授信和特别授信。基本授信是指商业银行根据国家信贷政策和每个地区、客户的基本情况所确定的信用额度;特别授信是指商业银行根据国家政策、市场情况变化及客户特殊需要,对特殊项目及超过基本授信额度所给予的授信。

(四) 贷款责任制度

为了强化贷款管理过程中每个岗位、每个部门及每个管理人员的工作责任心,在实行审贷分离的基础上,银行还应该按照权责对应原则,建立贷款责任制度。

贷款责任制度的主要内容包括:第一,建立以行长责任制为中心内容的贷款管理责任制体系。第二,将贷款管理的权限与相应的责任分级落实到部门、岗位和个人,按照"统一领导、分级管理、各司其职、各负其责"的原则严格划定信贷人员、信贷部门负责人、行长的贷款权限和责任。第三,在划分贷款责任的前提下,明确奖罚条件和标准,实行"奖优罚劣",将贷款管理工作的业绩与有关人员的利益挂钩。对损失的贷款,银行应分清贷款责任,对由于信贷管理上或信贷人员个人原因造成的贷款损失,应追究有关责任人的行政、经济以至法律责任。第四,建立信贷人员离职审计制度。贷款管理人员在调离原工作岗位时,银行稽核审计部门应对其在履职期间和权限范围内发放的贷款进行审计,审计不合格或审计中发现问题的信贷人员,暂时不能调离,待问题搞清楚或做出处理后方能调离。

第三节 商业银行贷款的信用分析

信用分析是商业银行在发放贷款之前,对债务人的道德品格、还款能力、资本实力、担保及环境条件进行系统分析,以确定是否给予贷款及相应的贷款条件的分析评估过程。

一、信用分析要素

借款人所具有的道德水准、资本实力、经营水平、担保和环境条件等都各不相同,这使得不同的借款人的还款能力和贷款风险也不尽相同,因此,许多商业银行对客户的信用分析就集中在五个方面,所谓"5C",即品格(character)、能力(capacity)、资本(capital)、担保(collateral)及环境条件(condition);也有些银行将信用分析的内容归纳为"5W"因素,即借款人(who)、借款用途(why)、还款期限(when)、担保物(what)及如何还款(how);还有的银行将这些内容归纳为"5P"因素,即个人因素(personal)、目的因素(purpose)、偿还因素(payment)、保障因素(protection)和前景因素(perspective)。

(一) 借款人的品格

借款人的品格是指借款人不仅要有偿还债务的意愿,还要具备承担各种义务的责任感。由于借款人的品格无法计量,因而,银行既可以根据过去的记录和积累的经验进行一系列调查,对借款人的品格进行评估,也可以通过专门的征信机构了解借款人的信用状况,以评估其品格。评估只表明借款人的主观还款意愿并不能表明其实际确实能还本付息。

(二) 借款人的能力

能力是指借款人运用借入资金获取利润并偿还贷款的能力。判断一家成熟企业的经营能力,一是看其管理能力及企业管理者的素质、经验和能力,二是判断企业的生产经营能力,如生产成本、产品质量、销售收入及竞争能力。

(三) 借款人的资本

资本是借款人财产的货币价值,通常用借款人的资产净值来衡量。资本反映了借款人的财力及承受风险的能力,并作为借款人从银行获取贷款数量大小的一个决定性因素。在评估借款人的资本实力时,一是看业主投入该企业的股东权益资本总量,二是看包括债权资本在内的所有资本的使用效率,三是观察其账面资本与市场价值的区别,以及资本的稳定性和变现能力。

(四) 借款人贷款的担保

贷款担保的作用在于为银行贷款提供一种保护,即在借款人无力还款时,银行可以通过处分担保品或向保证人追偿而收回贷款本息,从而使银行少担风险,少受损失,保证贷款本息的安全。评价贷款的担保,要看企业提供的担保品是否适合于做担保品,担保品的整体性、变现性、价格稳定性,贷款保证人的担保资格、经济实力和信用状况,以及保证人担保能力是否与担保贷款额度相符等。

(五) 借款人经营的环境条件

借款人经营的环境条件是指借款人自身的经营状况和外部环境。企业的经营状况包括经营范围、经营方向、原材料供应、竞争能力和企业市场应变能力、企业的技术装备水平、生产能力、生产规模、人员素质等一系列因素,这些因素大部分是企业可以控制的。外部环境则是一个外生变量,如企业所处地区的经济现状或所处的行业类型及发展前景。

二、企业贷款信用分析

企业贷款信用分析是指银行在对企业贷款过程中,对企业生产经营活动、管理及控制水平、盈利及清偿能力、外部经营环境和总体风险等进行的分析与评价。企业贷款信用分析内容包括财务分析与非财务因素分析。财务分析又主要包括财务报表分析和财务比率分析。

(一) 财务报表分析

财务报表分析是通过收集整理企业财务会计报告中的有关数据,并结合其他有关补充信息,对企业的财务状况、经营成果和现金流量情况进行综合比较和评价,为商业银行提供贷款决策和依据。财务报表分析主要包括资产负债表分析、利润表分析和现金流量表分析。

1. 资产负债表分析

1) 资产负债表的作用

资产负债表提供了企业资产负债和所有者权益的总体情况。通过资产负债表提供的资产总额,信贷人员可以了解企业拥有或控制的经济资源及其分布与构成以及企业生产经营能力;通过资产负债表提供的企业负债总额及结构,可以了解企业将要用多少资产或劳务清偿债务,分析企业偿债的对象及先后次序的紧迫情况;通过资产负债表提供的所有者权益情况,可以了解投资者在企业资产中所占的份额,分析权益的结构。

通过资产负债表提供的期末数与年初数进行比较,信贷人员可以了解各项目数量上的变化情况及趋势,为分析企业生产经营情况提供依据。资产负债表还能提供进行财务分析的基本资料,了解企业的偿债能力。

2) 资产负债表的分析重点

对资产负债表应重点分析以下几个方面:

(1) 应收账款。这是企业偿还短期债务的主要资金来源,也是企业流动资产中流动性仅次于现金的资产。对应收账款的分析应着重掌握三点:一是应收账款的分布。应收账款集中于少数大户，坏账的风险往往大于应收账款分散在众多小户。二是应收账款账龄的分布。账龄过长的应收账款往往预示着不正常现象，风险一般较大。三是应收账款的抵押情况。如果企业应收账款有抵押出去的，就应从应收账款中扣除，因为这些账款已不能作为新贷款的还款来源。

（2）存货。这是企业购入的原材料以及在产品、半成品产和成品，是企业流动资产的重要组成部分，也是偿债的主要物质基础。银行评价企业的存货，应重点分析五个方面的内容：一是存货的规模是否合理。即按企业现有的生产能力和生产规模来衡量存货是否过量，其中重点看原材料储备是否过多，产成品是否积压。二是存货保留时间的长短。如果某种存货保留时间过长，往往表明这种存货已不适用，需要从流动资产中扣除。三是存货的流动性状况，即存货是否能在市场上销售变现。流动性差、变现能力低的存货会占压资金，形成还贷风险。四是存货有无陈旧变质风险。五是存货是否投保。

（3）固定资产。固定资产是企业资本的一部分，可用于最后的债务清偿。当银行向企业发放中长期贷款，特别是发放以固定资产作为抵押的贷款时，需要了解该企业固定资产的状况：一是要了解企业是否按规定提足了折旧。如果没有按规定提足折旧，表明固定资产中含有虚假成分。二是要了解企业固定资产是否全额保险。那些没有保险的固定资产并不一定能给银行贷款带来安全保障。三是要了解企业固定资产的变现能力。如果企业的固定资产使用范围窄，变现能力差，那么，当企业不能还本付息时，银行就很难通过变现固定资产来取得还款资金。

（4）投资。企业除了进行生产和经营外，还进行短期金融资产的投资，购买有价证券。有价证券代表企业的债权或股权，也能够给企业带来投资收入。银行分析企业的证券投资，要注意企业所持有的各种有价证券的合法性、流动性和盈利性，以及有价证券的期限、数额、结构是否合理；要了解有价证券发行人的信用状况，从中分析可能影响企业偿债能力的财务关系或约定义务。发放以有价证券作质押的贷款，对企业证券投资的审查就更为重要。

（5）负债。企业的负债包括短期负债和长期负债。短期负债主要包括短期借款、应付账款、应付票据和应交税金等。对短期负债的分析，首先，要了解企业短期负债的数额有无漏记，如有漏记而没有发现的，会造成银行对企业偿债能力的高估。其次，要了解短期负债的期限，如已过期，则说明企业短期偿债能力可能有问题。长期负债主要包括长期借款和发行的中长期债券。分析长期借款的重点是长期负债的到期日和企业偿还长期负债的安排，以正确评价企业的偿债能力。

（6）资本。资本的大小既能反映企业财力是否雄厚和债务状况的好坏，又能反映企业的风险承受能力大小。分析资本项目，首先要了解企业的资本是否存在虚假成分；其次要分析企业的资本结构。对股份制企业来说，普通股资本所占比例较大的企业，其资本实力也比较稳定；反之，就比较脆弱。最后，要考察企业是否按规定补充自有资本。

2. 利润表分析

1）利润表的作用

利润表是企业会计报表中的主要报表，信贷人员应在信贷业务中对其充分利用。通过利润表反映的收入、成本和费用等情况，能够反映企业生产经营的收益情况、成本耗费等情况,表明企业生产经营成果;同时,通过利润表提供的不同时期的比较数字,可以分析企业今后利润的发展趋势及长期获利能力。这些信息都将成为信贷决策十分重要的依据。

2)利润表的分析重点

通过利润表可以了解企业的经营业绩、投资成果和获利能力的大小。银行分析利润表,首先,应了解企业的销售收入、销售成本、各项费用的真实性,包括对各种账户和原始凭证的核对;其次,可采取纵向和横向比较的方法,将利润表中各项数据与上年度、同行业、同等条件的其他企业进行比较。如发现企业在某一方面的费用过高或收入过低,应进一步查明原因并限期改进。

3. 现金流量表分析

1)现金流量表的作用

现金流量表提供一定时期现金流入和流出的动态财务信息,表明企业在报告期内由经营活动、投资和筹资活动获得现金,企业获得的这些现金是如何运用的,能够说明资产、负债、净资产的变动的原因,对资产负债表和利润表起到补充说明的作用,现金流量表是联系资产负债表和利润表的桥梁。

现金流量表能够说明企业的偿债能力和支付股利的能力。在某些情况下,虽然企业利润表上反映的经营业绩很可观,但实际上财务困难,无力偿还到期债务。还有些企业虽然利润表上反映的经营成果并不可观,但却有充足的现金。现金流量表完全以现金的收支为基础,能够真实反映企业的现金状况和偿债能力。此外,通过现金流量表及其他财务信息,还可以分析企业未来获取或支付现金的能力。

2)现金流量表分析重点

利润是偿还贷款的来源,但不能直接偿还贷款。偿还贷款,最可靠的是现金,贷款人最关心的是借款人的现金流量。现金流量包括现金流入量、现金流出量和现金净流量。企业的现金流入量减去现金流出量等于现金净流量。企业的现金流量来源于三个方面,即企业经营活动产生的现金流量、企业投资活动产生的现金流量以及企业筹资活动产生的现金流量。

通过现金流量分析可得出以下结论:

(1)若借款人现金净流量大于0,说明企业具备短期的还款能力,且正的现金流量越大,表明企业还款能力越强;借款人现金净流量小于0,说明企业短期还款能力不足,负的现金流量越大,还款能力越弱。

(2)若借款人经营活动现金净流量大于0,且经营活动现金流入量大于短期借款总额,说明短期借款第一还款来源充足。

(3)若经营活动现金净流量与投资活动现金流入量之和大于1年内到期的长期借款,说明贷款第一还款来源充足。

(4)如果借款人经营活动现金净流量小于0,经营活动现金流入量大于短期借款总额,则说明存在短期借款第一还款来源,至于是否充足则视借款人现金流出顺序,即经营活动现金流量首先用于还款,还是用于其他经营活动。若先用于还款或经营活动现金流入量2倍(或2倍以上)于短期借款总额,则可视为第一还款来源充足。

(5) 若借款人经营活动现金流量小于短期借款总额,则说明借款人短期借款第一还款来源肯定不足,必须依靠第二还款来源才能偿还到期债务。

(二) 财务比率分析

财务比率分析是对企业财务状况的进一步量化分析,包括短期偿债能力分析、长期偿债能力分析、盈利能力比率分析、营运能力分析。

1. 短期偿债能力分析

作为企业短期债务债权人的银行,分析企业的短期偿债能力是十分重要的。因为如果企业不能保持一定的短期偿债能力,那它自然也就不可能保持一定的长期偿债能力,更何况企业即将到期的长期债务一般也要用其可以在近期内变现的流动资产来偿还。

反映企业短期偿债能力的主要财务指标有流动比率、速动比例和现金比率。

(1) 流动比率。流动比率是流动资产除以流动负债的比值。其计算公式为:

$$流动比率 = \frac{流动资产}{流动负债}$$

流动资产包括现金、有价证券、应收账款和存货等。流动负债包括应付账款、应付票据、短期借款、应交税金和应计费用等。流动比率表明企业的短期债务可由预期的该项债务到期前变为现金的资产来偿还的能力。该比值越大,表明企业偿还短期债务的能力越强。

流动比率的值并非越大越好,应有一个合理的限度。一般要求生产企业的最低合理流动比率应保持在 2 左右。一方面,企业的流动资产在清偿流动负债以后应有余额去应付日常经营活动中其他资金的需要,并且鉴于存货、待摊费用等流动资产变现能力较差,因此,一般来说流动比率不能小于 2。另一方面,由于变现能力强的资产(如现金、银行存款、应收票据、应收账款等)往往盈利能力差,为了使企业的经营效果最好、盈余最大,流动比率不能过大,只要保证有足够的短期偿债能力即可。

该比率只有和同行业的平均流动比率、本企业历史上的流动比率比较,才能知道这个比率是高还是低。在一些行业,流动比率低于 2 是正常的,但另外一些行业则要求流动比率必须大于 2。

分析该指标时,要找出流动比率过高或过低的原因,还必须分析流动资产和流动负债所包含的内容以及经营上的因素。一般而言,流动资产中的应收账款和存货的数额及周转速度是影响流动比率的主要因素。有时,流动比率大可能是企业被拖欠的应收账款过多、存货积压或产品滞销、货币资金过多、未能充分利用资金等原因造成的。

(2) 速动比率。流动比率虽然可以用来评价流动资产总体的短期偿债能力,但速动比例比其更能说明资产的变现能力。对于银行等短期债权人来说,速动比率是一个十分重要的财务指标。

速动比率是从流动资产中扣除存货部分再除以流动负债的比值。其计算公式为:

$$速动比率 = \frac{速动资产}{流动负债} = \frac{流动资产 - 存货}{流动负债}$$

在计算速动比率时,剔除存货的原因在于:在流动资产中存货的变现速度较慢。由于某些原因,部分存货可能已经损失报废,但尚未做处理;存货估价还存在着成本与合理市价悬殊的问题。因此,把存货从流动资产中扣除而计算出的速动比率,比流动比率反映的短期偿债能力更加可信。

由于各行业之间的差别,在计算速动比率时,还可扣除其他一些不能代表当时现金流量的流动资产项目,如预付款和其他杂项等。

通常认为,正常的速动比率为1,低于1的速动比率被认为是短期偿债能力偏低。但这只是一般看法,因为不同行业的速动比率会有很大差别,并没有统一标准的速动比率。例如,零售商品通常仅采用现金销售而赊销的应收账款没有或很少,因此可以保持一个低于1的速动比率,这不会影响其短期偿债能力。相反,一些应收账款较多的企业,速动比率可能要大于1。评价速动比例指标还应结合应收账款周转速度指标分析,因为其反映了应收账款的变现能力。

(3) 现金比率。分析企业的短期偿债能力时,往往还可能需要从最保守的角度对其资产的流动性加以考虑。例如,假设企业已将其应收账款和存货全部抵押给其他债权人,或怀疑企业的存货和应收账款存在着流动性问题时,就需要利用现金比率这一指标来评价企业的短期偿债能力了。

现金比率表现为企业资产即时的流动性,它将现金等价物、有价证券与流动负债相联系。其计算公式为:

$$现金比率 = \frac{现金等价物 + 有价证券}{流动负债}$$

利用现金比率对企业的短期偿债能力进行分析时,应结合企业的经营情况。在给企业下结论之前,应先对企业有一个细致的了解,因为企业的管理者对其货币资金的运用可能有某些计划。现金比率很低,说明企业不能及时支付应付款项。但是,如果企业的现金比率很高,则说明企业的现金没有发挥最大效益。因此,在评价企业的短期偿债能力时,这个指标只具有一定的参考价值。因为,如果要求企业有足够的现金等价物、有价证券来偿还其流动负债是不现实的。如果企业短期债务的偿还不得不依赖现金和有价证券,那么,其短期偿债能力很可能不是加强而是削弱了。在以下几种情况下,还是很有必要计算企业的现金比率的:一是企业处于财务困境之中;二是企业的存货和应收账款周转速度很慢;三是处于投机性较强行业中的企业;四是对一个新建企业进行贷款决策而对其经营成功的可能性没有把握时。

2. 长期偿债能力分析

反映企业长期偿债能力的主要财务指标有资产负债率、产权比率、利息保障倍数、经营现金流量与债务总额的比率。

(1) 资产负债率。资产负债率是负债总额与资产总额的百分比,它反映了企业的总资产中有多大比例,是通过借债来筹集的。这一比率也可以用来衡量企业在清算时保护债权人利益的程度。其计算公式如下:

$$资产负债率 = \frac{负债总额}{资产总额} \times 100\%$$

从债权人的角度来看,资产负债率的比值越低,则表明该企业的长期偿债能力越好。因为在企业清算时,资产的变现所得往往低于账面价值,因此,该比例越低,债权人所得到的保障程度就越高。

从企业的所有者及经营者的角度来看,由于企业通过举债而筹集资金,与企业的自有资金在经营中发挥的效应是相同的,因此,只要企业能够保持较好的盈利水平,企业全部资金利润率超过借款利率,那么,较大的资产负债率就能给所有者和企业带来较大的利润。

银行作为企业的债权人,当然主要需要从债权人的角度考虑问题,希望资产负债率不要太高。但是在分析考查这一比率时应注意到,从长远来看,企业的盈利水平也是保障其长期偿债能力的一个因素,过低的资产负债率表明企业的经营过于保守。到底这个比例多大为宜,应结合企业所在行业的平均水平及企业的历史发展状况来考察,不能一概而论。通常,企业的资产负债率应控制在50%左右。

(2) 产权比率。产权比率是负债总额与所有者权益总额之比。其计算公式为:

$$产权比率 = \frac{负债总额}{所有者权益} \times 100\%$$

产权比率反映了由债权人提供的资金与所有者提供的资本之间的对应关系,从而反映出企业的基本财务结构是否稳定。一般来说,所有者资本大于借入资产较好,但也不能一概而论。从所有者的角度来看,在通货膨胀加剧的时期,企业多举债可以把损失和风险转嫁给债权人;在经济繁荣时期,多举债可以获得额外的利润;在经济萎缩时期,少借债可以减少利息负担和财务风险。产权比率高是高风险、高报酬的财务结构;产权比率低是低风险、低报酬的财务结构。该指标同时也反映了债权人投入的资金受到所有者权益来保障的程度,或者说,企业清算时对债权人利益的保障程度,因为法律规定债权人的清偿顺序列在所有者之前。

产权比率与资产负债率有着共同的含义,这两个指标可以相互补充。与资产负债率一样,对于这一指标的评价应结合行业状况和企业的历史经营状况。对债权人银行来说,该比率越低,代表其长期偿债能力越强。

(3) 利息保障倍数。利息保障倍数是指企业经营业务收益与利息费用的比率,用以衡量偿付借款利息的能力。其计算公式如下:

$$利息保障倍数 = \frac{息税前利润}{利息费用}$$

利息保障倍数是从利润表方面考察企业长期偿债能力的一项指标。利息保障倍数越大,企业不能偿付到期债务的风险就越小。如果企业的利息债务偿还情况很好,当本金到期时,企业也能重新筹集到资金。因此,对于作为企业债权人的银行来讲,该比例越高则表明企业长期偿债能力越强。当然,这一比率过高,很可能是因为负债率过小而造成的,这就说明企业的经营过于保守。关于这一方面的分析,可以结合前面对资产负债率、产权比率的分析来理解如何合理确定企业的利息保障倍数,这需要将该企业的这一指标与其他企业,特别是本行业平均水平进行比较,来分析决定本企业的指标水平。同时,从稳健性的角度出发,最好比较本企业连续几年的该项指标,并选择最低指标年度的数据作为标准。

(4) 经营现金流量与债务总额的比率。经营现金流量与债务总额比率反映了企业用每年的经营现金流量偿付所有债务的能力。其计算公式如下：

$$经营现金流量与债务总额的比率 = \frac{经营现金流量}{债务总额}$$

一般来说，该项比率越高，表明企业承担其债务总额的能力越强。事实上，它也是一种将收益和债务结合起来的指标，只是用经营活动现金流量代替了利润总额。由于经营现金流量可能为负数，故该项指标值也可能为负数。

3. 盈利能力比率分析

企业的盈利能力主要反映企业在营业过程中创造利润的能力，主要通过利润表数据计算获得。

(1) 销售净利率。通常用于衡量盈利能力的财务指标是销售净利率，一般也将其简称为净利率。其计算公式为：

$$销售净利率 = \frac{净利润}{销售收入} \times 100\%$$

净利润在我国会计制度中是指税后利润。该指标反映每1元销售收入带来的净利润是多少，表示销售收入的收益水平。因此，此项指标越大，表明企业的盈利能力越强。通过分析销售净利率的升降变动，可以促使企业在扩大销售的同时，注意改进经营管理，提高盈利水平。

(2) 销售毛利率。销售毛利率是毛利占销售收入的百分比。其中，毛利是销售收入与销售成本的差。其计算公式为：

$$销售毛利率 = \frac{销售毛利}{销售收入} \times 100\%$$

销售毛利率表示每1元销售收入扣除所销售产品的成本后，有多少钱可以用于各项期间费用和形成盈利。毛利率是企业销售净利率的最初基础，没有足够大的毛利率便不能盈利。此项指标值越大，表明企业的盈利能力越强。

(3) 营业利润率。营业利润率是企业实现的营业利润与销售收入之比。其计算公式为：

$$营业利润率 = \frac{营业利润}{销售收入} \times 100\%$$

公式中的销售收入，是指扣除销售折让、销售折扣和销售退回之后的销售金额，其数据可以从利润表中取得，即主营业务收入。营业利润率剔除了投资和营业外收支的影响，但增加了其他业务的盈利因素，反映了企业自身经营业务的获利能力。该项指标值越大，表明企业的盈利能力越强。

(4) 资产收益率。资产收益率是企业净利润与平均资产总额的百分比。其计算公式为：

$$资产收益率 = \frac{净利润}{平均资产总额} \times 100\%$$

其中：
$$平均资产总额 = \frac{期初资产余额 + 期末资产余额}{2}$$

资产收益率指标把企业一定期间的净利与企业的资产相比较，表明企业资产利用的综合效果。指标值越高，表明资产的利用效率越高，说明企业在增加收入和节约资金使用等方面取得了良好的效果；反之，亦然。资产收益率是一个综合指标，为了正确评价企业经济效益的高低，挖掘企业提高利润水平的潜力，可以用该项指标与本企业的前期、本企业计划、本行业平均水平及本行业内先进企业进行对比，分析形成差异的原因。影响资产收益率高低的因素主要有产品价格、单位成本、产品产量和销售数量、资金占用量等。企业通过利用资产收益率来分析经营中存在的问题，提高销售利润率，加速资金周转。

(5) 净资产收益率。净资产收益率是企业净利润与企业净资产之比，又称权益报酬率。其计算公式为：

$$净资产收益率 = \frac{净利润}{企业净资产} \times 100\%$$

其中：
$$企业净资产 = 所有者权益余额 = 资产余额 - 负债余额$$

净资产收益率是衡量股东资金使用效率的指标，反映企业的净资产盈利能力。净资产收益率越高，表明股东的投资报酬率越高；反之，则越低。但较高的投资报酬率并不意味着有较好的财务业绩，净资产的大幅下降有可能导致未来净资产收益率的大幅上升。因此，银行信贷人员应该将该比例与其他技术指标结合起来分析。

4. 营运能力分析

企业的营运能力直接影响和关系着企业的偿债能力和盈利能力，体现着企业的经营绩效。因此，为了更加深刻地理解和掌握企业的偿债能力和盈利能力，对企业的经营业绩做出全面、客观、公正的评价，就必须再对企业的营运能力做深入的分析。

企业营运能力分析是通过一系列周转速度指标分析来实现的，主要包括存货周转速度、应收账款周转率、资产周转速度、固定资产周转速度和流动资产周转率等。

(1) 存货周转速度。在流动资产中，存货的流动性直接影响企业的流动比率，进而影响企业的短期偿债能力。因此，在分析企业的短期偿债能力时，必须特别重视对存货的流动性分析。存货的流动性，一般用存货的周转速度指标来反应，即存货周转率或存货周转天数。

存货周转率是衡量和评价企业购入存货、投入生产、销售收回等各环节管理状况的综合性指标。其计算公式为：

$$存货周转率 = \frac{销售成本}{平均存货}$$

$$存货周转天数 = \frac{365}{存货周转率} = \frac{平均存货 \times 365}{销售成本}$$

其中的销售成本数据，可以从利润表中取得，平均存货为资产负债表中的"期初存货"与"期末存货"的平均数。

一般来说，存货周转速度越快，表明该企业流动资产的变现能力越强，从而其短期偿债能力越好。这一点，在利用流动比率分析企业的短期能力时应特别注意。例如，甲、乙两个企业的流动资产总额均为 100 万元,其中存货额均为 20 万元,流动负债均为 50 万元,其流动资产、负债所包含的内容结构均相同,所不同的是甲企业存货周转率为 8 次/年,乙企业的存货周转率为 4 次/年。表面上看,甲、乙两个企业的流动比率均为 2(100÷50),似乎两个企业的短期偿债能力相同。但是,应注意到,如果一旦发生特殊情况,需要企业通过销售存货来变现,从而偿还短期债务时,甲、乙两个企业所表现的偿债能力就不同了,甲企业的 20 万元存货仅通过 46 天(365÷8)左右即可变为货币资金,而乙企业则需 91 天(365÷4)的时间才能销售出去取得现金。

存货周转速度指标不仅反映了企业的短期偿债能力,而且也反映了企业经营效率及其资金利用效率和盈利能力。例如,假设某企业每年销售成本为 60 万元,如果存货周转率为 6 次/年,则平均存货为 10 万元(60÷6),如果存货周转率降为 5 次/年,则平均存货则提高到 12 万元(60÷5)。而这说明,当年存货周转 6 次时,企业在存货方面占用的资金为 10 万元。但当存货周转率减少 1 次时,存货占用的资金就要增加 2 万元。

正是由于存货周转速度的指标在反映企业短期偿债能力的同时,也反映了企业经营效率及获利能力,因此,在对企业财务报表进行分析时,应特别注意这一指标,可将其作为一项企业营运能力的指标加以运用。

在分析存货周转率时,要与本企业历史资料、其他企业或行业平均水平比较而做出判断。通常来说,该指标高于行业平均水平,表明企业的存货管理效果好;否则,表明企业的存货管理效果尚未达到一般平均水平。

(2) 应收账款周转率。反映应收账款周转速度的指标是应收账款周转率,即年度内应收账款变为现金的平均次数;用时间表示的应收账款周转速度是应收账款周转天数,又称平均应收账款回收期或平均收现期,它表示企业从取得应收账款的权利到回收款项转为现金的时间。其计算公式为:

$$应收账款周转率 = \frac{赊销收入净额}{平均应收账款余额}$$

其中:

$$赊销收入净额 = 销售收入 - 现销收入 - 销售退回、折让与折扣$$

$$平均应收账款余额 = \frac{期初应收账款 + 期末应收账款}{2}$$

从理论上来说,由于应收账款是企业赊销产品时发生的,因此,应与赊销收入净额对应,按赊销收入净额计算应收账款周转率。但是,由于现销收入为企业内部数据,财务报表的外部使用者一般无法取得该项数据,因此,在实务上可采用包括现销收入的"销售净额"去计算应收账款周转率。

对应收账款周转速度指标的评价,应结合企业的行业状况及发展状况进行比较分析。一般来说,应收账款周转率越高,周转天数越短,说明应收账款的回收越快,企业的短期偿债能力越强。在分析时,还要注意结合企业对外赊销的信用条件,如果企业应收账款周转天数为 50 天,但企业对外赊销的信用条件平均为 40 天,则说明该企业应收账款回收情况不好,短期偿债能力差;但如果对外赊销的信用条件为 60 天,说明企业的短期偿债能力较强。

银行作为财务报表的外部使用人,可以将计算出的指标与该企业前期进行趋势比较分析,与行业平均水平进行行业比较分析或与其他类似企业相比较。

(3) 资产周转速度。资产周转速度是指企业销售收入与全部资产平均余额之间的比例关系,通常有两种表现方式:一是资产周转率;二是资产周转天数。

资产周转率是指资产在一定时期(通常为1年)内周转了几次,它实际上同时还体现单位总资产在一定时期内创造了多少销售收入。其计算公式为:

$$资产周转率 = \frac{销售收入}{平均资产总额}$$

资产周转天数是指企业资产平均每周转一次所需要的天数。其计算公式为:

$$资产周转天数 = \frac{365}{资产周转率} = \frac{365 \times 平均资产总额}{销售收入}$$

资产周转率反映了资产周转速度,周转率越大,表明资产周转速度越快,资产利用效果越好,销售能力越强,进而反映出企业的偿债能力和盈利能力越令人满意,它是一项正指标;而周转天数为逆指标,越小越好。周转天数越短,表明资产周转速度越快;反之,亦然。

企业可以通过薄利多销的办法加快资产的周转速度,带来利润绝对额的增加。对资产周转速度指标进行分析时,应与企业的前期水平、同行业平均水平和先进水平或其他类似企业相比较,才能判断该项指标的高低。

(4) 固定资产周转速度。固定资产周转速度是指企业一定时期内销售收入与全部固定资产平均余额之间的比例关系。它有周转率和周转天数两种表示方法。

固定资产周转率是指企业的固定资产在一定时期内周转了多少次,次数越多,周转越快。其计算公式为:

$$固定资产周转率 = \frac{销售收入}{固定资产平均余额}$$

其中:

$$固定资产平均余额 = \frac{期初固定资产余额 + 期末固定资产余额}{2}$$

固定资产周转天数是指企业的固定资产平均每周转一次所需要的天数。其计算公式为:

$$固定资产周转天数 = \frac{365}{固定资产周转率}$$
$$= \frac{固定资产平均余额 \times 365}{销售收入}$$

固定资产周转速度反映了企业固定资产的周转快慢,周转率越大,周转天数越少,表明周转速度越快,变现能力越强,相应的盈利与偿债能力越强;同时,周转速度越快,会相对节约固定资产,这也就相对扩大了企业的固定资产投入,增强了企业资产利用效率。反之,延缓周转速度就会降低企业固定资产的利用率,从而降低企业的偿债能力。

(5) 流动资产周转率。流动资产周转率是指企业一定时期内销售收入与全部流动资产平均余额之间的比例关系,有周转率和周转天数两种表示方法。

流动资产周转率是指企业的流动资产在一定时期内周转多少次,次数越多,周转速度越快。其计算公式为:

$$流动资产周转率 = \frac{销售收入}{流动资产平均余额}$$

其中:

$$流动资产平均余额 = \frac{期初流动资产余额 + 期末流动资产余额}{2}$$

流动资产周转天数是指企业流动资产平均每周转一次所需要的天数。其计算公式为:

$$流动资产周转天数 = \frac{365}{流动资产周转率} = \frac{流动资产平均余额 \times 365}{销售收入}$$

流动资产周转速度反映流动资产的周转快慢,周转率越大,周转天数越少,说明周转速度越快,变现能力越强,相应的企业盈利能力及偿债能力越强;同时,周转速度越快,会相对节约流动资产,等于相对扩大资产投入,增强企业盈利能力。反之,延缓周转速度,就需要补充流动资产参加周转,形成资金浪费,降低企业的偿债能力和盈利能力。该项指标需与企业前期、同行业平均水平或其他企业相比较,才能判断其优劣。

(三) 非财务因素分析

在信用分析中,财务报表分析和财务比率分析都有直接的资料来源,而且具有客观明了、可量化、分析简明迅速等优点。但是,有一些对于借款人信用水平有重要影响的因素无法用数据或财务指标来计量,这时银行对借款人进行非财务因素的分析就显得十分必要,这样可以更加全面、动态地分析借款人的资信状况,从而降低银行的信贷风险。

非财务分析的因素有很多,其中,借款人所处的行业、经营特征和管理方式等是需要重点分析的因素。非财务分析的主要因素,如表 5-1 所示。

表 5-1 非财务分析的主要因素

行业因素	经营因素	管理因素	社会因素
成本结构	企业总体特征	组织形式	战争
成熟期	产品总体特征	管理层经验	法律、政策管理
周期性	市场竞争	管理深度	经济技术环境
盈利性	经营思想	管理广度	自然灾害
产品替代性	采购环节	管理层稳定性	环保
产品依赖性	生产环节	员工素质	城市建设
	销售环节	内部控制	
		法律纠纷	

资料来源:郑鸣.商业银行管理学[M].北京:清华大学出版社,2005.

鉴于非财务因素往往定性的因素比较多，其有效性往往依赖于信贷人员的专业经验、专业素质和道德水平，因而，需要和其他风险分析的手段结合使用，以避免出现较大的信用风险。

三、个人贷款信用评估

（一）个人信用评估的定义

个人信用评估在个人信贷业务操作流程中占有非常重要的地位，只有科学地评估、预测借款人的信用等级，才能预测贷款到期时借款人的还款能力和还款意愿，为贷款审查和审批提供决策依据，进一步提高信贷资产质量，优化信贷结构，提高银行效益。个人信用评估是个人信用制度中的一个重要组成部分，主要包括个人信用档案的建立和个人信用等级评定两部分。

个人信用档案主要由个人的身份证明和个人社会档案、个人税务情况、个人的社会保险和商业保险记录、个人储蓄和债务记录、个人信用历史、个人资产情况和个人所处社会环境等资料组成，是个人信用的原始资料；个人信用等级评定是通过客观公允的评估方法，把个人信用的原始资料量化处理，得到在经济活动中易于引用的个人信用评分。

（二）个人信用调查

1. 个人信用调查内容

个人信用调查是开展各类型消费信贷业务的重点环节，因为借款人个人信用情况决定其能否偿还贷款，关系到商业银行是否给予借款人贷款、贷款多少等。个人信用调查内容主要包括：

（1）行业。一般来说，行业背景较好的单位，其工作人员收入较高，还款来源相对充足。对一些发展快前景好、高科技、有垄断性的行业员工来说（如国家公务员、金融、电信、保险、较好的上市公司员工等），可考虑给予一定额度的信用贷款；其他申请者一般要提供抵押或质押物才能发放贷款。

（2）职务。了解借款人在单位的职务，并将其提供的收入证明与其他单位承担类似职务人员的收入相比较，可借以判断其收入的真实性。

（3）职业。在社会发展的不同时期，不同职业的收入高低也不同，可从职业判别借款人的收入情况，考察其还款能力。

（4）财产。在对贷款申请者进行调查时，商业银行可通过申请人住房、私车等财产判断其收入状况。

（5）收入。商业银行可通过借款人填写的收入状况表和所在单位出具的收入证明，判断借款人的收入情况，还可通过税务机关提供的纳税证明验证。

（6）历史记录。商业银行通过借款人的历史借款记录、信用卡使用情况和社会情况记录等情况，判断借款人的信用是否良好。

2. 个人信用评分要素及掌握原则

取得个人的信用调查资料后，应对申请者进行信用评分，以全面评估其资信等级。评分的主要要素及掌握的原则如下：

（1）年龄。个人授信的对象年龄为 18～60 岁，一般年龄越大，评分相对较高，但有一个上限。

（2）学历。学历较高者一般评分较高，因其就业机会一般较多；在同一行业中学历越高者，收入越高。

（3）性别。通常认为女性的风险较小，评分较高。

（4）婚姻。已婚者生活相对稳定，比单身的风险要小，评分较高。

（5）行业。行业发展稳定和前景较好的企业评分要高些。

（6）职业。风险低的职业评分高；反之，低些。

（7）就业稳定性。在目前单位工作时间越长，评分相对越高。

（8）财产状况。对有一定的金融资产、不动产、保险保障资产实力的人，评分高些。

（9）身体状况。身体好坏评分不同，有较多疾病者得分要低些。

（10）收入来源。选择能掌控其收入来源的客户，月收入越高得分越高。

（11）家庭开支。要了解借款人的家庭情况，掌握其月开支情况，借款人偿还贷款的月供一般不能超过其月收入的一半，月还款所占收入比例越低，评分越高。

（12）保险保障因素。购买保险的借款人评分要高于未买保险者。根据上述内容制定一个详细的个人信用等级评估指标体系，科学地评估个人的信用状况，从而决定贷或不贷、贷多少、具体担保等条件。

专栏 5-1

我国个人征信系统介绍

个人征信系统（个人信用信息基础数据库，又称金融信用信息基础数据库）是我国社会信用体系的重要基础设施，是由中国人民银行组织各商业银行建立的个人信用信息共享平台。该数据库采集整理保存公民个人信用信息，为货币政策和金融监管提供信息服务，为金融机构提供个人信用状况查询服务。

中国人民银行建设并已投入使用的全国个人信用信息基础数据库系统是我国最大的个人征信数据库，该基础数据库首先依法采集和保存全国银行信贷信用信息，其中主要包括个人在商业银行的借款、担保数据、抵押及身份验证信息。除了中国人民银行建设的个人征信系统，2018年2月，百行征信有限公司获得了个人征信业务牌照，主要在传统金融机构以外的互联网借贷等领域开展个人征信活动。

个人征信系统所收集的个人信用信息，主要包括三个组成部分：第一部分是个人基本信息，第二部分是贷款信息，第三部分是非银行信息。个人基本信息包括个人身份、配偶身份、居住信息和职业信息等；贷款信息包括银行贷款汇总信息、贷记卡汇总信息、准贷记卡汇总信息、贷款汇总信息、为他人贷款担保汇总信息、信用明细信息以及查询机构查询信息主体信用报告形成的查询时间、查询原因、查询人等查询记录等信息；非银行信息是指个人社保缴费信息、住房公积金缴存信息和电信用户缴费等。百行征信有限公司以"最低、适用"原则采集个人信用信息，主要包括个人互联网借贷数据及个人身份识别信息等支持类信息。

个人信用报告是个人征信系统提供的最基础产品，它记录了客户与银行之间发生的信贷交易的历史信息，只要客户在银行办理过贷款、信用卡、为他人贷款担保等信贷业务，他在银行登记过的基本信息和账户信息就会通过商业银行的数据报送而进入个人征信系统，从而形成客户的信用报告。

目前,个人征信系统数据的直接使用者包括金融监督管理机构、数据主体本人、商业银行,以及司法部门等其他政府机构,向央行征信系统查询信用报告已成为金融机构信贷业务的必要环节,征信报告的影响力已涉及教育、税务、电信等部门。

个人征信系统的功能主要包括社会功能和经济功能。社会功能主要体现在随着该系统的建设和完善,通过对个人重要经济活动的影响和规范,逐步形成诚实守信、遵纪守法、重合同讲信用的社会风气,推动社会信用体系建设,提高社会诚信水平,促进文明社会的建设;经济功能主要体现在帮助商业银行等金融机构控制信用风险,维护金融稳定,扩大信贷范围,促进消费增长,改善经济增长结构,促进经济的可持续发展。

中国人民银行征信管理局于2022年10月10日在人民银行网站刊发了题为《建设覆盖全社会的征信体系》的文章。文章指出,截至2022年8月末,个人征信系统接入金融机构4 081家,收录11.5亿自然人信息,日均提供查询1 084.4万次;企业征信系统接入金融机构3 811家,收录9 874.6万户企业和其他组织信息,日均提供查询服务27.3万次。中国人民银行将进一步建设完善覆盖全社会的征信体系,为经济社会发展提供高质量征信服务。

资料来源:

1. 中国银行业协会银行业专业人员资格考试办公室.个人信贷[M].北京:中国金融出版社,2020.
2. 中国人民银行.建设覆盖全社会的征信体系[EB/OL].http://www.pbc.gov.cn/redianzhuanti/118742/4657542/4677461/index.html.

第四节　商业银行主要贷款业务的管理要点

一、信用贷款

信用贷款是指银行完全凭借借款人的良好信用而无须提供任何财产抵押或第三者担保而发放的贷款。信用贷款是以借款人的信用作为还款保证。从广义上讲,它也是一种担保贷款,只不过是借款人本身的信用作为担保。

(一) 信用贷款的特点

与其他贷款相比,信用贷款具有以下特点。

1. 以借款人的信用和未来的现金流量作为还款保证

由于信用贷款是凭借借款人的信用发放的贷款,银行在发放贷款时,没有从借款人处取得任何财产做抵押,而只是获得借款人对于偿还贷款的一种承诺。这种承诺能否兑现,则取决于借款人未来的现金流量。

2. 风险大、利率高

由于借款人的信用状况主要看其既往的信用履历,而借款人未来现金流量又具有很大的不确定性,因此,与其他方式的贷款相比,信用贷款要承担更大的风险。按照风险与收益对称原则,银行对信用贷款应当收取比其他贷款更高的利息,也可以要求借款人在银行保留一定比例的补偿余额,作为对银行承担风险的一种补偿。

3. 手续简便

由于银行发放信用贷款可以省去对担保品选择、估价、管理和对保证人资格、信用、财务等方面的审查手续，因此，贷款过程的手续相对比较简单。

(二) 信用贷款的操作要点

1. 对借款人进行信用评估，正确选择贷款对象

借款人向银行提出借款申请后，银行首先应对借款人的资信状况进行全面而科学的分析。同时，对借款申请书进行审查核实。由于信用借款是凭借借款人的信用来发放的，所以，对客户的信用分析有特别重要的意义。在对借款人进行信用分析的基础上，银行应根据本行的贷款政策、原则和条件，正确选择信用贷款的对象。通常，银行只对那些与本行有着长期借贷交往历史，而且信誉高、经营好、经营实力强、无不良信用记录、预测未来现金流量足以偿还贷款本息的客户发放信用贷款。

2. 合理确定贷款额度和期限

银行确定以信用贷款方式发放贷款后，应根据企业的合理资金需求和银行的资金可供能力做出贷款额度和利率的决策。信用贷款虽以借款人的信用作贷款依据，但借款人的信用状况不可能成为确定贷款额度和期限的直接依据。银行确定贷款额度的直接依据通常有三：一是企业的合理资金需求；二是可作为偿还贷款来源的企业未来现金流量；三是银行的信贷资金可供应量。这三个因素同时成为制约贷款额度的上限。确定贷款期限的直接依据是银行贷款制度的规定和企业正常资金周转期限或贷款项目投资回收期限。

3. 贷款的发放与监督作用

银行经审查确定贷款额度和期限后，便可与借款人签订借款合同，随后将贷款按合同划入企业账户。贷款发放后，银行应定期检查贷款使用情况，分析企业资产负债结构变化情况，发现问题及时纠正，消除贷款风险隐患。如果发现借款人在使用贷款中有违反合同的行为，银行应及时发出警告并予以纠正。如果警告和制止无效，银行有权停止贷款，并提前收回已发放的贷款。

4. 贷款到期收回

贷款到期，银行应提前向借款人发出收贷通知。如果借款人因客观原因不能按时还贷，应提前向银行提出展期申请。贷款合同期满，借款人应主动出具结算凭证还款，也可由银行直接从借款人账户中扣收贷款。借款人不能按期还款，银行应将其转入逾期账户，加收罚息。同时，要求借款人制定切实可行的还款计划，督促其尽早还款。

二、担保贷款

担保贷款是指银行要求借款人根据规定的担保方式提供贷款担保而发放的贷款。银行在对借款人进行信用分析后，如果借款人不符合发放信用贷款的条件，银行可对其发放担保贷款。下列情况下，银行应要求借款人提供贷款担保：①借款人的负债率较高，财力脆弱；②借款人没有建立起令人满意的、稳定的利润增长记录；③借款人发行的股票未能销售出去；④借款人是新客户；⑤借款人的经营环境恶化；⑥贷款的期限较长等。

(一) 担保方式与担保贷款种类

我国《民法典》中规定的担保方式主要有保证、抵押和质押三种。相应地，我国目前的担

保贷款包括保证贷款、抵押贷款和质押贷款三种。

1. 保证与保证贷款

保证是指保证人与银行约定,当债务人不履行债务时,保证人按照约定履行或承担责任的行为。银行根据《民法典》中的保证方式向借款人发放的贷款称为保证贷款。

《民法典》中规定的保证方式包括一般保证和连带责任保证。当事人在保证合同中约定,债务人不能履行债务时,由保证人承担保证责任的为一般保证。当事人在保证合同中约定保证人与债务人对债务承担连带责任的,为连带责任保证。银行发放保证贷款,贷款保证人就应当按法律规定承担债务的一般保证责任或连带保证责任,当债务人不能履行还款责任时,由保证人负责偿还。

2. 质押与质押贷款

质押权是一种特别授予的所有权。在质押方式下,受质押人在债务全部清偿以前拥有债务人用作质押财产的权利,而且在某些情况下,受质押人还有出卖该财产的权利。以《民法典》中规定的质押方式发放的贷款称为质押贷款。

质押方式与抵押方式的不同点在于:在办理质押贷款时,借款人应将质押财产做法定的移交,但可以不作为实际的实物移交,如只交付储放货物的仓库钥匙或货物的可转让储单即可。我国《民法典》规定的质押包括动产质押和权利质押两种。前者是指债务人或第三人将其动产移交债权人占有,该动产作为债权的担保;而后者所包括的质物有七类:①汇票、本票、支票;②债券、存款单;③仓单、提单;④可以转让的基金份额、股权;⑤可以转让的注册商标专用权、专利权、著作权等知识产权中的财产权;⑥现有的以及将有的应收账款;⑦法律、行政法规规定可以出质的其他财产权利。在银行发放质押贷款的情况下,当债务人不能履行还款责任时,银行可以按照《民法典》的规定将质物折价或者以拍卖、变卖质物的价款优先受偿。

> **专栏 5-2**
>
> **应收账款质押介绍**
>
> 根据2019年修订的《应收账款质押登记办法》的相关规定,应收账款质押是指为担保债务的履行,债务人或者第三人将其合法拥有的应收账款出质给债权人,债务人不履行到期债务或者发生当事人约定的实现质权的情形,质权人有权就该应收账款及其收益优先受偿。债务人或者第三人为出质人,债权人为质权人。
>
> 中国人民银行征信中心是应收账款质押的登记机构,征信中心建立基于互联网的登记公示系统,办理应收账款质押登记,并为社会公众提供查询服务。登记内容包括质权人和出质人的基本信息、应收账款的描述、登记期限,登记期限最短6个月,最长不超过30年。中国人民银行对征信中心办理应收账款质押登记有关活动进行管理。在同一应收账款上设立多个权利的,质权人按照登记的先后顺序行使质权。
>
> 本办法所称应收账款,是指权利人因提供一定的货物、服务或设施而获得的要求义务人付款的权利以及依法享有的其他付款请求权,包括现有的和未来的金钱债权,但不包括因票据或其他有价证券而产生的付款请求权,以及法律、行政法规禁止转让的付款请求权。其具体包括下列权利:①销售、出租产生的债权,包括销售货物,供应水、电、气、暖,知识产权的许可使用,出租动产或不动产等;②提供医疗、教育、旅游等服务或劳务产生的债权;③能源、交

通运输、水利、环境保护、市政工程等基础设施和公用事业项目收益权;④提供贷款或其他信用活动产生的债权;⑤其他以合同为基础的具有金钱给付内容的债权。

资料来源:《应收账款质押登记办法》(2019年修订版)。

3. 抵押与抵押贷款

抵押是指在债务人或者第三人不转移抵押财产的占有,将该财产作为债权的担保。银行以抵押方式做担保而发放的贷款就是抵押贷款。

根据《民法典》第三百九十五条规定,债务人或者第三人有权处分的下列财产可以抵押:①建筑物和其他土地附着物;②建设用地使用权;③海域使用权;④生产设备、原材料、半成品、产品;⑤正在建造的建筑物、船舶、航空器;⑥交通运输工具;⑦法律、行政法规未禁止抵押的其他财产。以抵押担保的方式发放贷款,当债务人不履行债务时,债权人有权按《民法典》规定以抵押财产折价或者以拍卖、变卖抵押财产的价款优先受偿。

(二)保证贷款的操作要点

保证贷款因为有保证人对贷款提供了担保,体现了一种多边的信用关系,并使银行贷款具有了双重的信用保证,即除了作为借款人的相应保证外,还获得了保证人的信用保证。而要真正落实保证责任,避免出现空头担保现象,还需要在贷款过程中严格审核保证人情况。在保证贷款的操作过程中应重点把握以下环节。

1. 借款人找保

借款人向银行提出贷款申请,银行审查同意贷款并要求借款人提供贷款担保时,借款人应根据贷款的金额、期限,寻找贷款保证人。保证人承担了贷款的保证责任后,应开具贷款保证意向书交借款人转送银行。银行发放保证贷款,让借款人寻找保证人时,有三点需要注意:

(1)保证人条件。贷款保证人应是具有法人地位并有经济承保能力的经济实体、其他组织和公民。根据《民法典》规定,机关法人不得为保证人,但是经国务院批准为使用外国政府或者国际经济组织贷款进行转贷的除外;以公益为目的的非营利法人、非法人组织不得为保证人。

(2)保证方式选择。保证人承担的保证责任包括一般保证和连带责任保证。一般保证责任贷款到期时,当债务人不能履行债务时,由保证人承担保证责任。但是,一般保证的保证人在主合同纠纷未经审判或者仲裁,并就债务人财产依法强制执行仍不能履行债务前,对债权人可以拒绝承担保证责任;连带责任保证的债务人在主合同规定的债务履行期届满没有履行债务的,债权人可以要求债务人履行债务,也可以要求保证人在其保证范围内承担保证责任。《民法典》第六百八十六条规定,当事人在保证合同中对保证方式没有约定或者约定不明确的,按照一般保证承担保证责任。

(3)保证期间的确定。发放保证贷款要确定保证期间,关于保证期间,《民法典》第六百九十二条规定,保证期间是确定保证人承担保证责任的期间,不发生中止、中断和延长。债权人与保证人可以约定保证期间,但是约定的保证期间早于主债务履行期限或者与主债务履行期限同时届满的,视为没有约定,没有约定或者约定不明确的,保证期间为主债务履行期限届满之日起六个月。债权人与债务人对主债务履行期限没有约定或者约定不明确的,保证期间自债权人请求债务人履行债务的宽限期届满之日起计算;《民法典》第六百九十三条规定,一般保证的债权人未在保证期间对债务人提起诉讼或者申请仲裁的,保证人不再承担保证责任。连带责任保证的债权人未在保证期间请求保证人承担保证责任的,保证人不再承担保证责任。

2. 银行核保

银行接到保证人的保证意向书后,需对保证人的资格和经济承保能力进行审核。审核的主要内容包括:

(1) 验证保证人的营业执照,审核保证人是否具有合法的地位。

(2) 验证保证人和法人代表的印鉴是否与预留银行印鉴相符。

(3) 审阅保证人的财务报表和有关文件,审查贷款保证意向书中所填情况是否真实。

(4) 审查保证人的承保能力,看其资产净值是否大于其担保的债务额,避免因"皮包公司"之类的企业充当保证人而成为空头担保。

(5) 审查保证人的财产是否已经作为债务抵押或用于对其他借款人的担保,防止因多头担保或相互担保而成为空头担保。

(6) 审查保证人的生产经营、经济效益和信用履历情况,以避免因保证人无力担保或无意承担保证而使贷款产生损失。

3. 银行审批

银行在对上述情况进行审核以后,通过计算确定保证人能够提供有效担保的金额,然后根据核保结果,按程序审批贷款。如果保证人不是本行开户的企业,还要与保证人的开户银行取得联系,了解保证人的资信情况,请求协助审查保证人的承保资格和能力。然后,银行要与借款人、保证人三方签订合法完整的借款合同、保证合同,以明确各方责任。

4. 贷款的发放与收回

签订贷款合同和保证合同后,银行应及时按合同将贷款拨付借款人使用。银行和保证人应共同监督借款人按合同使用贷款和按期偿还贷款。贷款到期后,如果借款人按时还本付息,借款合同和保证合同随时失效。如果借款人无力偿还贷款本息,银行就应通知保证人主动承担担保责任。银行有权从保证人账户上扣收所担保的贷款本息。待贷款本息全部扣收完毕,保证合同随即失效。

(三) 抵押贷款的管理要点

由于质押贷款在大部分地方都与抵押贷款相似,因此,在这里我们将两种贷款统称为抵押贷款一并介绍。

1. 抵押物分类

抵押贷款的抵押物,可以分为以下六类:第一,存货抵押,如原材料、半成品和产成品等;第二,证券抵押,如股票、债券、汇票、本票、支票和存单等;第三,设备抵押,如机器设备、车辆和船舶等;第四,不动产抵押,如土地房屋等;第五,客账抵押,如应收账款等;第六,人寿保险抵押,如人寿保单等。

2. 抵押物的选择和估价

(1) 抵押物的选择。借款人的贷款申请经银行审查确认需要以财产做抵押时,借款人应向银行提供拟做贷款抵押物的财产清单。银行从中选择符合要求的财产作为贷款的抵押。

银行在选择抵押物时,必须坚持以下四个原则:第一,合法性原则。即贷款抵押物必须是法律允许设定抵押权的财产。因为,只有法律允许设定抵押权的财产,才能最终履行抵押责任,保证贷款安全。第二,易售性原则。即抵押物的市场需求相对稳定,一旦处分抵押物时能够迅速出售,且不必花费太多的处分费用。第三,稳定性原则。即抵押物的价格和性能相对稳定,市场风险小,同时也易于保管,不易变质。第四,易测性原则。即抵押物的品质和价值易于测定。

按照上述原则选好抵押物后,还要对抵押物进行法律审查和技术鉴定。具体内容主要包括:一是审查借款人对抵押物的权利是否真实、充分,对共同所有的财产,看其是否有共有各方同意设押的书面证明。二是审查抵押人提供的抵押物是否需要有关部门批准,如果需要部门批准,看其是否经过批准。三是审查租赁经营企业的抵押物是否属于企业自有资产,如果是租赁资产,银行不得接受抵押。四是审查抵押物有无重复抵押现象。五是审查抵押物实物的真实、完好性;六是审查抵押物有无保险。抵押物保险期间通常要求长于抵押期限1~2个月,为处分抵押物留出足够的时间。

(2)抵押物的估价。抵押物估价是对抵押物将来处分时的市场价格的估算。对抵押物科学合理地估价,是抵押贷款管理过程中一个十分关键的环节。估价过高,拍卖所得资金不足以补偿贷款资金,银行会受损失;估价过低,又会损害抵押人利益。因此,银行在对抵押物估价时,必须坚持科学性、公正性和防范风险原则,科学、合理地测定抵押物的价值。

对抵押物估价是一项需要十分负责、技术性很强的工作。不同的抵押物,估价方法也不同。对有价证券的估价主要预测未来市场利率的走势、证券债务人的经营状况和国家宏观经济政策和形势的变化;对不动产的估价主要看其所处地理位置及据以取得经济效益的大小。在此基础上,考虑外部配套环境和交通通信便利程度以及不动产的新旧程度、造价、维护费用等因素后确定;对机器设备的估价,先要确定其价值损耗,用会计净值减去技术损耗就是机器设备的估价值。

3. 确定抵押率

抵押率是抵押贷款本息之和与抵押物估价值之比。合理确定抵押率是抵押贷款管理中的一项重要内容。通常,银行在确定抵押率时,应当考虑以下因素:

(1)贷款风险。贷款人对贷款风险的估计与抵押率呈反向变化。风险越大,抵押率越低;风险小,抵押率可高些。

(2)借款人信誉。一般情况下,对那些资产实力匮乏、结构不当、信誉较差的借款人,抵押率应低些。反之,抵押率可高些。

(3)抵押物的品种。由于抵押物品种不同,它们的占管风险和处分风险也不同。按照风险补偿原则,抵押那些占管风险和处分风险都比较大的抵押物,抵押率应当低一些,否则可定得高一些。

(4)贷款期限。贷款期限越长,抵押期也越长,在抵押期内承受的风险也越大,因此,抵押率应当低一些。而抵押期限短,风险较小,抵押率可高一些。

4. 抵押物的产权设定与登记

产权设定是指银行要证实并取得处分抵押物以做抵押债务的权利。借款人要将财产契约交指定机构登记过户,明确银行为产权所有者和保险受益人。以《民法典》第三百九十五条第一款第一项至第三项规定的财产或者第五项规定的正在建造的建筑物抵押的,应当办理抵押登记。抵押权自登记时设立。第四百零三条规定,以动产抵押的,抵押权自抵押合同生效时设立;未经登记,不得对抗善意第三人。不动产登记,由不动产所在地的登记机构办理。国家对不动产实行统一登记制度。统一登记的范围、登记机构和登记办法,由法律、行政法规规定。

《国务院关于实施动产和权利担保统一登记的决定》(国发〔2020〕18号)文件规定,自2021年1月1日起,在全国范围内实施动产和权利担保统一登记。纳入动产和权利担保统一登记范围的担保类型包括:①生产设备、原材料、半成品、产品抵押;②应收账款质押;③存款单、仓单、提单质押;④融资租赁;⑤保理;⑥所有权保留;⑦其他可以登记的动产和权利担保,但机动车抵押、船舶抵押、航空器抵押、债券质押、基金份额质押、股权质押、知识产权中的财产权质押除外。纳入统一登记范围的动产和权利担保,由当事人通过中国人民银行征信中心动产融资统一登记公示系统自主办理登记,并对登记内容的真实性、完整性和合法性负责。登记机构不对登记内容进行实质审查。国家市场监督管理总局不再承担"管理动产抵押物登记"职责。中国人民银行负责制定生产设备、原材料、半成品、产品抵押和应收账款质押统一登记制度,推进登记服务便利化。

抵押物登记的内容主要包括:一是抵押人姓名或企业名称、地址;二是抵押权人名称、地址;三是抵押物名称、数量、规格和价值;四是贷款金额和币种;五是抵押和贷款期限;六是抵押物品保管方式;七是抵押合同签订的日期和地点等。

5. 抵押物的占管与处分

1) 抵押物的占管

占管包括占有和保管两层意思。占有和保管两者密不可分。占有包含了保管的责任,否则不成其为占有,而保管则以占有、持有为前提。抵押物的占管方式有两种:一是抵押人占管;二是抵押权人占管。根据《民法典》中规定的抵押方式设定抵押的财产,一般抵押人不转移财产的占管;根据《民法典》中规定的质押方式设定的质物,一般由抵押权人占管。无论是抵押人占管,还是抵押权人占管,都应当承担相应的占管责任,保证抵押物的完好和无损。

2) 抵押物的处分

贷款期满,借款人如果按期偿还贷款本息,银行应将抵押物及有关证明文件及时退回抵押人,抵押合同终止。如果借款人不能偿还贷款本息,就需要通过处分抵押物来清偿贷款。处分抵押物必须具备一定的条件,包括:①抵押合同期满借款人不能履约还款;②抵押期间抵押人宣告解散;③个体工商户作为抵押人在抵押期间死亡、失踪,且继承人或受馈赠人不能偿还其债务。

抵押物的处分是指通过法律行为对抵押物进行处置的一种权利。抵押物处分方式主要有三种:

(1) 拍卖。拍卖是指以公开竞价的方式把标的物卖给出价最高者的一种行为。拍卖所得价款,先用于支付处分抵押物的费用,再扣缴抵押物应纳税款,然后支付抵押物保管费用,最后偿还贷款本息,余额交还抵押人。

(2) 转让。转让是指通过合法方式将产权属己的财产所有权出让给他人的一种行为。这种方式适用于证券和无形资产的划分，转让价款除支付有关转让公证费用外，主要用于清偿贷款本息。

(3) 兑现。兑现是指有价证券到期，持券人向证券市场或承兑银行要求兑现，由证券机构或承兑银行按票面记载利率将有价证券兑成现金支付给持券人的一种行为。兑现的有价证券本息应首先用于清偿贷款。

6. 最高额抵押

最高额抵押是指抵押人与抵押权人协议，在最高债权额限度内，以抵押物对一定期间内连续发生的债权做担保。借款合同可以附最高额抵押合同。债权人与债务人就某项商品在一定期间内连续发生交易而签订的合同，可以附最高额抵押合同。最高额抵押的主合同债权不得转让。

三、票据贴现

（一）票据贴现的概念与特点

票据贴现是指以票据所有权的有偿转让为前提的预期性资金融通。票据贴现不仅是一种票据买卖行为，也是一种债权债务关系的转移，是银行通过贴现而间接地把款项贷放给票据的付款人，是银行贷款的一种特殊方式。

票据贴现与其他贷款方式相比，具有不同的特点：第一，它是以持票人作为贷款直接对象。其他贷款一般都是以购货企业（付款人）为贷款对象，而票据贴现的直接收款人是持票人。第二，它是以票据承兑人的信誉作为还款保证。贴现的票据一般要求经过承兑，而承兑人是票据的第一付款人，因而，承兑人的信誉就作为贴现的还款保证。第三，它是以票据的剩余期限为贷款期限。票据上载有付款日期，持票人有权无条件的按时收回票款。因此，贴现的期限就是从贴现日到付款日（票据到期日）的时间。第四，实行预收利息的方法。贴现贷款在发放时就预先将贴现利息扣除，因此，其利率（贴现率）一般较同期限的其他贷款低。

（二）票据贴现的管理要点

1. 票据贴现的审查

持票人持未到期的承兑票据向银行申请贴现，应提交贴现申请和贴现票据。银行接到贴现申请后，要从以下几个方面进行认真地审查：

(1) 审查票据的票式和要件是否合法。

(2) 审查票据的付款人和承兑人的资信状况。银行为保证贴现款项的安全收回，应当收贴具有优良信誉的企业和银行作为付款人和承兑人的票据。

(3) 审查票据期限的长短。商业上买卖赊账的付款期限都有一定的时间限制，由此产生的票据也应当有时间的限制。一般商业汇票的期限应在 6 个月之内，最长不超过 9 个月。超过这个期限的票据，银行一般不应收贴。

(4) 审查贴现的额度。贴现的额度一般不得超过贴现申请人的付款能力。因为，贴现票据的偿付虽以付款人最为重要，但贴现申请人也有责任。当付款人拒付时，银行需要向贴现申请人追偿。如果贴现申请人没有足够的财力，银行贴现将面临风险。

银行通过上述审查，最终做出是否收贴的决策，在经过银行内部的审查、审批程序后，办理贴现手续。

2. 票据贴现的期限和额度

票据贴现的日期是指从票据贴现日到票据到期日之间的时间。一般控制在 6 个月之内,最长不超过 9 个月。

票据贴现贷款的额度,即实付贴现额,按承兑票据的票面金额扣除贴现利息计算。其计算公式是:

$$实付贴现额 = 贴现票据面额 - 贴现利息$$
$$贴现利息 = 票据面额 \times 贴现期限(天数) \times (月贴现率 \div 30)$$

3. 票据贴现的到期处理

票据贴现到期后,付款人应事先将票款备足并交存开户银行,开户银行等到期日凭票将款项从付款人账户划转到贴现银行的账户。这样,票据贴现贷款过程全部完成。

如果票据到期,付款人账户不足支付票款可按以下情况处理:

(1) 以银行承兑汇票贴现的,承兑银行除凭票付款外,应对承兑申请人执行扣款。对尚未扣回的承兑金额,视同逾期贷款,应按统一利率收息并实行加息。

(2) 以商业承兑汇票贴现的,其开户银行应将汇票退还贴现银行,同时对付款人应比照签发空头支票的处罚规定处以罚款。贴现银行在收到退还的汇票后,应着手票款追偿,从贴现申请人账户上扣收贴现款项,同时,将汇票退还贴现申请人,对未扣回部分,银行应收取贷款利息并处以罚息。汇票退回后,由收付双方自行解决纠纷。

四、消费贷款

消费贷款又称消费者贷款,是指对消费者个人贷放的、用于购买耐用消费品或支付各种费用的贷款。

(一) 消费贷款的种类

(1) 消费贷款按信用方式和信用工具,可分为分期付款贷款、按揭贷款、信用卡贷款、支票信贷和反抵押贷款。

(2) 消费贷款按贷款用途,可分为个人住房抵押贷款、汽车消费贷款、个人耐用消费品贷款、个人助学贷款和旅游消费贷款等。

(二) 消费贷款的管理要点

为了确保贷款的安全,银行在消费贷款的发放和管理过程中,必须坚持按程序、按规定的条件发放贷款,重点掌握借款人的资信状况和未来还本付息的能力。

1. 贷款的申请

消费者向银行申请贷款用于个人消费,必须提交借款申请。在借款申请中,应详细列述以下内容:①借款的动机和用途;②借款的种类和数额;③申请人本人的有关资料,如借款人的姓名、年龄、职业、收入、财产、家庭成员、健康状况和信用履历等;④银行要求提供的其他有助于了解申请人信用状况的合法资料。

2. 信用分析和贷前调查

银行在接到借款人提出的消费贷款申请后,应对借款人进行全面的信用分析,对借款申请中所列的情况进行深入细致的调查了解,以做出贷与不贷的决策。

对借款人进行信用分析和贷前调查的内容,除了对一般工商企业贷款中所应调查了解的内容之外,银行应针对个人借款者的特点,重点调查以下情况:借款人姓名、年龄、住址;借款人职业及职业稳定性;借款人收入及其稳定性,借款人家庭收入及其稳定性;借款人消费支出情况;借款人承担赡养义务的人口情况;借款人本人及由其承担赡养义务的家庭成员的健康状况;借款人的财产及变现能力;借款人的信用履历,是否与银行发生过借贷往来,有无违约记录;借款人可以提供的贷款抵押物及其质量等。

3. 贷款审批与发放

银行在审批消费贷款时,一般有两种方法:一是经验判断法,即根据对借款人的信用分析和贷前调查,通过信贷人员的主观判断来决定贷与不贷,贷多贷少;另一种是信用评分方法,这种方法是先由银行建立一个在统计上可靠的信用评分模型,然后,信贷员通过此模型对借款人进行等级评分。在模型中,对借款人的某些特征确定相应的分值,将借款人的特征输入模型,就得出该借款人的等级分。将借款人的等级分与银行事先规定的"可接受贷款分值""拒绝贷款分值"进行比较,如满足前者,银行可以贷款,如满足后者,银行则拒绝贷款。如介于两者之间,银行应进一步调查某些情况,以最终决定贷与不贷。

随着近几年大数据技术的不断发展,基于大数据技术的信贷审批解决方案日趋成熟。相较于传统银行信贷审批模式,大数据环境下的信贷模式是一种业务与数据共同驱动的智能审批模式。在新的业务模式下,客户仅提供少量必要补充信息,即能不受时间和空间的限制,通过网络办理信贷业务,并在短时间内由风险决策系统自动完成信贷的审批和定额。相较传统信贷审批模式,无论是在效率还是在客户体验上,都带来极大的提升。

4. 贷款检查与贷款的收回

贷款发放以后,银行要对贷款进行跟踪检查。银行通常要求借款人定期反映其收入、财产的变动情况,以便随时掌握借款人还款能力的变化。银行对信用卡贷款和其他周转性贷款,应重点检查是否有严重的恶意透支行为及其他欺诈行为。贷款到期后,应根据不同的贷款,采取不同的贷款收回方式。

第五节 商业银行贷款的质量管理

贷款业务面临着包括信贷风险、市场风险和操作风险在内的多种风险。这些风险可能是源于银行自身或借款人,也可能来源于市场的波动。由于这些风险的存在,商业银行如何收回本金和利息的可能性会根据客户性质的不同而不同,因此,形成了不同风险等级的贷款。通常,商业银行会根据已有的全部信息,对其所有贷款进行评价,将贷款按照质量进行分类。贷款一旦形成不良贷款,商业银行会积极采取各种措施,对不良贷款进行控制与处理。贷款监管部门也会制定相应的指标体系对商业银行贷款质量进行监管。

一、商业银行贷款质量分类

为了准确地把握贷款风险,在贷款经营管理中,应对不同质量贷款进行分类管理。1998年以前,我国商业银行的贷款分类办法,基本上是沿袭财政部颁布的《金融保险企业财务制度》的规定,把贷款划分为正常、逾期、呆滞和呆账四种类型,后三种合称为不良贷款,在我国简称"一逾两呆"。这种分类方法简单易行,在当时的企业制度和财务制度下,的确发挥了重要的作用,但是,随着经济改革的逐步深入,这种办法的弊端逐渐显露,已经不能适应经济发展和金融改革的需要了。

1998年5月,中国人民银行参照国际惯例,结合我国国情,制定了《贷款分类指导原则》,要求商业银行依据借款人的实际还款能力进行贷款质量的五级分类,即按风险程度将贷款划分为:正常、关注、次级、可疑和损失五类,后三种为不良贷款。这种分类方法是银行主要依据借款人的还款能力,确定贷款遭受损失的风险程度。五级分类是国际金融业对银行贷款质量的公认标准,这种方法是建立在动态监测的基础上,通过对借款人现金流量、财务实力和抵押品价值等因素的连续监测和分析,判断贷款的实际损失程度。五级分类不再依据贷款期限来判断贷款质量,能更准确地反映不良贷款的真实情况,从而提高银行抵御风险的能力。

2007年,银监会发布《贷款风险分类指引》规定商业银行贷款五级分类是贷款风险分类的最低要求,各商业银行可根据自身实际制定贷款分类制度,细化分类方法,但不得低于《贷款风险分类指引》提出的标准和要求,并与五级类方法具有明确的对应和转换关系。商业银行制定的贷款分类制度应向中国银行保险业监督管理委员会或其派出机构进行报备。

为促进商业银行准确评估信用风险,真实反映金融资产质量,2023年7月1日起正式实施《商业银行金融资产风险分类办法》。该办法是对《贷款风险分类指引》的补充与完善。

下面根据《商业银行金融资产风险分类办法》相关规定,对商业银行贷款质量进行分类。

(一) 正常类

正常类,即债务人能够履行合同,没有客观证据表明本金、利息或收益不能按时足额偿付。

(二) 关注类

关注类,即虽然存在一些可能对履行合同产生不利影响的因素,但债务人目前有能力偿付本金、利息或收益。商业银行应将符合下列情况之一的贷款至少归为关注类:

(1) 本金、利息或收益逾期,操作性或技术性原因导致的短期逾期除外(7天内)。

(2) 未经商业银行同意,擅自改变资金用途。

(3) 通过借新还旧或通过其他债务融资方式偿还,债券、符合条件的小微企业续贷业务除外。

(4) 同一非零售债务人在本行或其他银行的债务出现不良。

(三) 次级类

次级类,即债务人无法足额偿付本金、利息或收益,或贷款已经发生信用减值。商业银行应将符合下列情况之一的贷款至少归为次级类:

(1) 本金、利息或收益逾期超过90天。

(2) 金融资产已发生信用减值。

(3) 债务人或金融资产的外部评级大幅下调,导致债务人的履约能力显著下降。

(4) 同一非零售债务人在所有银行的债务中,逾期超过90天的债务已经超过20%。

(四) 可疑类

可疑类,即债务人已经无法足额偿付本金、利息或收益,贷款已发生显著信用减值。商业银行应将符合下列情况之一的贷款至少归为可疑类:

(1) 本金、利息或收益逾期超过 270 天。
(2) 债务人逃废银行债务。
(3) 金融资产已发生信用减值,且预期信用损失占其账面余额 50% 以上。

(五) 损失类

损失类,即在采取所有可能的措施后,只能收回极少部分金融资产,或损失全部贷款。商业银行应将符合下列情况之一的金融资产归为损失类:

(1) 本金、利息或收益逾期超过 360 天。
(2) 债务人已进入破产清算程序。
(3) 金融资产已发生信用减值,且预期信用损失占其账面余额 90% 以上。

商业银行将不良贷款上调至正常类或关注类时,应符合正常类或关注类定义,并同时满足下列要求:

(1) 逾期的债权及相关费用已全部偿付,并至少在随后连续 2 个还款期或 6 个月内(按两者孰长原则确定)正常偿付。
(2) 经评估认为,债务人未来能够持续正常履行合同。
(3) 债务人在本行已经没有发生信用减值的金融资产。

其中,个人贷款、信用卡贷款和小微企业贷款可按照脱期法要求对不良资产进行上调。

二、商业银行不良贷款预警信号

形成不良贷款的原因是多方面的,商业银行要做好不良贷款预警工作。贷款风险预警主要包括行业风险预警、区域风险预警和客户风险预警。行业风险预警属于中观层面的预警,主要是对行业所处环境风险因素(包括经济周期、货币政策、财政政策、国家产业政策和法律法规等因素)、行业经营风险因素和行业财务风险因素等的预警。区域风险预警通常表现为区域政策法规的重大变化、区域经营环境的恶化以及区域内部经营管理水平下降、区域信贷资产质量恶化等的预警。银行贷款一般不会一夜之间变成问题贷款或损失。在信贷资产质量逐渐恶化之前,借款人往往会出现许多预警信号,客户风险预警就是要及时探测出这些信息,并提前采取预控措施,为控制和降低信贷风险创造有利条件,保障商业银行资金安全,减少风险损失。下面对客户风险预警信号进行重点分析。

(一) 账户预警信号

如果企业在银行的账户上出现下列不正常现象,可能表明企业的还款出现问题:

(1) 经常止付支票或退票。
(2) 经常出现透支或超过规定限额透支。
(3) 应付票据展期过多。
(4) 要求借款用于偿还旧债。
(5) 要求贷款用于炒作本公司股票或进行投机性活动。
(6) 贷款需求的规模和时间变动无常。
(7) 银行存款余额持续下降。
(8) 经常签发空头支票。
(9) 贷款的担保人要求解除担保责任。

(10) 借款人被其他债权人追讨债务或索取赔偿。
(11) 借款人不能按期支付利息或要求贷款展期。
(12) 从其他机构取得贷款,特别是抵押贷款。

(二) 报表预警信号

企业财务报表上如果出现以下情况,这可能存在影响贷款偿还的因素:
(1) 银行不能按时收到企业的财务报表。
(2) 应收账款的账龄明显延长。
(3) 现金状况恶化。
(4) 应收账款和存货激增。
(5) 成本上升,收益减少。
(6) 销售上升,利润减少。
(7) 销售额下降。
(8) 不合法地改变或违反会计准则,如折旧计提、存货计价等。
(9) 主要财务比率发生异常变化。
(10) 呆账增加,或拒做呆账及损失准则。
(11) 审计不合格等。

(三) 经营管理预警信号

在企业的经营管理方面,如出现下属现象,当视为不正常现象:
(1) 经营管理混乱,环境脏、乱、差,员工年龄老化,组织纪律松弛。
(2) 设备陈旧、维修不善、利用率低。
(3) 销售旺季后,存货仍大量积压。
(4) 丧失一个或多个重要客户。
(5) 关系到企业生产能力的某些主要客户的订货变动异常。
(6) 企业的主要投资项目失败。
(7) 企业的市场风格逐步缩小。
(8) 企业的生产规模不适当的扩大等。

(四) 人事管理及与银行关系预警信号

当企业在人事管理上出现以下异常变化时,也可能影响到贷款的安全:
(1) 企业主要负责人之间关系不睦。
(2) 企业管理人员对银行的态度发生变化,缺乏坦诚的合作态度。
(3) 在多家银行开户,或经常转换往来银行,故意隐瞒与某些银行的往来关系。
(4) 董事会、所有权发生重要的变动。
(5) 公司关键人物健康出现问题,且接班人不明确或能力不足。
(6) 主要决策人投机心理过重。
(7) 某负责人独断专行,限制了其他管理人员积极性的发挥。
(8) 无故更换会计师或高级高层管理人士。
(9) 对市场供求变化和宏观经济变化反应迟钝,应变能力差。
(10) 用人不当,各部门之间不能相互协调配合。

(11) 缺乏长远的经营战略,急功近利。
(12) 借款人婚姻、家庭出现危机等。

三、商业银行不良贷款的控制与处理

对于已经出现风险信号的不良贷款,银行应采取有效措施,尽可能控制风险的扩大,减少风险损失,并对已经产生的风险损失做出妥善处理。

(一) 督促企业整改,积极催收到期贷款

银行一旦发现贷款出现了产生风险的信号,就应立即查明原因。如果这些信号表明企业在经营管理上确实存在问题,并有可能对贷款的安全构成威胁,银行就应当加强与企业的联系,督促企业调整经营战略,改善财务状况。如果经查实问题比较严重,银行信贷人员应及时向主管行长汇报,必要时可向上级行汇报。原因查清后,银行应与企业一起研究改进管理的措施,并由企业做出具体的整改计划,银行督促其实施。对于已经到期而未能偿还的贷款,银行要敦促借款人尽快归还贷款。如果借款人仍未还本付息,或以种种理由为借口拖延还款,银行应主动派人上门催收。必要时,可从企业在银行的账户上直接扣收贷款。

(二) 签订贷款处理协议

在所有已经出现风险信号的贷款中,最终不能偿还的贷款毕竟是少量的,大多数贷款通过采取有效措施是可以全部或大部分收回的。因此,对于已经形成的不良贷款,银行要认真地分析企业还款能力不足的原因,与企业共同探讨改善经营管理、增强企业还贷能力的途径。在借贷双方协商一致的情况下,签订贷款处理协议,通过双方共同的努力来保证贷款的安全。处理不良贷款的措施常见的有以下几种。

1. 贷款展期

对于那些确因客观原因而使企业不能按期偿还的贷款,银行可以适当延长贷款期限,办理贷款展期。

2. 借新还旧

在我国,有些贷款是作为企业铺底流动资金来使用的,这种贷款主要是依靠企业补充的资本金来偿还的。在企业没有足够的资本金补充理由的情况下,这部分贷款将长期地被企业占用。对于这种贷款,只要企业的生产经营基本正常,银行可以通过借新还旧的方式来处理。

3. 追加新贷款

有些贷款不能按时偿还是由企业生产经营资金或项目投资资金不足,从而不能形成生产能力或不能及时生产出产品而造成的。对于这种情况,银行应在充分论证,确认其产品有销路、有较好经济效益的前提下,适当追加贷款,并最终收回旧贷款和新贷款。

4. 追加贷款担保

当银行发现贷款风险明显增大,或企业原提供的担保已不足以补偿贷款可能产生的损失时,银行应及时要求企业提供新的追加担保。追加担保既可以是企业的财产抵押或质押,也可以是保证人担保。

5. 对借款人的经营活动做出限制性规定

如果借款人不能按期还本付息,在银行认为有必要的时候,可以通过贷款处理协议对借款人的经营活动做出限制性的规定,以限制企业从事有可能影响贷款安全的活动。例如,在还贷

以前不准进行设备和厂房投资,不准继续生产已经积压的产品等。

6. 银行参与企业的经营管理

对于那些因经营管理不善而导致贷款风险增大的企业,银行可以在贷款处理协议中要求允许银行人员参加企业的董事会或高级管理层,参与企业重大决策的制定,要求特别派员充当审计员,甚至要求撤换或调整企业现有的管理班子。

(三) 落实债权债务,防止企业逃废银行债务

1. 与司法部门合作,加大对逃废银行债务行为的打击力度

一是根据《民法典》的规定,通过积极行使代位权和撤销权来保全银行债权;二是注意运用支付令和公证执行方式,加快进度,强制执行债务人、担保人的财产;三是及时掌握债务人或担保人的财产状况或财产线索,配合人民法院,综合运用各种执行措施,以把握追讨逃废银行债务的先机,最大限度地保全银行债权;四是主动申请逃废企业破产。

2. 加强授信体系和内控制度建设,从源头上防范企业逃废债务行为的产生

中国人民银行应当发挥金融监管的作用,尽快建立风险监控预警的信息共享和政策协调系统。以当地中国人民银行为中心,包括商业银行和其他金融机构在内,建立金融风险数据处理及信息监测预警网络,及时分析各金融机构与贷款企业的信息。必要时,有针对性地向辖区金融机构发出风险预警信号,使其及早采取必要措施,减少潜在损失。

(四) 依法收贷

贷款到期,银行不能通过正常途径收回贷款本息时,就必须依靠法律手段,强制收回。运用法律手段正确处理银行开展信贷业务活动过程中发生的各种纠纷,对于维护金融领域的秩序,加强贷款管理,保证信贷资产的安全、完整,保障银行合法权益等都具有十分重要的意义。

依法收贷要按法律程序规范、有序地进行,达到依法收贷的目的,提高依法收贷的效果和作用。依法收贷管理要点有七个方面:第一,依法收贷的对象是不良贷款。第二,按法律规定,向仲裁机关申请仲裁的时效为1年,向人民法院提起诉讼的时效为3年(《民法典》第一百八十八条规定,向人民法院请求保护民事权利的诉讼时效期间为3年。法律另有规定的,依照其规定)。诉讼时效期间从贷款到期之日计算。诉讼时效可因银行向借款人发出催收贷款通知函(须经对方签字),或借款人书面提出还款计划、双方重新签订协议等而中断。从中断之日起,诉讼时效重新计算。超过诉讼时效,贷款将不再受法律保护。第三,对逾期贷款,银行有关部门应及时发出催收贷款通知函,并同时发送担保单位签收。第四,及时申请财产保全。财产保全可以在起诉前申请,也可以在起诉后判决前申请,起诉前申请财产保全被人民法院采纳后,应该在人民法院采取保全措施30日内正式起诉。第五,做好开庭前的一切准备工作,按时出庭,根据事实和法律陈述理由。第六,依法申请支付令,债权人请求债务人偿付贷款本息的,可以不通过诉讼程序,而直接向有管辖权的基层人民法院申请支付令,但必须符合以下两个条件:①债权人与债务人没有其他债务纠纷;②支付令能够送达债务人的。第七,充分运用执行手段,对于已发生法律效力的判决书、调解书、裁定书和裁决书,当事人不履行的,银行应当向人民法院申请强制执行。申请执行的期间为2年,执行时效从法律文书规定当事人履行义务的最后一天起计算。

（五）呆账核销

商业银行经过充分的努力，采取一切可能措施，最终仍然无法收回的贷款应列入呆账，进行核销。根据财政部颁布的《金融企业呆账核销管理办法》（财金〔2017〕90号）第三条规定，"呆账是指金融企业承担风险和损失，符合本办法认定条件的债权和股权资产。本办法所称核销是指金融企业将认定的呆账，冲销已计提的资产减值准备或直接调整损益，并将资产冲减至资产负债表外的账务处理方法。"商业银行核销呆账应当遵循"符合认定条件、提供有效证据、账销案存、权在力催"的基本原则。对于核销后的呆账，商业银行要建立保全和尽职追偿制度，实现核销前与核销后的管理的有效衔接，最大限度减少损失，充分维护资产权益，尽最大可能实现回收价值最大化。

商业银行核销呆账，要履行内部审核程序。各级行接到下级行的申报材料，应当根据内部机构设置和职能分工，组织核销处置、信贷管理、财务会计、法律合规、内控等有关部门进行集体审批。

四、商业银行贷款质量的监测与考核

贷款质量的监测与考核是指通过会计账户和指标体系，对银行贷款的质量进行动态监测，并据以考核银行、信贷部门及信贷人员经营管理水平和工作业绩的贷款管理制度。贷款质量监测与考核制度的主要内容一般包括以下三个方面。

1. 明确贷款质量分类标准及认定程序和办法

建立贷款质量监测考核制度，先要明确监测的目标，重点监测不良贷款。为此，必须按照银行监管机构的有关规定，明确划分贷款种类的方法和标准。在此基础上，规定不良贷款认定的程序和方法，避免在贷款分类中的随意性，确保贷款分类能够真实反映贷款的具体状况。

2. 建立贷款质量监测考核指标体系

贷款质量的监测考核指标可以分为贷款安全性指标、贷款流动性指标和贷款盈利性指标。贷款安全性指标是监测考核的重点，包括不良贷款率、贷款集中程度和抵押贷款比率等；贷款流动性指标主要包括中长期贷款比率和短期贷款比例等；贷款盈利性指标包括贷款收益率、贷款收息率[1]和贷款利差率[2]等。对贷款质量进行监测考核，既要进行纵向比较，也要进行横向比较，以全面、准确地反映贷款的质量和贷款管理的水平。

除了商业银行自身的贷款质量监测外，监管部门也要对商业银行贷款质量建立监管指标体系进行监管考核。贷款质量管理是商业银行信用风险管理的主要内容，具体指标详见本教材第十二章表12-2。

3. 建立不良贷款的跟踪管理制度

对于已经被确认为有问题的贷款，银行应对其加以重点跟踪监测与管理。一方面，应落实责任部门和个人，加强对不良贷款的催收力度，制定不良贷款的处理计划并组织实施。另一方面，要经常监测检查不良贷款总量和结构的发展变化情况，不断吸收不良贷款管理中的

---

① 净息差＝资产平均收益率－负债平均付息率

② 净利息收益率＝$\dfrac{\text{总生息资产利息收入}－\text{总计息负债利息支出}}{\text{总生息资产}}$

教训,总结不良贷款处理中的经验,提高银行贷款管理水平提供依据。

商业银行不良贷款分析报告的内容要求

根据《商业银行不良资产监测和考核暂行办法》,不良贷款分析报告主要包括六个方面:第一,基本情况。本期贷款余额、不良贷款余额及比例以及与上期和年初比较的变化情况。如果在整体趋势、地区分布及行业分布方面出现了重大变动和异常情况,应对其原因进行重点分析。第二,地区和客户结构情况。各商业银行分别列表说明和分析不良贷款余额、不良贷款比例较高的前10名一级分行,以及贷款余额、不良贷款余额最大的10家客户(各地银行监管机构根据实际情况自行确定地区和客户数)。第三,不良贷款清收转化情况。可分别按现金清收、贷款核销、以资抵债和其他方式进行分析。第四,新发放贷款质量情况。对上年度以来发放贷款质量和当年新发放贷款情况进行持续监测和分析。第五,新发生不良贷款的内、外部原因分析及典型案例。外部原因包括企业经营管理不善或破产倒闭、企业退废银行债务、企业违法违规、地方政府行政干预等;内部原因包括违反贷款"三查"制度、违反贷款授权授信规定、银行员工违法等。第六,对不良贷款的变化趋势进行预测,提出继续抓好不良贷款管理或监管工作的措施和意见。

对于表外业务进行风险分析,应包括以下主要内容:第一,基本情况。本期各项表外业务余额、垫款(或损失)余额及占比,以及与上期和年初比较的变化情况;对垫款余额上升的表外业务要重点说明。第二,地区结构分析。各商业银行分别列表说明并分析表外业务发展较快和发生款较多的前10名一级分行(各地银行监管机构可根据实际情况自行确定地区数)。第三,表外业务垫款形成原因的分析,特别是内部控制方面存在的问题及典型案例。第四,表外业务垫款变化趋势的预测,以及继续抓好表外业务管理或监管的措施和意见。

资料来源:中国银行业协会银行业专业人员资格考试办公室.风险管理[M].北京:中国金融出版社,2021.

思政案例

中国已成为全球最大绿色信贷市场

一、思政目标

本案例围绕商业银行如何履行企业社会责任、实现经济可持续发展教育展开,重点让学生理解保护环境、节约资源以及企业社会责任在银行信贷工作中的重要性,强化学生对银行信贷工作的全面深入理解,培养学生的社会责任感意识,提高学生对银行信贷工作的社会效益性的认知水平。

二、案例内容

绿色信贷的概念源于绿色金融,而绿色金融则来源于绿色文明。绿色文明是一种追求环境与人类和谐生存、发展的文明。目前,我国正处于经济结构调整和发展方式转变的关键时期,对支持绿色产业和经济、社会可持续发展的绿色金融的需求不断扩大。为全面贯彻《中共中央国务院关于加快推进生态文明建设的意见》和《生态文明体制改革总体方案》精神,经国务院同意,2016年8月31日,中国人民银行、财政部等七部委联合印发了《关于构建绿色金融体系的指导意见》(简称《意见》)。绿色金融体系通过绿色信贷、绿色债券、绿色股票指数和相关产品、绿色发展基金、绿色保险、碳金融等金融工具和相关政策支持经济向绿色化转型。

绿色信贷是构建我国绿色金融体系的最主要金融工具,《意见》提出要构建支持绿色信贷的政策体系、推动银行业自律组织逐步建立银行绿色评价机制、推动绿色信贷资产证券化、研究明确贷款人环境法律责任、支持和引导银行等金融机构建立符合绿色企业和项目特点的信贷管理制度并在风险可控的前提下对绿色企业和项目加大支持力度等相关政策措施。

绿色信贷是环保总局、人民银行和银监会三部门为了遏制高耗能高污染产业的盲目扩张,于2007年7月12日联合提出的一项全新的信贷政策《关于落实环境保护政策法规防范信贷风险的意见》。当时,这一政策的推出,标志着绿色信贷这一经济手段全面进入我国污染减排的主战场。从政策推出到现在,已经过去十几年,我国绿色信贷业务发展迅猛,为节约资源、保护环境、实现可持续发展做出了重要贡献。

2023年10月26日,保尔森基金会绿色金融中心与北京绿色金融与可持续发展研究院在北京共同发布《金融科技推动中国绿色金融发展:案例与展望(2023)》报告。该报告显示,据中国人民银行数据,截至2022年年末,中国本外币绿色贷款余额达22.03万亿元,同比增长38.5%,高于各项贷款增速28.1个百分点。2022年绿色债券存量规模为1.4万亿元,排名全球第二,绿色债券发行数量达610只,发行规模8 044.03亿元,同比增长32.3%。从绿色金融产品规模看,中国已成为全球最大绿色信贷市场、第二大绿色债券市场。北京绿色金融与可持续发展研究院院长马骏表示,数字信息技术作为赋能绿色金融高质量发展的重要工具,已在绿色信贷业务领域得到全面应用,并逐步向绿色信托、绿色租赁、环境权益类产品拓展。

展望未来,国内外正就可持续金融发展形成一系列新共识,未来,我国的绿色信贷在金融科技支持下也必将继续成为我国绿色金融体系的主力军,在实现我国经济可持续发展方面大有作为!

三、思考题

1. 绿色金融与绿色信贷的区别与联系是什么?
2. 绿色信贷对于实现我国经济可持续发展发挥了怎样的作用?

资料来源:

[1] 中国人民银行.关于构建绿色金融体系的指导意见[R].2016年8月.

[2] 中国新闻网.报告:中国已成为全球最大绿色信贷市场[R].2023年10月.

▰ 本章小结 ▰

1. 贷款是商业银行最主要的盈利性资产,也是商业银行传统的核心业务。一方面,贷款是商业银行实现盈利性目标的主要手段。另一方面,贷款又是一种风险很大的资产。因此，贷款业务是商业银行的经营重点。

2. 贷款是商业银行作为贷款人按照一定的贷款原则和政策，以还本付息为条件，将一定数量的货币资金提供给借款人使用的一种借款行为。按照不同的标准对贷款进行分类，有利于银行从不同的角度加强对贷款资产的管理。

3. 贷款政策是指商业银行为实现其经营目标，在中央银行制定的宏观信贷政策的指导下制定的指导贷款业务开展的各项方针和措施的总称，也是商业银行为贯彻安全性、流动性和盈利性三项原则的具体方针与措施。贷款政策具体包括贷款规模政策、贷款结构政策、贷款定价政策和贷款担保政策等。

4. 信用分析是商业银行在发放贷款之前，对债务人的道德品格、资本实力、还款能力、担保及环境条件进行系统分析，以确定是否给予贷款及相应的贷款条件的分析评估过程。银行通过对客户进行信用分析，可以了解客户履约还款的可靠性程度，从而可以有针对性地加强管理，防范信用风险。在信用分析中，财务报表分析和财务比率分析至关重要。

5. 为避免或减少贷款风险，提高贷款经济效益，银行不仅要掌握贷款风险管理的技术方法，同时也需要加强贷款过程的内部控制，始终坚持贷款管理的全流程管理、诚信申贷、协议承诺、审贷分离、实贷实付和贷后管理等基本原则，建立和健全银行审贷分离制度、授信管理制度、授权管理制度和贷款责任制度等内部管理制度，防范贷款风险的产生。

6. 信用贷款是指银行完全凭借借款人的良好信用而无须提供任何财产抵押或第三者担保而发放的贷款。担保贷款是指银行要求借款人根据规定的担保方式提供贷款担保而发放的贷款，包括保证贷款、抵押贷款和质押贷款。票据贴现是一种以票据所有权的有偿转让为前提的预期性资金融通，它不仅仅是一种票据买卖行为，实质上是一种债权债务关系的转移，是银行通过贴现而间接地把款项贷放给票据的付款人，是银行贷款的一种特殊方式。消费贷款是对消费者个人贷放的、用于购买耐用消费品或支付各种费用的贷款。

7. 贷款业务面临着很多风险，这些风险可能是源于银行自身或借款人，也可能来源于市场的波动。由于这些风险的存在，商业银行收回本金和利息的可能性，会根据客户性质的不同而不同，因此，形成了不同风险等级的贷款。通常，商业银行会根据已有的全部信息，对其所有贷款进行评价，将贷款按照质量进行分类。贷款一旦形成不良贷款，商业银行会积极采取各种措施，对不良贷款进行控制与处理。贷款监管部门也会制定相应的指标体系对商业银行贷款质量进行监管。

本章思维导图

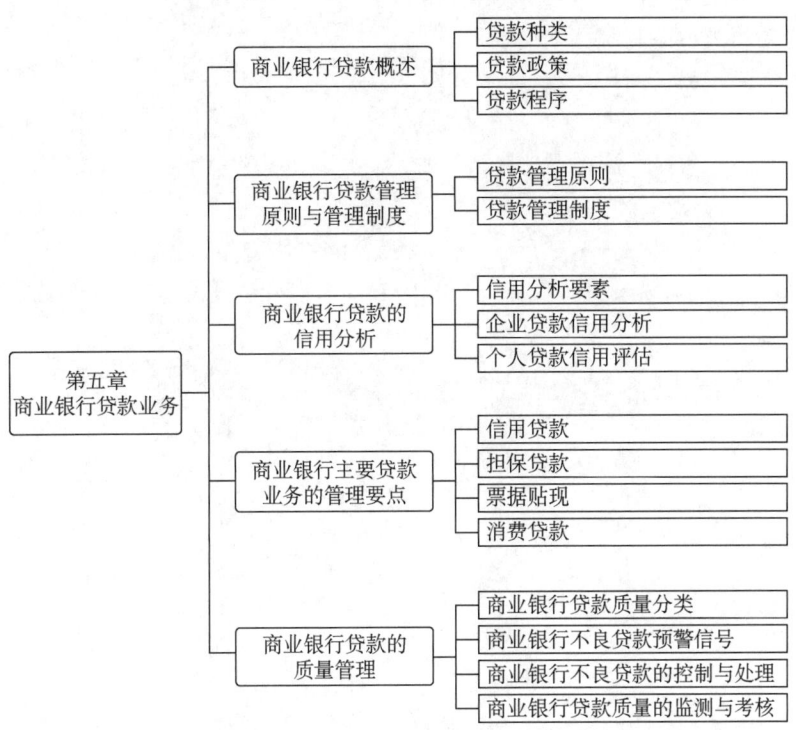

图 5-1　思维导图

思 考 题

1. 商业银行的贷款政策包括哪些内容？制定贷款政策应考虑哪些因素？
2. 贷款发放程序是怎样的？
3. 商业银行贷款管理的原则是什么？
4. 商业银行应建立哪些贷款管理制度？其内容是什么？
5. 商业银行发放信用贷款时，应重点注意什么问题？
6. 银行在发放保证贷款时，如何进行核保？
7. 信用分析中如何对企业的财务报表进行分析？
8. 商业银行贷款质量五级分类的目的及依据是什么？
9. 我国商业银行不良贷款产生的原因有哪些？如何处置不良贷款？

本章涉及的主要法律法规

《贷款通则》

《商业银行金融资产风险分类办法》
《民法典》
《商业银行贷款损失准备管理办法》
《银行贷款损失准备计提指引》

第六章　商业银行证券投资业务

> 本章 学习目标

证券投资业务是商业银行在证券市场开展的一项重要资产业务，从事投资业务对商业银行增强资产流动性、分散资产风险、获取投资具有重要作用。学生通过本章学习，应了解商业银行证券投资的概念；理解商业银行证券投资的目的与对象；掌握商业银行证券投资的策略。

第一节　商业银行证券投资业务概述

一、商业银行证券投资业务的概念

商业银行证券投资业务是指商业银行将一部分资金投资于有价证券，以提高商业银行资产流动性、安全性，并获取一定利润的活动。作为经营货币资金的特殊企业，商业银行在国民经济中联系面广、信息灵、传播快，拥有开展证券投资业务的技术能力和专业人才优势。因此，证券投资业务在商业银行资产业务中的地位越来越重要。

二、商业银行证券投资的目的

（一）增强资产流动性

商业银行在经营过程中，为了应付客户的提现要求和其他的资金周转需求，要求维持资产较强的流动性，客观上需要保持一定的高流动性资产。库存现金、在央行存款和同业存款构成银行的第一准备金，流动性最强，但其收益很低，过多持有会降低商业银行的盈利能力。银行的其他资产，如贷款，虽然具有较高收益，但一般都不具有随时转让的能力，流动性较差。短期证券则具有流动性和盈利性双重特点，商业银行把可以迅速变现的短期证券作为第二准备金，一方面，可以在金融市场上迅速转让，满足银行的流动性需求。另一方面，又具有较高的收益。此外，银行购入的中长期证券也可在一定程度上满足流动性要求。因此，证券投资业务使流动性和盈利性更好地协调一致，从而成为增强银行资产流动性的有力手段。

（二）分散资产风险

商业银行是经营货币的特殊企业，相对于工商企业，具有更大的风险性。降低风险的一个重要措施就是资产分散化，即将资金运用到多种资产。如果商业银行将资产全部集中在贷款上，一旦贷款收不回来，银行就必须承担全部风险。如果商业银行将部分资金用于证券投资业务，则有利于风险分散化。一方面，证券投资业务增加了资金运用收益，有利于规避和对冲贷款的风险损失；另一方面，证券投资不受地理位置限制，投资选择面广，而且主动性大,灵活性强,一旦发现风险,可将证券转卖出去。

(三) 获取投资收益

作为信用中介机构,商业银行通过负债业务筹措资金,形成资金来源,并通过贷款、投资等资产业务进行资金运用以获取利润。其中,贷款业务是商业银行运用资产的主要业务,存贷款利差收益构成商业银行的主要利润来源。但是,商业银行在贷款需求减弱或贷款收益较低时,一方面贷款风险加大,另一方面资金闲置又不能产生收益。同时,商业银行通过负债业务吸收的资金需要支付利息,因此,提高资金的运用率成为经营的关键。此时,商业银行将部分资金投资于有价证券,既满足了银行业务经营多元化的要求,又拓宽了银行自身的经营领域。通过证券投资,商业银行不仅可以获得稳定的利息收入,还可以获得资本利得,从而使银行资金得到充分运用,提高收益。

三、商业银行证券投资的对象

由于各国的法律环境、金融体制和证券种类的不同,商业银行投资的对象也有所不同。一般而言,根据证券发行主体划分,商业银行证券投资可分为政府债券、金融债券、公司债券等类型,其中,政府债券是商业银行最主要的投资对象。

尽管股票也是常见的证券投资种类之一,但由于股票投资的风险较大,为了金融体系的稳定,各国的法律都明文规定了商业银行涉足于股票市场和投资股票的限制性条款,即使是法律允许的国家,基于风险的考虑,商业银行也很少购买股票。我国《商业银行法》于1995年施行,2003年、2015年两次修订。1995年颁布的《商业银行法》中,第四十三条规定"商业银行在中华人民共和国境内不得从事信托投资和股票业务,不得投资于非自用不动产"。2015年修订的《商业银行法》中,第四十三条规定"商业银行在中华人民共和国境内不得从事信托投资和证券经营业务,不得向非自用不动产投资或者向非银行金融机构和企业投资,但国家另有规定的除外",依然保留了银行分业经营要求。因此,我国商业银行证券投资的主要对象是债券。

(一) 政府债券

政府债券是国家为了筹措资金而向投资者出具的,承诺在一定时期支付利息和到期还本的债务凭证。政府债券具有安全性高、流通性强、收益稳定和免税的特点,是商业银行投资的重要对象。

1. 中央政府债券和地方政府债券

按照发行主体的不同,政府债券可分为中央政府债券和地方政府债券。由中央政府发行并偿还的债券称为中央政府债券。由地方政府发行并偿还的债券称为地方政府债券。

商业银行投资的证券多为中央政府债券。这主要是由于与中央政府债券相比,地方政府债券违约风险较大,所以,商业银行较少投资于地方政府债券。

2. 短期债券、中期债券和长期债券

按照偿还期限的长短,政府债券可分为短期债券、中期债券和长期债券。各个国家确定短、中和长期债券的年限有所不同。一般将1年及1年以内的债券称为短期债券。1~10年的债券称为中期债券。10年以上的债券称为长期债券。

商业银行投资的政府债券中,短期国债具有流动性强、风险小、盈利较高等优点而深受商业银行的欢迎,成为投资政府债券的常见形式;中长期债券利率一般较高,期限也较长,也是商业银行较好的投资对象。

(二) 政府机构债券

政府机构债券是指由政府所属机构、公共团体或与政府有直接关系的企业所发行的债券,筹集资金主要用于发展各机构或公营公司的事业。它与政府债券的主要区别在于发行主体不同,政府证券通常由中央政府或地方政府发行,政府机构债券是由经批准的政府机构发行的证券。我国将政府机构债券区分为政府支持债券和政府支持机构债券。例如,中国铁路总公司发行的铁路建设债券为政府支持债券,中央汇金公司发行的债券为政府支持机构债券。

政府机构债券通常以中长期债券为主,流动性不如国库券,但它通常要交纳中央所得税,不用缴纳地方政府所得税,税后收益率比较高。需要强调的是,政府机构债券虽然不是政府的直接债务,但通常也受到政府担保,因此债券信誉比较高,风险比较低。

(三) 金融债券

金融债券是指由银行和非银行金融机构发行的债券。在英、美等欧美国家,金融机构发行的债券归类于公司债券。在我国及日本等国家,金融机构发行的债券称为金融债券。由于银行等金融机构在一国经济中占有较特殊的地位,政府对它们的运营又有严格的监管,因此,金融债券的信誉通常高于其他非金融机构债券,违约风险相对较小,具有较高的安全性。

按照发行主体的不同,金融债券可分为政策性金融债券和普通金融债券。政策性银行发行的金融债券称为政策性金融债券;银行及非银行金融机构发行的金融债券称为普通金融债券。在我国,政策性金融债券是由国家开发银行、中国农业发展银行、中国进出口银行为筹集资金而发行的债券,该债券已成为发行规模仅次于国债的债券。与普通金融债券相比,政策性金融债券的信誉较高,但利率也较低。

我国银行普通债起步于2005年,相对于次级债而言,其资金主要用于银行运营活动,包括定向信贷支持、偿还有息负债和调整债务结构等,偿债顺序仅次于存款、优先于银行次级债。该债券的发行方以股份制商业银行和城市商业银行为主,但近年来,国有大型商业银行发行规模占比持续增加,发行银行评级以高等级为主。商业银行是银行普通债的最主要投资者。2017年及以前,银行普通债规模较小,成交活跃度明显较低。2018年起,发行规模持续扩大,成交活跃度明显上升。

非银行金融机构债是指由我国境内设立的非银行金融机构法人,包括证券公司、保险公司等发行的债券。非银行金融机构可在批准额度内,自主决定具体工具品种、发行时间、批次和规模,并于批准后的24个月内完成发行。

(四) 中央银行票据

中央银行票据是中央银行为了调节商业银行超额准备金而向商业银行发行的短期债务凭证,实质是中央银行债券。中央银行发行的央行票据是中央银行调节基础货币的一项货币政策工具,目的是减少商业银行可贷资金量。商业银行在支付认购央行票据的款项后,其直接结果就是可贷资金量的减少。

2003年,中国人民银行开始面向商业银行发行中央银行票据。这种票据具有无风险、期限短和流动性高的特点,从而成为商业银行证券投资的重要对象。

(五) 公司债券

公司债券是公司为筹措资金依照法定程序而发行,并约定在一定期限还本付息的一种债务凭证。由于公司债券的发行主体是公司,还款来源是公司的经营利润,如果公司经营不善,投资者将面临利息甚至是本金的损失,风险较大,所以,商业银行对公司债券的投资额度一般较小,部分商业银行甚至不涉足这些证券的投资业务。

1. 信用公司债券、不动产抵押公司债券和保证公司债券

按照公司债券有无抵押担保,公司债券可分为信用公司债券、不动产抵押公司债券和保证公司债券。信用公司债券是指发行债券的公司不以任何资产作为担保,全凭公司的信用发行的债券。一般只有经营良好、信誉卓著的大公司才有资格发行这类债券。不动产抵押公司债券是指发行以公司不动产作为担保的债券,是抵押债券的一种。若发生公司不能偿还债务的情况,抵押的不动产将被出售,所得款项用来偿还债务。保证公司债券是指公司发行由第三者作为还本付息担保人的一种公司债券,担保人一般是公司的主管部门或信誉好的母公司,保证行为常见于母子公司。这种公司债券比较受投资者的欢迎。

其中,信用公司债券完全凭公司信誉,一般只有大公司才能发行而且期限较短,但利率较高。不动产抵押公司债券和保证公司债券则相对安全,但利率较信用公司债券低。因此,银行在投资时,应充分考虑公司的资信,在尽量避免风险的同时,获得较高收益。

2. 固定收益公司债券和浮动收益公司债券

按照公司债券的利息是否固定,公司债券可分为固定收益公司债券和浮动收益公司债券。固定收益公司债券是指事先确定利率,每半年或一年付息一次,或一次还本付息的公司债券。这种公司债券最为常见。浮动收益公司债券是一种具有特殊性质的债券,是以发行公司收益状况为条件而支付利息的公司债券。利息的多少取决于公司的经营状况,经营获利就支付利息,否则就不用付息。所以,浮动收益公司债券就获利方式而言,其具有股票的性质;就最终还本而言,又具有债券的性质。

对于商业银行而言,若公司运营状况较好,应购买浮动收益公司债券;若公司运营状况一般或者前景不明朗,则应选择固定收益公司债券,以最大化地锁定收益。

3. 可转换公司债券和不可转换公司债券

按照公司债券是否具有转换权,公司债券可分为可转换公司债券和不可转换公司债券。可转换公司债券是指发行人在一定期限内可以按照约定的条件将其可转换为公司股票的公司债券。可转换公司债券因具有股票和债券的双重性质,颇受投资者的欢迎;不可转换公司债券则是没有转换权的公司债券。

银行认购发行公司所发行的可转换债券后,如果一直持有该债券而不转换成股票,那么债券到期时,公司按照发行时所约定的利率进行还本付息,双方是债权和债务关系,与普通的公司债券相同。如果银行按约定的条件将可转换债券转换为股票,银行就从债权人变成了公司的股东,其所享有的权利和义务与公司的其他股东完全相同。正是由于可转换公司债券的灵活性,受到投资者的欢迎,但其利率也比其他公司债券要低。

> **专栏 6-1**
>
> **我国商业银行证券投资的主要品种**
>
> 根据信用状况不同,可将我国商业银行投资的债券分为利率债和信用债两大类。我国商业银行债券投资主要品种为利率债和信用债,其中,以利率债为主。利率债主要包括国债、地方政府债、政策性金融债和央行票据等品种。除非出现极端情况,利率债基本上不会出现信用风险。这类债券的价格对市场利率变动敏感性高。通常来说,市场利率上升,债券价格下降。信用债主要包括企业债、公司债、短期融资券和中期票据等。信用债除了受市场利率影响,还会面临较大的信用风险。当发债企业资质下降,还本付息可能遇到困难,信用债价格就会受到冲击。近年来,受监管加强、经济增速放缓等因素影响,银行债券投资占总资产比重呈现逐年上行态势。国有大型商业银行及股份制商业银行资产中债券占比从2016年的19.2%到2022年年中的24.1%,债券投资占比稳定提升。
>
> 根据Wind数据库统计,截至2022年年末,我国商业银行持有的利率债占利率债整体规模的69.8%。目前,我国商业银行投资利率债的主要品种包括:①国债;②地方政府债券;③政策性金融债;④央行票据;⑤政府支持机构债;⑥同业存单。这些债券都依托国家信用或银行信用,从大类资产配置的角度看,其流动性好、资产占用低,综合收益较优。因此,从择券种类上看,近几年,国有大型商业银行偏好配置标准化债券,利率债持仓占比较高。从2015～2021年年底国有大型商业银行的持仓比重看,前三类债券持仓比重高达90%,高于城商行与农商行5～8个百分点。
>
> 根据Wind数据库统计,截至2022年年末,我国商业银行持有的信用债占信用债整体规模的17%。目前,商业银行配置的信用债主要包括:①商业银行发行的普通金融债、次级债、混合资本债、二级资本工具、ABS;②国际开发机构发行的国际开发机构债;③非金融企业发行的企业债;④非银行金融机构发行的非银行金融机构债、证券公司短期融资债;⑤非金融企业发行的非金融企业债务融资工具。根据Wind数据库的统计,商业银行投资的非金融企业信用债比例很低,只占5%左右,且以AAA级品种为主。大型商业银行投资债券很少投资信用债,它们不愿意为了获得高利息而选择一些低信用等级的债券。相对来说,以城商行、农商行等银行机构和非法人产品为代表的非银金融机构则由于竞争压力,对绩效有较高要求,它们需要买入一些低信用等级,但可以获得高到期利息的债券才能满足收益的要求,因此,与大型商业银行相比,城商行更多地投资流动性好的政策性金融债和能获得高票息的信用债。
>
> 资料来源:
> 1. 中债资信.银行业资产端投资资产中的非标风险怎么看?[EB/OL].https://finance.sina.com.cn/roll/2020-09-02/doc-iivhuipp2060863.shtml.新浪财经,2020年.
> 2. 前瞻产业研究院.洞察2023:中国银行业竞争格局及市场份额(附市场集中度、企业竞争力评价等)[R].新浪财经,2023年5月14日.

四、商业银行证券投资业务方式

(一)持有证券

商业银行在二级市场上购买有价证券,构建证券投资组合,获得利息收入,同时还可以利用证券买入价与卖出价的差价,获取价差收益。

(二) 证券承销

商业银行在证券发行中起着桥梁作用,将证券发行者与投资者联系起来,发行者满足融资需要,投资者实现投资目的。按照承销协议的不同,证券承销可以分为包销和代销。其中,包销是指商业银行按照协议出资买入全部或销售剩余部分证券,承担销售风险的承销方式。包销又可以分为全额包销和余额包销。代销是指银行利用其本身的机构网点和人员等优势,在证券市场上代发行人发售股票、债券及其他证券,在承销期结束时,银行将未售出的证券全部退还给发行人,从中收取代理发行手续费的承销方式。两者对比,证券包销方式的销售风险全部由银行承担,证券代销方式对于银行而言没有任何风险,但代销手续费收入要比包销方式低。

(三) 作为造市商参与交易

造市商又称做市商,商业银行作为造市者会保持一定数量的证券存货,在市场上承诺双向交易,连续地报出债券现券买、卖双边价格,并按其报价与其他投资者达成交易。商业银行从中获取买卖价格的差额部分,同时,承担维持市场流动性义务。

第二节 商业银行证券投资策略

一、影响商业银行证券投资策略的因素

(一) 宏观角度

第一,经济周期波动。商业银行是传统意义上典型的顺周期行业,尤其是其传统的信贷业务,具有明显的顺周期性,而证券投资类资产则是银行逆周期资产,对于商业银行来说,如何均衡配置各类资产,提高经济周期弱敏感资产配置比例,是银行业未来稳定发展的重要策略。第二,经济政策不确定性和经济预期。经济政策不确定性会影响银行的投资结构,如果不确定性增强,商业银行往往会将高风险的资产向低风险的资产转移进行资产避险。在经济政策不确定的情况下,商业银行往往会根据经济预期来进行投资。在乐观的经济预期下,商业银行会倾向于选择风险较高的高收益资产;反之,在悲观的经济预期下,往往会选择保值的投资品类。第三,货币政策和财政政策等。这些政策会对债券的价格产生影响,从而影响投资者购买债券的成本。

(二) 市场角度

第一,市场流动性。市场流动性环境对银行证券投资有直接影响。在流动性宽松情况下,同业负债吸收成本通常较低,流动性相对淤积在金融机构内部,有利于银行加大证券投资力度,更倾向于采取交易性投资策略,获取投资收益。第二,市场供给状况。债券供给增加,商业银行可投资的品种也随之增加。例如,2018 年以来,在隐性债务置换、基建托底经济发展的背景下,我国地方政府发行债券明显提速,因而,在银行债券投资中地方政府债的比重大幅上升,从 2019 年年初的 38.2% 提升至 2022 年 8 月底的 43.8%。

(三) 银行自身角度

第一,流动性约束。由于银行进行证券投资的资金主要来源是存款为主的负债,融资流

动性要求较高,银行会将一定资金配置在流动性较强的投资品种,如国债等。这有利于增强银行资产的流动性,使得银行流动性调节手段更加灵活,并提高融资流动性和资产流动性的匹配度。第二,资金成本。在利润目标考核导向下,资金成本越高的银行,在投资时通常会更倾向于投资信用债等高风险、高收益资产。第三,其他风险因素。证券投资业务会面临市场风险和信用风险,这将加大银行的风险敞口。

二、商业银行证券投资的主要策略

(一)流动性准备策略

流动性准备策略是银行传统证券投资策略的一种,属于较为保守或消极的投资策略。这种投资策略从金融资产流动性与盈利性的替代关系角度,将证券划分为流动性证券和收益性证券两类。流动性准备策略的核心思想是证券投资应重点满足银行流动性需要,在资金运用安排上将流动性需要优先考虑。该方法将银行资产划分为四个层次,商业银行的流动性准备策略,如图 6-1 所示。

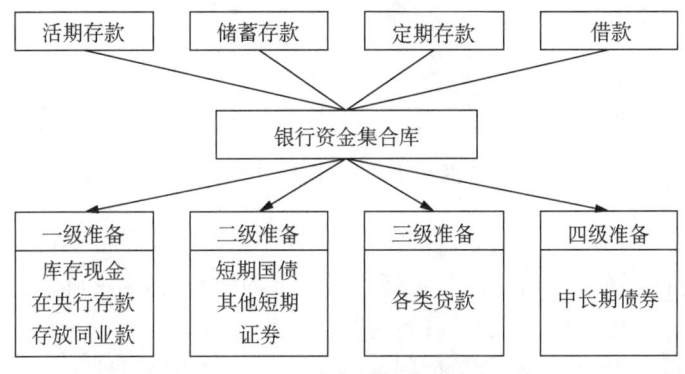

图 6-1 流动性准备策略

第一个层次的构成以现金资产为主,即库存现金、在中央银行准备金存款和以清算、支付为目的的存放同业款,被称为一级准备。一级准备几乎不产生收益,其功能是满足银行日常提存、正常贷款、支付和清算等流动性需求。

第二个层次的构成以短期证券,特别是短期国债为主,具有风险低、期限短、可销性强和有一定收益的特征,被称为二级准备。二级准备的组成构筑了银行证券投资流动性准备的核心,它强调短期证券在作为一级准备的补充,满足流动性需要的同时,还要为银行带来一定利息收入。对银行的季节性资金需求、无法预料的贷款需求增长和其他突发性资金需求靠二级准备的随时变现来满足。

第三个层次的构成以各类贷款为主,被称为三级准备。贷款利息是银行资产运用的主要收益来源,然而贷款若能正常到期,也会产生流动性供给。

第四个层次的构成以各类中长期债券为主,具有期限长、收益高、可销性弱的特征,被称为投资性准备。由于银行并非随时能寻找到风险较低的贷款项目和客户,有些项目尽管潜在收益较高,但潜在风险往往也很高,银行不敢随意放贷。在资金未寻找到理想的放款机会时,银行倾向于将剩余资金投向长期证券,以提高资金获利能力。银行投资中长期债券的主要目的是产生收益,而所谓流动性准备的功能只是作为最后的保障。

(二) 梯形期限策略

利率的预测有许多不确定因素,伴随利率波动,商业银行投资的证券价格也会随之变化,因此,商业银行可以采用梯形期限策略。梯形期限策略又称期限间隔方法,是把投资金额分成若干等份,平均分配到若干不同到期日的证券。例如,某银行拟用于投资的资金有1 000万美元,可分成10等份,分别投资于1~10年期限的证券各100万美元,这样,以后每年有100万美元到期,又可以重新投资到新的证券上。如此循环,银行在获得较高投资收益的同时,也保持了证券投资组合期限结构不变,由于这种投资结构像一架梯子,故称为阶梯法。商业银行的梯形期限策略,如图6-2所示。

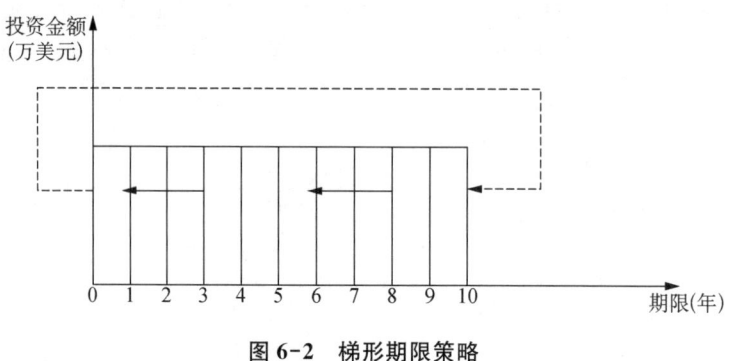

图6-2 梯形期限策略

梯形期限策略优点明显:一是管理简单,易于操作。银行只需将投资资金在期限上做均匀分布,定期进行重新安排即可。二是银行不必对市场利率走势进行预测,也不需要频繁进行证券交易。三是可以保障银行获得各种证券的平均收益率。

当然,作为传统的投资策略,梯形期限策略也具有一定的局限性:一是投资缺少灵活性。银行只有在每年的证券到期时才进行操作,当有利的投资机会出现时,不能通过构建新的投资组合,从而错失获利的机会。二是流动性受到约束。梯形期限策略中的证券虽然每年会有证券到期,但只是$1/n$,其他未到期的证券多为流动性较弱的中长期证券。如果有突发性的流动性需要时,银行不得不变现未到期的证券,此时有可能出现投资损失。

(三) 杠铃式期限策略

杠铃式期限策略是指银行将资金集中投资于短期证券和长期证券,对中期证券一般不予考虑。银行将一部分资金投到短期证券上,以获得其流动性和安全性;把另一部分资金投到长期证券上,以便获得更高的收益。杠铃式期限策略要求短期证券到期变现后,如无流动性补充的需要,应将所得资金再投资于短期证券;而长期证券在其偿还期达到中期时就出售,并将资金重新投资于长期证券。由于这种投资策略反映在图形上与杠铃类似,故称之为杠铃式期限策略。商业银行的杠铃式期限策略,如图6-3所示。

根据在投资金额中,长、短期证券所占比重的不同,杠铃式期限策略又可进一步分为前端装载策略和末端装载策略。其中,前端装载策略是指银行把大多数的资金投放在短期证券中,强调保持资产流动性的需要。末端装载策略与之相反,银行将大多数的资金投放在长期证券上,强调获得收益的重要性。通常情况下,银行如果判断短期证券的价格会上涨,就

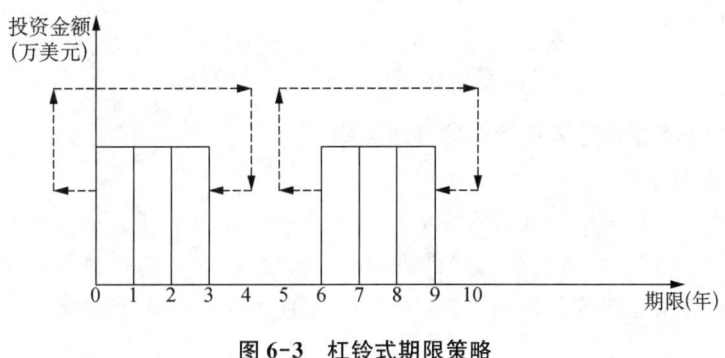

图 6-3 杠铃式期限策略

会减少长期证券的比重,增加短期证券的投资;相反,如果判断短期证券的价格会降低,则减少短期证券的比重,增加长期证券的投资。

杠铃式期限策略的优点在于,能够使银行证券投资达到流动性、收益性的高效组合,特别是当利率波动时,投资损益相互抵销。一方面,银行可以获得较高的收益率。另一方面,又可以保持一定的流动性,成为商业银行经常使用的投资策略。但也可以看到,杠铃式期限策略对银行证券投资管理人员的素质要求也比较高,如果不具备一定的证券投资管理经验,不能准确把握证券转换时机,那么,也难以很好地运用这一策略。

(四) 利率周期期限策略

利率周期期限策略是指商业银行根据对利率预期的判断,不断调整债券投资组合。当预测长期利率可能上升时,如图 6-4(a)t_1 时期和 t_2 阶段以后。就把资金转移到短期投资上,等到利率上升,价格下降后,才重新购买长期证券,如图 6-4(b)所示。反之,当预测长期利率可能下降时,如图 6-4(a)t_1—t_2 阶段,就减少短期投资,把资金转移到长期投资上。这样,收益可以增加,还可以收到利率下降时价格上涨的好处,如图 6-4(c)所示。

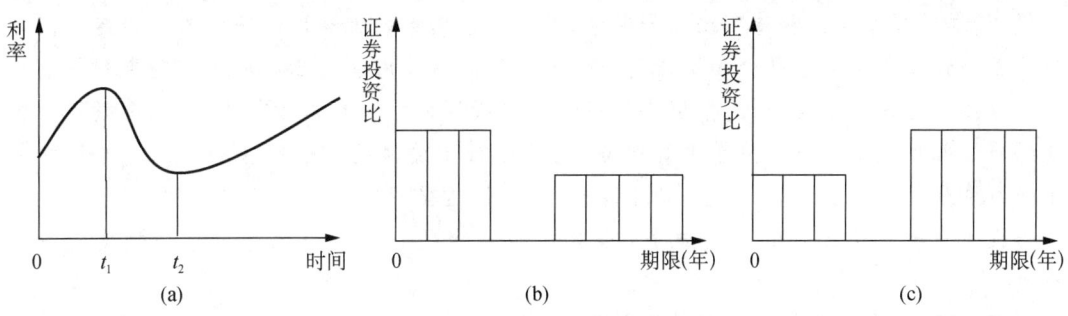

图 6-4 利率周期期限策略

利率周期期限策略是较为主动的投资策略,最大限度地利用了利率的波动,商业银行采用这种方法一般可以获得较高的收益率。但该策略的难点在于:一是如果利率呈频繁波动,而不是有规律周期波动时,该策略不具有操作性;二是要求商业银行证券管理人员对未来利率趋势的预测必须准确。如果预测准确,可以获益;如果与预测相反,则将损失惨重。因此,这种方法对银行的要求较高,需要相应的技术能力和专业人员。

专栏 6-2

我国商业银行债券投资风险管理

一、商业银行债券投资风险管理的基本原则

（一）统一授信原则

商业银行总行及分支机构的债券投资应纳入统一的授信管理。由总行授信管理部门根据交易对手、债券发行人的信用状况制定统一的授信额度，购买同一债券的总量不得超过对债券发行人核定的投资额度，对同一交易对手的交易总量不得超过对交易对手核定的授信额度范围。

（二）防范风险原则

债券投资必须执行银行总行有关政策规定的投资总量和比例、最高风险级别、授信额度及其比例控制指标进行风险控制。具体量化指标由总行有关管理部门按年度下达，并根据市场变化状况和资金状况适时进行调整。

（三）期限匹配和结构管理相结合原则

债券投资期限需与资金来源期限相匹配；债券投资基准利率应总体上与资金来源基准利率相吻合；根据银行资金来源、利率结构以及市场利率走势，及时调整固定息债券和浮息债券的比重。

（四）流动性和效益性平衡原则

在进行债券投资时，要保证资金整体流动性的要求。在债券投资组合中，流动性强、在二级市场变现能力较强的债券要保持适当的比例，并根据债券投资效益性原则决定选择一级市场参与或二级市场认购。

二、商业银行债券投资风险管理应考虑的因素

在债券投资业务的风险管理中，债券投资的券种选择必须考虑久期、付息方式、发行规模、债券选择权安排和持有比例等因素，避免单一债券的流动性问题和收益稳定性问题对于整个资组合流动性风险和收益稳定性风险的不利作用。商业银行必须定期对持有债券及整体组合进行市值分析，根据市场行情调整投资方案和具体的交易策略，有效控制投资的市场损失范围。对于债券投资业务，商业银行还要通过合理的金融市场业务监控制度控制资金管理人员的过失和主动错误行为；通过适当的风险计量研究工作、应急措施安排等提供资金管理工作的支持服务，降低外部事件对金融市场业务的冲击概率或损失程度。

三、商业银行债券投资风险监管要求

（一）总体要求

商业银行应在整体风险管理政策和程序框架内，按照自身业务特点、规模、复杂程度和风险水平，结合总体业务发展战略、管理能力、资本实力和能够承担的风险水平，合理制定债券投资指引，明确可以开展的业务、可以交易或投资的债券类型、可以采取的投资方式、保值及风险缓释策略和方法等，同时明确债券投资管理的组织结构、权限结构和问责机制，并根据市场变动情况适时对相关指引进行修订。

商业银行应明确风险管理部门、投资经营部门及其他相关部门在债券投资风险管理中的作用,并形成书面规定,同时在各职能部门间建立有效的协调和信息共享机制,以防止风险管理上的疏漏、缺失或重复。

(二) 债券组合管理

商业银行应按照风险程度对债券投资组合进行分类管理,重点关注高风险债券。高风险债券包括但不限于:①信用评级在投资级别以下;②债券结构复杂或杠杆率较高;③发行人经营杠杆率过高;④有关发行人的经营状况和财务状况等信息披露不够充分、完整、及时。

(三) 信用风险管理

商业银行应加强债券投资业务的信用风险管理,充分评估债券发行人、交易对手的资信状况,将债券资产纳入全行统一的信用风险管理体系,包括实行统一的授信管理。商业银行不应完全依赖于外部机构评级报告,应将债券投资信用评级纳入信用风险内部评级管理体系或者建立独立的债券投资评级管理体系,建立健全信用评级管理制度,配合合格的债券投资评级工作人员,并确保评级职能的独立性。风险管理部门、投资经营部门及其他相关部门应根据各自的职责权限,参照贷款贷后管理模式,定期对债券发行人资金运用、信用状况、经营状况及外部经济环境等进行跟踪评估。根据评估结果及时调整发行人信用级别及投资额度,并采取适当的风险管控措施。

(四) 市场风险管理

商业银行应加强债券投资业务的市场风险管理,对交易账户债券头寸进行每日估值;对银行账户债券头寸应在每年至少进行一次估值的基础上,根据券种风险程度和市场波动情况适当提高估值频率,并采取必要的手段保证估值结果的公允合理。

(五) 流动性风险管理

商业银行应重视债券投资业务对流动性风险管理的影响,在债券投资发行人、币种、期限和利率类型等方面进行合理配置,尤其要充分重视债券投资人在极端情形下可能无法变现的风险。

(六) 压力测试

商业银行应建立全面、严密的信用风险、市场风险和流动性风险压力测试程序,定期对突发事件可能造成的潜在损失进行模拟和估算,以评估本行在极端不利情况下的亏损承受能力,根据压力测试结果对债券投资管理策略、政策和限额进行调整,并制定应急处理预案。董事会和高级管理层应当定期对压力测试的设计和结果进行审查,不断完善压力测试程序。

(七) 会计处理

商业银行债券投资应按照《企业会计准则》等有关规定进行会计处理。对债券投资按照金融资产分类要求进行准确分类和计量;对按照摊余成本计量的债券投资计提充足的减值准备。交易账户头寸高于表内外资产总额的10%或者超过85亿元人民币的商业银行必须计提市场风险资本。此外,商业银行须按照审慎原则计算债券投资业务风险权重,保证资本充足率适当有效。

资料来源:中国银行业协会银行业专业人员职业资格考试办公室.[银行管理][M].北京:中国金融出版社,2023.

思政案例

硅谷银行债券投资失败的成因及启示

一、思政目标

本案例围绕美国硅谷银行债券投资失败的原因展开风险教育,重点让学生理解商业银行证券投资风险控制的重要性,强化学生风险意识,提高防范金融风险的能力。

二、案例内容

美国东部时间2023年3月8日,美国硅谷银行宣布将手里可以出售的210亿美元的债券统统抛售,造成18亿美元的损失。这一举动引发市场担忧,导致挤兑。3月10日,根据美国联邦存款保险公司(FDIC)发布声明,美国加州金融保护和创新部(DFPI)当日宣布关闭美国硅谷银行。这是自2008年华盛顿互惠银行以来最大的银行倒闭事件。

硅谷银行债券投资失败的原因主要在于:第一,持有的大部分债券久期过长。硅谷银行将闲置资金大量配置于美国国债、抵押支持债券(MBS)等长久期债券,后者估值波动大、变现能力差。2020年3月至2022年2月,美联储的基准利率基本维持在0.25%的水平,贷款利率极低且融资需求基本饱和。为获取更高的利差,硅谷银行将相当一部分"无息负债"用于购买利率在1%左右的长久期美国国债和抵押支持证券,持有至到期证券占比从19.5%升至46.4%,绝对规模从138亿美元大幅增加至982亿美元,证券存量的久期拉长至6年左右。第二,美联储加息导致硅谷银行持有的长期债券严重贬值。美联储数轮激进加息导致债券市场价格大幅下跌,产生大量亏损。2021年年末,硅谷银行的证券投资已经达到六成以上,加息后出现较大的浮亏。截至2022年年末,硅谷银行其他债权投资的公允价值为261亿美元,较购入成本下降25亿美元,持有至到期证券的公允市值为762亿美元,较账面价值下降151亿美元,形成浮亏。其中,硅谷银行可供出售和持有到期证券资产未确认亏损合计达到176亿美元。第三,出售亏损资产筹措资金的自救行动成为导火索。由于2022年3月以来美联储持续加息,高科技企业纷纷要求取出存款,在存款不断流失的情况下,硅谷银行不惜亏损也要出售资产。2023年3月8日,出售可销售债券造成实际亏损,同时宣布由于投资组合发生巨亏,寻求通过出售普通股和优先股融资22.5亿美元以增强资本状况。该事项引发市场恐慌,进一步加剧提款挤兑,最终致使硅谷银行陷入流动性危机。

这给我国商业银行在投资债券类资产时提供了经验教训:第一,债券投资要权衡流动性和收益稳定性,其中,流动性处于更为重要的位置。第二,银行要权衡流动性与利率风险和分散投资之间的关系,灵活分配和调整交易性金融资产、其他债权投资和持有到期类三个不同投资类别的占比。第三,开展证券投资同时关注负债结构,做好流动性管理。第四,强化市场研判能力,综合考虑多重因素,避免片面化和主观化。在进行利率预判时,要充分考虑多个方面的利空及利多因素,不能通过单一的、惯性思维得出结论。第五,要适当通过衍生品进行风险对冲,弱化利率风险的影响。

三、思考题

1. 流动性管理对银行债券投资的意义何在?
2. 硅谷银行风险事件对我国商业银行债券投资有哪些启示?

资料来源：

［1］陈芳,张佳慧.硅谷银行事件对债券投资风险防范的启示[J].中国货币市场,2023(5):31-35.
［2］张丽云,韩思达.硅谷银行事件始末及市场影响分析[N].中国城乡金融报,2023-3-17.

本章小结

1. 商业银行证券投资业务,是指商业银行将一部分资金投资于有价证券,以提高资产的流动性和安全性,并获取一定利润的活动。其投资对象主要是政府债券、政府机构债、金融债券、中央银行票据、公司债券等。

2. 商业银行证券投资业务方式可概括为三类:商业银行为获利而持有证券;商业银行进行证券承销;商业银行作为做市商参与交易。

3. 商业银行债券投资在遵循四项基本原则的基础上,应重视债券投资业务的风险管理和债券投资的监管要求。具体来说,商业银行债券投资应按照《企业会计准则》等有关规定进行会计处理,并重视债券组合管理,加强投资过程中的信用风险、市场风险和流动性风险的管理,同时,应建立全面、严密的压力测试程序,定期对突发事件可能造成的潜在损失进行模拟和估算,根据压力测试结果对债券投资管理策略、政策和限额进行调整,并制定应急处理预案。

4. 商业银行证券投资策略也会受诸多因素的影响。从宏观角度来看,经济周期的波动、经济政策的不确定性和经济预期、货币政策和财政政策等会对其产生影响;从市场角度来看,流动性和资金供给状况成为影响其投资策略的主要因素;从银行自身角度来看,流动性约束、资金成本、市场风险和信用风险等风险因素也是银行在进行证券投资时必须充分考虑的因素。

5. 有效的投资策略是商业银行投资业务成功的关键。商业银行主要的投资策略有流动性准备策略、梯形期限策略、杠铃式期限策略和利率周期期限策略。

本章思维导图

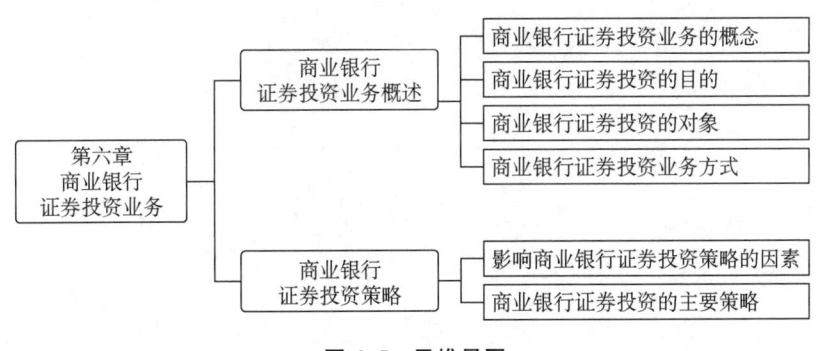

图 6-5 思维导图

思 考 题

1. 商业银行为何要进行证券投资？

2. 商业银行进行证券投资的主要对象有哪些?
3. 商业银行债券投资存在哪些风险?如何评价?
4. 商业银行证券投资各种投资策略的内容和优缺点是什么?

本章涉及的主要法律法规

《证券投资基金托管业务管理办法》

《企业债券管理条例》

《商业银行金融资产风险分类办法》

《企业会计准则第 22 号——金融工具确认和计量》

第七章　商业银行表外业务

本章学习目标

表外业务与资产业务、负债业务共同构成商业银行的三大业务类型。学生通过本章学习,应掌握商业银行表外业务的概念和分类,了解商业银行表外业务发展的动因、发展阶段;掌握中介服务类业务的定义与特点;掌握委托投资、代客非保本理财、代客交易及承销债券等业务的含义与类型;掌握银行承兑汇票、银行保函及贷款承诺的含义与分类;掌握信用证、票据发行便利及回购协议的含义与特点;了解衍生品交易业务;掌握远期利率协议业务的原理。

第一节　表外业务概述

一、商业银行发展表外业务的动因

(一) 金融脱媒的倒逼

银行传统存贷业务利差收窄,利润率下降,仅依托信贷业务难以满足商业银行持续盈利和发展的需要,倒逼银行寻求新的盈利增长点。表外业务在监管要求、经营灵活性上较之表内信贷业务更具优势,通过产品设计和创新能够满足客户多元化融资和投资需求,成为商业银行应对金融脱媒、弥补息差收入下滑的必然选择。

(二) 规避资本管制

1988年,巴塞尔协议对商业银行的资本结构和各类资产的风险权数做了统一规定,一方面起到了保护了银行经营安全,使银行不再盲目、单纯因追求资产规模扩张,促使管理者重视资产质量管理;另一方面,也制约了表内资产业务的发展,使商业银行的盈利能力受到较多的限制。为了维持盈利水平,商业银行越发注重发展对资本没有要求或对资本要求较低的表外业务,如担保承诺类表外业务,能使商业银行在不增加资本金的情况下,仍可以扩大业务规模,增加业务收入,提高盈利水平。

(三) 转移分散风险

自20世纪布雷顿森林体系崩溃至21世纪初的美国次贷危机,许多商业银行面临资金缺口扩大、经营风险增大等问题,这迫使商业银行寻求新的经营方式和经营策略,以达到转移和分散风险的目的。许多表外业务,如远期利率协议、互换掉期和期货期权等,都具有分散风险或转移风险的功能,能给商业银行提供控制资金成本和套期保值的工具和手段,表外业务因此有了较大发展。

(四) 金融科技进步推动

20世纪80年代以来的信息技术和数字产业对商业银行表外业务的发展起到了极大的

推动作用,形成数据处理计算机化、资金划拨电子化和信息传递网络化,促使商业银行推出了许多新的金融工具,并大力开展各种金融服务性业务和金融衍生工具交易。大数据和云计算等金融科技的发展使银行能对金融衍生工具进行精确定价,并进行更加有效的风险管理,节约管理成本,提高工作效率。同时,还可以突破时间和空间的限制,提高市场有效性。

二、表外业务的概念与分类

(一)表外业务的概念

表外业务是商业银行从事的、按照现行的会计准则不计入资产负债表内、不形成现实资产负债,但能够引起当期损益变动的业务。由于该类业务无法直接从资产负债表中反映出来,所以称为表外业务。

(二)表外业务的分类

1. 根据承担风险的不同分类

根据承担风险的不同,商业银行表外业务有狭义和广义之分。

狭义的表外业务是指未列入资产负债表,但同表内资产和负债项目密切相关,并在一定条件下可能转为表内资产和负债项目的经营活动,包括担保、信贷承诺、金融衍生工具和投资银行业务等。通常把这些经营活动称为或有资产和或有负债,它们是有风险的经营活动,在一定条件下,可能会转化为表内业务,因此,银行要承担一定的风险,应当在商业银行会计报表的附注中予以揭示。

广义的表外业务是指商业银行从事的所有不在资产负债表内反映的业务。除了包括狭义的表外业务,还包括结算、代理、咨询等无风险的经营活动,在此类业务中,商业银行一般处在中间人的地位,不承担任何资产负债方面的风险。

$$\text{广义表外业务}\begin{cases}\text{中间业务——金融服务性业务}\\\text{狭义表外业务——或有资产/或有负债}\end{cases}$$

通常所说的表外业务,一般是指狭义的表外业务。

2. 根据特征和法律关系的不同分类

根据特征和法律关系的不同,表外业务可分为中介服务类表外业务、代理投融资服务类表外业务、担保承诺类表外业务和其他类表外业务。

中介服务类表外业务是指商业银行根据客户委托,提供中介服务,并收取手续费的业务,包括但不限于代理收付、财务顾问、资产托管和各类保管业务等。

代理投融资服务类表外业务是指商业银行根据客户委托,为客户提供投融资服务但不承担代偿责任、不承诺投资回报的表外业务,包括但不限于委托贷款、委托投资、代客非保本理财、代客交易、代理发行和承销债券等。

担保承诺类表外业务包括担保类、承诺类等按照约定承担偿还责任的业务。担保类业务是指商业银行对第三方承担偿还责任的业务,包括但不限于银行承兑汇票、保函、信用证。承诺类业务是指商业银行在未来某一日期按照事先约定的条件向客户提供约定的信用业务,包括但不限于贷款承诺等。

其他类表外业务是指上述业务种类之外的其他表外业务。它主要包括远期、期货、期权和互换等金融衍生品交易类业务。

三、表外业务的特点

(一) 业务形式多样

商业银行在表外业务操作上十分灵活,既可以提供没有风险的金融中介服务,又可以涉足具有较高风险的金融衍生工具市场;既可以直接参与金融市场操作,又可以担任金融市场的中间人。

(二) 风险复杂多变

表外业务通常具有多种风险,包括信用风险、市场风险和流动性风险等,具有相当的复杂性。同时,表外业务可能因为各种原因转化为表内业务,一旦风险爆发可能使银行经营陷入困境。

(三) 透明度低,监管难度大

表外业务并不在商业银行财务报表中直接反映,风险识别和计量难度都比较大,导致监管当局难以了解表外业务实际风险状况,监管有效性降低。

四、我国商业银行表外业务发展的三个阶段

(一) 缓慢发展期(20 世纪 80 年代—2007 年)

由于金融业分业监管、表外业务较高的潜在风险等因素,我国商业银行表外业务起步较晚。20 世纪 80 年代至 2007 年的近 30 年时间里,商业银行的主要业务仍以表内的存贷款业务为主。2001 年我国加入 WTO 之后,随着对外贸易与投资的大幅增长,表外业务主要集中在跨境支付、保函和承兑汇票等业务。

(二) 快速扩张期(2008—2017 年)

2008 年金融危机爆发后,全球金融监管开始加强,我国金融监管也开始强化。在监管趋严的背景下,商业银行表内业务空间受限,在外部竞争日趋激烈、市场主体融资需求扩大背景下,表外业务扩张的动力增强。商业银行绕过传统存贷业务限制,发行理财产品,对接信托等非银行金融机构在资产负债表外进行业务创新,达到信用扩张的目的。为规范表外业务发展和切实防范风险,借鉴国际经验,结合我国银行业发展实际,2016 年 11 月中国银监会公布《商业银行表外业务风险管理指引》,扩展了表外业务定义范围,增加了新兴表外业务类型,构建了全面、统一的表外业务管理和风险控制体系,理顺了各类表外业务的风险本质、法律关系和对应管理要求,引导商业银行规范发展表外业务,有效防范金融风险。

(三) 规范发展期(2018 年至今)

随着我国商业银行表外业务的过度扩张,金融风险不断积聚。2017 年开始,中央出台一系列监管政策,表外业务扩张速度出现显著回落。2018 年 4 月,由中国人民银行联合多部门印发《关于规范金融机构资产管理业务的指导意见》,对表外业务中的资产管理业务进行规范。2018 年 12 月,《商业银行理财子公司管理办法》发布,商业银行表外业务迎来规范化、低增速、稳发展的"新常态",我国商业银行表外业务进入了平稳发展期。

为进一步加强商业银行表外业务风险管理,适应新形势下表外业务发展出现的新变化和新趋势,2022 年 12 月 1 日,中国银保监会发布《商业银行表外业务风险管理办法》(以下简

称《办法》），要求商业银行应将表外业务纳入全面风险管理体系，准确识别各类表外业务风险，并根据业务种类和风险特征实行差异化管理，总体上符合巴塞尔协议规定，而且监管更加严格，有效规范了商业银行表外业务的发展。

《办法》明确提出商业银行开展表外业务的"六个不得"。第一，商业银行应当确定相关职能部门负责表外业务合规审查，将全部表外业务纳入合规管理。未经合规审查的，不得开展该项表外业务。第二，商业银行应当针对各类表外业务特点，制定相应的管理制度和业务管理流程。未制定相关管理制度和流程的，不得开展该项表外业务。第三，商业银行不得开展与本行发展定位、业务规模及风险管理能力不相匹配的表外业务。第四，商业银行开展代理投融资服务类、中介服务类表外业务时，不得以任何形式约定或者承诺承担信用风险。第五，商业银行应当对代理投融资服务类表外业务的合作机构、产品实行总行统一管理。未经总行授权，分支机构不得销售任何第三方产品。零售类业务应当按照相关要求实施专区"双录"管理。第六，商业银行开展代理投融资服务类表外业务时，不得参与具有滚动发行、集合运作、分离定价特征的资金池业务，应当遵守资金来源、资金投向、杠杆水平、投资范围、收益分配和风险承担等相关监管要求。

第二节　中介服务类表外业务

一、支付结算

为了贯彻实施《中华人民共和国票据法》和国务院批准的《票据管理实施办法》，维护支付结算秩序，促进社会主义市场经济的发展，1997年9月，中国人民银行颁布《支付结算办法》。商业银行是支付结算和资金清算的中介机构。未经中国人民银行批准的非银行金融机构和其他单位不得作为中介机构经营支付结算业务。

支付结算是指单位、个人在社会经济活动中使用票据、银行卡和汇兑、托收承付、委托收款等结算方式进行货币给付及其资金清算的行为。支付结算工作的任务，是根据经济往来组织支付结算，准确、及时、安全办理支付结算，按照有关法律、行政法规和支付结算办法的规定管理支付结算，保障支付结算活动的正常进行。票据和结算凭证是办理支付结算的工具。单位、个人和银行办理支付结算，必须使用按中国人民银行统一规定印制的票据凭证和统一规定的结算凭证。单位、个人和银行办理支付结算必须遵守下列原则：恪守信用，履约付款；谁的钱进谁的账，由谁支配；银行不垫款。

我国支付结算实行集中统一和分级管理相结合的管理体制。中国人民银行负责制定统一的支付结算制度，组织、协调、管理和监督全国的支付结算工作，调解、处理银行之间的支付结算纠纷。

（一）票据结算

票据是指由出票人签发的、约定自己或者委托付款人在见票时或指定的日期向收款人或持票人无条件支付一定金额的有价凭证。依据《中国人民银行支付结算办法》中规定，票据包括汇票、银行本票和支票。票据的签发、取得和转让，必须具有真实的交易关系和债权债务关系。

1. 汇票

汇票是指由出票人签发的,委托付款人在见票时或者在指定日期无条件支付确定的金额给收款人或者持票人的票据。汇票按出票人不同,分为银行汇票和商业汇票。

(1) 银行汇票。银行汇票是指由出票银行签发的,由其在见票时按照实际结算金额无条件付给收款人或者持票人的票据。银行汇票的出票银行为经中国人民银行批准办理银行汇票的银行。单位和个人各种款项的结算,均可使用银行汇票。银行汇票可以用于转账,填明"现金"字样的银行汇票也可以用于支取现金。申请人或者收款人为单位的,不得在"银行汇票"上填明"现金"字样。银行汇票多用于办理异地转账结算和支取现金。

(2) 商业汇票。商业汇票是指由出票人签发的,委托付款人在指定日期无条件支付确定的金额给收款人或者持票人的票据。商业汇票的出票人是在银行开立存款账户的法人,在银行开立存款账户的法人以及其他机构之间才能使用商业汇票。商业汇票在同城和异地均可使用。签发商业汇票必须记载下列事项:表明"商业承兑汇票"或"银行承兑汇票"的字样、无条件支付的委托、确定的金额、付款人名称、收款人名称、出票日期、出票人签章。欠缺记载上列事项之一的,商业汇票无效。

承兑是指汇票付款人承诺在汇票到期日支付汇票金额的票据行为。商业汇票分为商业承兑汇票和银行承兑汇票。商业承兑汇票由银行以外的付款人承兑(付款人为承兑人),银行承兑汇票由银行承兑。商业汇票的付款期限,最长不得超过 6 个月(电子商业汇票可延长至 1 年)。签发商业汇票必须记载下列事项:表明"商业承兑汇票"或"银行承兑汇票"的字样、无条件支付的委托、确定的金额、付款人名称、收款人名称、出票日期、出票人签章。欠缺记载上列事项之一的,商业汇票无效。

当前,电子商业承兑汇票越来越成为发展趋势。电子商业承兑汇票是指出票人依托电子商业承兑汇票系统,以数据电文形式制作的,委托付款人在指定日期无条件支付确定金额给收款人或者持票人的票据。

2. 本票

本票是指由出票人签发的,承诺自己在见票时无条件支付确定的金额给收款人或者持票人的票据。本票按照出票人不同,划分为商业本票与银行本票。目前在我国使用的是银行本票。本票必须记载下列事项:有"本票"的字样、无条件支付的承诺、确定的金额、收款人名称、出票日期和出票人签章。本票上记载付款地、出票地等事项的,应当清楚、明确。本票的出票人在持票人提示见票时,必须承担付款的责任。本票自出票日起,付款期限最长不得超过 2 个月。

3. 支票

支票是指由出票人签发的,委托办理支票存款业务的银行或者其他金融机构在见票时无条件支付确定的金额给收款人或者持票人的票据。支票的出票人可以是在银行开立支票存款账户的单位和个人,付款人为支票上记载的出票人开户银行。

支票分为现金支票和转账支票两种。现金支票只能用于支取现金,转账支票只能用于转账,不得支取现金。支票必须记载的事项:"支票"的字样、无条件支付的委托、确定的金额、付款人名称、出票日期和出票人签章。支票上的金额可以由出票人授权补记,未补记前的支票,不得使用。支票上未记载收款人名称的,经出票人授权,可以补记。支票上未记载付款地的,付款人的营业场所为付款地。支票上未记载出票地的,出票人的营业场所、住所或者经常居住地为出票地。支票的出票人所签发的支票金额不得超过其付款时在付款人处实有的存款金额。出票人签发的支票金额超过其付款时在付款人处实有的存款金额的,为空头支票。禁止签发空头支票。支票的出票人不得签发与其预留本名的签名式样或者印鉴不符的支票。出票人必须按照签发的支票金额承担保证向该持票人付款的责任。出票人在付款人处的存款足以支付支票金额时,付款人应当在当日足额付款。支票限于见票即付,支票的持票人应当自出票日起10日内提示付款,异地使用的支票,其提示付款的期限由中国人民银行另行规定。超过提示付款期限的,付款人可以不予付款;付款人不予付款的,出票人仍应当对持票人承担票据责任。

(二) 汇兑

汇兑是指汇款人委托银行将其款项支付给收款人的结算方式。单位和个人的各种款项的结算,均可使用汇兑结算方式。汇兑根据划转款项的不同方法以及传递方式的不同,可以分为信汇和电汇两种,由汇款人自行选择。汇款人委托银行办理汇兑,应向汇出银行填写信、电汇凭证,详细填明汇入地点、汇入银行名称、收款人名称、汇款金额和汇款用途等各项内容,并在信汇、电汇凭证第二联上加盖预留银行印鉴。汇出行受理汇款人的信汇、电汇凭证后,应按规定进行审查。审查无误后即可办理汇款手续,在第一联回单上加盖"转讫"章退给汇款单位,并按规定收取手续费。汇入银行对开立账户的收款单位的款项应直接转入收款单位的账户。未在银行开立存款账户的收款人,凭电汇、信汇取款通知向汇入行支取。

(三) 委托收款

委托收款是指收款人委托银行向付款人收取款项的结算方式。单位和个人可以使用委托收款结算方式办理已承兑商业汇票、债券和各类存单等各种款项的结算,无论是在同城还是异地均可使用。收款人办理委托收款应填写委托收款凭证并签章,将委托收款凭证和有关的债务证明一起提交收款人开户行。开户行审核委托收款凭证和有关的债务证明是否符合有关规定。开户行审核后,将委托收款凭证和有关的债务证明寄交付款人开户行办理委托收款。后者审核无误后办理付款。

二、代理收付

(一) 代理收付的概念

代理收付是指商业银行接受收款单位和付款人(客户)的委托,将付款单位或付款人(客户)在银行账户的资金按约定时间一次或分次划付给收款单位的资金结算业务。例如,代理财政直接支付业务、代发工资和代扣住房按揭贷款还款等。此类业务直接收入不高,但能产生规模可观的活期存款。

(二) 代理收付的特点

1. 时间的固定性

代理收付款项的时间一般是固定的,如每年的年初,每月的某日等。

2. 金额的少量性

这类业务收付款项的金额一般不大。

3. 收付款的经常性

代理收付业务一般不是一次性完成,而是持续不断的资金收付行为。

三、资产托管

(一) 资产托管的概念

资产托管(以下简称托管)是指商业银行作为独立的第三方当事人,根据法律法规规定,与委托人、管理人或受托人签订托管合同(包括但不限于明确托管权利义务关系的相关协议),依约保管委托资产,履行托管合同约定的权利义务,提供托管服务,并收取托管、保管费用的商业银行中介业务。

(二) 资产托管的分类

1. 按照产品类别划分

托管产品包括但不限于公募证券投资基金、证券公司及其子公司、基金管理公司及其子公司、期货公司及其子公司、保险资产管理公司、金融资产投资公司等金融机构资产管理产品、信托产品、银行理财产品、保险资管产品、基本养老保险基金、全国社会保障基金、年金基金、私募投资基金、各类跨境产品和其他托管产品等。

2. 按经济关系划分

托管主要包括服务于所有权转移的交易类资产托管业务、服务于所有权和经营权分离的余额类资产托管业务以及其他业务。

(三) 资产托管的服务内容

1. 资产保管服务

根据法律法规规定和托管合同约定,托管银行可控制账户内的托管资产;未经相关当事人同意,不得自行运用、处分、分配托管资产。

2. 账户服务

根据法律法规规定和托管合同约定,为托管资产开立银行账户、证券账户、基金账户和期货账户等,并负责办理相关账户的变更、撤销等。

3. 会计核算(估值)服务

根据托管合同约定的会计核算办法和资产估值方式,根据相关会计准则的规定对托管资产单独建账,进行会计处理(估值)、账务核对和报告编制等。

4. 资金清算服务

根据托管合同约定,执行托管账户的资金划拨、办理托管资产的资金清算等事宜。

5. 交易结算服务

根据投资标的市场交易结算规则和托管合同约定,办理托管资产的结算交收等事宜。

6. 投资监督服务

根据法律法规规定和托管合同约定,对托管资产的投资运作情况进行监督,包括托管账户的资金投资范围和投资比例、收益计算及分配等情况。

7. 信息披露服务

根据法律法规、行业协会规定以及托管合同约定,将托管合同履行情况和托管资产的情况向相关当事人履行披露和报告义务。

8. 公司行动服务

根据托管合同约定，向相关当事人提供托管资产持有证券的公司行动信息，以及根据委托人指令（如有）代为行使证券持有者权利。

9. 依法可以在托管合同约定的其他服务

（四）商业银行资产托管职责

商业银行的资产托管职责主要包括开立并管理托管账户；安全保管资产；执行资金划拨指令，办理托管资产的资金清算及证券交收事宜；对托管资产的资产、负债等会计要素进行确认、计量，复核受托人或管理人计算的托管资产财务数据；履行投资监督和信息披露职责；保管托管业务活动的记录、账册、报表等相关资料；法律法规明确规定的其他托管职责等。

四、财务顾问与咨询

（一）财务顾问与咨询的概念

财务顾问与咨询是指商业银行运用自身产品及服务，利用在客户、网络、资金、信息和人才等方面的综合优势，根据客户需求，为客户提供的财务管理、投融资、兼并收购等服务。

（二）财务顾问与咨询的类型

1. 信息咨询顾问

信息咨询顾问是指商业银行专业人员凭借专业知识、行业经验、人力及金融资源，通过书面报告、会议和专题培训等方式，向客户提供的财务顾问与咨询服务。

2. 企业上市财务顾问与咨询

企业上市财务顾问与咨询是指商业银行在法律法规允许的范围内，与其他具有相关业务资质的中介机构合作，为境内企业在资本市场首次公开发行上市（IPO），或上市后再融资（如股票增发），或引进私募股权投资者过程中提供的咨询、方案设计、中介推荐和项目协调等专业顾问服务。

3. 并购重组财务顾问

并购重组财务顾问是指商业银行为企业的股权收购或转让、资产整合、债务重组等并购重组活动提供的专业顾问服务。

4. 私募股权投资基金投融资财务顾问

私募股权投资基金投融资财务顾问是指商业银行担任私募股权投资基金财务顾问，为私募股权投资基金的发起、资金募集、项目投资及退出提供全流程的顾问服务。

5. 投融资财务顾问

投融资财务顾问是指商业银行针对客户对投资、融资业务相关的特定需求，利用专业知识、行业经验、人力及金融资源，提供专业化的顾问服务。

6. 资信业务

资信业务是指商业银行利用其众多的分支机构、丰富的客户资源和行业经验，在不违反相关法律法规的前提下，接受委托人委托，为委托人提供资信证明、资信调查和资信评级等服务，并收取一定费用的中介业务。

五、银行卡业务

银行卡是指由商业银行向社会发行的具有消费信用、转账结算和存取现金等全部或部分功能的信用支付工具。银行卡包括信用卡和借记卡。

信用卡按是否向发卡银行交存备用金,分为贷记卡、准贷记卡两类。贷记卡是指发卡银行给予持卡人一定的信用额度,持卡人可在信用额度内先消费、后还款的信用卡。准贷记卡是指持卡人须先按发卡银行要求交存一定金额的备用金,当备用金账户余额不足支付时,可在发卡银行规定的信用额度内透支的信用卡。

信用卡是一张正面印有发卡银行名称、有效期、号码、持卡人姓名等内容,背面有磁条、签名条的卡片。持有信用卡的消费者可以到特约商业服务部门购物或消费,再由银行同商户和持卡人进行结算,持卡人可以在规定额度内透支。

国际信用卡有两种国际支付组织,一种是 VISA,另一种是 MASTER。通过银联支付是用人民币结算,通过 VISA 或 MASTER 支付就用美元结算。

VISA 信用卡为发卡银行与 VISA 国际组织联合发行的信用卡,这种信用卡可以在全球范围内的 VISA 特约商户进行消费,信用卡卡面上具有 VISA 国际的标志。MASTER 是万事达国际组织与全球各地银行联合发行的银行卡,致力于提供全球消费者一个更便利与更有效率的金融支付环境,是全球第二大信用卡国际组织。

六、保管箱业务

保管箱业务是指商业银行接受客户的委托,按照双方约定的条件,以出租保管箱的形式代客保管贵重物品、有价证券及文件等财物的服务项目。

商业银行针对保管箱存放的物品一般规定:不可利用保管箱做非法用途,不得存放易燃品、易爆品、枪支弹药、腐蚀品、毒品及其他一切违禁物品;银行有权要求租用人开启保管箱,以便检查;如导致银行及第三者蒙受损失,租用人应承担相应的民事责任;箱内存放的物品因自身原因变质、损坏,或因非人力所能控制的因素导致损失的,银行不承担任何责任。

第三节 代理投融资服务类表外业务

一、委托业务

(一)委托贷款

1. 委托贷款的概念

委托贷款是指委托人提供资金,由商业银行(受托人)根据委托人确定的借款人、用途、金额、币种、期限和利率等代为发放、协助监督使用和协助收回的贷款,不包括现金管理项下委托贷款和住房公积金项下委托贷款。

委托人是指提供委托贷款资金的法人、非法人组织、个体工商户和具有完全民事行为能力的自然人。商业银行在委托贷款业务中,收取代理手续费,不承担风险。商业银行应按照"谁委托谁付费"的原则向委托人收取代理手续费。商业银行办理委托贷款业务,应当遵循依法合规、平等自愿、责利匹配、审慎经营的原则。

2. 商业银行开展委托贷款业务需要遵循的监管要求

商业银行应依据《商业银行委托贷款管理办法》制定委托贷款业务管理制度，合理确定部门、岗位职责分工，明确委托人范围、资质和准入条件，以及委托贷款业务流程和风险控制措施等，并定期评估，及时改进。

商业银行受理委托贷款业务申请，应具备以下前提：委托人与借款人就委托贷款条件达成一致；委托人或借款人为非自然人的，应出具其有权机构同意办理委托贷款业务的决议、文件或具有同等法律效力的证明；商业银行不得接受委托人为金融资产管理公司和经营贷款业务机构的委托贷款业务申请。

商业银行审查委托人资金来源时，应要求委托人提供证明其资金来源合法合规的相关文件或具有同等法律效力的相关证明，对委托人的财务报表、信用记录等进行必要的审核，重点加强对以下内容的审查和测算：委托人的委托资金是否超过其正常收入来源和资金实力；委托人在银行有授信余额的，商业银行应合理测算委托人自有资金，并将测算情况作为发放委托贷款的重要依据。

商业银行不得接受委托人下述资金发放委托贷款：受托管理的他人资金；银行的授信资金；具有特定用途的各类专项基金（国务院有关部门另有规定的除外）；其他债务性资金（国务院有关部门另有规定的除外）；无法证明来源的资金；企业集团发行债券筹集并用于集团内部的资金，不受限制。

商业银行受托发放的贷款应有明确用途，资金用途应符合法律法规、国家宏观调控和产业政策。资金用途不得为以下方面：生产、经营或投资国家禁止的领域和用途；从事债券、期货、金融衍生品、资产管理产品等投资；作为注册资本金、注册验资；用于股本权益性投资或增资扩股（监管部门另有规定的除外）；其他违反监管规定的用途。

商业银行与委托人、借款人就委托贷款事项达成一致后，三方应签订委托贷款借款合同。合同中应载明贷款用途、金额、币种、期限、利率和还款计划等内容，并明确委托人、受托人和借款人三方的权利和义务；委托贷款采取担保方式的，委托人和担保人应就担保形式和担保人（物）达成一致，并签订委托贷款担保合同；商业银行应要求委托人开立专用于委托贷款的账户。委托人应在委托贷款发放前将委托资金划入该账户，商业银行按合同约定方式发放委托贷款。商业银行不得串用不同委托人的资金；商业银行应同委托人、借款人在委托贷款借款合同中明确协助监督使用的主要内容和具体措施，并按合同约定履行相应职责；商业银行应按照委托贷款借款合同约定，协助收回委托贷款本息，并及时划付到委托人账户。对于本息未能及时到账的，应及时告知委托人；委托贷款到期后，商业银行应根据委托贷款借款合同约定或委托人的书面通知，终止履行受托人的责任和义务，并进行相应账务处理；委托贷款到期后未还款的，商业银行应根据委托贷款借款合同约定，为委托人依法维权提供协助。

商业银行应严格隔离委托贷款业务与自营业务的风险，严禁以下行为：代委托人确定借款人；参与委托人的贷款决策；代委托人垫付资金发放委托贷款；代借款人确定担保人；代借款人垫付资金归还委托贷款，或者用信贷、理财资金直接或间接承接委托贷款；为委托贷款提供各种形式的担保；签订改变委托贷款业务性质的其他合同或协议；其他代为承担风险的行为。

（二）委托投资

委托投资是指商业银行等金融机构将资金委托给外部机构管理人,由外部机构管理人按照约定的范围进行主动管理的投资业务模式。商业银行委托投资主要是通过表内同业投资和表外理财资金投资的方式开展的。表内的委托投资和表外的委托投资,在投资目的、投资范围和管理重点上存在根本差异,应当"内外有别",建立差异化的委托投资管理框架。

商业银行表内委托投资属于同业投资范畴,按照监管机构《关于规范金融机构同业业务的通知》的管理要求,应严格风险审查和资金投向合规性审查,按照"实质重于形式"原则,根据所投资基础资产的性质,准确计量风险并计提相应资本与拨备;表内委托投资是做渠道,投资范围不能超出商业银行自营投资的范围,在资产准入方面由银行自身的风险偏好决定。表外委托投资属于理财业务范畴,按照《商业银行理财业务监督管理办法》,主要需要满足定量和定性两个方面的监管要求。在定量要求方面,表外委托投资主要包括产品集中度、机构集中度、上市公司集中度和杠杆率要求等;在定性要求方面,要求商业银行应当对理财投资合作机构的资质条件、专业服务能力和风险管理水平等开展尽职调查,实行名单制管理,由总行高级管理层批准。表外委托投资是做增量,目的是扩大资产规模、丰富资产类别、补充能力短板,在资产准入方面,投资的标准是相对于价格而言是否具有价值。

商业银行表外委托投资的投资范围的宽度、投资策略的深度远大于自营投资,对于扩展理财业务的投资范围、增加投资品种、丰富投资策略和提升营运能力,具有积极的作用。表外委托投资业务的投资主体是理财客户,业务管理和风险管理的出发点是如何响应客户的需求,建立丰富的产品货架,为客户提供资产配置的金融服务,合规开展各项业务。风险管理的目标是如何根据各类风险进行清晰准确的产品风险分级,对于不同等级的理财产品,分别确定主要风险的准入标准和控制指标。

表外委托投资业务的管理重点是合作机构的选择与管理。应建立投资管理人准入机制,并持续优化。以"持续性尽职调查"为依托,加强对委托投资业务的实质性风险监测。一是建立委托投资业务尽职调查的工作规范,尽职调查应包括对投资组合的定量定性分析、对基金经理投资风格的定量定性分析、对基金投资过程的评估等。二是明确分工,业务部门负责日常工作开展过程中的全面的尽职调查;风险管理部对重点关注机构、有不良表现的机构和基金经理独立开展风险调查和后督。三是进一步完善机构和基金经理的退出机制。

二、代客非保本理财业务

理财业务是指商业银行接受投资者委托,按照与投资者事先约定的投资策略、风险承担和收益分配方式,对受托的投资者财产进行投资和管理的综合性金融服务。

非保本理财产品是指商业银行按照约定条件和实际投资收益情况向投资者支付收益,不保证本金支付和收益水平的理财产品。

（一）商业银行理财产品分类

1. 根据募集方式划分

根据募集方式不同,商业银行理财产品可分为公募理财产品和私募理财产品。

公募理财产品是指商业银行面向不特定社会公众公开发行的理财产品。公开发行的认定标准按照《中华人民共和国证券法》（以下简称《证券法》）执行。

私募理财产品是指商业银行面向合格投资者非公开发行的理财产品。合格投资者是指具备相应风险识别能力和风险承受能力,投资于单只理财产品不低于一定金额且符合下列条件的自然人、法人或者依法成立的其他组织:具有2年以上投资经历,且满足家庭金融净资产不低于300万元人民币,或者家庭金融资产不低于500万元人民币,或者近3年本人年均收入不低于40万元人民币;最近1年年末净资产不低于1 000万元人民币的法人或者依法成立的其他组织;国务院银行业监督管理机构规定的其他情形。私募理财产品的投资范围由合同约定,可以投资于债权类资产和权益类资产等。权益类资产是指上市交易的股票、未上市企业股权及其受(收)益权。

2. 根据投资性质划分

根据投资性质不同,商业银行理财产品可分为固定收益类理财产品、权益类理财产品、商品及金融衍生品类理财产品和混合类理财产品。

固定收益类理财产品投资于存款、债券等债权类资产的比例不低于80%。权益类理财产品投资于权益类资产的比例不低于80%。商品及金融衍生品类理财产品投资于商品及金融衍生品的比例不低于80%。混合类理财产品投资于债权类资产、权益类资产、商品及金融衍生品类资产且任一类资产的投资比例未达到前三类理财产品标准。

3. 根据运作方式划分

根据运作方式不同,商业银行理财产品可分为封闭式理财产品和开放式理财产品。

封闭式理财产品是指有确定到期日,且自产品成立日至终止日期间,投资者不得进行认购或者赎回的理财产品。开放式理财产品是指自产品成立日至终止日期间,理财产品份额总额不固定,投资者可以按照协议约定,在开放日和相应场所进行认购或者赎回的理财产品。

(二)商业银行开展理财业务需遵循的监管要求

2005年9月,中国银监会颁布《商业银行个人理财业务管理暂行办法》《商业银行个人理财业务风险管理指引》,监管部门开始对理财业务监管,其中,影响最大的是2018年5月中国人民银行等四部委联合印发的《关于规范金融机构资管业务的指导意见》,进一步加强对资管业务、机构和投资者的管理。为保障其落地出台了配套细则,2018年7月,中国人民银行发布《关于进一步明确规范金融机构资管业务指导意见有关事项的通知》,明确公募资管产品的投资范围、过渡期、相关产品的估值方法以及过渡期的宏观审慎政策安排。2018年9月,中国银保监会发布《商业银行理财业务监督管理办法》,在一定程度上放松了非标资产投资,但仍有比例限制,明确商业银行独立开展资管业务须成立理财子公司。2018年12月,中国银保监会发布《商业银行理财子公司管理办法》,对商业银行理财子公司的设立、业务规则与风险管理进行规范。2019年11月,中国银保监会颁布《商业银行理财子公司净资本管理办法(试行)》,目的在于促进银行理财子公司安全稳健运行,保护投资者合法权益。

其中,依据《关于规范金融机构资管业务的指导意见》,商业银行从破刚兑、降非标与降杠杆三方面规范资管业务,加强对银行理财业务的规模、利差和产品投资等管理,促使银行资管业务转型;强化行为监管职能,严控资产管理机构的投资交易、信息披露行为;进一步加强投资者适当性管理,消费者权益保护。对同一类型或相似类型的业务进行统一化监管,将跨行业创新产品纳入监管职能机构监管范畴,避免监管真空。同时,对资产管理产品的发行和销售行为做出明确规定：金融机构发行和销售资产管理产品，应当坚持"了解产品"和"了解客户"的经营理念，加强投资者适当性管理，向投资者销售与其风险识别能力和风险承担能力相适应的资产管理产品；金融机构应当加强投资者教育，不断提高投资者的金融知识水平和风险意识，向投资者传递"卖者尽责、买者自负"的理念，打破刚性兑付；金融机构代理销售其他金融机构发行的资产管理产品，应当符合金融监督管理部门规定的资质条件；未经金融监督管理部门许可，任何非金融机构和个人不得代理销售资产管理产品。

根据《商业银行理财业务监督管理办法》，商业银行开展理财业务需遵循的监管要求包括：严格区分公募和私募理财产品，加强投资者适当性管理；规范产品运作，实行净值化管理；规范资金池运作，防范影子银行风险；去除通道，强化穿透管理；设定限额，控制集中度风险；加强流动性风险管控，控制杠杆水平；加强理财投资合作机构管理，强化信息披露，保护投资者合法权益；实行产品集中登记，加强理财产品合规性管理等。

专栏 7-1

我国商业银行理财业务发展历程及现状

自光大银行 2004 年推出阳光理财计划，标志着我国商业银行理财业务开始起步。2008 年美国次贷危机后，我国宏观调控逐渐增强，信贷规模控制日益严格，银信合作模式兴起，商业银行发行了大量银信合作的理财产品，理财业务迅速扩张。2011 年，中国银监会收紧银信合作业务，商业银行开始转向资产池模式。2012 年，银证信合作和银基信合作等模式不断出现，商业银行理财规模快速增长。银行理财投资非标准化资产的多层嵌套业务模式，使资金来源及去向无法穿透，造成监管指标失真，增加了风险管控难度。2018 年，《关于规范金融机构资管业务的指导意见》《商业银行理财业务监督管理办法》和《商业银行理财子公司管理办法》相继出台，我国商业银行理财业务进入转型期。

在打破刚兑、实现净值化管理的要求下，银行理财开始积极转型，2019 年 6 月 3 日，建信理财有限责任公司成立，开创了我国商业银行理财子公司的先河，开启了产品净值化、产品线丰富化和资产配置多样化的转型方向。自此，我国各类商业银行积极设立理财子公司，机构队伍的专业化、特色化水平持续提升。表 7-1 是截至 2023 年 6 月我国部分商业银行理财子公司的统计数据。

表 7-1　截至 2023 年 6 月我国部分理财子公司非保本理财余额　　单位：亿元

银行名称	理财子公司名称	注册资本	办公地址	非保本理财余额
工商银行	工银理财	160	北京	17 924.07
建设银行	建信理财	150	深圳	15 720.76
农业银行	农银理财	120	北京	15 563.64
中国银行	中银理财	100	北京	16 097.91
交通银行	交银理财	80	上海	12 544.62
邮储银行	中邮理财	80	北京	7 524.47

(续表)

银行名称	理财子公司名称	注册资本	办公地址	非保本理财余额
招商银行	招银理财	50	深圳	25 304.09
兴业银行	兴银理财	50	福州	20 959.66
中信银行	信银理财	50	上海	15 945.73
光大银行	光大理财	50	青岛	12 236.48
平安银行	平安理财	50	深圳	8 835.54
浦发银行	浦银理财	50	上海	8 748.20
民生银行	民生理财	50	北京	7 508.13
华夏银行	华夏理财	30	北京	4 718.31
上海银行	上银理财	30	上海	3 152.29
江苏银行	苏银理财	20	南京	4 465.00
南京银行	南银理财	20	南京	3 494.08
北京银行	北银理财	20	北京	2 619.38
徽商银行	徽银理财	20	合肥	1 820.45
渤海银行	渤银理财	20	天津	1 379.51
重庆农商行	渝农商理财	20	重庆	1 133.75
宁波银行	宁银理财	10	宁波	3 459.96
杭州银行	杭银理财	10	杭州	3 354.79
青岛银行	青银理财	10	青岛	2 226.00

数据来源:各商业银行2023年半年报。

截至2023年6月末,理财子公司存续产品16 202只,存续产品规模206 652亿元,存续规模同比上涨7.99%。按产品类型划分后,理财子公司固定收益类产品占比96.23%,混合类产品占比3.39%,权益类产品占比0.19%,金融衍生品类占比0.19%。理财子公司应侧重净值类产品的研发与销售;在我国理财子公司目前运行过程中,受限于银行内部关系错综复杂,在产品研发、运作以及信息披露等重大事项上,对出资母行的依赖程度仍然偏高,未做到完全独立运行。

我国商业银行理财业务以独立的理财子公司模式运作,建立完善且分工明确的组织架构;理财子公司与其他资管机构形成"各有侧重、竞合并存"的局面;银行专业渠道和客户服务能力逐渐强化;客户关系将转向长期化和机构化;养老金客户占比较高;构建以大类资产配置为核心的投资研究体系,资产,配置更加丰富多元;与金融科技更紧密结合。

资料来源:

1. 蒋露.银行理财监管的演进逻辑与未来方向研究—由定性之争迈向信义标准[J].金融监管研究,2023.

2. 银行业理财登记托管中心:《中国银行业理财市场半年报告(2023年上)》.

三、代客交易

(一) 代客交易的概念

代客交易是指商业银行接受客户委托,代替客户买卖外汇和贵金属的业务,一般是为了对客户进行资金管理或债务保值。

(二) 代客交易的主要类型

1. 代客外汇交易

代客外汇交易是指银行接受客户的委托,利用国际金融市场上即期、远期、掉期和择期等金融工具,对客户在对外经济贸易活动中所产生的汇率风险进行规避和管理,通过各种到期日不同外汇币种间的兑换,锁定汇率风险,并灵活调整交割日期的外汇买卖业务。

2. 代客贵金属交易

代客贵金属交易是指由客户发起,商业银行为满足客户需求提供的代客交易和其为对冲前述交易相关风险而进行的代客平盘交易。代客贵金属交易可使用的金融工具包括贵金属现货交易、即期交易、远期交易、掉期交易和欧式期权等及其简单组合。

四、承销债券

(一) 承销债券的概念

承销债券是指商业银行(承销商)接受客户(债券发行人)的委托,按照客户的要求将债券销售到机构投资者和社会公众投资者手中,实现客户筹措资金的目的的行为或过程。现在,银行间债券市场的产品已经从单一的国债和政策性金融债扩大到包括央行票据、商业银行金融债券、短期融资券、中期票据、中小企业集合票据和资产证券化等多个品种。根据商业银行在承销过程中承担的责任和风险的不同,承销可以分为代销和包销两种形式。

(二) 承销债券的方式

1. 代销

代销是指承销商(商业银行)只作为发行人的债券销售代理商,按照规定的发行条件,尽力推销债券,发行结束后,将未售出的债券退还给发行人。承销商不承担发行风险,承销商与发行人之间纯粹是代理关系,为推销债券而收取代理手续费。代销一般在以下情况采用:承销商对发行公司信心不足时;信用度很高的发行人,为减少发行费用而主动提出代销方式;包销谈判失败后提出采用代销。

2. 包销

包销是指商业银行作为承销商,按议定价格直接从发行人手中购进将要发行的全部债券,并立即向债券发行人支付债券价款,然后按照市场条件转售给投资者。发行人与承销商之间为买卖关系。商业银行必须在指定的期限内,将包销债券所筹得的资金全部交付给发行人。承销商要承担销售和价格的全部风险,如果债券没有全部销售出去,承销商自己承担损失,即发行失败的风险由商业银行承担,发行人无需承担债券销售不出去的风险,而且可以迅速筹集资金。

商业银行是银行间债券市场的重要参与者,需有效履行承销商职责,综合考虑发行人经营发展、财务收支和债务负担水平等情况,以市场化方式做好债券承销的差异化风险定价,提升自身在债券市场的竞争力,助推债券承销业务的发展。

五、代理保险

代理保险是指商业银行接受保险公司委托,在保险公司授权的范围内,代理保险公司销售保险产品及提供相关服务,并依法向保险公司收取佣金的经营活动。

商业银行与保险公司开展保险代理业务合作,原则上应当由双方法人机构签订书面委托代理协议,委托代理协议应当包括但不限于以下主要条款:代理保险产品种类,佣金标准及支付方式,单证及宣传材料管理,客户账户及身份信息核对,反洗钱,客户信息保密,双方权利责任划分,争议的解决,危机应对及客户投诉处理机制,合作期限,协议生效、变更和终止,违约责任等。

六、代理销售

代理销售(简称代销)是指商业银行接受由国务院金融监督管理机构依法实施监督管理、持有金融牌照的金融机构委托,在本行渠道(含营业网点和电子渠道),向客户推介、销售由合作机构依法发行的金融产品(简称代销产品)的代理业务活动。

商业银行开展代销业务的基本原则:应当遵守法律、行政法规和国务院金融监督管理机构的相关规定,不得损害国家利益、社会公共利益和投资者合法权益,严格代销业务管理,防范代销业务风险;应当符合国务院金融监督管理机构关于代销有关金融产品的资质要求;应当加强投资者适当性管理,充分揭示代销产品风险,向客户销售与其风险承受能力相匹配的金融产品;应当在代销业务与其他业务之间建立风险隔离制度,确保代销业务与其他业务在账户、资金和会计核算等方面严格分离。

第四节　担保承诺类表外业务

一、担保类表外业务

(一)银行承兑汇票

1. 银行承兑汇票的概念

银行承兑汇票是指由在承兑银行开立存款账户的存款人出票,向开户银行申请并经银行审查同意承兑的,保证在指定日期无条件支付确定的金额给收款人或持票人的票据。对出票人签发的商业汇票进行承兑是银行基于对出票人资信的认可而给予的信用支持。实力雄厚,信誉卓著的企业承诺到期付款的汇票称为商业承兑汇票。

2. 银行承兑汇票的特点

(1)信用好,承兑性强。银行承兑汇票经银行承兑到期无条件付款,相当于把企业之间的商业信用转化为银行信用。对企业来说,收到银行承兑汇票,就如同收到了现金。

(2)流通性强,灵活性高。银行承兑汇票可以背书转让,也可以申请贴现,不会占压企业的资金。

(3)节约资金成本。对于实力较强,银行比较信得过的企业,只需交纳规定的保证金,就能申请开立银行承兑汇票,用以进行正常的购销业务,待付款日期临近时再将资金交付给银行。由于银行承兑汇票具有上述优点,因而受到企业的欢迎。

3. 银行承兑汇票的操作步骤

银行承兑汇票的签发与兑付,大体包括如下步骤:

(1) 签订交易合同。交易双方经过协商,签订商品交易合同,并在合同中注明采用银行承兑汇票进行结算。作为销货方,如果对方的商业信用不佳,或者对对方的信用状况不甚了解或信心不足,使用银行承兑汇票较为稳妥。因为银行承兑汇票由银行承兑,由银行信用作为保证,因而能保证及时地收回货款。

(2) 签发汇票。付款方按照双方签订的合同的规定,签发银行承兑汇票。银行承兑汇票一式三联,第一联为卡片,由承兑银行支付票款时做付出传票;第二联由收款人开户行向承兑银行收取票款时做联行往来账付出传票;第三联为存根联,由签发单位编制有关凭证。

(3) 汇票承兑。付款单位出纳员在填制完银行承兑汇票后,应将汇票的有关内容与交易合同进行核对,核对无误后填制银行承兑协议及银行承兑汇票清单,并在承兑申请人处盖单位公章。银行承兑协议一般为一式三联,银行信贷部门一联,银行会计部门一联,付款单位一联,其内容主要是汇票的基本内容,汇票经银行承兑后承兑申请人应遵守的基本条款等。待银行审核完毕之后,在银行承兑协议上加盖银行公章或合同章,在银行承兑汇票上加盖汇票专用章,并至少加盖1个经办人私章。

(4) 支付手续费。按照银行承兑协议的规定,付款单位办理承兑手续应向承兑银行支付手续费,由开户银行从付款单位存款户中扣收。

纸质银行承兑汇票的承兑期限最长不超过6个月,电子银行承兑汇票的承兑期限最长不超过1年。承兑申请人在银行承兑汇票到期未付款的,按规定计收逾期罚息。

(二) 银行保函

1. 银行保函的概念

银行保函是指银行应申请人或委托人的要求向受益人开出的,担保申请人未能按规定履行其责任和义务时,由开立保函的银行代其履行一定金额、一定时限范围内的某种支付或经济赔偿的书面文件。

2. 银行保函的特点

(1) 银行信用作为保证,易于为合同双方接受。

(2) 银行保函具有独立法律效力。保函虽然依据商务合同开出,但又不依附于商务合同,当受益人在保函项下合理索赔时,担保行就必须承担付款责任,而不论委托人是否同意付款,也不管合同履行的实际事实。即保函是独立的承诺并且基本上是单证化的交易业务。

3. 银行保函的主要种类

(1) 履约保函。履约保函是指应劳务方和承包人(申请人)的请求,向业主方(受益人)所做出的一种履约保证承诺。倘若履约责任人日后未能按合约的规定按期、按质、按量地完成所承建的工程,以及未能履行合约项下的其他业务,银行将向业主方支付一笔不超过担保金额的款项。该款项通常相当于合约总金额的5%~10%。

(2) 预付款保函。预付款保函是指应供货方或劳务承包方申请向买方或业主方(受益人)保证,如申请人未能履约或未能全部按合同规定使用预付款时,则银行负责返还担保函规定金额(或未还部分)的预付款。

(3) 投标保函。投标保函是指投标人(申请人)申请向招标人做出保证,保证在投标人报价的有效期内,投标人将遵守其诺言、不撤标、不改标、不更改原报价条件,并且在其一旦中标后,将按照招标文件的规定及投标人在报价中的承诺,在一定时间内与招标人签订合同,如投标人违约,银行将在担保额度的范围内向招标人支付约定金额的款项。该金额数通常为投标人报价总额的1%～5%不等。

(4) 维修保函。维修保函是指应承包方(申请人)的请求,向工程业主(受益人)保证,在工程质量不符合合同规定,承包方(申请人)又不能维修时,由银行按保函规定金额赔付工程业主。该款项通常为合同价款的5%～10%。

(5) 借款保函。借款保函是指银行应借款人要求向贷款方所做出的一种旨在保证借款人按照借款合约的规定,按期向贷款方归还所借款项本息的付款保证承诺。

(三) 信用证

1. 信用证的概念

信用证(Letter of Credit,L/C)是指由银行(开证行)根据(申请人的)要求和指示,在符合信用证条款的条件下,凭规定单据向第三者(受益人)或其指定方进行付款的书面文件。信用证是一种银行开立的有条件的承诺付款的书面文件。

2. 信用证的特点

(1) 信用证是一种银行信用。银行一旦开立信用证,即表明以其信用做付款保证,并处于第一付款人的地位。信用证结算方式以银行信用代替商业信用,解决了进出口商之间缺乏了解和信任的问题,还为进出口商提供资金融通,大大促进了国际贸易的发展。

(2) 信用证是一种自足文件。信用证以贸易合同为基础,但并不依附于贸易合同而存在。信用证一经开出,就成为独立于贸易合同之外的另一种契约,各当事人的责任与权利均以信用证为准。贸易合同只能约束进出口双方,而与信用证业务的其他当事人无关。开证行只对信用证负责,只凭完全符合信用证条款的单据付款。

(3) 信用证业务是一种纯粹的单据业务。在信用证方式下,银行凭单付款,即银行付款的依据是单证一致、单单一致,而不管货物是否与单证一致。所以,在信用证业务中,银行从事的是单据交易。

二、承诺类表外业务

(一) 贷款承诺

贷款承诺是指银行承诺在一定时期内或者某一时间按照约定条件提供贷款给借款人的协议,是一种承诺在未来某时刻进行的直接信贷,并有权向客户收取承诺费的一种授信服务。

1. 贷款承诺的种类

贷款承诺具有多种表现形式。根据做出承诺的条款和条件等要素,贷款承诺可以有不同的分类方法。

(1) 根据承诺方是否可以不受约束地随时撤销承诺,贷款承诺可分为可撤销贷款承诺和不可撤销贷款承诺。不可撤销贷款承诺具有法律约束力,在有效期内不经客户同意,银行不得自行撤销承诺。可撤销贷款承诺是银行表示与客户有共同合作意愿的书面文件,若客户没有达到银行要求,银行可以撤销该项承诺。可撤销贷款承诺没有法律上的约束力。

(2) 根据利率的变动特性,贷款承诺可以划分为固定利率承诺和变动利率承诺。前者是指承诺方必须以预先确定的利率向借款人提供信用。后者一般根据市场主导利率加上一个附加率来确定。

(3) 根据对贷款金额的使用情况,贷款承诺可分为定期贷款承诺、备用承诺和循环承诺。定期贷款承诺是指在承诺期内,借款人只能一次性全部或部分使用银行所承诺之贷款金额。备用承诺是指借款人可多次使用银行所承诺之贷款金额,并且剩余承诺在承诺期内仍然有效。循环承诺是指借款人可在承诺有效期内多次使用银行所承诺之贷款金额,并且可以反复使用偿还的贷款,只要借款人在某一时点所使用的贷款不超过全部承诺即可。

2. 贷款承诺的期限

备用承诺的承诺期一般不超过1年,定期贷款承诺和循环承诺一般3~5年。

(二) 票据发行便利

票据发行便利是一种具有法律约束力的中期周转性票据发行融资的承诺,银行与借款人签订协议,约定在未来的一段时间内,借款人根据具有法律约束力的融资承诺,由银行购买其连续发行的一系列短期票据并以最高利率成本在二级市场上全部出售。如果承购的短期票据不能以协议中约定的最高利率成本在二级市场全部出售,银行则必须自己购买这些未能售出的票据,或者向借款人提供等额银行贷款,银行为此每年收取一定费用。票据发行便利本质是借款人通过循环发行短期票据,达到中期融资的目的,一般发行的短期票据期限多为3个月或6个月,但银行承诺提供票据发行便利的期间长达5~7年。

票据发行便利的主要优点在于以下三个方面:

(1) 有利于分散风险。票据发行便利将传统的信贷风险由一家银行承担转为由多个投资者承担,投资者只承担短期信用风险,承购银行承担中长期风险,即投资者不愿购买继续发行的短期票据,银行必须履行提供贷款的义务。

(2) 为借款人提供稳定的资金来源。根据借款人与银行签订的协议,银行保证购买其未售出的短期票据,从而借款人获得了稳定、连续的资金来源。

(3) 为承购银行提供了稳定的收入。由于票据发行便利的承购银行在正常情况下并不贷出货币,而是在借款人需要资金时提供机制把发行的短期票据转售给其他投资人,并保证借款人能在约定时期内以同样方式获得短期循环资金。这样,承购银行无需动用自有资金就可以获得稳定的佣金收入。

(三) 回购协议

1. 回购协议的概念

回购协议是指证券持有人在卖出一定数量证券的同时与证券买入方签订协议,双方约定在将来某一日期由证券的出售方按约定的价格再将其出售的证券如数赎回。从表面上看,回购协议是一种证券买卖,但实际上是以一笔证券为质押品而进行的短期资金融通。

逆回购协议是指证券的买入方在获得证券的同时,与证券的卖方签订协议,双方约定在将来某一日期由证券的买方按约定的价格再将其购入的证券如数返还。

回购协议和逆回购协议是一个事物的两个方面,同一项交易,从证券提供者的角度看,是回购,从资金提供者的角度看,是逆回购,一项交易究竟被称为回购还是逆回购主要取决于站在哪一方的立场上。

2. 回购协议的特点

(1) 将资金的收益与流动性融为一体,提高了投资者的兴趣。投资者完全可以根据自己的资金安排,与借款者签订"隔日"或"连续合同"的回购协议,在保证资金可以随时收回的前提下,增加资金的收益。

(2) 增强了长期债券的变现性,避免了证券持有者因出售长期资产以变现而可能带来的损失。

(3) 具有较高的安全性。回购协议一般期限较短,并且又有100%的债券做抵押,所以,投资者可以根据资金市场行情变化,及时抽回资金,避免长期投资的风险。

(4) 较长期的回购协议可以用来套利,如银行以较低的利率用回购协议的方式取得资金,再以较高利率贷出,可以获得利差。

在美国,回购协议市场的利率一般以联邦储备资金拆借市场的利率为基准,但经常会略低一些。回购协议作为重要的短期资金融通方式,已越来越受到重视。

3. 银行回购协议借款原因

第一,回购协议借款是银行推行负债储备管理的有利工具之一,尤其是大银行喜好用回购协议调整储备金头寸。第二,回购协议所获借款无需缴纳准备金,这就降低了回购协议借款的实际成本。第三,由于回购协议下有政府债券等金融资产做担保,资金需求银行所付的利息稍低于同业拆借利率。第四,回购协议的期限弹性佳。回购协议的期限最短为1个营业日,有长达几个月的,最长不超过1年,而且双方可签订连续合同。在协议不产生异议的情况下,协议可自动展期。因此,回购协议为商业银行提供了一种比其他可控制负债工具更容易确定期限的工具。

第五节 其他类表外业务

商业银行的其他类表外业务主要是指衍生品交易业务。衍生品的得名是基于其基础资产或者说是从基础资产衍生而来。这些商品可以是商品大豆或石油,也可以是金融资产,如股票或债券。衍生品在经济中发挥着重要作用,衍生品市场能够为投资者和企业提供其他方式难以获得的风险分担、流动性和信息服务。

一、基本概念

衍生品一般分为金融衍生品和商品衍生品。金融衍生品是一种金融合约,其价值取决于一种或多种基础资产或指数,合约的基本种类包括远期、期货、掉期(互换)和期权。衍生产品还包括具有远期、期货、掉期(互换)和期权中一种或多种特征的混合金融工具。

二、商业银行衍生产品交易业务分类

(一) 按照交易目的

套期保值类衍生产品交易,即商业银行主动发起,为规避自有资产、负债的信用风险、市场风险或流动性风险而进行的衍生产品交易。此类交易需符合套期会计规定,并划入银行

账簿管理。

非套期保值类衍生产品交易,即套期保值类以外的衍生产品交易。它包括由客户发起,商业银行为满足客户需求提供的代客交易和商业银行为对冲前述交易相关风险或进行的交易;商业银行为承担做市义务持续提供市场买、卖双边价格,并按其报价与其他市场参与者进行的做市交易;以及商业银行主动发起,运用自有资金,根据对市场走势的判断,以获利为目的进行的自营交易。此类交易划入交易账簿管理。

(二) 按照开办资格

基础类资格只能从事套期保值类衍生产品交易;普通类资格除了基础类资格可以从事的衍生产品交易,还可以从事非套期保值类衍生产品交易。

(三) 按照交易价格变动的主导因素

金融市场根据市场功能或市场特性不同,可以划分为不同类型的金融交易市场,虽然金融交易价格都会受到利率和汇率因素的影响,但是,不同类型的金融交易市场或具体金融交易产品具有不同的交易价格变动主导因素,因此,以衍生产品交易价格变动主导因素划分,国内商业银行参与的衍生产品交易活动可以划分为以下三类。

1. 利率衍生产品

在资金交易市场上,金融产品交易不是通过现货交割方式进行,而是以远期、期货、掉期(互换)和期权的衍生合约方式确定交易条件和交割日期,引起资金市场利率变动的各种市场因素和金融产品收益水平变动的各种因素决定某一利率衍生合约的市场价值。

国内商业银行主要参与的利率衍生产品交易有利率掉期、远期利率协议和利率期权等。

2. 外汇衍生产品

在外汇市场上,不同货币之间的交易不是通过现货交割方式进行,而是以远期、期货、掉期(互换)和期权的衍生合约方式确定交易条件和交割日期,引起外汇市场汇率变动的各种市场因素决定外汇衍生合约的市场价值。

国内商业银行主要参与的外汇衍生产品交易有远期外汇买卖、外汇掉期、外汇期权和货币掉期等。

3. 其他衍生产品

在商业银行的债券投资、资产组合管理和理财业务中,一些债券交易、金融资产买卖不是通过现货交割方式进行,而是以远期、期货、掉期(互换)和期权的衍生合约方式确定交易条件和交割日期,或是以一些改变传统金融产品或风险资产组合未来现金流分配结构的结构金融交易产品实现,决定这类衍生合约或结构金融产品市场价值的主要因素是一些影响债务工具或后金融资产预期收益率变动的特定因素。此类衍生产品交易中,国内商业银行参与的主要有债券期权和信用违约掉期等。

专栏 7-2

远期利率协议业务的原理及应用

20世纪80年代后,国际金融市场利率变化无常、波动剧烈,商业银行经营风险加剧,对资产和负债的期限匹配提出了更严格的要求。一些信誉卓著的大银行开始尝试订立远期利率协议。由于它能巧妙利用交易双方因借贷地位不同等原因所致的利率定价分歧,免除了在交易成立之初即支付资金的不便,商业银行也可以实现在不扩大资金负债总额的情况下避免风险,免除因风险管理而带给资产负债表的进一步负担,随后迅速流行于国际金融市场。远期利率协议产生之初仅是单纯的风险管理工具,后来商业银行利用自身优势,承担起远期利率协议市场制造者和交易中介人的角色。

远期利率协议是一种远期金融合约,买卖交易双方商定将来一定时间段的协议利率并指定一种参照利率,在将来清算日按规定的期限和本金数额,由一方向另一方支付协议利率和届时参照利率之间利息差额的贴现金额。这种业务的实质是一种固定利率的远期贷款或远期借款,没有本金的支付,是一种表外的金融工具,是金融衍生交易,其基础工具是远期贷款或远期借款。根据英国银行家协会远期利率协议标准文件(FRABBA)进行交易,内容分ABCDEF六个部分。

远期利率协议建立在双方对未来一段时间利率的预测存在差异的基础上。通常,远期利率协议的买方预测未来一段时间内利率将上升,因此,希望现在就把利率水平确定在自己愿意支付的水平——协议利率上。如果未来利率上升,他将以从卖方获得的差额利息收入来弥补实际筹资所增加的利息费用;如果未来利率下降,他在实际投资中所减少的利息费用,将为支付给卖方的差额利息所抵销。但无论利率如何变化,都可实现固定未来利率水平的愿望。

对于商业银行来说,远期利率协议的定价由三个部分组成:一是远期利率,其高低主要取决于交易期限、币种和金额等条件和报价银行的市场活动能力,是整个定价的基础。二是启用费,其高低因报价银行实力和具体交易要求而起伏较大。三是利差收益,即商业银行从事远期利率协议交易所需获得的服务报酬,通常是25个基点。远期利率协议期限结算图,如图7-1所示。

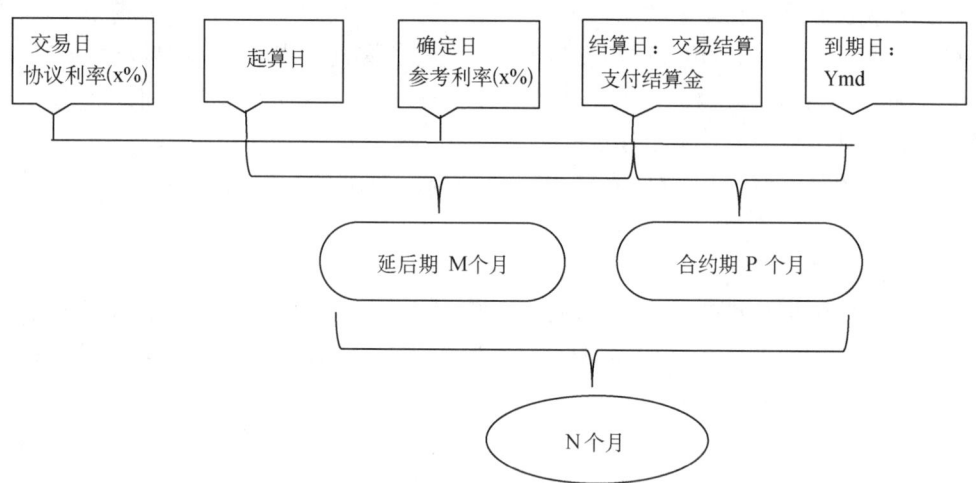

图7-1 远期利率协议期限结算图

例如,某银行预期在未来3个月内将借款100万美元,借款期限为6个月。假定该银行准备以伦敦同业拆借利率(LIBOR)获得资金。现在LIBOR利率为6%,希望筹资成本不高于6.5%,为了控制筹资成本,该银行与客户签署了一份远期利率协议。交易的客户担心未来利率会下降,希望资金利率为6%以上。最终协议约定的利率为6.25%,名义本金100万美元,协议期限为6个月,自现在起3个月内有效。这在市场上被称作"3—9"月远期利率协议,或简称为3×9远期利率协议。

协议规定,如果3个月有效期内市场的LIBOR高于6.25%,协议的"客户"方将向"银行"方提供补偿,补偿的金额为利率高于6.25%的6个月期限的利息。如果在3个月有效期内,利率低于6.25%,协议的"银行"方将向"客户"方提供补偿,补偿的金额则为利率低于6.25%的6个月期限的利息。如果在3个月有效期内规定利率正好为6.25%,则双方不必支付也得不到补偿。这样,无论在有效期内市场利率发生什么样的变化,双方都锁定了自己所需的利率。如果在有效期内,6个月期限的贷款利率涨到7%,"银行"方就可以从"客户"方获得3 750美元(0.75%×1 000 000×6/12)的补偿。这样,"银行"方在市场上虽然是以7%的利率借的资金,但是考虑到所得到的补偿,实际的利率被控制在6.25%的水平上。如果在有效期内,市场的利率没有达到6.25%的水平,只有5.75%,"客户"方就可以从"银行"方获得2 500美元(0.50%×100 000×6/12)的补偿。这样,"客户"方在市场上虽然是以5.75%的利率储蓄的,但是考虑到所得到的补偿,实际得到的利率仍然是6.25%。

资料来源:戴国强.商业银行经营学[M].高等教育出版社,2022.

思政案例

我国商业银行理财子公司积极转型

一、思政目标

围绕理财产品全面净值化落地施行,分析财富管理市场面临的新格局、新变化和新趋势,树立金融创新和风险意识,思考如何践行金融工作的政治性和人民性,为居民财富保值增值贡献力量。

二、案例内容

理财子公司是由商业银行作为控股股东发起设立,并经国务院银行业监督管理机构批准,主要从事理财业务,独立于母行,具有独立法人地位的非银行金融机构。

理财子公司成立条件包括:①具有符合《中华人民共和国公司法》和国务院银行业监督管理机构章程规定的章程;②具有符合规定条件的股东;③具有符合规定的最低注册资本(人民币10亿元);④具有符合任职资格条件的董事、高级管理人员,并具备充足的从事研究、投资、估值、风险管理等理财业务岗位的合格从业人员;⑤建立有效的公司治理、内部控制和风险管理体系,具备支持理财产品单独管理、单独建账和单独核算等业务管理的信息系统,具备保障信息系统有效安全运行的技术与措施;⑥具有与业务经营相适应的营业场所、安全防范措施和其他设施;⑦国务院银行业监督管理机构章程规定的其他审慎性条件。

理财子公司可以开展的业务包括公募理财、私募理财、理财顾问和咨询服务。银行理财子公司可以申请经营的部分或者全部业务包括:①面向不特定社会公众公开发行理财产品,对受托的投资者财产进行投资和管理;②面向合格投资者非公开发行理财产品,对受托的投资者财产进行投资和管理;③理财顾问和咨询服务;④经国务院银行业监督管理机构批准的其他业务。

自2018年5月《关于进一步明确规范金融机构资管业务指导意见有关事项的通知》和2018年12月《商业银行理财子公司管理办法》的颁布,以及2022年《关于规范金融机构资产管理业务的指导意见》(即"资管新规")正式施行以来,商业银行理财子公司净值型产品占比普遍提升至90%以上,银行理财正式迈入全面净值化、规范化发展时代。主要理财子公司的产品线覆盖现金管理类、固定收益类、混合类、权益类、另类资产等。据普益标准统计,截至2022年6月30日,理财子公司存续产品总量14 184只,其中,招银理财以1 465只位列理财公司榜首,占比达10.33%,工银理财、中银理财紧随其后。截至2023年6月末,理财子公司存续产品16 202只,存续产品规模206 652亿元。总体上看,子公司新发、存续产品数量集中度高,头部效应明显。

在全面净值化浪潮下,国内财富管理市场由重规模、重速度的财富管理时代向调结构、重质量的财富治理时代转变,优化资产配置能力、控制产品风险水平、科技赋能资产管理是财富管理新时代对银行理财子公司的要求。

其中转型较为成功的是信银理财有限责任公司,作为中信银行旗下全资理财子公司,成立于2020年7月,总部位于上海,由中信银行全资发起成立,注册资本金50亿元,具备净值型理财产品存续规模较大、营销渠道覆盖面广、运营管理团队完备、理财业务风险控制能力强、产品线覆盖客户多种产品类型和多种流动性需求的特点。公司致力于打造全面的"6+2"产品体系,涵盖货币、货币+、固收、固收+、混合、权益六大赛道以及项目、股权两条新赛道。截至2023年6月,信银理财总资产110.91亿元,理财存续产品规模为1.53万亿元;2022年平均收益率为2.19%,高于全市场的平均标准;2023年二季度末,信银理财"多彩象信颐分红五年封闭3号理财产品A类"净值年化增长率达5.79%,收益主要来源于QDII资管计划;同时,创新开展养老金融、财富传承、全权委托等场景化理财服务;在慈善理财方面推出"同富"系列慈善理财产品,截至2022年年末,达到12亿元规模;发行了第一只股权直投产品、首支参与国家级引导母基金产品,积极推动国家新兴产业升级,顺应国家政策导向。在普益标准《2022年度银行理财能力排行榜》中,该公司综合排名位居第二,矢志践行"服务实体经济,助力共同富裕"的企业使命,坚持做好"数字金融"的引领者、"区域经济"的建设者、"绿色双碳"的开拓者、"开放理财"的先行者、"共同富裕"的助力者,牢牢掌握中国人自己的财富管理命脉,为中国式现代化贡献中信红色金融力量。

资料来源:

1.《关于规范金融机构资产管理业务的指导意见》;

2.《商业银行理财子公司管理办法》;

3. 普益标准.银行理财能力排行报告.https://www.pystandard.com/newsview.aspx?t=17&Contentld=13280&page=1

4. 信银理财.https://www.citic_wealth.com

5. 南财理财通.2023年上半年银行理财产品实际运作报告.https://gym.sfccn.com

6. 陆宇航.银行理财子公司有望引领市场[N].金融时报,2022-08-09(006).

本章小结

1. 表外业务是指商业银行从事的,按照现行的会计准则不计入资产负债表内,不形成现实资产负债,但能够引起当期损益变动的业务。表外业务分为中介服务类、代理投融资服务类、担保承诺类和其他类等。

2. 中介服务类业务是指商业银行根据客户委托,提供中介服务、收取手续费的业务,主要包括代理收付、财务顾问、资产托管和保管业务等。

3. 代理投融资服务类业务是指商业银行根据客户委托,为客户提供投融资服务但不承担代偿责任、不承诺投资回报的表外业务,主要包括委托贷款、委托投资、代客非保本理财、代客交易、代理销售和承销债券等。

4. 担保承诺类业务包括担保类、承诺类等按照约定承担偿还责任的业务。担保类业务是指商业银行对第三方承担偿还责任的业务,主要包括银行承兑汇票、保函和信用证等。承诺类业务是指商业银行在未来某一日期按照事先约定的条件向客户提供约定的信用业务,主要包括贷款承诺、票据发行便利和回购协议等。

5. 其他类表外业务是指衍生品交易业务。金融衍生品是一种金融合约,其价值取决于一种或多种基础资产或指数,合约的基本种类包括远期、期货、掉期(互换)和期权。商业银行衍生产品交易业务主要有三种分类。

本章思维导图

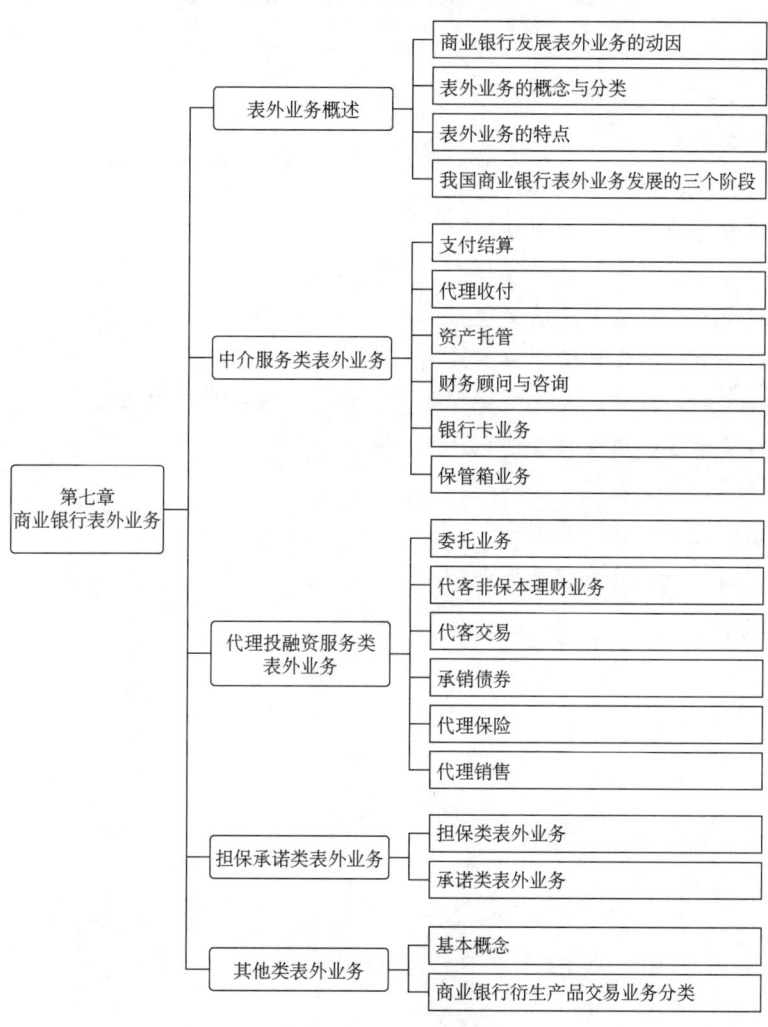

图 7-2 思维导图

思考题

1. 商业银行表外业务的概念与分类是什么？
2. 如何理解商业银行发展表外业务的动因？
3. 商业银行中介服务类表外业务有哪些？
4. 商业银行代理投融资类表外业务有哪些？
5. 商业银行委托投资业务发展的原因及存在的问题有哪些？
6. 如何理解商业银行理财业务的发展趋势？
7. 票据发行便利的定义与优点是什么？
8. 回购协议的定义与特点是什么？
9. 远期利率协议交易的定价原理是什么？

本章涉及的主要法律法规

《支付结算办法》
《中华人民共和国票据法》
《票据管理实施办法》
《人民币银行结算账户管理办法》
《商业银行表外业务风险管理办法》
《商业银行个人理财业务管理暂行办法》
《商业银行个人理财业务风险管理指引》
《关于规范金融机构资产管理业务的指导意见》
《关于进一步明确规范金融机构资管业务指导意见有关事项的通知》
《商业银行理财子公司管理办法》
《商业银行理财业务监督管理办法》
《标准化债权类资产认定规则》
《商业银行信用卡业务监督管理办法》

第八章 商业银行国际业务

本章学习目标

商业银行国际业务是指涉及非本国货币或境外客户的业务活动,主要有国际结算业务、外汇买卖业务和国际贸易融资业务。学生通过本章学习,应掌握商业银行国际结算业务的主要方式;熟悉信用证的业务流程;理解商业银行进行外汇买卖的动机;掌握基本的外汇交易方式;熟悉商业银行的国际贸易融资业务。

第一节 国际结算业务

一、国际结算概述

(一) 国际结算的概念

国际结算是指以货币清偿国际间债权债务关系的业务活动。由国际贸易及其从属费用引起的货币收付称为贸易结算;由贸易以外的往来,如侨民汇款、劳务供应、出国旅游、利润转移、资金调拨、政府间的政治与外交等引起的货币收付,称为非贸易结算。贸易结算是国际结算的主要内容。

(二) 国际结算的特征

与国内结算业务相比,国际结算具备以下几个特征。

1. 使用多种货币作为结算货币

国内结算使用本国货币为结算货币,而国际结算则使用多种可自由兑换货币,如美元、欧元和英镑等。

2. 适用的结算制度不同

国内结算遵循本国的结算制度,如我国商业银行开展的国内结算必须遵照中国人民银行或国家金融监督管理总局颁布的相关规定,而国际结算涉及不同国家的相关当事人,需要遵循双边或多边结算制度。经过长期的国际贸易实践,全球已经形成一系列有关国际结算的国际法规和国际惯例,如国际商会发布的《跟单信用证统一惯例》《托收统一规则》等。

3. 涉及跨国的银行间合作

国内结算由一家国内银行即可办理,而国际结算往往需要通过本国银行的海外分支机构或国外代理行的协助,才能完成国际结算业务。

二、国际结算的主要方式

商业银行国际结算的方式主要有汇款、托收和信用证三种。从资金与票据的流动方向是否一致来看,汇款属于顺汇,称为汇付法;托收和信用证则属于逆汇,称为出票法。

（一）汇款

汇款是指汇款人通过自己的往来银行使用各种支付工具,将款项交给收款人的结算方式。汇款业务一般有四个当事人:①付款方称为汇款人,即进口商;②收款方称为收款人,即出口商;③受汇款人委托,汇出款项的银行称为汇出行,即进口地银行;④受汇出行委托,解付汇款的银行称为汇入行,即出口地银行。

根据汇款过程中使用的工具不同,汇款又分为电汇、信汇和票汇。

1. 电汇

电汇是指汇出行接受汇款人委托,通过电报或电传通知汇入行向收款人解付汇款的方式。电汇具有收款快捷、资金安全的特点,但汇款人要负担较高的电报电传费用,因而,通常只在紧急情况下或者金额较大时适用。

2. 信汇

信汇是指汇出行接受汇款人委托,将信汇委托书以邮寄方式寄给汇入行并委托其向收款人解付汇款的方式。信汇费用较电汇低廉,但因邮递关系,收款时间较晚。信汇的基本业务流程与电汇大致相同,所不同的是汇出行应汇款人的申请,不用电报而以信汇委托书或支付委托书加其签章作为结算工具,邮寄给汇入行,委托后者凭以解付汇款。

3. 票汇

票汇是指汇出行接受汇款人委托,开立以汇入行为付款人的银行即期汇票,交由汇款人,由其自带出境或是直接寄送收款人,再由收款人持票向汇入行提取款项的结算方式。票汇与电汇、信汇的不同在于票汇的传送不通过银行,而由收款人持票向汇入行提示请求解付。

（二）托收

托收是指出口商开立汇票,委托出口地银行通过进口地代收银行向进口商收款的结算方式。托收涉及四个主要当事人:①委托人,是委托银行办理托收业务的一方,一般为出口商;②付款人,是银行根据托收指示书的指示提示单据的对象,一般为进口商;③托收行又称寄单行,是受委托人的委托办理托收的银行,通常为出口人所在地的银行;④代收行,是接受托收行委托,向付款人收款的银行,通常是托收行在付款人所在地的联行或代理行。根据托收时是否向银行提交货运单据,可分为光票托收和跟单托收。

1. 光票托收

光票托收是指不附任何货运单据,而只附有发票和垫付清单等非货运单据的托收。其多用于贸易的从属费用(样品费、佣金、代垫运费等)、货款尾数的结算以及非贸易结算等。

2. 跟单托收

跟单托收是指附有包括货运单据在内的商业单据的托收。根据交单条件的不同,跟单托收又可分为付款交单和承兑交单。付款交单又分即期付款交单和远期付款交单两种,其做法是:出口商以进口商付款为交单条件,即出口商在托收委托书中指示银行,只有当进口商付清货款后,才能向其交付货运单据。承兑交单是指出口商以进口商在远期汇票上承兑为交单条件,即进口商承兑汇票后,即可从银行取得货运单据。国际贸易结算中的托收业务以跟单托收为主。

托收虽然是通过银行办理,但银行只是转手交单的代理人,并不承担付款的责任。在使用托收方式时,是否付款完全由进口商决定,所以托收的结算基础仍是商业信用。

托收时,出口商的资金负担较重,但是因为有单据,有些银行愿意做押汇,出口商因此能获得融资。

(三) 信用证

1. 信用证的当事人

信用证涉及的基本当事人有:①开证申请人,是向银行申请开立信用证的人,即进口商或购货商;②开证行,是应申请人要求或者代表自己开出信用证的银行(一般是进口地银行);③受益人,是接受信用证并享受其利益的一方;④议付行,是愿意买入受益人交来的跟单汇票的银行,通常是受益人指定的银行,它对信用证受益人的付款有追索权;⑤付款行,是信用证上指定的付款银行,一般是开证行。根据需要还可能涉及的其他当事人有:⑥通知行,是应开证行的要求通知信用证的银行;⑦保兑行,是根据开证行的授权或要求对信用证加具保兑,在开证行承诺之外作出承付或议付相符交单的确定承诺的银行;⑧偿付行,是开证行的付款代理行,不负责审单,只是代替开证行偿还议付行垫款的第三国银行。

2. 信用证的种类

国际结算中使用的信用证可以根据不同的依据做出如下分类:

(1) 根据信用证项下汇票是否附有货运单据,可分为跟单信用证和光票信用证。跟单信用证,是指凭跟单汇票或代表物权的商业票据付款的信用证。国际贸易结算中使用的多为跟单信用证。光票信用证是指凭不附单据的汇票付款的信用证。

(2) 根据信用证付款要求的不同,可分为即期信用证、延期付款信用证、承兑信用证和议付信用证。即期信用证,是指开证行或付款行收到符合信用证条款的单据后,立即履行付款义务的信用证。延期付款信用证是指信用证规定货物装船后若干天付款,或开证行见单后若干天付款的信用证。承兑信用证是以开证行(银行承兑)或进口商(商业承兑)为远期汇票付款人,并由其承兑收单的信用证。议付信用证是包含议付条款的信用证,规定其他银行可以用与信用证规定完全相符的单据买入跟单汇票,然后按规定索偿票款及有关费用的信用证,即允许受益人向某一指定银行或任何银行交单议付的信用证。

(3) 根据受益人对信用证的权利是否可以转让,分为可转让信用证和不可转让信用证。可转让信用证是指在受益人的要求下,信用证的全部或部分可以转让给第二受益人的信用证。不可转让信用证是指受益人不能将信用证权利转让给他人的信用证。除非明确注明"可转让",否则即为不可转让信用证。

(4) 其他特殊信用证种类。对背信用证是指中间商要求进口商开立以他为受益人的信用证,并以该信用证为保证,要求银行向商品的实际供货商开立的信用证,主要在转口贸易结算中使用。循环信用证是指信用证被全部或部分使用后,恢复到原金额,可再使用的信用证,通常用于分批交货的长期合同结算。对开信用证,是指买卖双方互相开立信用证,第一张信用证的受益人就是第二张信用证的开证申请人,第一张信用证的开证申请人就是第二张信用证的受益人,通常使用于易货贸易的结算。预支信用证,是指允许出口商在装货交单前支取全部或部分货款的信用证,又称"红条款信用证"。

3. 信用证的业务流程

信用证因其种类不同,在业务程序上有所差异。以最常见的跟单信用证为例,基本业务流程如图 8-1 所示。

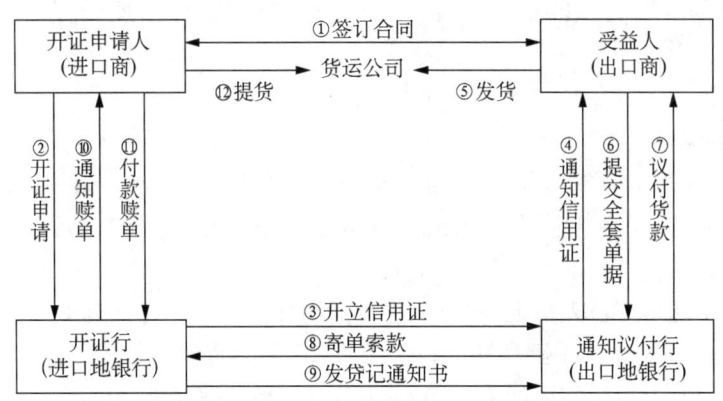

图 8-1 跟单信用证的基本业务流程图

(1) 进出口商双方应在购销合同中,明确规定采用信用证方式付款。

(2) 进口商向其所在地银行提出开证申请,填具开证申请书,并交纳一定的开证押金或提供其他保证,请银行(开证银行)向卖方开出信用证。

(3) 开证行按申请书的内容开立以出口商为受益人的信用证,并通过其在出口商所在地的代理行或往来行(统称通知行)将信用证通知出口商。

(4) 通知行核对印鉴或者密押无误后,将信用证交与出口商。

(5) 出口商审核信用证与合同相符后,按照合同要求将货物交货运公司运出,并取得各项货运单据,开出汇票。

(6) 出口商将汇票、货运单据及信用证条款要求的其他单据交给寄单行(往往是通知行)。

(7) 议付行按信用证条款审单无误后,垫付资金给出口商。

(8) 议付行将汇票和单据寄给开证行索偿。

(9) 开证行核对单据无误后付款,发贷记通知书给寄单行。

(10) 开证行通知进口商付款赎单。

(11) 进口商向开证行付款取得货运单据。

(12) 进口商凭货运单据向货运公司提货。

专栏 8-1

商业银行国际业务助力我国航空业发展

2023 年 7 月 24 日,中国银行业协会发布《中国贸易金融行业发展报告(2022—2023)》(下称《报告》)。《报告》指出,最近 5 年,我国银行业贸易金融业务实现结算业务逐年增长、融资业务稳定增长的良好发展态势。据不完全统计,2022 年,我国主要商业银行国际结算业务较 2021 年总体增幅 5.05%;国际贸易融资业务总量增长 5.69%。

随着近年来国民经济的不断发展和改革开放的逐渐深入,作为经济发展战略产业的民用航空业快速发展。特别是从 2010 年开始,我国民用航空开放加速,国内外航空企业迅速瞄准这一市场,开始争相分享发展红利。随着国外航空企业的不断进入,我国境内民航企业与国外航空公司、航空代理企业由于业务往来而产生的双边债权债务清算业务不断增加。

2022年8月24日,国内最大的三家航空公司——中国国航、中国东航和南方航空相继发布公告,同意购买空客A320NEO系列飞机。中国国航购买96架,基本价格为122.13亿美元;东方航空购买100架,基本价格为127.96亿美元;南方航空购买96架,基本价格为122.48亿美元。三大航共计购买292架空客飞机,订单总价约2 500亿元人民币。三大航空公司此次订购的飞机将于2023~2027年交付。因为是分年度,每年还分批次交付飞机,按照惯例,买飞机的钱不需要一次性支付,而是分期支付部分预付款,然后于每架飞机交付日再付清余款。

除了提供国际结算服务,为了更好地支持航空业的发展,商业银行还为我国航空公司专门打造专属飞机租赁融资方案。例如,当飞机制造商要求航空公司支付一定比例的预付款,中国工商银行可在航空公司提供银行认可的保证或其他担保的前提下,依据预付款的支付进度,通过提供贷款或开立付款保函等方式,为航空公司提供此阶段的融资服务。

资料来源:

[1] 中国银行业协会.中国贸易金融行业发展报告(2022—2023)[R].北京:中国银行协会贸易金融专业委员会2023年全体会员大会,2023.

[2] 王妙香.市场回暖 交付提速——全球通用飞机市场回顾与展望[J].大飞机,2023(7):8-12.

第二节　外汇买卖业务

外汇买卖是商业银行基本的国际业务,是商业银行将一种货币兑换成另一种货币的活动。国际性的大商业银行往往是外汇市场的主要交易者。商业银行从事外汇交易的原因主要在于:一方面,应客户需要进行贸易和非贸易外汇结算。另一方面,出于自身规避外汇敞口风险或是投机获利。下面介绍三种基本的外汇交易方式。

一、即期外汇交易

即期外汇交易又称现汇交易,是指交易双方以外汇市场上的即期汇率成交,并在2个营业日内办理交割的外汇交易。营业日是指两家清算国银行都营业的日期,如遇任一方的节假日则顺延。交割日又称起息日,是指进行资金交割的日期。例如,在2019年12月5日,纽约花旗银行与中国银行通过电话达成一项外汇买卖交易,成交汇率为USD1 = CNY7.0218,金额100万美元。当天,花旗银行将100万美元划入中国银行账户,而中国银行则将702.18万元人民币划入花旗银行账户,从而完成这笔交易。

在即期外汇交易中,提供交易价格(即期汇率)的一方称作报价者,通常是某家外汇银行,而其交易对手则被称为询价者,是指向报价行索价并按报价行所报即期汇率与报价行成交的其他商业银行或外汇经纪、进出口公司、个人以及中央银行等。即期外汇交易是外汇市场上最常见的交易方式,在国际贸易、国际投资等经营活动中满足客户的结算需要,在个人因公或因私出入境时满足客户对不同货币兑换的需求。

二、远期外汇交易

(一)远期外汇交易的概念

远期外汇交易又称期汇交易,是指交易双方签订合约成交后,在约定的日期进行交割的外汇交易。远期合约中对交易的币种、金额、汇率及未来交割时间做出预先规定,常见的远期外汇交割期限有1个月、2个月、3个月、6个月和1年。为方便起见,通常将在成交2个营业日以后的任何一个营业日办理交割的外汇交易都视为远期外汇交易。与即期外汇交易相比,远期外汇交易更具灵活性,在交割时间和交易价格等方面都可以由商业银行和交易对象商定。

(二)远期外汇交易的种类

根据交割日期的不同,远期外汇买卖分为固定交割日的期汇交易和选择交割日的期汇交易。固定交割日的期汇交易是指交易的交割日是确定的,交易双方必须在合约规定的交割日办理外汇的实际交割,不能提前也不能推迟,若任一方延期交割,则其必须向对方支付利息和罚金。选择交割日的期汇交易又称择期交易,是指远期交易没有固定的交割日,交易一方可以在约定期限内的任何一个营业日要求交易对象按约定的远期汇率进行交割的期汇交易。此类交易的交割日期具有较大的灵活性。

(三)远期外汇交易的动机

商业银行进行远期外汇交易是为了满足进出口商避免汇率波动风险的需求。在对外贸易中,进口商为避免汇率风险需提前买进到期支付的期汇;出口商为避免汇率风险也需要提前卖出到期收进的期汇。银行为保障本身资金安全,也需通过买进或卖出远期外汇实现套期保值,同时也可借此进行外汇投机。套期保值是指商业银行运用远期外汇交易,锁定未来交易的汇率水平,从而将汇率变动的风险转移出去。外汇投机是指商业银行基于对外汇汇率波动的预测,通过买卖外汇谋取汇差的行为。

三、掉期交易

(一)掉期交易的概念

掉期交易是指将金额相同、币种相同,但方向相反且交割期限不同的两笔或两笔以上的外汇交易结合起来进行的一种外汇交易方式,即买进某种外汇时,同时卖出金额相同的这种外汇,但买进和卖出的交割日期不同。

(二)掉期交易的种类

1. 即期对远期的掉期

即期对远期的掉期,是指买进或卖出某种即期外汇的同时,卖出或买进同种货币的远期外汇。这是掉期交易里最常见的一种形式。按交易主体不同又可分为两种:

(1)纯粹的掉期交易,是指交易只涉及两方,即所有外汇买卖都发生于银行与另一家银行或公司客户之间。

(2)分散的掉期交易,是指交易涉及三个参加者,即银行与一方进行即期交易的同时与另一方进行远期交易。

2. 远期对远期的掉期

远期对远期的掉期,是指买进并卖出两笔同种货币不同交割期的远期外汇。该交易又可分为两种方式:第一,买进较短交割期的远期外汇(如30天),卖出较长交割期的远期外汇(如90天);第二,买进期限较长的远期外汇,而卖出期限较短的远期外汇。

3. 一天掉期交易

一天掉期交易是指在相邻的两个营业日各做一笔交割,但方向相反。这种交易常见于银行同业的隔夜资金拆借。

(三) 掉期交易的特点

掉期交易的特点表现为：
(1) 买与卖是有意识地同时进行的。
(2) 买与卖的币种相同、金额相等。
(3) 买与卖的交割期限不相同。

掉期交易与即期交易和远期交易不同。即期与远期交易都是单一的，常被称为单一的外汇买卖，主要用于银行与客户的外汇交易之中。掉期交易的操作涉及即期交易与远期交易的同时进行，故称为复合的外汇买卖，主要用于银行同业之间的外汇交易。一些大公司也经常利用掉期交易进行套利活动。

掉期交易与套期保值亦有区别。首先，掉期交易的两笔交易是同时进行的，而套期保值是基于之前的一笔交易而后进行的。其次，掉期交易的两笔交易金额完全相同，而套期保值的金额可以不同。

随着金融衍生工具的发展，新的外汇交易方式不断涌现，如外汇期货交易、外汇期权交易以及外汇互换交易。

第三节 国际贸易融资业务

国际贸易融资业务是指商业银行为满足客户在进出口贸易中的融资需求而提供的服务。在进出口的各个环节，进出口商都可能需要银行的资金融通。国际贸易融资促进了进出口贸易的发展，也为商业银行拓展了业务范围并带来收益的增加。伴随国际贸易迅猛发展，作为促进进出口贸易的金融支持，国际贸易融资也不断推陈出新，常见的国际贸易融资方式介绍如下所述。

一、进口押汇

(一) 进口押汇的概念及种类

进口押汇是银行向进口商提供的一种资金融通，是指银行在进口信用证或进口代收项下，凭有效凭证和商业单据代进口商对外垫付进口款项的短期资金融通。进口押汇是为了满足进口商在进口信用证或进口代收项下的短期资金融通需求，按结算方式不同，分为进口信用证押汇和进口托收押汇。按押汇币种不同，可分为外币进口押汇和人民币进口押汇。按垫付资金来源不同，分为自有资金对外垫付和海外联行垫付(海外代付)。

(二) 进口押汇的适用条件

进口押汇适用于进口商面临以下两种情形：第一，进口商遇到临时资金周转困难，无法按时付款赎单。第二，进口商在付款前遇到新的投资机会，且预期收益率高于押汇利率。

以中国银行为例，具体申请条件是：依法核准登记，具有经年检的法人营业执照或其他足以证明其经营合法性和经营范围的有效证明文件；拥有贷款卡；拥有开户许可证，并在中国银行开立结算账户；具有进出口经营资格。

(三)进口押汇的业务流程

以进口信用证押汇为例说明其业务流程:开证银行接受开证申请人(进口商)委托对外签发进口信用证后,在收到议付行寄来跟单汇票及议付通知书时,经审单相符,即以货运单据为抵押,立即对外垫付进口货款及从属费用。开证申请人在开证时如已预交部分押金,银行在做进口押汇时,除将押金扣抵货款外,其余部分列作进口押汇,待开证申请人备款赎单时,再按规定利率和银行垫款天数清偿进口押汇本息。

二、出口押汇

(一)出口押汇的概念及种类

出口押汇是指出口商发运货物后,提交全套单据作为抵押,向银行办理资金融通的行为。

按押汇币种不同,出口押汇可分为外币出口押汇和人民币出口押汇。按结算方式不同,出口押汇分为出口托收押汇和出口信用证押汇。出口托收押汇是指采用托收结算方式的出口商在提交单据、委托银行代向进口商收取款项的同时,银行凭托收单据提供给出口商的短期资金融通,又可分为D/P托收押汇和D/A托收押汇。出口信用证押汇是指企业(信用证受益人)在向银行提交信用证下单据议付时,银行(议付行)根据企业的申请,凭企业提交的全套单证相符的单据作为质押进行审核,审核无误后,参照票面金额将款项垫付给企业,然后向开证行寄单索汇,并向企业收取押汇利息和银行费用并保留追索权的一种短期出口融资业务,又分为信用证项下单证相符押汇和信用证项下单证不符押汇。

(二)出口押汇的适用条件

出口押汇适用于出口商面临以下情形:第一,出口商流动资金有限,依靠快速的资金周转开展业务。第二,出口商在发货后、收款前遇到临时资金周转困难。第三,出口商在发货后、收款前遇到新的投资机会,且预期收益率高于押汇利率。

以中国银行为例,具体申请的基本条件是:依法核准登记,具有经年检的法人营业执照或其他足以证明其经营合法性和经营范围的有效证明文件;拥有贷款卡;拥有开户许可证,并在银行开立结算账户;具有进出口经营资格(国际融易达业务)。附加条件包括对于D/A托收押汇,出口商应在银行有授信额度,且客户信用等级需在CCC级以上(含)。

对于信用证项下单证不符押汇和D/P托收押汇,出口商应在银行有授信额度。如银行不可控制货权,客户信用等级还需在CC级(含)以上;如银行可控制货权的出口押汇,则不受客户信用等级的限制。对于信用证项下单证相符押汇,如不可占用金融机构授信额度,其准入条件等同于单证不符押汇;如可占用金融机构授信额度,则不受出口商客户信用等级及其他准入标准的限制。

(三)出口押汇的业务流程

出口商与进口商签订合约并据以发货后,出口商与出口地银行签订融资协议,并向银行提交出口单据及押汇申请书;银行经审核单据后,将押汇款项入出口商账户;出口地银行将单据寄往国外银行(信用证项下开证行或指定行,或托收项下代收行)进行索汇;国外银行收到单据后提示给信用证项下开证申请人,或托收项下付款人,要求其按时支付货款;国外银行到期向出口地银行付款,后者用以归还押汇款项。出口押汇的基本业务流程,如图8-2

所示。

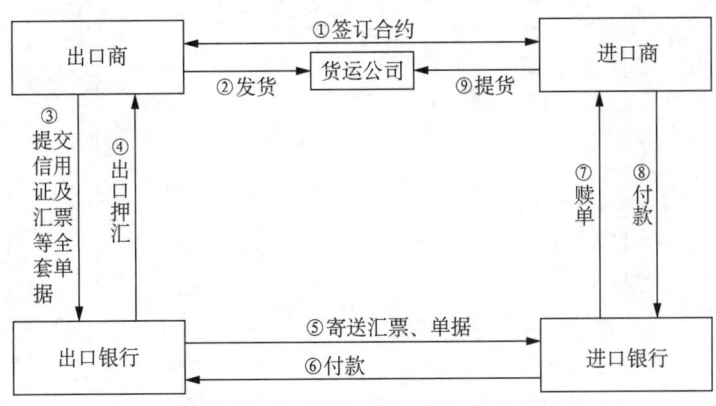

图 8-2　出口押汇的基本业务流程图

三、打包贷款

(一) 打包贷款的概念

打包贷款是指银行应信用证受益人(出口商)申请向其发放的用于信用证项下货物采购、生产和装运的专项贷款。之所以称为打包贷款,是因为这种贷款最初是向流动资金短缺的出口商提供包装所需费用。

(二) 打包贷款的业务特点

1. 扩大贸易机会

打包贷款是一种装船前的短期融资,在出口商自身资金紧缺而又无法争取到预付货款的支付条件时,帮助出口商顺利开展业务,把握贸易机会。

2. 减少资金占压

在生产、采购等备货阶段均不占用出口商的自有资金,可以缓解流动资金压力。

(三) 打包贷款的适用条件

出口商流动资金紧缺,而国外进口商不同意预付货款,但同意开立信用证,此时可以申请打包贷款。

以中国银行为例,打包贷款具体的申请条件是:依法核准登记,具有年检的法人营业执照或其他足以证明其经营合法性和经营范围的有效证明文件;拥有贷款卡;拥有开户许可证,在中国银行开立结算账户;具有进出口经营资格;在中国银行有授信额度。

(四) 打包贷款的业务流程

出口商与国外进口商签订贸易合同后,凭借进口地银行开立的信用证正本,向出口地银行申请打包放款。出口商与出口地银行签订融资协议,向该行提交打包贷款申请书、贸易合同、正本信用证及相关材料;银行经审核后将打包贷款款项入出口商账户;出口商使用打包贷款款项完成采购、生产和装运后,向银行提交信用证项下单据;出口地银行将单据寄往国外银行(开证行或指定行)进行索汇;国外银行到期向出口地行付款,后者用以归还打包贷款款项。打包放款的基本业务流程,如图 8-3 所示。

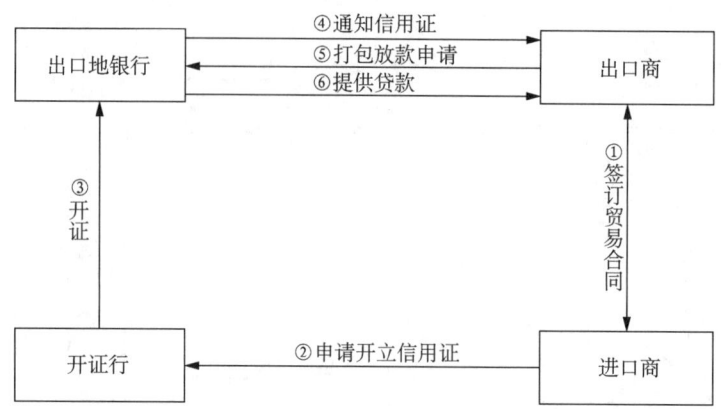

图 8-3 打包放款的基本业务流程图

出口商凭信用证正本从出口地银行获得短期资金融通,放款期限从贷款之日起到外销货款结汇日,一般不超过信用证的有效期。出口商借入打包贷款后,很快将货物装船运出,在取得各种单据并向进口商签发汇票后,向贷款银行叙做抵押贷款,贷款银行收下汇票和单据后,将以前的打包贷款改为出口押汇,此时打包贷款即告结束。

打包贷款以尚在打包中而暂时还未达到可以装运出口程度的货物为抵押品,若出口商不按规定履行职责,贷款银行有权处置抵押品。打包贷款的数额一般为不超过信用证金额的 80%。

四、福费廷

(一)福费廷的概念及种类

福费廷又称票据包买,是指商业银行无追索权地从出口商手中买断由于出口商品或劳务而产生的应收账款。它是国际贸易中一种特殊的融资方式,广泛应用于延期付款条件下的成套设备、机器、飞机和船舶等贸易。福费廷可以提供 1 年期以下的短期融资,也可以提供 3~5 年,甚至更长期限的中长期融资。

目前,银行的福费廷业务,根据其可接受的债权形式细分为以下几种形式。

1. 远期信用证项下福费廷

远期信用证项下福费廷是指银行应客户申请,在远期议付、远期承兑或延期付款信用证项下,无追索权买入经开证行承兑/承付的远期应收款项。

2. 即期信用证项下福费廷

即期信用证项下福费廷是指在即期议付信用证项下,银行指定议付行或信用证为自由议付,在严格审单、确保单证一致情况下,应客户要求买断开证行应付款项。

此外,还有承兑交单下银行保付福费廷、国内信用证项下福费廷、信保项下福费廷(无追索权融信达)等多种形式。

(二)福费廷的业务特点

福费廷对出口商无追索权,意味出口商将其面临的国家风险、买方信用风险、汇率风险和利率风险等全部转移给作为票据包买方的商业银行。所以,承做福费廷业务的商业银行特别关注进口商的资信,并往往要求由进口地一流银行做出担保。

福费廷业务不占用出口商授信额度,出口商在没有额度或授信额度不足的情况下,仍可从银行获得融资,并且最高可以获得100%的资金融通。根据我国外汇管理局规定,办理福费廷业务,出口商可以获得提前出口核销和退税,从而节约财务成本。

福费廷费用高于一般贴现。福费廷的费用包括贴现利息、宽限期贴息和承诺费,具体收费通过合同约定。贴现率一般以LIBOR利率为基准,在考虑进口国国家风险、开证行信用风险、贴现期限长短和金额的基础上加一定点数。从票据到期日到实际收款日的期限称为付款宽限期,包买商通常将宽限期计算在贴现期中,收取贴息。从出口商和包买商达成福费廷协议到票据实际买入日的时间为承诺期,在此期间,包买商要筹集资金,形成实际资金成本和机会成本,因此,要向出口商收取承诺费。一般每月收取1次,如果承诺期少于1个月,也可同贴现利息一并收取。

(三) 福费廷的适用条件

当出口商面临以下情况时,可以申请办理福费廷业务:出口商流动资金有限,需加快应收账款周转速度;出口商希望规避远期收款面临的信用风险、国家风险、利率风险和汇率风险;出口商授信额度不足,或没有授信额度;出口商希望获得提前出口退税和核销。

(四) 福费廷的业务流程

进出口商达成贸易意向,若决定采用福费廷,应事先与出口商所在地银行(福费廷代理人)做出约定,其后正式订立贸易合同,规定使用福费廷。

出口商向进口商签发远期汇票,汇票经进口商承兑,要求由进口商所在地银行担保,并且担保行的资信需经过福费廷代理人认可。

出口商备货发运后,将全套单据通过银行寄交进口商,并通过银行取得进口方承兑的由银行担保的汇票。

出口商取得经进口方承兑的并附有银行担保的远期汇票后,即可根据约定,由福费廷代理人无追索地贴现该汇票。

五、保理

(一) 保理的概念及当事人

保理全称保付代理,又称托收保付,是指保理商(银行)通过收购债权而向出口商提供信用保险或坏账担保、应收账款的代收或管理、贸易融资中至少两种业务的综合性金融服务业务,其核心内容是通过收购债权方式提供出口融资。

保理是贸易中以托收、赊销方式结算贷款时,出口方为了规避收款风险而采用的一种请求第三者(保理商)承担风险的做法。保理业务是一项集贸易融资、商业资信调查、应收账款管理及信用风险承担于一体的综合性金融服务。保理的下列服务项目中,保理商至少为客户提供其中的两项:

(1) 贸易融资。保理商可以根据卖方的资金需求,收到转让的应收账款后,立刻对卖方提供融资,协助卖方解决流动资金短缺问题。

(2) 销售分户账管理。保理商可以根据卖方的要求,定期向卖方提供应收账款的回收情况、逾期账款情况、账龄分析等,发送各类对账单,协助卖方进行销售管理。

(3) 应收账款的催收。保理商有专业人士从事追收,他们会根据应收账款逾期的时间采取有理、有力、有节的手段，协助卖方安全回收账款。

（4）信用风险控制与坏账担保。保理商可以根据卖方的需求为买方核定信用额度，对于卖方在信用额度内发货所产生的应收账款，保理商提供100%的坏账担保。

国际保理业务涉及出口商、出口保理人、进口商和进口保理人四个当事人。

（二）保理业务的种类

保理业务的运作有单保理和双保理两种方式，仅涉及进出口商一方保理商的称为单保理方式，涉及双方保理商的则称为双保理方式。

1. 单保理

单保理方式适用于进出口商所在国或地区其中一方没有保理商的情况下。当进出口双方商定采用保付代理后，出口商即向保理商提出申请，签订保付代理协议，并将需确定信用额度的进口商名单提交给保理商；保理商对进口商进行资信调查评估；在信用额度内签约发货后，将发票和货运单据直接寄交进口商；将发票副本送保理商，保理商负责催收账款；如果出口商在发货后、收款前有融资要求，保理商将在收到发票副本后以预付款方式提供不超过发票金额80%的无追索权短期货款融资；进口商在付款到期时将全部货款付给保理商，保理商再将全部货款扣除相关费用及预付货款后转入出口商的银行账户。

2. 双保理

双保理方式适用于进出口商双方所在国和地区都有保理商的情况。进出口商达成贸易意向后，出口商与本国的出口保理商签订保付代理合同，并向出口保理商提出确定进口商信用额度申请；出口保理商将需要核定信用额度的进口商名单提交给进口保理商；进口保理商对进口商进行信用调查评估，将确定的进口商信用额度通知出口保理商；出口保理商将进口商信用额度通知出口商，并承担进口商信用额度内100%的收取货款风险担保；出口商依据由保理商确定的进口商信用额度决定是否签约。

若决定签订贸易合同，出口商在信用额度内签约发货后，将发票和货运单据直接寄交进口商；将发票副本送出口保理商，出口保理商负责催收账款管理；如果出口商在发货后、收到货款前有融资要求，出口保理商将在收到发票副本后以预付款方式提供不超过发票金额80%的无追索权短期货款融资；出口保理商同时将应收账款清单提交给进口保理商，委托其协助催收货款；进口商在付款到期时将全部货款付给进口保理商，如果进口商在发票到期日90天后仍未付款，进口保理商做担保付款；进口保理商收款后，立即将全部款项转给出口保理商；出口保理商在扣除相关费用及预付货款后转入出口商的银行账户。只要进口商按原定合同及时付清货款，保理业务即告完成。进口商的信用额度在保理合同规定的期限内可循环使用。

六、出口信贷

（一）出口信贷的概念

出口信贷是指出口地银行在本国政府支持下，为支持本国产品的出口，增强国际竞争力，向本国出口商或外国进口商（或进口地银行）提供较市场利率略低的贷款的一种融资方式。

（二）出口信贷的种类

按贷款的对象不同，出口信贷可分为卖方信贷与买方信贷。

1. 卖方信贷

卖方信贷是指出口国为支持本国机电产品、成套设备、对外工程承包等资本性货物和服务的出口,由出口国银行给予出口商的中长期融资便利。贷款金额最高不超过出口成本的总值减去定金和企业自筹资金。出口卖方信贷的币种可以为人民币或美元。自签订借款合同之日起,至还清贷款本息日止,最长不超过10年(含宽限期)。出口卖方信贷的对象应是具有法人资格、经国家批准有权经营机电产品出口的进出口企业和生产企业。凡出口成套设备、船舶等及其他机电产品合同金额在50万美元以上,并采用1年以上延期付款方式的资金需求,均可申请使用出口卖方信贷贷款。

2. 买方信贷

买方信贷是指出口地银行通过向外国进口商或进口地银行提供优惠利率贷款而给予进口商的融资便利。若出口地银行直接向外国进口商提供贷款,称为企业买方信贷,通常需要进口地银行予以担保;若出口地银行直接将资金贷给进口地银行,再由后者将资金贷给进口商,称为银行买方信贷。商业银行开展买方信贷业务通常有两种做法:一是由出口地银行预先向进口地银行提供一个总的买方信贷额度,双方签署买方信贷总协议,明确总的信贷原则,待项目落实、需要使用时,再分别由进口商向银行申请贷款。二是事先并未签订买方信贷协议,而是在办理进口手续、签订进口商务合同时,由出口地银行和进口地银行签订相应的信贷协议。其中第一种形式更为常见。

卖方信贷与买方信贷各具特点。卖方信贷是由出口商所在地银行对出口商提供融资,从而进口商得以在贸易合同中采用延期付款的方式,缓解资金周转的困难。出口商向进口商提供的是商业信用。为此,出口商的报价包含了延期付款的利息及汇率变动损失。买方信贷涉及出口地银行与进口商之间或出口地银行与进口地银行之间的关系。出口地银行对他国进口商或进口地银行提供的是银行信用。对于进口商而言,买方信贷的成本相较卖方信贷要低;从信贷手续来看,卖方信贷更为简便。

■ 思政案例 ■

"一带一路"倡议下中国银行践行大行担当

一、思政目标

本案例围绕以振兴中华为己任的爱国意识教育,重点让学生理解商业银行面临复杂的贸易背景、产品结构、结算方式以及多样的贸易融资风险,必须创新发展国际贸易融资业务,创新一站式综合金融服务,以此推进我国进出口贸易的升级,最终推动我国经济发展。

二、案例内容

作为国际化与综合化程度最高的银行之一,中国银行一直将"一带一路"倡议作为国际业务发展的关键一步,为企业提供全方位、全流程、系统性金融支持,充分体现大行担当。

以国内某大型民营企业集团为例加以分析。该集团是中国民营500强企业,拥有服装、橡胶、机械、房地产和生物医药等五个产业板块。近年来,集团加快海外布局,深度参与东盟国家当地经济社会分工。在柬埔寨成立西哈努克港经济特区有限公司,负责开发、建设、服务西哈努克港这一中柬两国政府唯一认定的国家级经贸合作区;在泰国成立通用橡胶(泰国)有限公司,投产子午胎生产线。集团广泛参与"一带一路"产业链布局,金融需求始终贯穿海外项目的整个运转周期,离不开金融机构结算、融资、财务顾问、法律咨询、交易撮合等一揽子金融服务。

中国银行积极贯彻落实"一带一路"倡议,主动对接该集团各项金融需求,围绕集团海外投资项目所处的不同阶段,设计系统、全面的金融服务方案,主要包括结算类业务、融资类业务和资金管理类业务三个方面,为其提供高效优质的金融服务。

(一) 跟踪项目全流程,金融产品广覆盖

该集团投资生产建设项目具有周期长、资金密集和市场导向性强的特点,可细分为启动期、发展期和成熟期三个阶段。中国银行紧跟该企业集团海外项目进展,在不同阶段"量体裁衣",匹配适宜的金融产品;"循序渐进",丰富和完善产品种类;"发掘需求",进一步推进金融服务与产业链发展的契合度。

(二) 融资结算一揽子,服务方案综合化

中国银行从集团海外项目融资、结算和投资需求着手,发挥全球竞争优势,设计系统、全面的金融服务方案,降低海外公司的交易成本和融资成本,提高资金使用效率和效益,并助力集团总部实现对海外公司的高效管理,保证海外资产安全。

(三) 关注境内外政策,提供管家式服务

中国银行在持续关注"一带一路"政策、国家产业政策、外汇管理政策和税收政策的同时,关注集团海外公司所在国家当地财政、金融、税务和工商政策变化,境内外分行做到信息互通,保持对政策变化的敏感性,因地制宜、因时制宜为企业集团提供管家式金融服务,为解决海外公司经营困难出谋划策。

中国银行践行"一带一路"倡议下的大行担当体现在:一是从行业特征出发,开展针对性营销;二是结合客户实际需求,量身定制服务方案;三是结算、融资一体化,形成海内外资金交互闭环;四是加强售后回访,不断发掘、对接客户新需求;五是对国家宏观政策保持敏感性,积极发掘新的业务机会。

三、思考题

1. "一带一路"倡议为我国商业银行带来的机遇有哪些?
2. "一带一路"倡议下我国商业银行国际贸易融资业务发展的对策有哪些?

资料来源:

亚洲金融合作协会"一带一路"金融合作委员会.亚洲金融合作协会"一带一路"金融合作实践报告[R].北京:2023金融街论坛年会,2023.

本章小结

1. 国际结算业务是商业银行重要和传统的中间业务,程序复杂,但风险小、成本低、收益高。国际结算有三种基本方式,即汇款、托收和信用证。汇款属于顺汇,托收和信用证属于逆汇。

2. 外汇交易是商业银行重要和基本的国际业务。商业银行开展外汇交易既有自身的需要,也有满足客户需要的原因。外汇交易方式随着金融衍生工具的发展不断推陈出新,其中基本的外汇交易方式是即期外汇交易、远期外汇交易和掉期交易。

3. 国际贸易融资在商业银行的国际业务中占据重要地位,常见的国际贸易融资方式包括进口押汇、出口押汇、打包贷款、福费廷、保理以及出口信贷等。

本章思维导图

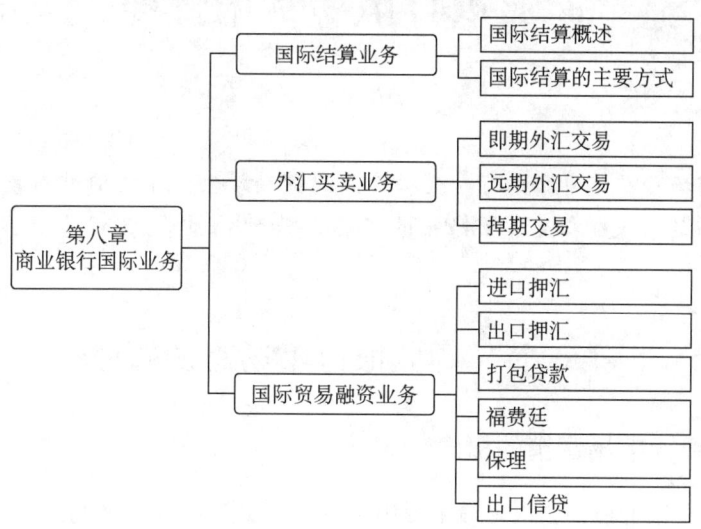

图 8-4　思维导图

思 考 题

1. 国际结算的主要方式有哪些？
2. 信用证结算方式有何特点？
3. 商业银行外汇交易发展的原因有哪些？
4. 商业银行国际贸易融资有哪些主要形式？
5. 进出口押汇的具体业务流程是怎样的？
6. 福费廷业务与普通票据贴现有何区别？
7. 国际保理的基本业务流程是怎样的？

本章涉及的主要法律法规

《跟单信用证统一惯例》(UCP600)

第九章 商业银行市场营销管理

本章 学习目标

商业银行市场营销是商业银行对金融产品的营销活动。学生通过本章学习,应理解商业银行市场营销的含义;掌握商业银行的产品定价营销策略、产品营销策略和产品分销策略。

第一节 商业银行市场营销概述

一、商业银行市场营销的概念

1958年,全美银行协会会议上最早提出了"银行营销"的概念,但直到20世纪70年代,人们才真正意识到营销在金融机构中的重要作用,从而开始步入以银行营销为中心的银行经营管理。

1972年8月,英国的《银行家》杂志把银行营销定义为:"指把可盈利的银行服务引向经过选择的客户的一种管理活动"。相较工商企业的市场营销,商业银行市场营销本质上是一种服务营销,其活动的标的、主客体、目的要求以及实现方式都有其自身的特点。服务营销是企业在充分认识消费者需求的前提下,为充分满足消费者需要在营销过程中所采取的一系列活动。

营销大师菲利普·科特勒对金融营销的阐述为:"金融营销是指金融机构以市场需求为核心,各金融机构采取整体营销的行为,通过交换、创造和销售满足人民需求的金融产品与服务价值,建立、维护和发展与各方面的关系,以实现各自利益的一种经营活动。"

综上所述,本书认为,商业银行市场营销是商业银行在现代市场营销观念的指导下,以盈利为目标,利用自身资源优势不断创新,并运用综合的市场营销手段,把银行金融产品和金融服务销售给客户,以满足客户需求的一系列管理活动。

二、商业银行开展市场营销的动因

目前,商业银行的市场营销已经从过去的以银行为中心转变为以客户为中心,从过去的被动等客上门转变为主动寻找客户,实现了商业银行传统经营观念的转变。其中的原因可以从以下三个方面来看。

(一)市场需求发生变化

开展市场营销是市场需求变化的需要。随着经济的发展,人们的收入及消费水平不断提升,金融理念也随之不断增强,对金融产品和服务呈现出多样化的需求态势。银行客户要求享受存、贷、汇兑、结算、理财等全方位、深层次的金融服务,他们希望在理财咨询、投资顾问、投资组合、融资方案设计和信息咨询等方面,享受更加方便、快捷、优质和高效的服务。这种变化对银行的经营提出了更高的要求,银行必须掌握客户需求的变化,重视市场调研,分析市场机会,选准市场定位,根据客户的不同需求提供个性化、特色明显的金融产品及服务,并要努力拓展销售渠道以实现银行的经营目标。而这些要求必须借助于科学的市场营销理念与其营销策略的实施,才能得到满足。总之,客户需求的变化是银行营销发展的外在动力。

(二)银行业竞争日趋加剧

金融同业竞争的加剧是银行营销的内在动力。随着金融管制的放松与金融业务的发展,银行的数量不断增加,而各家银行都努力朝综合型、多功能型金融企业的方向发展。为了在众多的银行中独树一帜,各银行不得不大力开展营销活动,争取更大的市场份额。就我国而言,银行业日益呈现多元化的竞争格局。首先,国内银行市场被国有控股大型商业银行所垄断的格局已被打破,全国性或跨区域的中小银行的主力军,如招商银行、中信实业银行、中国光大银行和平安银行等股份制银行正占据着越来越多的市场份额。其次,证券公司、信托公司、保险公司等非银行金融机构提供了类似于银行的融资服务。这对传统银行业也形成了一定的冲击。最后,随着我国"入世"后金融业对外开放程度不断加深,外资金融机构纷纷进入中国。外资银行有丰富的国际金融业务经验,有先进的管理理念、优质的服务等优势。这无疑会对中国金融业产生深远的影响,中资、外资商业银行间的营销大战是不可避免的。

(三)金融科技进步助力商业银行开展市场营销

金融科技特别是大数据、云计算和5G通信等技术的迅猛发展和广泛应用,为商业银行开展市场营销工作奠定了坚实的技术基础,促进了银行营销科技含量迅速提高。电子化营销尤其是大数据营销等手段越来越成为商业银行营销的主要手段。同时,电子通信和网络技术的广泛应用也改变了商业银行传统的存、贷业务范围,为其迅速增加服务品种、拓宽服务领域、扩大营销范围提供了广阔的天地,使其更具条件参与市场竞争,积极开拓目标市场,不断扩大盈利空间。

第二节 商业银行的市场营销策略

一、商业银行的产品定价营销策略

(一)撇脂定价策略

撇脂定价策略是指金融产品刚进入市场时,可利用较高的产品价格尽可能多地获取收益,而当市场竞争变得激烈时,便适当降价以扩大销售量的定价策略。这犹如从鲜奶中层层撇取奶脂,故而得名。该策略的优点是可以使金融企业在较短时间内实现其利润目标,及早收回投资,减少经营风险。

撇脂定价策略可分为快速撇脂和缓慢撇脂两种定价方法。前者指高价格配以大规模广告宣传等强有力的促销活动。后者指高价格结合限量销售。金融产品没有专利可言,产品会在短时间内为竞争者所仿制,因而,对其采取适宜的撇脂定价方法是可行的,但长期采用此种策略则不合实际。

(二) 渗透定价策略

渗透定价策略是指银行先以较低价格出售产品以迅速打开销路,扩大市场份额后,再相应地提高产品价格,从而保持一定的盈利性的定价策略。由于金融产品一开始的定价比较低,主要是通过提高产品销量来实现经营目标,因而又称薄利多销定价法。该策略的优点是有利于银行缩短金融产品投入市场的时间,尽快打开销路,争取到更多客户。同时,低价也可以较为有效地排斥竞争者挤入市场,从而使银行长时间地占领市场,形成规模经营,降低成本。其缺点是投资回收期较长,价格调整的空间较小。

银行实施渗透定价策略的目的是获取市场份额,谋求长期利益。银行实施该策略后,由于市场占有率提高,逐步形成了规模经营,有利于降低成本,增强市场竞争力。

(三) 细分定价策略

细分定价策略是指银行把客户、产品形式和地域等细分后进行区别定价,据此优化自己的客户群,以实现利润最大化的定价策略。其细分的主要方法包括:

(1) 客户细分定价法。即银行为不同的客户提供同一种服务,不同的客户要支付不同的价格或在同一价格下享受不同的配套服务。

(2) 形式细分定价法。即对于同类金融产品,由于其具体形式不同,银行为客户所提供的服务不同,产品成本也就存在着很大差异,银行应制定不同的产品价格。目前,这一定价策略获得了广泛应用,因为,对不同形式的产品确定相应的价格可以更好地适应不同客户的需求。

(3) 地域细分定价法。国际银行采用该方法比较多,因为在不同的国家和地区,由于货币市场环境的不同,固定成本和可变成本的差异,跨国银行所提供的同一产品价格会不同,服务费用也会有很大的差异。

(四) 组合定价策略

组合定价策略是指银行将一系列产品或服务综合考虑,根据若干种金融产品的总成本制定一个总的目标价格,以实现各种组合产品在总体上获利的定价策略。该定价策略只核算总成本,而不核算单项产品或服务的成本,最后用成本低的产品或服务去补偿成本高的产品或服务,用收益高的产品或服务去弥补收益低的产品或服务,从而实现组合产品在总体上盈利。具体而言,银行可以价格低廉的产品与服务为纽带吸引客户,与他们建立起良好关系,从而向其促销边际收益较高的产品与服务。由于该策略有利于提高银行声誉,扩大银行在客户中的影响,增强银行竞争力,因而获得了广泛推崇。

(五) 折扣定价策略

折扣定价策略是指银行为了调动客户的购买积极性而少收一定比例的产品货款或服务费用,从而降低客户的成本支出,提高产品的竞争力,扩大销售量的定价策略。折扣定价方法主要包括:①现金折扣,是指银行对按约定日期或提前付款的客户给予一定的价格优惠。②数量折扣,是指银行对购买产品达到一定数量或金额的客户给予一定的优惠。一般购买数量或金额越大,数量折扣也就越大,从而鼓励客户增加购买量。③时间折扣,是指银行根据不同的季节时间制定不同的产品价格,从而平衡旺淡两季,促进产品销售。

二、商业银行的产品营销策略

(一) 商业银行的差异化营销策略

差异化营销所追求的差异是产品的不完全替代性,即银行凭借自身的技术优势和管理优势,实现产品差异化、服务差异化或是形象差异化。

1. 产品差异化

产品差异化是指银行提供的金融产品区别于竞争对手。例如,在信用卡产品和服务中,交通银行信用卡可以为持卡客户提供机场贵宾体验、增值保险、海外紧急救援、道路紧急救援、联名优惠、高尔夫球场礼遇和医疗服务等特色服务。

2. 服务差异化

除了产品差异,银行还可以展示其与产品有关的服务不同于竞争对手,尤其是在难以实现产品差异化时,服务的数量与质量就成为竞争胜出的关键。一些银行靠速度、便利或细心的服务来取得竞争优势。例如,中国建设银行推行"劳动者港湾"服务,为环卫工人、出租车司机、交通警察、城管人员和快递员等户外劳动者,以及老弱病残孕等需要特殊关爱的群体提供饮水、休息和应急等服务,赢得了客户的好评。

3. 形象差异化

形象差异化是指通过塑造与竞争对手不同的产品、企业和品牌形象来取得竞争优势。当今世界上所有著名的大公司和品牌产品都在企业形象策略的运用上取得了卓越成就,形象设计无疑也是金融机构越来越重要的竞争手段,商业银行形象是一个整体概念,由理念形象、行为形象和视觉形象三部分组成。理念是核心,行为是主体,视觉是外表形式。形象设计要从视觉入手,重点放在理念与行为形象设计上,并使三者构成一个有机的整体。往往最简单的形象,即一个符号或者颜色,都有很强的视觉冲击力。例如,交通银行以深蓝色为主基调,寓意稳重,象征交通银行像大海一样博大精深,踏实可靠。

(二) 商业银行的品牌营销策略

品牌营销是通过市场营销使客户形成对银行品牌和产品的认知过程。银行要想不断获得和保持竞争优势,必须构建高品位的营销理念。品牌策略有以下四种。

1. 产品系列扩展策略

产品系列扩展策略是指将已有品牌名称扩展到已有产品种类的新形式、新规格和新风格中的策略。这是一种低成本、低风险的方法,用来推销新产品以满足顾客新的需求。以银行信用卡为例,我国银行早年发行的基本是普通的低端产品。随着对市场认识的加深,以及市场细分的需要,逐渐将产品向上端延伸,发行面向高收入阶层的高端产品,如钻石卡、白金卡和金卡等,从而向上拓展了产品系列。

2. 品牌扩展策略

品牌扩展策略是指将已有品牌扩展到新的产品种类中的策略。扩展品牌有许多优点。一个有口皆碑的品牌往往能帮助银行更加顺利地涉足新的产品种类,并能促使顾客更快地确认和接受新产品。例如,交通银行将其理财子公司命名为交银理财有限责任公司,旗下基金命名为交银施罗德基金管理有限公司,就是利用交通银行原有的品牌价值,来达到尽快被市场接受的目的。新产品都采用交银品牌,可以立即取得市场对这些新产品的高质量认同,还节约了为使客户熟悉一种新品牌所需的高额广告费用。

但值得注意的是,品牌扩展也有风险。如果品牌扩展产品失败,可能会破坏消费者对同一品牌其他产品的印象。即使一个品牌设计得非常好,非常令人满意,也有可能并不适合某种新产品。此外,一种品牌如果过分使用,便会失去在顾客心目中的具体定位。因此,当商业银行要利用品牌名称时,必须清楚地知道已有品牌与新产品的联系程度,确保两者之间高度相关。

3. 多个品牌策略

多个品牌策略是指在同一类产品中推出新的品牌名称的策略。它为建立不同的产品特色和迎合不同的购买需求提供了一条途径。例如,中国建设银行近年来推出服务于民生领域的核心品牌——"民本通达"。该品牌的推广遵循"针对客户群体需求、功能齐全"的原则,下设五个子品牌——教育惠民、医疗健民、社保安民、环保益民和文化悦民。建立多种品牌,能以建立侧翼品牌的方式来保护主打品牌。有时,商业银行在收购某一竞争机构的过程中继承了不同的品牌名称,并且每一种品牌都有一些忠实的拥护者,要维持既有市场就需要多品牌策略。多品牌的一大缺点是每种品牌可能只获得一小块市场份额,而且每一种利润都不高。

4. 新品牌策略

新品牌策略是指在新产品种类中建立新品牌名称的策略。当银行现有品牌没有一个合适时,则可建立一个新的品牌名称。或者认为既有品牌的影响力正在逐渐丧失,需要一个新的品牌来替代。最后,银行通过收购也会为新产品获取新品牌。但不可否认的是,太多的新品牌也会导致银行资源的过度分散。

专栏 9-1

我国商业银行构建智慧营销新格局

数字化转型背景下,金融科技革命不断重塑银行业态。大数据、云计算和人工智能等新技术在银行业务中得到广泛使用,银行综合服务水平得以不断提升。

一、智慧营销的内涵

智慧营销是指利用智能化科技手段,通过大数据分析和精准定位,将产品或服务精准推送给潜在客户,实现销售的一种营销方式。智慧营销在社交网络、搜索引擎和移动设备等多维度媒体途径下直接与用户建立关系,通过对大数据的挖掘、分析和整合,对目标客户在年龄、性别、地域和兴趣等方面进行精准画像,从而进行市场细分和精准营销。

2022年3月4日,监管机构发布了《关于加强新市民金融服务工作的通知》,要求银行保险机构要重视做好进城农民等新市民金融服务,围绕进城农民在创业、就业、住房、教育、医疗和养老等方面的金融需求,在银行信贷投放和保险保障力度上做好金融服务。

新市民金融服务的着力点应更加全面,从存款、贷款、汇兑、转账、信用卡、理财和信息咨询等综合金融服务拓展至子女教育、医疗养老等多个细分场景。

二、商业银行智慧营销现状

目前,国内大部分商业银行都开始推行使用互联网大数据技术从理财思维、风险承担能力、收益注重程度等多方面、多维度对客户进行画像分析,建立起关于自身银行客户的客户贡献度、活跃度、价值潜力、客户流失和产品分析等一系列深度模型和适配金融方案,为不同类别、不同标签的客户开展合适的金融服务业务,不断提升银行留客率和吸客率,进而提高商业银行收益。

强化智慧营销是推动数字化转型的重要切入点。2013年,民生银行成立直销银行部,2015年,我国第一家具有法人资质的直销银行——百信银行诞生。截至2020年,以直销银行模式或类似经营形态的银行已经超过136家,成为银行数字化转型发展的关键利器,这也让银行业互联网化客户和产品经营的积极尝试获得了显著效果。

2020年,中国工商银行在北京发布"第一个人金融银行战略"品牌体系,提升个人金融服务的品牌价值和客户体验;中信银行零售业务发展以"打造客户首选的财富管理主办行"为雄心,让有温度的服务陪伴客户全旅程体验;招商银行则致力于打造"最佳客户体验银行"。各大银行无不重视客户体验,让客户经营成为银行未来发展的重中之重。智慧营销策略已经成为目前各商业银行的未来发展趋势。

资料来源:
［1］刘飞雨,占晶晶,梁悦.商业银行智慧营销策略探讨[J].产业创业研究,2023(9):136-138.
［2］中国农业银行福建省分行课题组.商业银行智慧营销的实践探索[J].农银学刊,2022(2):40-43.

三、商业银行的产品分销策略

商业银行制定和实施分销策略,目的是要通过建立最佳的分销渠道,将金融产品销售出去。分销渠道是指金融产品或服务从银行流向消费领域所经过的市场通道。面对日益激烈的市场竞争,商业银行可以通过扩展分销渠道来提升其竞争能力和市场占有率。分销渠道的拓展通常有以下几种方式。

(一) 分销渠道的自设

商业银行建立自己掌控的销售网络,包括建立分支机构、ATM等有形网络,以及电子金融虚拟网络,扩大直销范围并增加推销人员。这种策略适用于市场空间大、资金实力强的银行。此类渠道管理属于内部管理,成本较低、风险易控,是商业银行主要的渠道扩张方式。

近年来,网络及信息技术的快速发展,为商业银行带来了从服务模式到经营理念的革命性变化,即银行可以利用包括互联网、智能手机等在内的新型媒体,提供全天候金融服务,从而突破以往时间和区域的概念。因此,开发并不断完善电子营销渠道,以此挖掘客户、拓展市场份额,成为商业银行渠道营销的新战略。

(二) 分销渠道的代理

分销渠道的代理主要包括寻求更多的代理机构和更多的特约商户。由于代理机构可能和若干家银行建立代理关系,因而,代理机构的业务积极性和代理品质成为银行需要关注的问题。又如,各家银行将信贷员制变为客户经理制,由固定工资的内部关系变为提取佣金的代理关系。

(三) 分销渠道的并购

分销渠道的并购是商业银行拓展分销渠道最为快捷有效的方式。该方式可以分为以下三种类型。

1. 并购各类代理机构

商业银行通过并购代理机构,使其仅经营本企业的产品和服务。例如,2003 年 7 月,美国花旗集团以 30 亿美元收购美国的零售连锁店西尔斯的信用卡部门,后者是美国第八大信用卡机构。花旗集团因为自身杰出的金融创新以及风险管理能力,在信用卡业界长期保持领导地位。花旗集团通过收购,利用西尔斯遍布全美的商店与网络,更加广泛地开发促销渠道,进一步巩固了自身在银行卡业的领导地位。此外,花旗集团在推销信用卡产品的同时,通过交叉营销可以推销其他金融产品给持卡人,如个人消费贷款等。

2. 商业银行之间的同业并购

对商业银行而言,商业银行之间的同业并购已成为扩大零售网络的有效手段,同时有助于其增强企业实力,节省经营费用。商业银行与其分销渠道之间一般有着长期密切的合作关系,因此,贸然进入一个新市场并想取得较大市场份额是相当困难的。直接建立自己的分销渠道则需要巨额投资,尤其在跨国经营中,还会遇到语言、文化和消费者偏好等方面的障碍,收效更是缓慢。因此,并购不失为一种快捷有效的办法,金融企业通过并购,可以充分利用被并购公司的分销渠道和市场份额,从而大幅度减少发展过程中的不确定性,降低风险和成本。

3. 商业银行、保险公司和证券公司之间的跨业并购

商业银行、保险公司和证券公司之间的跨业并购,其主要目的既是扩大分销网络,又是扩大业务范围。近年来,我国银行入股保险公司或是证券公司的步伐加快。2010 年 1 月,交通银行取得交银康联人寿 51% 的股权;2015 年 6 月,再收购华英证券 33.3% 的股权;2010 年 10 月,工商银行入股金盛人寿;2010 年 12 月,建设银行以 51% 的股权控股合资寿险公司太平洋安泰人寿。银行入股保险公司或证券公司,进入新的经营领域,有利于扩展交叉营销的产品范围和渠道,增加新的盈利来源。

(四)分销渠道的联合

分销渠道的联合是指商业银行各自根据自身的优势,彼此间相互提供服务,以提高自己的业务拓展能力。这一方式在渠道拓展中的作用表现为:①不必投入大量人力物力,而是借助合作伙伴的分销渠道来拓展业务;②具有更大的灵活性和选择空间,风险性要小于并购;③可以突破政策限制,实现跨地区和跨国业务发展。目前,这种分销渠道的联合已日益成为金融企业开展跨国经营的重要拓展策略。

思政案例

中信银行借力数据仓库赋能信用卡大数据营销

一、思政目标

本案例围绕以金融科技创新为核心的科技报国教育展开,重点让学生理解金融科技在银行营销管理中的重要性,强化学生对金融科技的理解,培养学生金融创新意识,提高学生对金融科技的认知水平。

二、案例内容

如何有效地管理和利用不断增长的客户数据,提高业务竞争力,是当前银行业的数据仓库应用最大的挑战。中信银行信用卡中心采用 Greenplum 数据仓库解决方案，在国内银行业率先实现了接近实时的商业智能和秒级营销。

近年来，中信银行信用卡中心的发卡量迅速增长，2010 年银行向消费者发卡约 1 000 万张。随着业务的迅猛增长，业务数据规模也线性膨胀。中信银行信用卡中心无论在数据存储、系统维护等方面，还是在有效地利用客户数据方面，都面临着越来越大的压力，迫切需要一个可扩展、高性能的数据仓库解决方案，提升卡中心的业务效率，改进和推动有针对性的营销活动。

从 2010 年 4 月到 2011 年 5 月，中信银行信用卡中心实施了 EMC Greenplum 数据仓库解决方案，可以从交易、服务、风险和权益等多个层面分析数据。通过提供全面的客户数据，中信银行信用卡中心实现了近似实时的商业智能（BI）和秒级营销，运营效率得到全面提升。2011 年，中信银行信用卡中心通过其数据库营销平台进行了 1 286 个宣传活动，每个营销活动配置平均时间从 2 周缩短到 2~3 天。前三个季度，中信银行信用卡中心交易量增加 65%，比股份制商业银行的平均水平高 14%，比中国所有银行的平均值高 4%。

以前的信用额度调整只能在每月或每季度的基础上进行，而通过使用 Greenplum 数据库解决方案中提供的数据，风险管理部门现在可以每天评估客户的行为，并决定对客户的信用额度在同一天进行调整。使用从 Greenplum 数据库解决方案提取的数据，中信银行信用卡中心两年内已为客户进行了 4 000 万次的信用额度调整。中信卡中心催收管理团队使用了基于数据仓库的 FICO TRIAD 系统后，信用卡不良贷款比率同比减少了 0.76%。

Greenplum 数据库解决方案与银行所使用的硬件、应用程序和数据源实现了有效集成。基于 Greenplum 解决方案提供的水平扩展功能，中信银行信用卡中心可以在需要的时候比较容易地添加模块化设备集群，以确保现有资源的优化，从而降低初始成本支出。据估算，Greenplum 解决方案使中信银行信用卡中心在初始成本支出方面节省了上千万元。

此外，Greenplum 解决方案通过把数据集中在一个统一的平台，极大地减少了系统维护的工作量。基于 Greenplum 解决方案在系统维护的便捷简单，中信银行信用卡中心每年减少了大约 500 万元的数据库维护成本，有助于减少解决方案的总营销成本。

三、思考题

1. 商业银行金融科技创新应以什么为导向？
2. 金融科技实践令银行经营风险发生怎样的变化？

资料来源：

[1] 刑帆.看中信玩转大数据[J].中国信息化，2013(9)：36-37.

[2] 马发展.对金融科技发展的几点思考[J].中国财政，2021(7)：71-72.

本章小结

1. 商业银行市场营销是市场营销在金融领域的发展。它是指商业银行在现代市场营销观念的指导下，以盈利为目标，利用自身资源优势不断创新，并通过运用综合市场营销手段，把银行金融产品和金融服务销售给客户，以满足客户需求的一系列管理活动。商业银行开展市场营销的动因是市场需求发生变化、银行业竞争日趋加剧和金融科技进步的助力。

2. 商业银行产品的定价营销策略有撇脂定价策略、渗透定价策略、细分定价策略、组合定价策略和折扣定价策略。

3. 商业银行的产品营销策略主要有差异化营销策略和品牌营销策略。

4. 商业银行分销渠道是指金融产品或服务从生产领域流向消费领域所经过的整个通道。分销渠道的拓展方式有自设渠道的开辟、分销渠道的代理、分销渠道的并购以及分销渠道的联合。

本章思维导图

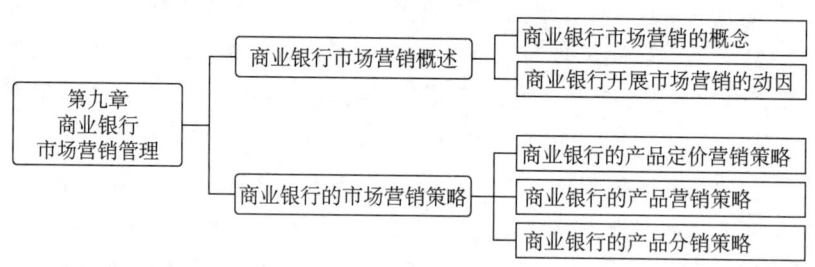

图 9-1　思维导图

思 考 题

1. 金融产品有何特征？商业银行的产品策略主要有哪些？
2. 商业银行定价的营销策略有哪些？
3. 商业银行的产品营销策略主要有哪些？
4. 什么是商业银行的分销渠道？如何拓展商业银行分销渠道？

本章涉及的主要法律法规

《商业银行外部营销业务指导意见》
《理财公司理财产品销售管理暂行办法》

第十章 商业银行资产负债管理

本章学习目标

资产负债管理是把商业银行的资产和负债作为一个整体，运用一定的方法，组织协调资产负债业务以谋取最大利润的管理活动。学生通过本章学习，应了解商业银行资产负债管理的基本理论；学会运用利率敏感性缺口管理的方法；掌握持续期缺口管理的应用；掌握内部资金转移定价方法；掌握我国商业银行资产负债管理的具体内容和主要方法。

第一节 商业银行资产负债管理理论及其发展

商业银行资产负债管理有广义和狭义之分。广义的资产负债管理，是指商业银行按一定的策略进行资金配置，来实现银行安全性、流动性和盈利性的组合目标。狭义的资产负债管理，是指在利率波动的环境下，商业银行通过策略性地改变利率敏感资金配置状况，来实现银行确定的正的目标净利息差额，或者是银行通过调整总体资产和负债的持续期，来维持银行正的资本净值。资产负债管理是现代商业银行管理的基础和核心，其产生和发展随着西方商业银行的出现而不断推进，其理论在不同的历史时期有不同的内容，按其经历的历史过程顺序分三个阶段：侧重资产流动性的资产管理阶段、侧重资金来源的负债管理阶段以及谋求资产和负债平衡发展的资产负债联合管理阶段。

一、资产管理阶段

(一) 商业银行资产管理理论

资产管理理论是以商业银行资产流动性为重点的传统管理理论，产生于商业银行建立初期。最早可追溯到18世纪西方商业银行发展的初期，盛行于第一家现代商业银行——英格兰银行成立的20世纪60年代。在这一时期，金融市场还不够发达，融资工具单一，金融机构以商业银行为主，企业与居民的金融意识不强，大多只能选择将资金存入银行。企业、居民存款成为商业银行稳定的资金来源，资金来源固定；同时，资金来源中多数为活期存款，定期存款的数量有限。为了应对客户的提款需要，保持资产的流动性至关重要。资产管理理论认为，商业银行的负债取决于客户存款的意愿与能力，银行自身无法主动地扩大资金来源。而商业银行可以合理安排资产结构，保持资产的流动性，实现其经营管理的目标。随着经济发展，资产管理理论经历了商业性贷款理论、资产可转换性理论和预期收入理论等不同的发展阶段。

1. 商业性贷款理论

商业性贷款理论又称真实票据理论，是最早的资产管理理论，起源于1776年亚当·斯密发表的《国民财富的性质和原因的研究》。当时，英国处于产业革命初期，占支配地位的是工场手工业。在这种情况下,工业生产所需要的资金主要是短期流动资金。另外,英国虽然于 1694 年率先成立了英格兰银行,但到 18 世纪中期,英国的商业银行尚未具有较大的规模,其业务经营的范围还很有限。商业性贷款理论认为,由于银行大多数存款是活期存款,客户随存随取,为了保证银行资产的高度流动性,不致出现挤兑风险,商业银行不宜发放长期贷款或者进行长期投资,只能发放具有自偿性的短期贷款。

商业性贷款理论的产生,为保持银行的流动性与安全性找到了依据,有了这一理论,银行可以减少资金运用的盲目性,从而避免或降低因流动性不足或安全性不够带来的风险。而且,由于这种理论强调以真实商品交易为基础,它使银行信贷资金的投入随商品交易的变化而自动伸缩,即当社会生产扩大、商品交易增加时,银行信贷会自动增加;当生产缩小、商品交易减少时,银行信贷会自动减少。这样既不会产生通货膨胀,也不会产生通货紧缩。此外,该理论侧重于考虑资产的流动性,因而,在资本主义发展的初期,在没有政府出面干预经济,也没有任何机构保证商业银行流动性的情况下,曾起到稳定银行经营的作用。因此,在相当长的时期内,商业性贷款理论一直占据主流地位,成为一些国家的中央银行制定和执行货币政策的基础。

由于商业性贷款理论产生在商业银行发展的初期,它存在着诸多的缺陷。第一,对经济发展的适应度不够,没有考虑到对贷款需求扩大和贷款种类多样化的要求。第二,低估了存款的相对稳定性,定期存款上升,活期存款也有部分可使用,从而使银行资金过多地配置于短期流动资金贷款上。第三,忽视了贷款自我清偿的外部因素,自偿必须以商品的销售为前提,这使得以真实票据为抵押的商业贷款的自偿性是相对的。这些缺陷不仅制约了银行业务的延伸,而且也使短期贷款的清偿机制显得单一。此外,商业性贷款理论有可能助长经济周期波动,与中央银行的逆周期货币政策相悖。按照该理论,由于银行发放贷款完全依据商品需求而自动伸缩,那么,在经济景气时,银行信贷会自动膨胀并刺激物价上涨;反之,在经济不景气时,银行信贷会自动收缩,这无疑是加剧了经济波动的幅度。

2. 资产可转换性理论

第一次世界大战以后,西方各国为了迅速恢复经济,筹资需求急剧增加,开始大量发行政府债券。而随着金融市场的发展和完善,金融资产流动性增强,商业银行开始持有大量政府债券,人们对保持银行流动性有了新的认识,资产可转换性理论应运而生。资产可转换性理论又称资产转移理论,是一种保持资产流动性的理论,最早由美国的莫尔顿于 1918 年在《政治经济学》杂志上发表的《商业银行及其资本形成》一文中提出。资产可转换性理论强调商业银行应考虑资金来源的性质而保持高度的流动性,但可以放宽资产应用的范围,不必将资产业务限于短期自偿性商业贷款,其流动性关键在于资产的变现能力,而不在于贷款种类。该理论的主要内容可概括为:第一,要保持商业银行资产充分流动性,最好的办法是购买在市场上随时可以变现的资产,只要银行持有能随时在市场上变现的资产,其流动性就有较大的保证。第二,商业银行的流动性资产应该具有信誉高、期限短、流动性强的特点。显然,政府发行的短期债券就是符合这些条件的理想资产。第三,银行可以将剩余的资金从事高收益的中长期贷款。

资产可转换性理论拓宽了商业银行资产运用的范围,丰富了银行资产结构,使银行业务经营更加灵活多样,增强了银行的盈利能力。依据该理论,银行购入部分短期证券,一方面,消除了依靠贷款保持流动性的压力,另一方面,又可以减少持有非盈利的现金资产,将一部分现金转为有价证券,不仅保证了流动性,还增加了银行收益。正因为如此,资产转移理论得到广泛推行。在第二次世界大战后的一段时间内,西方商业银行持有的证券曾一度超过了贷款,成为银行资产的重要支柱。

但是,资产可转换性理论在实践中的不足之处在于:过于强调通过运用可转换资产保持流动性,限制了银行高盈利性资产的运用。此外,银行资产能否变现,证券转让能否实现,依赖于金融市场状况,不能将短期证券与银行的流动性完全等同起来。如果在经济停滞或出现危机时,证券市场需求不旺,证券难以转让,资产流动性将无法保证。如果中央银行不出面干预,商业银行的流动性就很难保证,即使证券勉强变现,也会以重大损失为代价。

3. 预期收入理论

第二次世界大战以后,西方国家经济的发展带来了多样化的资金需要,不仅短期贷款的需求有增无减,而且产生了大量长期设备贷款和投资的需求,同时,迫切需要商业银行开拓新的业务领域,以增加盈利。商业银行为了开拓新业务,纷纷将注意力由自偿性贷款和担保品贷款转向了预期收入,即以借款人的预期收入作为贷款发放的依据。在这种情况下,产生了预期收入理论。预期收入理论由美国经济学家普鲁克诺于1949年在《定期放贷与银行流动性理论》中提出,主要观点是:银行资产的流动性取决于借款人的预期收入,而不是贷款的期限长短。也就是说,如果一项贷款的预期收入有保证,即使期限较长也可以安全收回,而如果借款人的预期收入不稳定,那么,期限短的贷款也会丧失流动性。

依据该理论,一笔好的贷款应当以根据借款人预期收入而制定的还款计划为基础。银行只要根据借款人预期收入安排放款的到期日,或采用分期付款方式,就能够保持规律性现金收入,维持高度的流动性。这使银行的放款结构发生了很大的变化,只要借款人的预期收入可靠、还款来源有保证,商业银行不仅可以发放短期商业性贷款,也可以发放中长期贷款,还可以发放非生产性的消费贷款。

预期收入理论深化了对资产流动性的认识,明确提出了贷款清偿来源于借款人的预期收入,促进了贷款形式的多样化,为商业银行业务的扩大提供了理论依据,推动了银行资产业务的不断发展。但是,借款人的预期收入是难以把握的,尤其是在中长期贷款中,由于客观经济条件的变化或意外事件,借款人将来的实际收入与现在的预期收入往往有一定的差距,甚至相差甚远。因此,按照这种理论经营贷款,有可能增加银行信贷风险。

(二)商业银行资产管理方法

在资产管理理论的发展过程中,商业银行主要采用了三种资产管理方法,即资金总库法、资金分配法和线性规划法。

1. 资金总库法

资金总库法起源于商业银行创建初期,在20世纪30年代经济大危机后得到广泛应用。资金总库法是指商业银行将来源于各种渠道的资金汇集起来,形成一个资金库,库内的资金被视为同质的单一来源加以运用。在运用资金的过程中,按照资产流动性的大小进行梯次分配资金。资金总库法的具体步骤,如图10-1所示。

资金总库法的管理要点是:首先,保证充分的一级储备。一级储备包括库存现金、在央行存款、同业存款及托收中的现金等,主要用来满足法定存款准备金的需要,银行日常支付和清算的需要,应付意外提存和意外信贷的需要。一级储备流动性很强,但盈利性很差。其

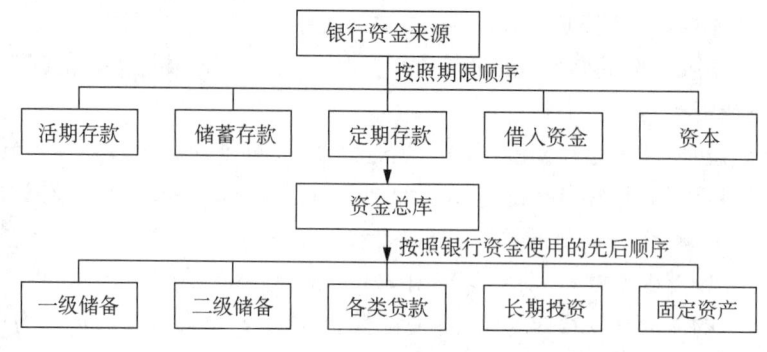

图 10-1 资金总库法的具体步骤

次,保证二级储备。二级储备主要由短期债券构成,如短期政府债券、金融债券和银行承兑汇票等,以满足可兑现的现金需求和其他现金需求。二级储备可以提高银行的盈利能力,也具有较强的变现能力。其次,满足各类贷款。贷款是商业银行主要的资产项目,也是主要盈利性资产。银行在有了充足的流动性后,其余资金可以用于满足客户的信贷需求。再次,购买长期证券。银行在满足了贷款需求后所剩余的资金,可以用来购买各类长期证券。一方面,可以提高盈利能力、取得收入;另一方面,在证券到期时可以补充二级储备,为银行提供流动性保障。最后,可用于固定资产投资。

资金总库法是早期的资产管理方法,管理方法简单、粗放,具有明显的缺陷。一是虽然强调了资金运用于各项资产的先后顺序,但各项资金运用比例主要依靠管理者的经验判断,没有一套科学合理的计算方法。二是过于考虑资产的流动性,忽视了提高资产盈利能力才是流动性和安全性的根本保证。三是认为资产的流动性保证仅仅来自资产的运用,忽视了不同资金来源对流动性需求差异的现象。事实上,不同期限的贷款因为本金和利息不断归还而取得的资金,是补充银行流动性的重要来源。

2. 资金分配法

资金分配法在 20 世纪 40 年代提出,是资金总库法的延续和发展。资金分配法的主要内容是:商业银行在配置资金时,应使现有各种资金来源的流通速度或周转率与相应的资产期限相适应,即银行的资产与负债的偿还期应保持高度的对称关系。也就是说,根据资金分配方法,银行要依据不同的资金来源,按照划分资金流动性的标准,把银行资金分配到不同的资产项目上。周转率较高不稳定的存款应分配到短期的、流动性较强的资产项目;相反,具有较低周转率,相对稳定的资金来源应该分配到盈利性强、流动性弱的资产项目上。资金分配法的具体步骤,如图 10-2 所示。

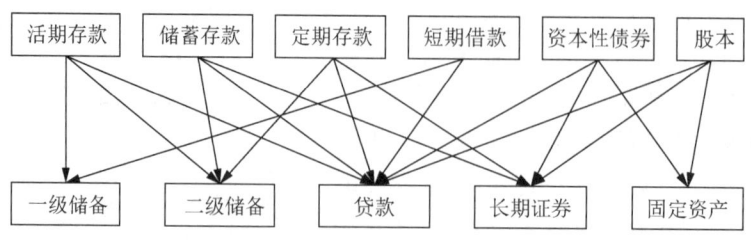

图 10-2 资金分配法的具体步骤

由于活期存款具有较高的周转率和存款准备金率,因而主要分配到一级储备和二级储备,少量用于短期贷款。相对于活期存款,储蓄存款和定期存款稳定性较好,资金周转速度较慢,主要用于贷款和长期证券投资,小部分用于补充二级储备。短期借款主要是银行为弥补流动性不足而筹集的资金,少量用于贷款,大部分用作一级储备。次级票据和债券不需要法定准备金,偿还期较长,具有良好的稳定性,可以用于长期贷款、购买长期债券和购置固定资产。股本流动性需求最小,资金周转速度为零,主要用于长期贷款、长期证券投资和固定资产购置。

资金分配法弥补了资金总库法忽视不同资金来源对流动性需求有所差异的缺陷,是资金总库法的一种改进。该方法将银行的各类资金来源予以区分,通过资金周转速度和流动性将资产与负债联系起来,使两者在规模和结构上保持一致,相应减少了流动性资产的数量,增加了证券投资的运用,提高了商业银行的盈利水平。但是,该方法没有考虑存款总量的变化对流动性的影响,只将资金周转率作为确定流动性的依据有些片面。

3. 线性规划法

20 世纪 70 年代以来,线性规划法开始用于商业银行的资产管理。线性规划法是在线性等式或不等式的约束条件下,求解线性目标函数的最大值或最小值的方法。线性规划法运用于银行的资产管理首先需要建立目标函数,然后将制约银行资产分配的限制因素作为约束条件,最后求出目标函数达到最优的一组解,作为银行进行资金配置的最佳状态。其具体步骤如下:

(1) 建立目标函数。

(2) 确定约束条件。约束条件是约束目标变量取值范围的一组线性不等式,它代表了银行开展业务的内、外部制约因素。这些制约因素主要包括可贷资金总量限制、风险性限制、贷款需求限制及其他限制。

(3) 求解线性规划模型。

【例 10-1】 假设某银行的资金来源为 1 亿美元,可用于贷款(X_1)和短期债券投资(X_2)。贷款的收益率是 12%,短期债券的收益率是 8%。银行的经营目标是利润(R)最大化。

在经营中,银行受到下列限制:

(1) 资金来源的限制,即 $X_1 + X_2 \leqslant 1$ 亿美元。

(2) 贷款需求约束。为维护与客户的关系,至少要提供 0.3 亿美元的贷款,即 $X_1 \geqslant 0.3$ 亿美元。

(3) 流动性要求。为保证足够的流动性,投资于短期债券的资金不得少于总资金额的 25%,即 $X_2 \geqslant 0.25(X_1 + X_2)$ 或 $X_2 \geqslant 0.33X_1$。

由以上给出的条件,可以得出,该银行的线性规划模型为:

$R_{MAX} = 0.12X_1 + 0.08X_2$ 目标函数

$X_1 + X_2 \leqslant 1$ 亿美元   总资产负债约束条件

$X_1 \geqslant 0.3$ 亿美元   贷款约束条件

$X_2 \geqslant 0.25(X_1 + X_2)$ 流动性约束条件

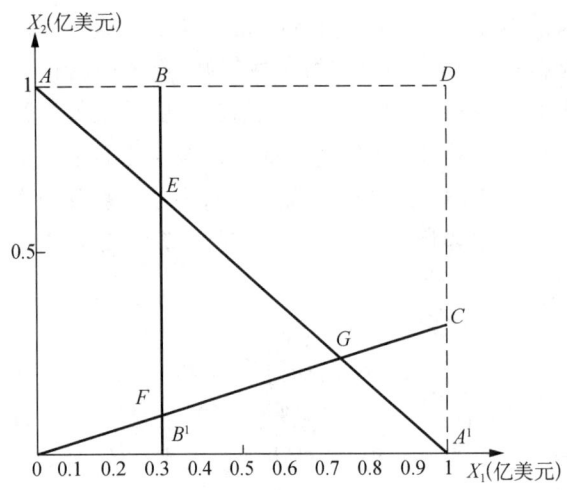

图 10-3 线性规划模型图解

线性规划模型图解,如图 10-3 所示。

图 10-3 中,AA^1 为资产约束条件,$X_1 + X_2 \leq 1$ 亿美元;BB^1A^1D 为贷款约束条件,$X_1 \geq 0.3$ 亿美元;$OCDA$ 为流动性约束条件,$X_2 \geq 0.25(X_1 + X_2)$。EFG 是同时满足以上三个条件的区域,属于银行决策的范围。G 点是最外端交点,是最佳组合点。

G 点的解是:$X_1 = 0.75$ $X_2 = 0.25$

则该行的利息收入最大化目标值是:

$R_{MAX} = 0.12X_1 + 0.08X_2 = 1\,100$(万美元)

线性规划法是一种比较科学的定量分析方法。它使银行资产负债管理得到了量化,较前两种管理方法更具有科学性和可操作性。但是,从实践来看,情况更为复杂。由于约束条件易变,会使模型不稳定;许多质量指标不能量化,使得结果缺乏准确性;而且模型中的方程式很难随着金融环境的变化而改变,除非对规划模型重估,这将花费大量的人力和物力。

二、负债管理阶段

负债管理理论产生于 20 世纪 50 年代末期,盛行于 60 年代。商业银行资金配置策略由资产管理转向负债管理,与当时经济发展和金融环境的变化密切相关。第二次世界大战后,西方各国战后经济逐步恢复并稳定增长,企业的资金需求急剧扩张,从而促使商业银行不断寻求新的资金来源,满足客户贷款的要求。伴随着金融市场的迅速发展,非银行金融机构与银行业在资金来源的渠道和数量上也展开了激烈的争夺。由于各国吸取 20 世纪 30 年代大危机的教训,加强了金融管制,制定了银行法,对利率实施管制。尤其是存款利率的上限规定,使得银行不能以利率手段来吸取更多的资金。60 年代以后,西方各国普遍出现通货膨胀,货币市场利率不断攀升,导致商业银行的存款大量流失,陷入资金来源短缺的困境。在这种情况下,金融创新为商业银行扩大资金来源提供了可能性。1961 年,花旗银行率先发行了大额可转让定期存单,3 个月内,该行的存款来源就增加了 100 多亿美元。此外,存款保险制度的建立和发展,也激发了银行的冒险精神。在这种背景和经济条件下,负债管理理论盛行起来,商业银行按照既定的目标资产增长和市场竞争的需要,主要通过对资产负债表负债方项目的组合和调整,来实现银行三性原则的最佳组合。负债管理理论经历了存款理论、购买理论和销售理论的发展过程。

(一)商业银行负债管理理论

1. 存款理论

该理论认为,存款是银行最重要的资金来源,是资产经营的基础;存款是银行的被动负债,是存款者放弃货币流动性的一种选择,银行应当支付利息,利息构成银行的成本支出;存款者和银行共同关注的焦点是存款的安全性。因此,银行经营的客观要求是安全性和稳定性,银行的资金运用必然限制在吸收存款沉淀额度之内。

存款理论的主要特征在于稳定和保守,强调以安全性为第一要素管理存款,根据存款状况安排贷款,不赞成冒险谋取利润。在这种理论的影响下,各国中央银行先后出台了一系列旨在稳定商业银行经营的管理制度,如存款保险制度、最后贷款人制度和存款利率限制制度等。但是,存款理论没有认识到银行在扩大存款或其他负债方面的能动性,也没有认识到负债结构、资产结构以及资产负债综合关系的改善对于保证银行资产的流动性、提高银行盈利性等方面的作用。

2. 购买理论

20世纪60、70年代,西方主要国家处于经济滞胀的年代,与存款理论格调迥然相异的购买理论兴起,其对存款理论做了很大程度的反向思维。购买理论认为,银行对于负债并非消极被动、无能为力,而是可以主动负债,主动地购买外界资金;银行购买资金的基本目的是增强流动性,购买对象十分广泛,除公众外,同业机构、中央银行、国际货币市场及财政机构等都可以视为购买对象;商业银行吸收资金的适宜时机是在通货膨胀条件下。此时,实际利率低甚至为负利率,或者实物投资不景气而金融投资较为繁荣,通过刺激信贷规模可以弥补利差下降的银行利润。

购买理论被人们称为"银行负债思想的创新"和"银行业的革命"。然而,这种理论的效果其实是双重的:一方面,它使商业银行更加积极主动地吸收资金,刺激信用扩张和经济增长;另一方面,它又使商业银行片面扩大负债,盲目竞争,从而加重了债务危机和通货膨胀。

3. 销售理论

销售理论兴起于20世纪80年代后期,是在金融创新风起云涌、金融竞争和金融危机日益加深的形势下产生的一种银行负债管理理论。区别于之前的负债理论着重于资金来源管理,销售理论的立足点是金融服务,是创造多样化的金融产品。该理论认为,银行是金融产品的制造者,负债管理的中心任务是通过销售这些产品,从中获得所需的资金和应有的报酬。

销售理论是金融改革和金融创新的产物,将营销理念注入银行的负债管理中。以客户为中心,客户的利益和需要是银行服务的出发点和归宿;客户是多种多样的,客户的需求也是多种多样的,因而,金融产品也应当是多种多样;善于通过服务途径,利用产品和劳务的配合来达到吸收资金目的;金融产品的推销主要是依靠信息的沟通、加工和传播。销售理论方兴未艾,它反映了金融业和非金融业的彼此竞争和相互渗透,标志着商业银行正朝着功能多样化和综合化的方向发展。

(二)商业银行负债管理方法

商业银行的负债管理方法主要有储备头寸负债管理和贷款头寸负债管理等。

1. 储备头寸负债管理

储备头寸负债管理是指商业银行用增加短期负债的方式满足短期流动性需要,补充一级储备,以满足存款提取和增加的贷款需求。这一方法便于操作,商业银行在对流动性需求有效预测的基础上,可以配置较高比例的收入资产,提高资金使用效率,提高预期收入。但是，由于借入资金的成本会随着金融市场的供求而有所变化，难以准确确定，如果借入资金的成本过高，则会影响预期收益；如果市场处于资金供给紧张的状况，资金的借入有一定难度，则有可能会产生流动性风险。

2. 贷款头寸负债管理

贷款头寸负债管理是指商业银行利用借入的资金持续扩大资产负债规模。一方面，借入资金扩大银行贷款；另一方面，增加负债的平均期限，降低银行负债的不确定性。这一方法的前提是借入资金具有较大的供给弹性、市场要有足够的参与者和资金、单一银行的活动不会影响整个市场利率的水平。一旦得不到足够的资金，或者中央银行采取紧缩性货币政策，部分小型银行的负债管理结构就可能会崩溃。

三、资产负债联合管理阶段

自20世纪70年代开始，随着市场利率的上升，使得负债管理在负债成本及经营风险上的压力越来越大。80年代后，西方国家先后放弃利率管制，实行利率自由化，使得银行吸收存款的压力减少，但也面临新的风险，即利率风险。在市场利率波动的环境中，资产和负债的配置状况有可能对银行的经营产生很大的影响。在这样的背景下，商业银行经营管理的观念逐渐改变，由单纯偏重资产或负债管理转向资产负债联合管理。

资产负债联合管理理论认为，应对银行的资产和负债进行全面管理，根据外部经济环境的变化，协调资产负债在利率、期限、风险和流动性等诸多方面的搭配，并在确保资金安全性、流动性情况下实现最大的利润。通过资产负债联合管理，使得商业银行能够获得稳定的利息来源和运用，降低利率风险对经营的影响。资产负债联合管理的主要目标是：在融资的计划和决策中，银行主动利用对利率变化敏感的资金，协调和控制资金配置状态，使银行维持一个正的净利息差额和正的资本净值。

资产负债联合管理理论的初衷是为了解决利率风险给银行带来的资产和负债的不匹配问题，并不是对资产管理理论和负债管理理论的否定，而是吸收了两者的合理部分，并将其发展和深化。目前各国实施的资产负债综合管理主要有利率敏感性缺口管理和持续期缺口管理两种。资产负债联合管理理论的主要原理如下所述。

（一）偿还期对称原理

偿还期对称原理又称资产分配原则，要求银行资产与负债的偿还期应保持一定程度的对称关系。例如，定期存款流动速度较慢，与之对应的资产可以是流动性较差、偿还期较长的资产。偿还期对称是相对意义上的对称，不是要求资产与负债的偿还期绝对地一一对应。实际上，各国的商业银行都不同程度地存在"偿还期转化"，如有些短期存款会沉淀为长期资金来源。当然，这种不对称要保持在适度的范围以内。偿还期对称原理要求：第一，规模对称。资产规模与负债规模在总额上保持同步增长，实现动态平衡。第二，结构对称。资产与负债在期限上相互匹配，并根据变化调整资产与负债结构，保证安全性、流动性与盈利性的良好组合。第三，速度对称。银行的资金运用应由银行的资金来源的流通速度决定。例如，资产的平均到期日与负债的平均到期日之比大于1，表示资金运用过度；小于1表示资金来源过多，没有充分利用。

（二）目标替代原理

商业银行的经营目标，是要达到安全性、流动性和盈利性（以下简称"三性"）的均衡。"三性"目标要结合起来综合平衡，而三者的均衡，不是绝对的平衡，而是可以相互补充。在一定的条件下，安全性与流动性的降低，可以通过提高盈利来补偿；反之，盈利的减少，可以带来安全性与流动性的提高。

目标替代是指银行可在安全性、流动性和盈利性三个经营目标上合理选择、相互补充、相互替代，而使银行总效用不变。因而，在经营管理实践中，银行不应固守某个目标，或单纯根据一个目标来考虑银行资金营运，而应将三者结合起来进行考虑，力图使最终达到的总效用最大。

第二节 商业银行利率敏感性缺口管理

利率的变化不仅影响银行的资产负债，也影响银行的收入和支出。任何商业银行都难以准确预测未来利率的水平和走势，面临市场利率波动带来损失的可能性。利率敏感性缺口管理是银行资产负债管理方法，也是利率风险管理的基本方法之一。它是商业银行依据对利率的预测，积极调整银行资产负债的结构，扩大或减少利率敏感性缺口，以规避利率波动风险，保证银行收益的稳定或增长。

一、利率敏感性资产与负债

随着利率自由化，银行资金根据利率是否变动，可分为浮动利率资金和固定利率资金。其中，浮动利率资金又称利率敏感性资金，是在一定期间内可以展期，或者根据协议按市场利率定期重新定价的资产或负债。利率敏感性资金包括利率敏感性资产和利率敏感性负债，其定价基础是可供选择的货币市场基准利率，主要有同业拆借利率、短期国债利率和银行优惠贷款利率等。

利率敏感性资产和利率敏感性负债的利息收入或利息成本会随着利率的变动而变化。一般来说，流动性较强的资产或负债，以及实行浮动利率的资产或负债，对利率变动的反应最快，如短期存款、短期贷款和短期国债等。期限很长或实行固定利率的资产或负债，对利率变动的敏感性就相对较弱。

当利率处于波动状况下，利率的变化会从两个方面给银行带来风险：第一，在浮动利率资产与浮动利率负债配置不一致的情况下，当利率波动时，会导致银行净利差的剧烈波动，甚至亏损；假如银行利率敏感性资产大于利率敏感性负债，那么当利率上升时，由于利率敏感性资产带来的利息收入增加额大于利率敏感性负债所产生的利息支出增加额，因此，会扩大净利差，使总利润增加。而如果利率下降，银行的净利差则会减少。第二，银行自有资本净值也会因资产和负债市场价值的变化度不一致而波动。在利率波动环境中，固定利率的资产和负债并非没有风险，其市场价值会随市场利率发生波动，这使银行资产在变现时可能产生损失，或者导致银行的权益净值发生变化。

二、利率敏感性缺口

(一) 利率敏感性缺口的界定

利率敏感性缺口,是指银行利率敏感性资产与利率敏感性负债的差额。缺口可以衡量银行净利息收入对市场利率的敏感程度,反映出银行资金的利率风险暴露情况,有两种表达方式。

1. 资金缺口＝利率敏感性资产－利率敏感性负债

资金缺口表示了利率敏感性资产与利率敏感性负债之间差额的绝对数额。资金缺口可以为正值、负值或者零,当利率变动时,资金缺口的数值会直接影响银行的净利息收入。

银行资金配置处于零缺口时,表示利率敏感性资产等于利率敏感性负债,银行对利率风险处于"免疫状态";处于正缺口时,表示利率敏感性资产大于利率敏感性负债,处于利率敞口的资金使得银行在利率上升时获利,利率下降时受损;处于负缺口时,表示利率敏感性资产小于利率敏感性负债,那么处于利率敞口的资金使得银行在利率上升时受损,利率下降时获利。

2. 利率敏感性比率＝利率敏感性资产÷利率敏感性负债

利率敏感性比率是指利率敏感性资产与利率敏感性负债之比,是资金缺口的另一种表达方式。银行资金配置处于零缺口时,利率敏感性比率为1;处于正缺口时,利率敏感性比率大于1;处于负缺口时,利率敏感性比率小于1。

资金缺口与利率敏感性比率有着一定的联系与区别。资金缺口表示了利率敏感性资产和利率敏感性负债之间绝对量的差额,而利率敏感性比率则反映了它们之间相对量的大小,直观地描述了缺口的程度,具有时间和空间上的普遍可比性,但不能反映缺口的绝对水平。当利率敏感性比率接近于1时,银行经营管理人员仅知道利率敏感资产与利率敏感负债相当接近,但它们之间的差额是多少并不知道,而资金缺口则准确反映了银行资金利率敞口部分的大小。因此,应结合运用利率敏感性比率和资金缺口,判断银行资产、负债的利率敏感程度,才有利于做出合理的决策。

(二) 利率敏感性缺口、利率变动和净利息之间的关系

净利息是银行利息收入和利息支出的差额。当利率变动时,缺口的状况会影响银行净利息收入的变动。如果资金缺口为正值时,意味着利率敏感性资产大于利率敏感性负债,即利率敏感性比率大于1,那么,当市场利率处于上升通道时,会对商业银行有正面影响,因为资产收益的增长要快于资金成本的增长,会使净利息收入增加;若利率处于下降通道,则为负面影响。如果资金缺口为负值时,意味着利率敏感性资产小于利率敏感性负债,即利率敏感性比率小于1,那么,当市场利率处于上升通道时,会对商业银行有负面影响,因为资产收益的增长要慢于资金成本的增长,会使净利息收入减少;若利率处于下降通道,则又为正面影响。如果资金缺口为零时,意味着利率敏感性资产等于利率敏感性负债,即利率敏感性比率等于1,那么,资产与负债的同步变化对净利息收入没有影响。利率敏感性缺口、利息变动与净利息的关系,如表10-1所示。

表 10-1　利率敏感性缺口、利息变动与净利息的关系

资金缺口	利率敏感性比率	利率变动	利息收入变动	变动幅度	利息支出变动	净利息收入变动
正值	>1	上升	增加	>	增加	增加
正值	>1	下降	减少	>	减少	减少
负值	<1	上升	增加	<	增加	减少
负值	<1	下降	减少	<	减少	增加
零	1	上升	增加	=	增加	不变
零	1	下降	减少	=	减少	不变

专栏 10-1

中国工商银行利率敏感性分析

中国工商银行通过分析利息净收入在不同利率环境下的变动对利率风险进行计量，致力于减轻可能会导致未来利息净收入下降的预期利率波动所带来的影响。对利息净收入的影响是指一定利率变动对期末持有的预计未来一年内进行利率重定价的金融资产及金融负债所产生的利息净收入的影响。

表 10-2 是中国工商银行 2023 年资金配置得出的利率敏感性资金报表，说明中国工商银行利息净收入在其他变量固定的情况下，对于可能发生的合理利率变动的敏感性。报表将利率敏感性资产和利率敏感性负债按选择的时间间隔进行分类，分析的时间总跨度为 5 年，表中各栏内的数字反映在规定期间内，按市场利率重新定价的各项目金额。利率风险敞口一行的数字，反映各期间段该银行将受市场利率波动影响的资金缺口状态。由期间内的利率敏感性资产减利率敏感性负债得出，3 个月内的利率敏感性资金为负缺口，缺口值约为 −5.62 万亿元人民币；3 个月至 1 年的利率敏感性资金为正缺口，缺口值约为 8.98 万亿元人民币。由此预测，如果 3 个月内的短期市场利率下降 100 个基点，银行的净利息收入会增加约 562 亿元；如果 3 个月至 1 年的市场利率上升 100 个基点，则银行的净利息收入会增加约 898 亿元。

表 10-2　中国工商银行利率敏感性资金报表

2023 年 12 月 31 日　　　　　　　　　　　　单位：人民币百万元

本集团的资产及负债按合同重新定价日或到期日（两者较早者）列示如下：

项目 \ 期限	3 个月内	3 个月至 1 年	1 至 5 年	5 年以上	不计息	合计
资产：						
现金及存放中央银行款项	3 707 044	2 498	4 303	—	328 448	4 042 293

(续表)

项目 \ 期限	2023年12月31日					
	3个月内	3个月至1年	1至5年	5年以上	不计息	合计
存放同业及其他金融机构款项及拆出资金	1 946 422	323 422	35 293	—	35 837	2 340 974
衍生金融资产	—	—	—	—	75 339	75 339
客户贷款及垫款	9 187 465	15 369 942	528 802	245 909	54 815	25 386 933
金融投资						
以公允价值计量且其变动计入当期损益的金融投资	33 322	234 428	125 924	194 907	223 376	811 957
以公允价值计量且其变动计入其他综合收益的金融投资	272 320	420 740	803 302	629 586	104 914	2 230 862
以摊余成本计量的金融投资	580 346	849 538	3 198 040	4 079 888	99 037	8 806 849
长期股权投资	—	—	—	—	64 778	64 778
固定资产及在建工程	—	—	—	—	297 018	297 018
其他	2 457	7 674	40 169	24 485	565 291	640 076
资产合计	15 729 376	17 208 242	4 735 833	5 174 775	1 848 853	44 697 079
负债:						
向中央银行借款	73 225	158 149	—	—	—	231 374
同业及其他金融机构存放款项及拆入资金	3 415 815	924 444	13 684	10	34 011	4 387 964
以公允价值计量且其变动计入当期损益的金融负债	3 647	633	4 847	316	53 416	62 859
衍生金融负债	—	—	—	—	76 251	76 251
存款证	181 578	180 896	19 878	—	2 846	385 198
客户存款	17 501 563	6 643 611	8 618 565	14 862	742 573	33 521 174
已发行债务证券	172 151	311 141	193 484	678 275	14 726	1 369 777
其他	4 292	12 526	54 930	29 349	784 797	885 894
负债合计	21 352 271	8 231 400	8 905 388	722 812	1 708 620	40 920 491
利率风险敞口	(5 622 895)	8 976 842	(4 169 555)	4 451 963	不适用	不适用

(1) 含买入返售款项。
(2) 含卖出回购款项。
上表列示数据包含交易账簿数据。
资料来源:中国工商银行股份有限公司2023年度报告。

(三) 利率敏感性缺口的应用

对银行而言,利率波动是由市场因素决定的外生变量,其变动独立于银行经营管理之外。因此,银行进行利率敏感性缺口管理,要力争准确预测利率的变动趋势,及时调整资金缺口的方向和大小。

如果银行难以准确地预测利率走势,那么,采取零缺口资金配置策略更为安全,可以规避缺口风险,获取正常的银行收益。因为,在利率敏感性资产和利率敏感性负债的总额平衡的状态下,无论利率上升或下降,浮动利率资产和浮动利率负债的定价是按同一方向,并在等量金额基础上进行,最大限度地减少了利率风险的损失。这种策略对那些中小银行来讲是适合的,但有些银行,特别是一些大银行有雄厚的技术力量和专家队伍,有能力对利率波动方向进行较为准确的预测,有能力对资产和负债的组合按意愿进行调整,这种零缺口的资金配置策略就显得过于保守。

假设银行有能力预测市场利率波动的趋势,而且预测较为准确,银行可以主动利用利率敏感性资金配置组合技术在不同的阶段运用不同的策略,获取更高的收益率。在利率波动的不同阶段,银行应采取不同的利率敏感性缺口管理策略。利率波动与利率敏感性资金配置,如图 10-4 所示。在图 10-4 的上部分,纵轴表示利率,横轴表示时间,曲线表示利率的波动;在图 10-4 的下部分,纵轴表示利率敏感性比率,横轴表示时间,曲线表示利率敏感性资金的配置状态。

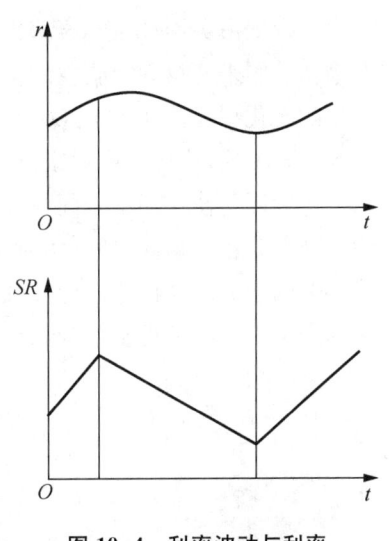

图 10-4 利率波动与利率敏感性资金配置

当预测市场利率上升时,银行应主动营造资金配置的正缺口,使利率敏感性比率大于1,扩大净利息差额率。当预测利率下降时,银行应主动营造资产负缺口,使敏感性比率小于1,减少成本,扩大净利息差额率。当然,银行要利用这一方法取得盈利,必须准确地预测利率的走势和变化幅度及速度,并能灵活地控制利率敏感性资金缺口。

三、利率敏感性缺口管理的优劣势

利率敏感性缺口管理可对不同的决策方案进行选择,使决策的操作简单易行。商业银行随时可以通过对利率走势的分析和预测,调整资产负债结构,变动缺口,达到规避利率波动风险、扩大收益的目的。但是,利率敏感性缺口管理在实际操作中也面临许多困难。首先,商业银行要想准确预测利率的走势有较大难度,利率预测往往准确度不高,特别是短期利率更难以预测。其次,即使银行对利率变化预测准确,银行在调整利率敏感性缺口方面也缺乏灵活性,因为客户的选择会影响商业银行的资产负债结构。最后,利率敏感性资产和利率敏感性负债的缺口分析是一种静态的,以及仅仅局限于利率敏感性资产的分析方法,它没有考虑外部利率条件和内部资产负债结构连续变动的情况,因此,这种静态分析具有很大的局限性。

第三节　商业银行持续期缺口管理

在利率波动的环境中,对于浮动利率资产和浮动利率负债配置所带来的利率敞口风险,利率敏感性缺口管理可以在一定范围内进行控制和管理。然而,固定利率的资产和负债并非没有风险,其市场价值会随市场利率发生波动,这会使银行资产在变现时产生资产损失,或者导致银行的权益净值发生变化。持续期缺口管理是指银行通过考虑资产和负债的持续期缺口并进行调整,来控制和降低在利率波动的情况下,由于总体资产负债配置不当而给银行带来的风险,以实现银行的绩效目标。

一、持续期的概述

持续期由美国经济学家弗雷得里·麦克莱于1936年提出,又称久期(简记为D)。持续期最初是用来衡量固定收益的债券实际偿还期的概念,可以用来计算市场利率变化时债券价格的变化程度。20世纪80年代以后,随着西方商业银行面临的利率风险加大,持续期概念被逐渐推广,应用于商业银行资产负债管理之中。

持续期与偿还期不是同一概念。偿还期是指金融工具的生命周期,即从其签订金融契约到契约终止的这段时间;而持续期则反映了现金流量,比如利息的支付、部分本金的提前偿还等因素的时间价值。即持续期是固定收入金融工具现金流的加权平均时间,也可以理解为金融工具各期现金流抵补最初投入的平均时间。其计算公式如下:

$$D = \frac{\sum_{t=1}^{n} \frac{C_t}{(1+r)^t} \times t}{\sum_{t=1}^{n} \frac{C_t}{(1+r)^t}}$$

上式中,D 表示持续期;C_t 表示金融工具第 t 期现金流;n 表示金融工具的期限;t 表示各现金流发生的时间;r 表示市场利率。

设 $\frac{C_t}{(1+r)^t} = PV_t$,用 P_0 表示金融工具的现值,则有:

$$D = \frac{\sum_{t=1}^{n} PV_t \times t}{P_0} = \sum_{t=1}^{n} \left[\frac{PV_t}{P_0} \times t \right]$$

可以看到,在持续期的计算中,是将金融工具各期现金流的现值占总现值的比例为权重,再乘以各期现金流的发生时间得到该金融工具的持续期。对于那些分期付息的金融工具,其持续期总是短于偿还期。持续期与偿还期呈正相关关系,即偿还期越长、持续期越长;持续期与现金流量呈负相关关系,即偿还期内金融工具的现金流量越大,持续期越短,代表着资金回收速度越快。

根据金融工具的估值公式 $P = \sum_{t=1}^{n} PV_t$,对其求导可得:

$$D = -\left[\frac{\frac{\Delta P}{P}}{\frac{\Delta r}{1+r}}\right]$$

上式中，P 表示金融工具的价格；ΔP 表示金融工具的价格变动；r 表示市场利率；Δr 表示市场利率波动。

持续期可以理解为金融工具的价格弹性，表明市场利率变动的百分比所引起的金融工具价格变动的百分比。持续期实际上是综合反映金融工具利率风险大小的一种指标。

【例 10-2】 假设某债券的面值为 1 000 元，偿还期为 3 年，息票率为 7%，按年支付利息。该债券的实际收益率（市场利率）为 9%，求该债券的持续期。

根据持续期公式，可得到该债券的持续期为 2.80 年。金融工具持续期计算，如表 10-3 所示。

表 10-3　金融工具持续期计算　　　　　　　　　单位：元

现金流发生时间	现金流	现值利率因子	现值	现值×时间
1	70	0.917 4	64.22	64.22
2	70	0.841 7	58.92	117.84
3	1 070	0.772 2	826.25	2 478.76
总计			949.39	2 660.82
持续期=2 660.82÷949.39=2.80（年）				

二、持续期缺口的计算

当市场利率变动时，不仅仅是各项利率敏感性资产与利率敏感性负债的收入与支出会发生变化，利率不敏感性资产与不敏感性负债（固定利率资产与固定利率负债）的市场价值也会不断变化，从而使银行权益净值或自有资本的市场价值上升或下降，进而对股东权益和银行经营状况产生影响。此外，当银行资产与负债的偿还期未配平时，如果银行来自资产的现金流入先于负债现金支付发生，银行可能面临必须按下降的利率进行重投资的风险。如果银行的负债现金支付先于资产现金流入产生，它又可能面临借入资金成本上升的风险。因此，银行应综合考虑全部资产和负债所面对的风险。持续期缺口管理就是通过相机调整资产和负债结构，使银行控制或实现一个正的权益净值以及降低重投资或融资的利率风险。

持续期缺口定义为：

$$D_{Gap} = D_A - \mu D_L$$

公式中，D_{Gap} 表示持续期缺口；D_A 表示总资产持续期；D_L 表示总负债持续期；μ 表示资产负债率，即 $\frac{MV_L}{MV_A}$（银行总负债和总资产市场价值之比）。

一家商业银行的总资产持续期是各项资产持续期的加权平均数，即：

$$D_A = \sum_{i=1}^{n} W_i^A D_{Ai}$$

公式中，W_i^A 表示某项资产的权重，即 $W_i^A = \dfrac{A_i}{A}$，$i=1, 2, \cdots, n$。同样，一家商业银行的总负债持续期是各项负债持续期的加权平均数，即：

$$D_L = \sum_{j=1}^{n} W_j^L D_{Lj}$$

上式中，W_j^L 表示某项负债的权重，即 $W_j^L = \dfrac{A_j}{A}$，$j=1, 2, \cdots, n$。

根据会计恒等式，总资产等于总负债与净值之和，若用 D_{NW} 表示净值持续期，则有：

$$D_A = \mu D_L + (1-\mu) D_{NW}$$
$$(1-\mu) D_{NW} = D_A - \mu D_L$$

可知，持续期缺口实际上就是净值的持续期。对于固定收入金融工具而言，市场利率与金融工具价格呈反向变动关系。因此，当持续期缺口为正值时，银行净值随利率上升而下降，随利率下降而上升；当持续期缺口为零时，银行净值在利率变动时保持不变；当持续期缺口为负值时，银行净值随市场利率上升而上升，随利率下降而下降。而且，持续期缺口的绝对值越大，银行净值对利率的变动就越敏感，银行利率风险就越大。反之，持续期缺口的绝对值越小，利率变动对银行净值的影响就越小。持续期缺口和利率变动对银行净值的影响，如表 10-4 所示。

表 10-4 持续期缺口和利率变动对银行净值的影响

持续期缺口	利率变动	资产价值变动	变动幅度	负债价值变动	银行净值变动
正值	上升	减少	>	减少	下跌
正值	下降	增加	>	增加	上涨
零值	上升	减少	=	减少	不变
零值	下降	增加	=	增加	不变
负值	上升	减少	<	减少	上涨
负值	下降	增加	<	增加	下跌

由此，银行可以根据自身对利率预测的准确程度来确定持续期缺口，或者使持续期缺口接近于零值，从而尽可能降低银行净值的影响。总之，通过缺口管理控制利率风险，或基于对利率走势准确预测来扩大银行的收益。

三、持续期缺口的免疫管理

为了避免利率波动的影响，银行可将持续期缺口调整为零，实现资产久期和负债久期的完全匹配，从而避免利率波动带来的风险，这就是持续期缺口的免疫管理。下面举例说明持续期缺口及其免疫管理的计算过程。

【例 10-3】 银行资产组合的久期和负债组合的久期等于该组合中每种工具按价值加权的平均久期。其具体步骤是：①计算每项贷款、存款等金融工具的久期；②按涉及的金融工具的市场价值，对这些久期逐一进行加权；③将所有按价值加权的久期加总计算出银行全部组合的久期。

假设某银行持有一种美国长期国债，其票面价值为 1 000 美元，最终到期日为 10 年，利率是 10%，当前价格为 900 美元。用 $D = \dfrac{\sum_{t=1}^{n} 预期 CF \times 期数\ t / (1+YTM)^t}{当前市场价值或价格}$ 所示公式进行计算，这种债券的久期为 7.49 年。假定该银行持有 0.9 亿美元这种国债，久期均为 7.49 年。该银行同时还持有其他资产，久期与市场价值如表 10-5 所示。

表 10-5 银行其他资产的久期与市场价值

银行资产	实际或估计市场价值（亿美元）	久期（年）
商业贷款	1.00	0.60
消费者贷款	0.50	1.20
房地产贷款	0.40	2.25
市政债券	0.20	1.50

在计算该银行资产组合久期时，将每项资产久期用其相对应的美元数额进行加权，得到如下算式：

$$按美元价值加权的资产组合久期 = \frac{\sum_{t=1}^{n} 该组合中每项资产的久期 \times 该组合中每项资产的市场价值}{所有资产的市场价值总额}$$

$$= \frac{(7.49 \times 0.90 + 0.60 \times 1 + 1.20 \times 0.50 + 2.25 \times 0.40 + 1.50 \times 0.20)}{0.90 + 1 + 0.50 + 0.40 + 0.20}$$

$$= \frac{9.1410}{3}$$

$$= 3.047（年）$$

久期是度量平均到期日的方法。本例中，银行资产组合的平均到期日约为 3 年。通过确保其存款与其他负债对美元价值加权的平均久期也约为 3 年，银行可以规避风险防止存款利率上升带来的负面影响。这样银行的资产现值就与其负债现值保持平衡，基本上避免了银行因利率波动而蒙受损失。

计算银行负债收入久期的方法与计算资产久期的方法一样。比如，假设银行持有 1 亿美元未兑现大额可转让定期存单，在未来 2 年内需按年收益率 6% 向客户进行支付。这些大额可转让定期存单的久期由银行在未来 2 年内折算为现值的现金流分配决定。即有：

$$大额可转让定期存单久期 = \frac{\dfrac{600 \times 1}{(1.06)^1} + \dfrac{600 \times 2}{(1.06)^2} + \dfrac{10\ 000 \times 2}{(1.06)^2}}{10\ 000} = 1.943（年）$$

我们用同样的方法计算银行剩余的负债。该银行负债的平均久期是 2.669 年，比其资产组合3.047年的平均久期短得多。该银行负债的平均久期比其资产的平均久期短，所以，利率上升时银行的净值会减少，而利率下降时会增加。显然，管理层寄希望于未来利率下降并以此调整银行状况。如果利率很有可能上升，管理层会采取延长其负债的平均到期日，缩短其资产的平均到期日，或运用避险工具来填补久期缺口，从而实现规避利率上升的风险。

市场利率变动对银行净值的影响，如表10-6所示。

表10-6 市场利率变动对银行净值的影响

银行久期缺口	利率	银行净值
正 $\left(D_A > D_L \times \dfrac{负债}{资产}\right)$	上升 下降	减少 增加
负 $\left(D_A < D_L \times \dfrac{负债}{资产}\right)$	上升 下降	增加 减少
零 $\left(D_A = D_L \times \dfrac{负债}{资产}\right)$	上升 下降	不变 不变

表10-6最后一行的久期缺口为0，此时，银行的净值对利率变动具有免疫力。资产与负债各自市场价值的变化便会相互抵销，净值会保持不变。根据对利率的预期变化而采取的管理措施及可能结果，如表10-7所示。

表10-7 利率预期变化下的管理措施及可能的结果

利率预期变化	管理措施	可能结果
上升 下降	D_A 减少而 D_L 增加 D_A 增加而 D_L 减少	净值增加 净值增加

下面根据该银行资产负债表，计算久期缺口，如表10-8所示。

表10-8 计算银行资产与负债的久期 （单位：百万美元）

资产（资金运用）的组成	资产市值	每类资产所附利率	每类资产的平均久期（年）	负债与权益资本（资金来源）的组成	负债市值	每类负债所附利率	每类负债的平均久期（年）
美国国债	90	10.00%	7.490	大额可转让定期存单	100	6.00%	1.943
市政债券	20	6.00%	1.500	其他定期存款	125	7.20%	2.750
商业贷款	100	12.00%	0.600	附属性债券	50	9.00%	3.918
消费者贷款	50	15.00%	1.200	总负债	275		
房地产贷款	40	13.00%	2.250	股东权益资本	25		
			平均久期				平均久期
总额	300		3.047	总额	300		2.669

$$银行资产久期 = \frac{90}{300} \times 7.49 + \frac{20}{300} \times 1.50 + \frac{100}{300} \times 0.60 + \frac{50}{300} \times 1.20 + \frac{40}{300} \times 2.25 = 3.047(年)$$

$$银行负债久期 = \frac{100}{275} \times 1.943 + \frac{125}{275} \times 2.750 + \frac{50}{275} \times 3.918 = 2.669(年)$$

$$银行当前久期缺口 = 资产的平均久期 - 负债的平均久期 \times \frac{总负债}{总资产}$$

$$= 3.047 - 2.669 \times \frac{275}{300} = 0.60(年)$$

0.60 年的久期正缺口说明,银行的净值在利率上升时减少,利率下降时增加。管理层预测利率水平会下降。但是,如果市场利率上升的可能性很大,那么,资产负债管理委员会就会利用避险工具来降低银行净值面临利率风险的可能性。

给定利率变化量,银行的净值会变动多少?其计算公式如下:

$$银行净值的价值变化量 = -D_A \cdot \frac{\Delta r}{1+r} \cdot A - \left(-D_L \cdot \frac{\Delta r}{1+r} \cdot L\right)$$

式中,A 是总资产,D_A 是资产的平均久期,r 是初始利率,Δr 是利率变化量,L 是总负债,D_L 是负债的平均久期。举个例子来说明如何运用该公式。

【例 10-4】 承[例 10-3],假设资产与负债的利率均从 8% 上升到 10%。将表 10-8 的数据代入上式可得:

$$银行资产净值的价值变化量 = -3.047 \times \frac{+0.02}{1+0.08} \times 300 - \left(-2.669 \times \frac{+0.02}{1+0.08} \times 275\right)$$

$$= -16.93 + 13.59$$

$$= -3.34(百万美元)$$

如果该银行资产与负债的利率都增加 2 个百分点,那么该银行的净值会减少约 334 万美元。假设利率下降 2 个百分点,即从 8% 降到 6%,将对应值再次代入可得:

$$银行资产净值的价值变化量 = -3.047 \times \frac{-0.02}{1+0.08} \times 300 - \left(-2.669 \times \frac{-0.02}{1.08} \times 275\right)$$

$$= 16.93 - 13.59$$

$$= 3.34(百万美元)$$

在这个例子中,如果资产与负债的利率均下降 2 个百分点,银行的净值则会增加 334 万美元。

从上面的例题中可以看出,利率变动对银行净值(或股东权益)市场价值的影响取决于三个关键的因素:

(1) 久期缺口($D_A - D_L$)的规模。久期缺口越大表示银行面临利率风险可能性越大。
(2) 银行(A 或 L)的规模。银行规模越大,任何既定利率变动引起的净值变化量也越大。
(3) 利率变化的幅度。利率变动的幅度越大,则利率风险敞口越大。

管理层可以通过缩减久期缺口(改变 D_A、D_L 或两个都改变)或是改变未付资产与负债(A 与 L)的相对数量来降低银行利率风险敞口。

如果银行的久期缺口不是 0.60 年而是 0,即:$\overline{D_A} = \overline{D_L} \times \frac{总负债}{总资产} = 0$

如果资产的平均久期($\overline{D_A}$)是 3.047 年(银行的资产与负债分别为 300 美元与 275 美元),这表明银行负债的平均久期($\overline{D_L}$)是:

$$当前久期缺口 = 平均资产久期(\overline{D_A}) - 平均负债久期(\overline{D_L}) \times \frac{总负债}{总资产}$$

或 $0 = 3.047 - 平均负债久期(\overline{D_L}) \times \frac{275}{300}$

于是可得,平均负债久期($\overline{D_L}$) = 3.324 年。

如果市场利率再次从 8% 上升到 10%,那么银行净值的价值变化量是:

$$银行资产净值的价值变化量 = -3.047 \times \frac{+0.02}{1+0.08} \times 300 - \left(-3.324 \times \frac{+0.02}{1+0.08} \times 275\right)$$
$$= -16.93 + 16.93$$
$$= 0$$

因此,只要资产与负债的久期完全匹配,银行净值的价值变化量则为 0。即净值不随利率上升而变化。只要资产与负债久期相互平衡,当市场利率下降时银行的净值也不会改变。即:

$$银行资产净值变化量 = -3.047 \times \frac{-0.02}{1+0.08} \times 300 - \left(-3.324 \times \frac{-0.02}{1+0.08} \times 275\right)$$
$$= +16.93 - 16.93$$
$$= 0$$

该银行净值的价值变化量必定为 0,这是因为资产与负债有相似的平均久期,所以它们对利率变动的反应也是相似的[①]。

总之,相对于利率敏感性缺口管理,持续期缺口管理是一种更先进的利率风险管理方法。利率敏感性缺口管理偏重于计量利率变动对银行短期收益的影响,而持续期缺口管理则更能准确地估计利率变化对银行资产负债价值及银行净值的影响程度,并通过对持续期缺口的管理,使得银行的净资产对利率波动具有免疫性。当然,持续期缺口管理也有一定的不足:第一,持续期缺口预测银行净值变动要求资产与负债的利率与市场利率是同幅度变动的,而这一前提在实际中是不存在的。第二,运用持续期缺口管理要求有大量的银行经营的实际数据,利率变动、时间的推移,使得持续期都应该重新计算,因此,运作成本较高。第三,如何准确的计算持续期,带有很大的主观性,存在太多假设。第四,对利率变动的预测以及贴现率的估算较为困难。

第四节 商业银行内部资金转移定价

一、内部资金转移定价的内涵

内部资金转移定价(Funds Transfer Pricing,FTP)起源于 20 世纪 50 年代的制造业,逐

[①] 彼得 S.罗斯.商业银行管理[M].刘园,译.机械工业出版社,2018.

渐扩展到各类商业企业中，后来FTP定价也被应用于金融机构。对商业银行而言，FTP主要用于应对资产负债管理中的流动性风险、利率风险和内部考核等方面，它在现代银行经营和内部管理中处于非常核心的地位。

（一）内部资金转移价格的概念

内部资金转移价格是指资金在商业银行内部不同部门、不同产品和不同分支机构之间流动的价格，它可以分为不同部门间资金横向流动的价格和不同分支机构间资金纵向流动的价格。FTP是商业银行内部资金中心与分支行按照一定规则全额有偿转移资金，从而达到核算业务资金成本或收益的目的。它的价格是按照业务特性和银行管理目标，以一定的定价方法确定，由资金中心提供给分支行的，转移资金的价格通常以年利率的形式表示。FTP的运作规则，如图10-5所示。

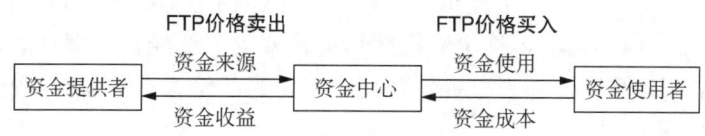

图10-5　FTP的运作规则

资金转移定价通过资金中心为每笔交易实时提供与市场利率联动、与产品属性匹配的内部转移价格，公平一致地计量资产与负债的利差情况，并延伸至产品及客户层面，将利率风险和流动性风险从分支行中剥离出来，转移到总行资金中心集中管理。因此，内部资金转移定价最直接的作用就是通过金额、币种、期限和浮动方式等相互对应的资金转移过程，分离业务经营中的利率风险，将分支行的利率风险集中到资金中心统一管理。

（二）内部资金转移定价的主要功能

一是优化资产负债业务组合和资源配置。利用内部资金转移定价，可以分析不同业务、不同产品和不同机构的边际收益，有效发掘每笔需要定价的资产负债业务的利润大小，引导资金向盈利性更高的地方流动，实现资源的优化配置。

二是实现风险分离和集中管理。通过币种、期限和计结息等相互对应的内部资金转移过程，将业务经营中的利率风险、流动性风险与信用风险相分离，各分支银行的利润不受市场利率变化而产生影响，利率风险全部集中到资金中心进行统一管理，实现利率风险和流动性风险的集中管理。

三是引导产品合理定价。内部资金转移定价在分离风险的过程中形成了包含利率风险和流动性风险的内部资金价格，对于具体资产负债产品，只需再加上信用风险溢价、相关费用分摊和预期收益率，就可以确定产品价格的底线。

四是完善绩效考评体系和激励机制。建立科学、合理的内部资金转移定价可以有效识别资产和负债端的收益，准确区分不同业务单位的利润贡献，使银行建立起科学合理的绩效考评体系和配套的激励机制。

（三）内部资金转移定价的基本原则

为保持和促进资产负债业务的平稳发展和结构调整，在制定内部资金转移价格的过程中，主要考虑以下四个原则：

一是统一性原则。内部资金转移价格由总行根据货币政策和市场利率变化情况以及全行经营策略、经营导向和经营目标要求统一制定发布。

二是全面性原则。内部资金转移价格的计价范围应包括全部资产负债表内项目。

三是合理性原则。内部资金转移价格要根据全行资产负债管理需要，综合考虑全行资产业务平均收益率、负债业务平均付息率、流动性风险溢价、利率风险溢价以及费用成本等因素科学制定。

四是连续性原则。内部资金转移价格导向需保持一定的连续性和稳定性，通过利差锁定等方式集中利率风险，确保全行资产负债业务平稳、有序发展。

二、内部资金转移价格定价模式

FTP发展至今，经历了单资金池定价模式、多资金池定价模式和期限匹配定价模式三条发展路径。商业银行内部资金转移定价模式选择主要受内部经营管理理念、管理能力和内部技术条件限制，间接受到外部利率定价环境影响。当前绝大多数银行实施FTP时，使用的都是期限匹配定价模式。

（一）单资金池定价模式

这种模式是商业银行内部资金转移定价模式的最初形式，目前，商业银行使用较少。它假设资金具有相同的属性，所有资金汇总形成一个资金池，形成单一的内部资金成本价格。单资金池模式的优点是简便易行，有利于商业银行以负债制约资产，达到总量平衡。单资金池模式的缺点包括：一是忽略了资金筹集与运用的期限匹配问题，导致分支机构从自身利益出发，负债部门倾向吸收短期存款，资产部门倾向发放长期资产，不利于银行整体利益最大化实现。二是不考虑期限因素，无法规避利率波动造成的利率敏感性风险。三是无法保证经营机构业绩评估的公平公正。

（二）多资金池定价模式

这种模式是将资金按期限长短归集到不同的资金池，形成离散的收益率曲线，采用平均成本法或边际成本法确定每个资金池的内部资金转移价格的定价模式。多资金池模式的优点包括：一是考虑了期限不匹配给银行带来的利率风险，有利于商业银行提高资产负债管理水平。二是如果各期限资产负债数量完全匹配，则可以锁定利差，有效减少利率风险。三是避免了因机构使用单资金池法产生的整体利益非最大化问题。多资金池模式的缺点包括：一是无法完全避免资产负债期限匹配问题。二是即使资产负债期限相同，但由于利率特征不同，也同样会出现利率风险。

（三）期限匹配定价模式

这种模式是按资产负债业务的合同期限或重定价期限形成一条连续的期限结构收益曲线来确定内部资金转移价格，并将资金池中的存量资金和增量资金分开计价。期限匹配模式的优点包括：一是实现资产负债期限结构的匹配、交易规模的匹配、利率特征的匹配，利率风险集中到总行资金管理部门管理，有效实现风险专业化分工，提高风险管理效率和综合经营效益。二是更为科学地区分各业务线利润贡献，评价产品盈利能力和价格合理性。三是便于商业银行利用价格杠杆对全行资产负债业务进行更为准确的调控。期限匹配定价模式涉及复杂的数学模型和市场分析工具，要求商业银行具备较高的管理水平和配备专业人员，操作难度较大;它还要求先进的计算机系统支持,确保数据采集和处理及时准确,需要投入较高费用和成本。

【例 10-5】 某支行从存款客户吸收一笔 1 年期定期存款 1 000 万元,给客户的定价为 1%,在 FTP 模式下,支行不能自主支配存款资金,将该笔资金有偿卖给资金中心;资金中心按照年利率 3% 的价格买走该笔资金,期限 1 年,可以得出,该支行开展这笔业务前后获得的收益为 20 万元[1 000×(3%−1%)×1]。

以此类推,该支行吸收的所有的负债资金均需有偿转移到资金中心。当客户有贷款需求时,该支行需要向资金中心以一定的价格购买相应金额和期限的资金。如图 10-6 所示,客户申请一笔 3 年期贷款,金额为 1 000 万元,双方议价为 7%,该支行需向资金中心申请购买一笔期限 3 年期的资金,资金中心向其定价为 4.5%,则该支行开展此笔贷款业务得到的收益为 75 万元[1 000×(7%−4.5%)×3]。

该例子中涉及以下三个问题,如图 10-6 所示。

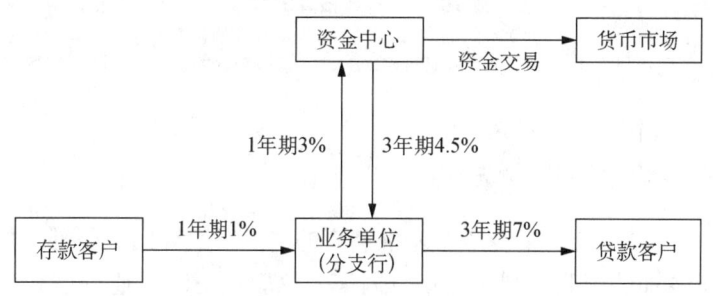

图 10-6　FTP 定价和资金转移流程

第一,围绕存款产生两个价格,一个是 1%,一个是 3%,1% 称为存款的付息率,3% 称为存款的 FTP 价格;两个价格产生 2% 的利差,为存款的 FTP 利差,称为融资利差。

第二,围绕贷款业务产生的两个价格,7% 为贷款的收益率,4.5% 为贷款的 FTP 价格;两个价格产生 2.5% 的利差,为贷款的 FTP 利差,称为信用利差。

第三,存贷款的净利差为 6%,而 FTP 方法把净利差分割开来,产生 2% 的存款 FTP 利差和 2.5% 的贷款 FTP 利差,还有 1.5%(6%−2%−2.5%)是错配利差,没有分到该支行手里,这是 FTP 管理的核心点,这部分利差留在了资金中心。资金中心拥有错配利差的原因是它整体承担了全行资金管理的结构性风险,本着风险和收益对等的原则,需要有一部分利差与其承受的风险相匹配。

分支行开展存贷款业务,均会产生一定的收益,而且从业务产生之日起,获得的收益基本已经确定,不用承担由于资产负债结构不匹配产生的相关结构性风险,故分支行需要做的事情就是专注资产负债业务的开展,并在有效的考核指标引导下,考虑利润目标的完成即可,发挥拓展业务的优势。

根据上面的例题,总结 FTP 管理下的核算流程,如图 10-7 所示。

商业银行运用 FTP 工具,有效地将净利差分割为三个部分,分别是融资利差、信用利差和错配利差,此过程并没有增加利差的大小,只是将当前状态下的利差进行了有效切割,进而分类进行精确的管理,以更好地提升银行的盈利能力,因此,FTP 是商业银行精细化管理的基石。FTP只是银行内部的资金转移,它并不改变银行整体的利率风险,分支行被剥离的利率风险并没有消失,只是通过FTP计价转移到了资金中心,所以,资金中心需要统一对市场风险进行管理。

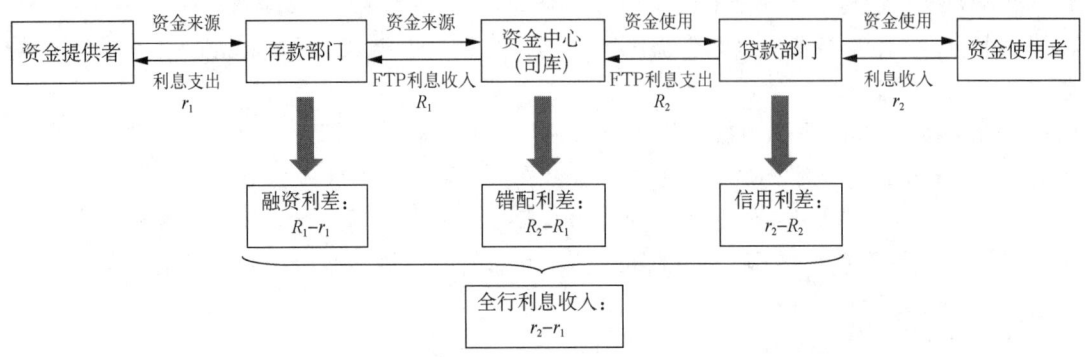

图10-7　FTP核算流程①

注:R_1表示存款的FTP价格;R_2表示贷款的FTP价格;r_1表示存款的付息率;r_2表示贷款的收益率;R_1-r_1表示存款的FTP利差,即融资利差;R_2-R_1表示错配利差;r_2-R_2表示贷款的FTP利差,即信用利差;r_2-r_1表示存贷款的净利差。

三、内部资金转移定价方法

西方商业银行资金中心对内部资金基准利率的选择一般等同于外部市场基准收益率曲线。例如,外币转移曲线的基准利率1年以内采用伦敦银行间同业拆借利率(LIBOR)或者香港银行同业拆借利率(HIBOR),1年以上采用掉期(SWAP)利率,构建外币平滑型转移曲线。② 目前,国内商业银行资金中心内部资金转移定价的方法主要有以下两种。

(一) 以市场为基础的转移定价

根据我国金融市场的发展状况和商业银行现有资金筹集与运用渠道,结合货币时间价值理论,使内部资金基准价格尽量接近市场价格基准利率。首先,主要参考贷款市场报价利率(LPR)确定短期资金基准利率。其次,根据短期资金基准利率按照复利确定无市场利率的中长期资金基准利率或采用银行间国债收益率曲线,在一定的基点基础上确定资金部门的利差,将利差在资金来源部门和资金运用部门平均分摊,最终确定各部门、各产品的内部资金转移价格。

(二) 以成本为基础的转移定价

商业银行根据全行资金的实际成本率和收益率确定基准价格,再通过分别确定经济调节参数,按照我国商业银行目前经营的业务品种来设置内部资金转移的指导价格。总体思

---

① 来源:《FTP与商业银行利率传导效率研究》,华福证券研究所。
② 伦敦银行间同业拆借利率(LIBOR)曾经是世界上最重要的基准利率,在全球金融市场交易和资产定价中扮演重要角色。2017年英国金融行为监管局(FCA)宣布,2021年年底后不再强制要求报价行报出LIBOR。2021年3月FCA公告,2021年12月31日后终止所有英镑、欧元、瑞士法郎、日元,以及1周和2个月美元LOBOR报价;2023年6月30日之后终止所有剩余期限美元利率报价。2023年6月30日中国外汇交易中心要求,所有银行间外汇市场交易会员终止挂钩旧基准利率相关产品交易,调整为挂钩美元担保隔夜融资利率(SOFA)和境内美元同业拆放参考利率(CIROR)浮动利率;货币掉期和外币利率互换的公开报价品种调整为挂钩SOFR;下线挂钩LIBOR的货币掉期基准曲线,新增"人民币固定利率对美元SOFA""人民币Shibor 3M对美元SOFA"基准曲线。

路是根据全行资金成本率和资产收益率确定利差区间,再根据利差区间确定基准价格,资金部门对吸收的资金和配置的资金按不同业务种类分别计价,同时通过一些经济调节参数,即经营策略调节参数、期限风险调节参数进行调节,使资金价格能够随着各机构、部门所处的外部市场环境、经营策略等因素适时(按季或按年)调节和变化。

其主要定价方法包括两种。

1. 确定基准利率

确定基准利率是根据全行盈利性资产回报率和筹资成本率的平均值确定,即各项目内部资金价格应在全行的筹资成本率和扣除税赋的全行盈利性资产回报率之间,内部资金价格下限为全行的筹资成本率,而上限为扣除税赋的全行盈利性资产回报率。

2. 确定上存和配置资金利率

确定上存和配置资金利率考虑到优化资产负债结构,实现期限结构的配比,可按照资金来源和运用的不同期限、不同种类分别计价。其计算公式为:

$$上存资金利率 = C + \gamma + \varepsilon$$

其中:C 表示内部资金转移基准价格;γ 表示经营策略调节参数,包括地区发展战略、产品策略、客户策略等。ε 为期限风险调节参数,用以度量由于资金运用期限不同产生的利率风险。

第五节 我国商业银行资产负债管理的实践

商业银行在长期的资产负债管理实践中,对资产负债运行规律进行摸索和总结,在保证资金使用的安全性、流动性和盈利性的前提下,对资产负债的总量和结构等内在关系进行协调,从而使银行能够做到稳健经营。随着我国金融业市场化程度和开放程度的不断提高,资产负债管理在我国商业银行的运用也将不断深入。

一、我国商业银行资产负债管理的历史演变

(一) 1985 年,实贷实存——总量平衡,结构对称

我国商业银行对资产和负债的管理最早可以追溯到 1985 年。在这一年,中国人民银行下发《信贷资金管理试行办法》,开始对信贷资金管理体制进行改革,实行信贷资金管理办法,努力实现总量平衡,结构对称。该办法的指导思想在于加强中央银行对金融的宏观调控的同时,使专业银行的资金搞活,并有利于社会经济活动中的资金周转;力求使信贷计划管理与信贷资金管理相结合,行政手段与经济手段相结合。

(二) 1987 年,开始试行资产负债比例管理

我国银行业于 20 世纪 80 年代末开始试行资产负债比例管理方法,交通银行是我国最早进行资产负债管理实践的银行。提出了"总量、比例控制"和"经营目标管理"等具有现代资产负债管理思想的构想。1992 年,中国人民银行要求各城市信用社实行资产负债比例管理,继而 1993 年进一步要求各银行对外汇信贷实行资产负债比例管理。

(三) 1994 年,实行贷款限额项下的资产负债比例管理

1994 年 2 月,中国人民银行发布了《关于对商业银行实行资产负债比例管理的通知》,资产负债比例管理在我国银行系统内全面推广。该通知的附件《商业银行资产负债比例管理暂行监控指标》中,根据国际一般惯例和我国实际制定了包括资本充足率、存贷款比例、中长期贷款比例、资产流动性、备付金比例、单个贷款比例、拆借资金比例、对股东贷款比例、贷款质量指标等 9 项指标。

(四) 1996 年,实行全面的资产负债比例管理

1996 年 12 月,中国人民银行对 1994 年规定的资产负债比例管理指标进行了修订,发布了《关于印发商业银行资产负债比例管理监控、监测指标和考核办法的通知》。至此,我国基本上建立起了一套既按照国际惯例,又符合我国实际的银行业资产负债管理体系。新的指标分为监控性指标和监测性指标,并把外币业务、表外项目纳入考核体系,以期真实、完整地反映商业银行所面临的经营风险。其中,监控性指标共 10 个,分别为:资本充足率指标、贷款质量指标、单个贷款比例指标、备付金比例指标、拆借资金比例指标、境外资金运用比例指标、国际商业借款指标、存贷款比例指标、中长期贷款比例指标和资产流动性比例指标。监测性指标共 6 个,分别为:风险加权资产比例指标、股东贷款比例指标、外汇资产比例指标、利息回收率指标、资本利润率指标和资产利润率指标。

1998 年 1 月,中国人民银行取消对国有商业银行的贷款限额控制,实行全面的资产负债比例管理,基本实现了货币信贷总量管理由直接规模控制向运用多种货币政策工具间接调控的转变。

(五) 2005 年,建立以风险监管为主要特征的资产负债管理

2005 年,中国银监会发布了《商业银行风险监管核心指标(试行)》(以下简称《核心指标》)的通知,以风险监管为核心,对资产负债管理的相关指标进行了科学的细化,进一步提高我国商业银行资产负债管理的质量。《核心指标》包括了风险水平、风险迁徙和风险抵御的三大类指标及指标值,其中一级指标 15 个、二级指标 8 个。风险水平类指标包括流动性风险指标、信用风险指标、市场风险指标和操作风险指标。风险迁徙类指标衡量商业银行风险变化的程度,表示为资产质量从前期到本期变化的比率,包括正常贷款迁徙率和不良贷款迁徙率。风险抵御类指标衡量商业银行抵补风险损失的能力,包括盈利能力、准备金充足程度和资本充足程度三个方面。《核心指标》基本覆盖了我国银行业最为重要的信用、市场、操作和流动性四种风险,并规定了相应的检查监督措施,明确了对商业银行的具体要求。

(六) 2016 年,宏观审慎评估体系——MPA(Macro Prudential Assessment)

随着商业银行资产负债结构发生巨大的变化,非信贷资产、表外理财等占比越来越高,传统的宏观调节方式所起到的效果越来越弱,迫切需要建立一套能够统筹商业银行表内外的全面宏观调控体系。

2015 年 12 月 29 日,中国人民银行宣布从 2016 年起将现有的差别准备金动态调整和合意贷款管理机制升级为宏观审慎评估体系,这是顺应金融深化的进程,是监管层面做出的必然应对。宏观审慎评估体系体现出四大监管导向:①资产负债相协调;②资本资产相匹配;③安全性、流动性、盈利性相统一;④市场行为与监管合规相一致。其目的是建立"宏观审慎

管理+广义货币政策"的全面风险管理体系,防止风险顺周期累积以及跨机构、跨行业、跨市场和跨境的传染,从而造成系统性金融风险的爆发。宏观审慎评估体系的管理框架共涉及资本和杠杆情况、资产负债情况、流动性、定价行为、资产质量、外债风险和信贷政策执行等七大方面,14个分项指标,以更加全面地对金融机构的经营行为进行评估,引导金融机构加强审慎经营。宏观审慎评估体系的考核指标,如表10-9所示。其中,资本充足率和杠杆率为核心指标,具有一票否决的作用。宏观审慎评估体系能够提升监管机构间的协调效率,更好地降低社会融资成本,提高货币政策向实体经济的传导效果,同时更有力地防范系统性金融风险;是在混业经营和分业监管的大背景下,防范系统性、区域性金融风险,避免监管真空和监管套利的重要举措,为央行在宏观审慎管理框架中担负重要职能奠定了基础。

表10-9 宏观审慎评估体系的考核指标

七大方面	14个指标
资本和杠杆情况	资本充足率、杠杆率
资产负债情况	广义信贷、委托贷款、同业负债
流动性	流动性覆盖率、净稳定资金比例、遵守准备金制度情况
定价行为	利率定价
资产质量	不良贷款率、拨备覆盖率
外债风险	外债风险加权余额
信贷政策执行	信贷执行情况、央行资金运用情况

二、我国商业银行资产负债管理的具体内容

随着利率市场化改革的深入,加强资产负债管理成为商业银行推动经营转型的重要工作和手段。通过统一协调资产负债总量与结构管理、资本管理、资金管理和定价管理等职责,制定和实施资产负债总量结构的整体优化方案,为管理层战略决策提供关键依据。

(一)资产负债管理计划的构成与编制

资产负债管理计划是商业银行综合经营计划的重要组成,采用定性与定量相结合的方法。每年第四季度,银行财务会计部门将牵头制定下年度综合经营计划,其中,资产负债管理计划是重要组成部分,资产负债管理计划确定后,在计划年度内可根据宏观经济政策、市场需求和本行经营策略的需要适时调整优化。

商业银行资产负债管理计划一般分为业务发展计划、风险控制计划和资本管理计划。业务发展计划一般包括人民币存贷款计划、外汇存贷款计划、人民币资金营运计划和外汇资金业务计划;风险控制计划包括存贷款定价控制计划、利率风险控制计划和流动性风险控制计划;资本管理计划包括经济资本计划和资本充足计划。一般情况下,对机构分解下达的计划包括人民币存款计划、人民币贷款计划、外汇存款计划、存贷款利率控制计划和经济资本计划,其他计划可不对分行做分解下达。

资产负债管理计划编制是一个科学预测、系统评估和完善调整的过程,须结合三类重要因素反复研究。一是宏观经济及市场因素,包括计划期内宏观经济和货币政策导向,国内生

产总值、货币投放和企业效益等经济增长预期情况,利率与汇率的变化预期,信贷市场需求变化和同业竞争态势等外部因素。二是客观发展历史因素,主要是指近年(一般是3~5年)相关业务增长的历史数据情况。它既包括当地金融机构的年均发展情况、本行年均发展及同业比较情况,又包括近年及计划期内即将发生的资产负债到期收回、流转替代和金融创新等各方面情况。三是全行战略规划因素,主要指已明确的业务发展规划、风险控制及结构调整要求。它包括资产负债总量及结构规划、区域发展规划、流动性管理规划、信贷政策要求和资本管理要求等对资产负债管理计划指标有直接影响的具体要求。

（二）信贷计划管理

信贷计划是国内商业银行资产负债管理计划的重要组成部分,主要是指人民币贷款计划,属于业务发展计划,由总行对一级(直属)分行分解下达,一般实施指令性计划和指导性计划结合的管理方式。总量计划和专项上限控制计划为指令性计划,严禁突破;其他分品种计划为指导性计划,各行可在总量计划之内,在不突破专项上限计划的基础上,对其他贷款品种计划指标进行调剂使用。信贷计划管理的主要目标是贯彻落实国家宏观经济政策和银行经营发展战略要求,推进贷款总量平稳均衡增长;实现全行信贷资源的优化配置,提升信贷业务的整体利润贡献水平;保持信贷稳健经营,防范系统性风险;优化完善信贷区域摆布结构,巩固和提高商业银行整体和区域市场竞争力;满足流动性管理需要,实现资产负债业务匹配发展;降低资本占用水平,保持风险加权资产的适度增长。

信贷计划管理包括核定贷款计划、设置信贷计划监测指标、开发信息监测系统、分析反馈信贷计划执行情况和预测信贷计划需求等。

根据管理需要,贷款计划可分为一级指标和二级指标。一级指标包括公司类贷款、个人类贷款、票据贴现和银行卡透支。其中,公司类贷款二级指标包括小企业贷款、一般流动资金贷款、项目贷款和房地产贷款;个人类贷款二级指标包括个人住房贷款、个人消费贷款和个人经营贷款。

信贷计划常用监测指标一般可设置各项贷款增量、年度计划执行进度、月度计划执行进度、当月可用计划执行进度等监测指标。各项贷款增量是指期末时点的贷款余额较期初余额的增减额,主要有日增量、旬增量、月度增量、季度增量和年度增量;年度计划执行进度是指年内某时点各项贷款比年初增量除以全年人民币各项贷款比年初增量计划;月度计划执行进度是指月内某时点人民币各项贷款比年初增量除以月末人民币各项贷款比年初增量计划;当月可用计划执行进度是指月内某时点人民币各项贷款比月初增量除以当月人民币各项贷款可用增量计划(月末比年初增量计划减去上月末比年初实际增量)。

（三）资产负债组合结构优化

科学配置资产负债组合结构,不仅能促进短期经营目标的实现,从长期看更能提高银行对经济周期波动的抵御能力。优化配置资产负债组合结构应至少包括以下几个方面。

1. 优化资产负债品种、区域结构

优化资产负债品种结构的原则就是要发展收益高、风险低的业务,降低高风险、低收益业务占比,并要综合考虑利润目标、风险偏好和市场预期等因素。

优化资产负债区域结构主要是优化存贷款业务区域结构。区域信贷资源配置的考虑因素主要包括:一是要考虑各区域信贷资产风险收益属性,保持和加大对风险收益匹配较好的区域的贷款投放力度,提高信贷资源的边际效益。二是要考虑国家区域发展规划和区域信贷资源储备情况,要将银行区域信贷发展战略与国家区域经济发展规划结合起来。三要考虑银行区域市场竞争地位,巩固和增强在国内市场重点区域的市场地位。

2. 优化资产负债的期限结构、利率结构

优化资产负债的期限结构目的是降低和化解期限错配风险。在贷款期限安排上,优先支持票据贴现、贸易融资、小企业贷款等期限短、收益高的信贷业务,合理安排中长期贷款增速;存款期限结构安排方面,在保持活期存款比例的优势地位的基础上,灵活调整中长期定期存款业务发展策略。

优化资产负债利率结构包括业务发展和风险管理两方面内容。从业务发展的角度看,就是要加强利率定价管理,有效控制资金来源成本,提高以信贷业务为主的资产业务定价能力。从风险管理的角度看,就是要密切关注市场利率变化情况,及时调整资产负债利率缺口和久期结构,降低市场利率变化对商业银行盈利能力的负面影响,保持全行净利差空间。

3. 优化资产负债表内外结构

目前,国内银行表外业务发展较快,表外业务主要包括承兑汇票、信用证和贷款承诺等方面业务。发展表外业务,一方面可以为客户提供综合性、全方位的服务,另一方面也可以为银行带来中间业务收入,有利于改善银行收入结构,提升银行可持续发展能力。但是,表外业务也会消耗银行资本,影响银行资本充足率,因此,发展表外业务必须要考虑资本回报。优化资产负债表内外结构,就是要在给定的资本约束下,以资本回报率最大化为目标,推进表内外资产协调发展。

(四)资产负债监测分析

1. 开发建设资产负债管理信息系统

商业银行应建立存贷款监测、资本管理、利率管理和流动性管理等方面的信息系统平台,实现资产负债管理数据的集中获取、加工和分析,为提高资产负债管理水平提供数据支持和系统基础。

2. 建立资产负债管理监测报表体系

通过对资产负债管理信息系统内的数据的整合加工,建立完善的资产负债管理监测报表体系,系统监测和评估各层面资产负债运行情况。监测报表一般应包括本外币存贷款数据、资产负债计划完成情况、同业资产负债运行情况、信贷资产的收益和风险分类情况、资本管理情况、利率管理情况和流动性管理情况等。根据具体管理需要,监测报表按报送频度可分为日报表、旬报表、月报表、季报表、年报表及临时性报表。

3. 资产负债运行情况分析报告

商业银行应灵活运用定期监测分析报告和临时性报告,加强对全行资产负债总量与结构变化、计划执行进度、资源配置效率和重点关注问题等方面的监测分析和报告反馈工作。监测分析报告应包括但不限于本行资产负债总量及结构变化情况、资产负债管理计划执行情况、当期资产负债运行的主要特点、存在或需关注的问题、下阶段资产负债管理工作措施及对相关工作建议等。

三、我国商业银行资产负债管理的主要方法与工具

(一) 资产负债组合管理

商业银行资产负债配置需要考量诸多因素,既有外部宏观形势、同业竞争的制约,又有内部资本限额和风险管理等方面的约束,这就要求商业银行在多重约束下探索资产负债总量和结构的最优配置,实现多重目标的动态平衡和协调统一,这就是商业银行资产负债组合管理。这种管理要求商业银行结合宏观经济发展形势,以自身战略方向和经营策略为指引,在兼顾资本限额约束、风险管理要求、外部监管政策和同业竞争需求等多目标平衡的基础上,合理配置并持续优化资产负债组合,实现资本回报最大化的目标。

(二) 流动性风险管理

流动性风险管理覆盖全行,是保障商业银行稳健经营的基石,是商业银行资产负债管理的重要内容。在定量方面,商业银行流动性风险管理办法设立流动性覆盖率、净稳定资金比例、流动性比例、流动性匹配率和优质流动性资产充足率五项监管指标;在定性方面,商业银行应建立有效的流动性风险管理治理结构,建立完整的流动性风险管理程序和政策,包括流动性风险识别计量、限额管理、融资管理、日间流动性风险管理、压力测试、应急计划、优质流动性资产管理和管理信息系统支持等各方面。总行资产负债管理部门,负责拟定流动性风险管理政策和程序,对流动性风险进行定性和定量分析等具体管理工作。

(三) 银行账簿市场风险管理

银行账簿市场风险管理是商业银行业务经营的重要约束条件,主要覆盖银行账簿利率风险和汇率风险。中国银保监会 2018 年发布的《商业银行银行账簿利率风险管理指引(修订)》中的定义,银行账簿利率风险是指受利率水平、期限和结构等不利变动,导致银行账簿经济价值和整体收益遭受损失的风险,主要包括缺口风险、基准风险和期权性风险。其风险特征主要是由于利率水平的变化,引起商业银行净利息收入和权益经济价值(EVE)的变动方向与程度,具体可从资产负债的利率敏感性、定价基准的集中度和客户行为期权的利率敏感性三个纬度进行分析。持续期缺口分析可以更好地反映市场利率变动所导致的银行经济价值的变动。[1]

(四) 内部资金转移定价管理

我国商业银行自 2002 年开始系统学习和探索内部资金转移定价管理,经历了探索尝试、全面实施和升级换代三个阶段。目前,我国大中型商业银行已基本建立完成内部资金转移定价管理体系,管理理念逐渐成熟、管理思路逐渐清晰,使商业银行从差额资金管理模式向全额资金管理模式转变,对商业银行资金管理、流动性管理和利率风险管理等方面都产生了重要影响。总行资产负债管理部门可以通过 FTP 曲线调整 FTP 价格直接作用于某类业务或产品,鼓励或抑制该类业务或产品的发展,达到调控目的。资产负债管理由过去的行政手段为主、经济手段为辅变为以经济手段为主、行政手段为辅,即由比例指标和间接调控转变为价格指标和直接调控。[2]

---

[1] 王良,薛斐.商业银行资产负债管理实践[M].中信出版集团,2023.
[2] 何佳,杨静,王馥君,赵静,刘帅.商业银行内部资金转移定价研究[J].华北金融,2019,(07):34-43.

四、我国商业银行资产负债管理的发展趋势

面对日趋复杂多变的内外部经营形势,商业银行资产负债管理的对象和内涵呈现出"表内外、本外币、集团化"的趋势,资产负债管理作为银行统领经营全局和资源配置的核心工具,未来更加强调全面、动态和前瞻的综合平衡管理,要贯彻好四个导向——战略导向、价值导向、质量导向和发展导向,促进商业银行经营模式转型和价值创造能力提升,实现质量、效益和规模的动态平衡发展。

(一)战略导向

战略导向是指商业银行资产负债管理需在全行总体战略的指导下进行,并与全行发展战略保持高度一致。资产负债管理作为推动商业银行战略落地和承接战略的重要工具,要重宏观、谋全局,以实现银行发展战略为引领,在管理政策的制定和实施过程中衔接好战略规划,加强对业务经营的引导和调控能力,确保银行战略目标得以顺利实现。

(二)价值导向

价值导向是指在资源有限的前提下,将有限的资源配置到高回报的机构、产品和客群上。商业银行资产负债管理要贯彻价值导向,围绕价值最大化目标,坚持以更少的资本杠杆、成本投入和风险补偿,创造出更高的价值回报。

(三)质量导向

质量导向是指要保证资产质量,有效把控项目、客群和地域等各类风险,同时做好统筹平衡,最终实现质量好、结构优、可持续、价值创造能力强等目标。商业银行的高质量发展,就是要通过资产负债的主动管理,把握业务发展的速度、结构和节奏,统筹平衡风险边界与业务边界、短期目标与长期目标之间的关系,确保规模与速度、质量与效益协调统一。

(四)发展导向

发展导向是指随着我国商业银行综合化经营程度的提高和国际化进程的推进,资产负债管理的对象和内涵在不断扩大,呈现"从法人到集团、从表内到表外、从本币到外币"的发展要求。不同银行因为资源禀赋和历史背景等不同,发展模式存在较大差异,因此,要因地制宜、一行一策,根据资源禀赋和管理能力的不同,制定差异化发展策略,在变革中求生存、求发展。[①]

上述四个导向既是我国商业银行经营的出发点,又是经营目标,需要长期坚守,同时,商业银行资产负债管理工作应紧跟大势,高度关注宏观经济和金融市场变化,加强前瞻性预判,推动商业银行业务发展始终处在正确的轨道上。

专栏 10-2

商业银行资产负债全景管理流程

资产负债管理是一项系统性工作,对象是商业银行所有表内外业务,管理目的是要对银行经营发展进行规划,在保证"三性"原则的前提下,对全行资产与负债进行有效调配。资产负债管理的决策由资产负债管理委员会制定,主要制定商业银行的资产负债管理架构、资产负债表结构组成以及未来发展方向等战略性决策。

---

① 王良,薛斐.商业银行资产负债管理实践[M].中信出版集团,2023.

目前，多数商业银行组织架构以层级管理为主，以部门条线管理为辅，相应的资产负债全景管理也以分支机构为主体，业务条线深度参与。总行业务条线参与总体目标制定和计划分解下达的审核和平衡等；分行业务条线负责职责范围内的计划编制和执行落实。具体管理流程如图10-8所示。

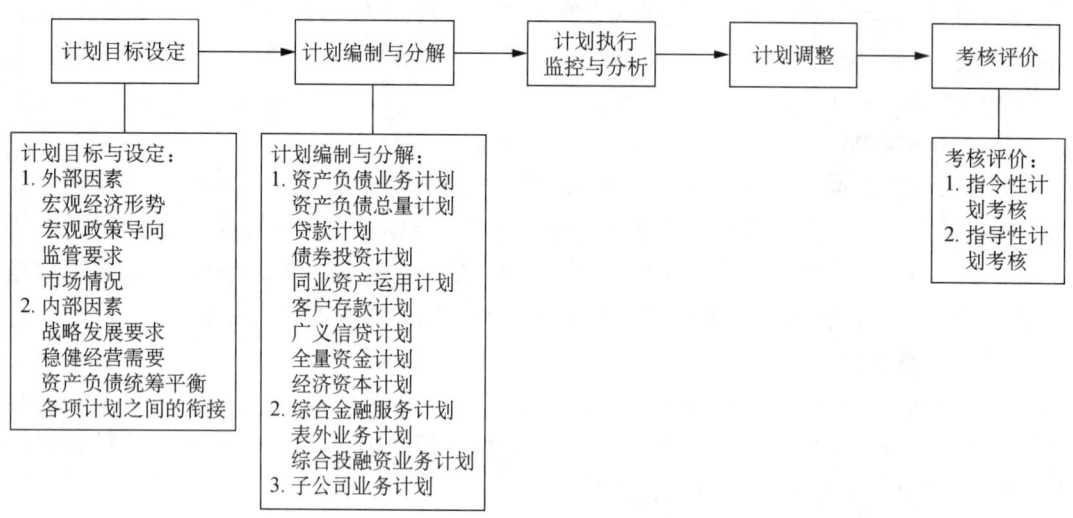

图 10-8　商业银行资产负债全景管理流程

一、计划目标设定

资产负债全景管理的目标设定是指确定业务发展策略、主要业务增量与结构以及重要指标目标值等。计划目标的制定要统筹考虑内外部多项因素，是一个综合平衡的过程。外部因素需要关注宏观经济形势、宏观政策导向、监管要求和市场情况等，通过对外部环境的分析找到银行业务发展的机遇与挑战。内部因素要考虑自身的战略发展要求、稳健经营需要、资产负债统筹平衡和各项计划之间的衔接等。

二、计划编制与分解

商业银行根据发展战略对资产负债结构进行改善，确定资产负债总量计划，确保资产负债结构与市场相适应。年度总量计划与资产负债表、资金来源与运用等计划紧密相关；贷款计划的编制要盯准宏观指标、扩大市场份额、满足客户基本信贷需求；债券投资计划在编制过程中仅需确定投资总量及产品结构。随着商业银行综合化经营的发展，资产负债管理计划编制的内涵和外延应不断扩充，除了传统的表内资产负债主要业务计划，还需制定表外业务、综合投融资业务等计划，充分体现表内外计划的协同联动。

三、计划执行监控与分析

商业银行根据经营条件变化、市场竞争情况和管理要求等，适时调整年度经营目标的重要方式。一是完善日常监测体系，分析研判内外部形势变化，做好关键时点各业务指标的预测预控。二是定期分析年度计划执行情况，检验实际经营与业务计划的匹配情况。三是对一些波动较大的科目，通过监测发现存在的问题，有效指导业务经营发展。

四、计划调整

年初制定计划的前提假设会随着银行面临的外在经营环境改变而发生变化；从结构上

看,银行分支机构众多,存在一些个性化的问题与突发的内外部影响因素,需要及时调整部分业务计划。计划调整的主要时间窗口一般在三季度末或四季度初。在总结上半年计划执行情况的基础上,银行要及时分析和总结发展中出现的问题及内外部经营环境的变化,确定哪些业务计划需要调整。

五、考核评价

资产负债总量计划具有约束性,为指令性计划;存款业务计划和综合投融资业务计划目的在于鼓励发展,为指导性计划。指令性计划的关键指标有监管要求,要严格考核,增加计划的严肃性,如贷款计划和资本计划等。指导性计划的指标是导向性要求,一般视增长情况进行考核,是总行对分行的方向性要求,原则上实际执行与计划安排大致吻合。在考核维度上,一般通过计划完成率、市场份额、同业排名等维度进行考核,具体视不同业务而定。

资料来源:

[1] 张骏逸.商业银行资产负债全景管理探析[J].金融纵横,2021,(07):60-66.

[2] 彭家文.探索价值引领的高质量商业银行资产负债管理体系[J].中国银行业,2023,(05):48-50+57+6.

思政案例

硅谷银行破产对我国商业银行资产负债管理的警示

一、思政元素

本案例以硅谷银行破产为视角,展开对商业银行以资产负债管理为核心的风险教育,让学生认识到利率风险管控和资产负债管理的重要性,树立风险管理意识。

二、案例内容

硅谷银行成立于1983年,曾被誉为高科技商业银行、创新经济银行,支持了美国近50%风投科技与生命科学公司,Facebook、Uber和Twitter等巨头都是其客户,2022年被《福布斯》杂志评为美国最佳银行之一。2022年以来,美国连续多次加息使得持有各类美元计价债券的金融机构出现了大量的浮亏,而该银行浮亏尤为突出,由于流动性不足致使股票暴跌并停牌。2023年3月10日,美国银行监管机构宣布关闭硅谷银行。

硅谷银行破产的第一个主要原因是忽视对利率风险的管控。在美联储货币政策转向加息的背景下,该行依然持有大量到期证券,利率风险凸显,市场利率提高导致其持有证券的市场价格持续下跌,未实现损失不断加大。这是在资产配置对利率变动非常敏感的情况下,硅谷银行忽视跨周期经营下的利率风险管控所带来的严重后果。

硅谷银行破产的第二个主要原因是风险集中度太高。该银行长期专注服务于PE/VC机构和初创企业的融资需求,客户主要集中在科技、生命科学和医疗等领域;且将60%的金融资产投资于长期债券;企业客户无息存款占比高达66.5%,零售客户存款占比仅为2.5%;负债来源集中且单一。由于硅谷银行在行业、区域、客户和产品等方面均没有适度分散,忽视资产负债管理下的风险分散原则,忽视风险集中度管理,使得抗风险能力十分脆弱。

硅谷银行破产的第三个主要原因是期限错配,忽视商业资产负债管理的基本原则。2022年年末,硅谷银行资产端,中长期贷款占总贷款的比例几近50%、持有到期证券比重高且期限较长;负债端,主要客户群将获得的信贷资金多以无息存款形式进入银行资产负债表。随着美联储货币政策方向调整,市场流动性收紧,银行存款从流入变为流出;加之股票暴跌后存款人的集中取现,导致流动性进一步枯竭直至破产。期限错配的背后是硅谷银行忽视商业资产负债管理下的规模对称、结构对称和偿还期对称这些基本原则所带来的必然后果。

硅谷银行倒闭事件给我国商业银行带来许多警示,主要有如下几点:①应该始终坚持安全性、流动性、盈利性三大原则,强化稳健经营;②在资产配置对利率变动非常敏感的情况下,务必强化利率风险管控,确立跨周期经营理念;③坚定地以信贷为本,不过度参与不擅长的证券投资领域;④市场风险偏好应该符合整体资产负债组合管理的需要;⑤必须加强资产负债综合管理。

三、思考题

1. 请思考商业银行如何加强利率风险管控。
2. 请列出该案例对我国商业银行经营管理的具体启示。

资料来源:

［1］中国人民银行研究局课题组,周学东.美国中小银行危机与储贷危机的比较分析[J].中国金融,2023,(18):73-76.

［2］谢晓雪.硅谷银行破产事件对商业银行的启示[J].中国金融,2023(07):34-35.

本章小结

1. 资产负债管理是把商业银行的资产和负债作为一个整体,运用一定的方法,组织、协调资产负债业务以谋取最大利润的管理活动。按其经历的历史过程,资产负债管理依次有资产管理理论、负债管理理论和资产负债综合管理理论三个时期。

2. 资产管理理论经历了商业性贷款理论、资产可转换性理论和预期收入理论等,对应的管理方法,分别为资金总库法、资金分配法和线性规划法。负债管理理论经历了存款理论、购买理论和销售理论的发展过程。负债管理方法主要有储备头寸负债管理和贷款头寸负债管理等。

3. 资产负债联合管理理论认为,应对银行的资产和负债进行全面管理,根据外部经济环境的变化,协调资产负债在利率、期限、风险和流动性等诸方面的搭配,并在确保资金安全性、流动性情况下实现最大的利润。

4. 利率敏感性缺口管理是指商业银行依据对利率的预测,积极调整银行资产负债的结构,扩大或减少利率敏感性缺口,以规避利率波动风险,保证银行收益的稳定或增长。

5. 持续期缺口管理是指银行通过考虑资产和负债的持续期缺口并进行调整,来控制和降低在利率波动的情况下,由于总体资产负债配置不当而给银行带来的风险,以实现银行的绩效目标。

6. 内部资金转移价格是指资金在商业银行内部不同部门、不同产品、不同分支机构之间流动的价格,它可以分为不同部门间资金横向流动的价格和不同分支机构间资金纵向流动的价格。

7. 宏观审慎评估体系是防范系统性、区域性金融风险,避免监管真空和监管套利的重要举措。加强资产负债管理成为商业银行推动经营转型的重要工作和手段,未来更加强调全面、动态和前瞻的综合平衡管理。

本章思维导图

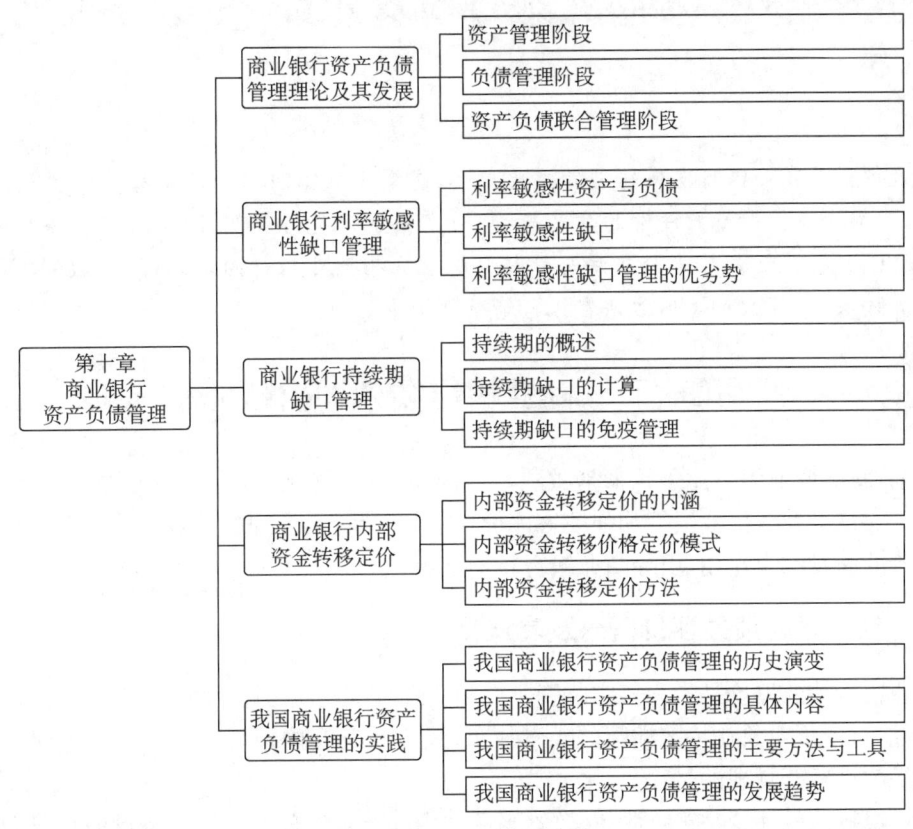

图 10-9　思维导图

思考题

1. 简述资产管理理论的内容及方法。
2. 简述负债管理理论的内容及方法。
3. 什么是资产负债综合管理理论？
4. 利率敏感比率与利率敏感性缺口的联系是什么？
5. 当利率波动时，银行应如何配置利率敏感资金？
6. 当利率波动时，资产负债持续期正缺口和负缺口对银行净值有什么影响？
7. 内部资金转移定价是如何优化资产负债业务组合，实现风险分离和集中管理的？
8. 简述我国商业银行资产负债管理的主要方法与工具。

本章涉及的主要法律法规

《商业银行银行账簿利率风险管理指引（修订）》
《宏观审慎政策指引（试行）》

第十一章 商业银行绩效评价

▎本章学习目标

绩效评价是商业银行发展转型的重要工具,是实现战略目标的指挥棒。学生通过本章学习,应了解商业银行绩效评价的意义与程序;掌握资产负债表、利润表与现金流量表的含义、作用及构成;能运用比率分析法与杜邦分析法分析商业银行的绩效;掌握 RAROC 的含义与计算方法;掌握 RAROC 方法在银行绩效评价中的应用。

第一节 商业银行绩效评价概述

当前,我国商业银行竞争越来越激烈,金融监管日益强化,传统的外延式增长之路已走到了尽头。这就要求商业银行加强绩效评价,建立一套科学合理的绩效评价体系,充分发挥绩效评价的激励约束作用,引导商业银行转型升级。

一、商业银行绩效评价概念及其意义

商业银行绩效评价是指为落实监管要求和实现自身发展战略,通过建立评价指标、设定评价标准,对评价对象在特定期间的经营成果、风险状况及内控管理进行综合考评,并根据评价结果改进经营管理的过程。

商业银行绩效评价是银行股东、监管当局和内部经营管理者了解银行目前状况,判断银行未来发展方向,并据此做出决策和采取相应措施的重要依据。科学先进的商业银行绩效评价制度有利于商业银行建立健全激励和约束机制,充分调动职工的积极性,促进规模、质量、效益同步增长,提高经营管理水平和综合竞争力。

二、商业银行绩效评价程序

商业银行绩效评价的程序一般分为确立评价目标、设计评价指标、收集评价信息、选择评价标准、形成评价结论和提出改善建议六个阶段。

(一) 确立评价目标

评价目标是商业银行绩效评价系统运行的指南和目的。任何评价体系都必须有确定的目标,否则整个评价就失去了意义。从逻辑上看,确定评价目标是银行进行绩效评价的第一步,也是至关重要的一步。一般而言,宏观的经济环境决定着商业银行经营管理战略总目标,不同的发展阶段决定其子目标。因而,银行绩效评价目标的确立要处理好评价总目标与子目标的关系。

(二) 设计评价指标

设计评价指标是确定评价目标后的主要环节。指标体系设计是否科学合理,直接关系

到绩效评价的准确性和客观性。通常有社会公认的机构或者行业管理部门设计共性指标，商业银行可根据需要进行选择，并补充一些个性指标。

（三）收集评价信息

商业银行经营活动可获取的信息非常丰富，主要包括财务信息、非财务信息、经营信息等。这些信息的获取是开展银行评价的重要环节，直接关系到评价是否符合客观实际。

（四）选择评价标准

评价标准是对银行进行客观判断的标尺。由于所选择的评价标准不同，做出的评价结果也存在差异。在进行评价标准的选择过程中，必须注意科学性和全面性。

（五）形成评价结论

形成评价结论的过程，就是对评价客体进行价值判断的过程，即对评价客体做出是否有价值、有何价值、价值多大的判断。做出合理价值判断的前提条件是：评价者必须明确评价目标，确立评价目标，设计和选择适当的评价指标体系，充分、真实地获取相关信息，并对信息进行有序化的处理，科学地确定评价标准。

（六）提出改善建议

形成评价结论并非银行绩效评价的终点，银行进行绩效评价的最终目的不仅仅是衡量其取得的经营业绩，更重要的是认清在银行经营过程中具备哪些优势，存在哪些问题，要寻找自身差距，追寻问题根源所在，为以后的管理确定方向。因此，银行开展绩效评价活动与其经营管理水平的提高密切相关，商业银行要以评价促发展，重在将评价结论转化为今后发展的动力和压力，作为改进经营管理的方向性指引，提高经营管理水平。

三、商业银行绩效评价方法

（一）骆驼评级体系

骆驼评级体系是美国金融管理当局对商业银行及其他金融机构的业务经营、信用状况等进行的一整套规范化、制度化和指标化的综合等级评定制度。最初主要有五项评价指标，即资本充足性（Capital Adequacy）、资产质量（Asset Quality）、管理水平（Management）、盈利水平（Earnings）和流动性（Liquidity），其英文第一个字母组合在一起为"CAMEL"，因与"骆驼"的英文名字相同而得名。从1991年开始，美国联邦储备委员会及其他监管部门对骆驼评级体系进行了重新修订。增加了第六个评价内容，即市场风险敏感度（Sensitivity of Market Risk），以S为代表，增加第六个评估内容后的新体系称为骆驼评级体系（CAMELS Rating System）。骆驼评级体系的特点是单项评分与整体评分相结合、定性分析与定量分析相结合，以评级风险管理能力为导向，充分考虑到银行的规模、复杂程度和风险水平，是分析银行运作是否健康的最有效的基础模型。运用此体系得到的评价结果具有很强的公信力，已被世界上很多国家所采用。

骆驼评级体系的具体内容包括：一是资本状况。资本状况主要考察资本充足率，即总资本与风险资产之比。资本充足率越高，银行抵御风险的能力越强，对存款人利益的保护就越强。二是资产质量。资产质量主要考察风险资产的质量、呆账准备金的充足状况、贷款的集中程度以及贷款出现问题的可能性。三是经营管理水平。经营管理水平评价比较困难，没有量化指标和比率，主要考察银行业务发展状况、管理者经验及水平、职员培训情况等非定量因素。四是收益状况。收益状况主要考察银行在近2年里的净收益情况。五是流动性。流动性主要考察银行存款的变动情况,银行对借入资金的依赖程度,可随时变现的流动资产数量,资产负债的管理、控制能力,借入资金的频率以及迅速筹措资金的能力。六是市场风险敏感度。市场风险敏感度主要考察利率、汇率、商品价格及股票价格的变化,对银行的收益或资本可能产生不良影响的程度。

从2005年开始,我国商业银行的监管评级已经借鉴国际通行的骆驼评级法(CAMELS),并结合实际创新推出了具有中国特色的"CAMELS+"监管评级体系,即加权汇总后得出综合评级,再根据其他要素对银行风险的影响做出细微调整。2014年,《商业银行监管评级内部指引》出台,评级指标和体系更加完善。2021年9月,为加强商业银行风险监管,完善商业银行同质同类比较和差异化监管,合理分配监管资源,促进商业银行可持续健康发展,中国银保监会颁布《商业银行监管评级办法》。监管评级结果作为衡量商业银行经营状况、风险管理能力和风险程度的主要依据。

我国商业银行监管评级方法主要包括:第一,评级要素权重设置。各监管评级要素的标准权重分配如下:资本充足(15%)、资产质量(15%)、公司治理与管理质量(20%)、盈利状况(5%)、流动性风险(15%)、市场风险(10%)、数据治理(5%)、信息科技风险(10%)、机构差异化要素(5%)。银保监会根据监管重点、银行业务复杂程度和风险特征具体设定和调整各评级要素权重。第二,评级指标和评级要素得分。评级指标得分由监管人员按照评分标准评估后结合专业判断确定。评级要素得分为各评级指标得分加总。第三,单项要素得分按权重换算为百分制后分六个级别,90分(含)至100分为1级,75分(含)至90分为2级,60分(含)至75分为3级,45分(含)至60分为4级,30分(含)至45分为5级,30分以下为6级。第四,评级综合得分。评级综合得分由各评级要素得分按照要素权重加权汇总后获得。第五,监管评级结果确定。根据分级标准,以评级综合得分确定监管评级初步级别和档次,在此基础上,结合监管评级调整因素形成监管评级结果。

商业银行监管评级结果分为1~6级和S级,其中,1级进一步细分为A、B两个档次;2~4级进一步细分为A、B、C三个档次。评级结果为1~6级的,数值越大反映机构风险越大,需要更被监管所关注。正处于重组、被接管和实施市场退出等情况的商业银行,经监管机构认定后直接列为S级,不参加当年监管评级。具体评级结果及解析,如表11-1所示。

表11-1 综合评级结果及解析

综合评级结果	评级结果解析
1级	银行在各方面都是健全的,发现的问题较轻且能够在日常运营中解决,具有较强的风险抵御能力
2级	银行基本是健全的,风险抵御能力良好,但存在一些可以在正常运行中得以纠正的弱点,若存在的弱点继续发展可能产生较大问题
3级	银行存在一些明显的弱点,风险抵御能力一般,勉强能够抵御业务经营环境的大幅变化,但存在的弱点若不及时纠正很容易导致经营状况劣化,应当给予监管关注
4级	银行存在的问题较多或较为严重,并且未得到有效处理或解决,需要立即采取纠正措施,否则可能损害银行的生存能力,存在引发倒闭的可能性

(续表)

综合评级结果	评级结果解析
5级	银行业绩表现极差,存在非常严重的问题,需要采取措施进行风险处置或救助,以避免产生倒闭的风险
6级	银行存在的问题极度严峻,可能或已经发生信用危机,严重影响银行消费者和其他客户合法权益,或者可能严重危害金融秩序、损害公众利益

资料来源:中国银保监会关于印发商业银行监管评级办法的通知[EB/OL]. https://www.gov.cn/zhengce/zhengceku/2021-09/23/content_5638812.htm.

(二)中国人民银行对金融机构的评级体系

2017年年底,中国人民银行下发《央行金融机构评级管理办法(试行)》,对我国金融机构开展评级工作。该办法重点关注金融机构的公司治理与内部控制、资本管理、资产管理、流动性与市场风险等宏观审慎管理要求。央行金融机构评级对象包括银行和非银行金融机构。评级指标体系采用"数理模型+专业评价"的模式,数理模型和专业评价得分加权平均即评级最终得分。其中,数理模型从资本状况、资产质量、预期损失抵补能力、盈利能力、运营效率和经营规模等六个方面客观评估金融机构的经营水平和风险状况。专业评价采用打分卡模式,包括定量指标和定性指标,根据机构重要性和类型特点差别化设计五套打分卡,包括公司治理、内部控制、资产质量、资本管理、流动性管理、市场风险、盈利能力、信息系统和金融生态环境等九大模块以及特定的红线指标。红线指标是指出现特定风险情形等对金融机构经营有重大负面影响的指标,一旦金融机构出现触发红线指标事项,央行可根据情况直接下调评级等级。央行对金融机构的评级每季度开展一次。评级等级划分为11级,分别为1~10级和D级,级别数值越大表示机构风险越高,D级表示机构已倒闭、被接管或撤销,评级结果为8~10级和D级的机构被列为高风险机构。

专栏 11-1

中国人民银行发布2022年四季度金融机构评级结果

2022年年末,中国人民银行对4 368家金融机构进行了央行评级。结果显示,我国金融机构整体经营稳健,较2019年峰值时,高风险机构压降近半,风险处于总体可控状态。4 368家参评机构中包含主要银行24家、中小银行3 970家、非银行机构374家,结果分布,如表11-2所示。

表11-2 2022年第四季度参评金融机构评级结果分布

机构分类	机构类型	机构数量	评级结果分布
银行机构	开发性银行和政策性银行	3	1~5级
	国有商业银行	6	
	股份制银行	12	
	城市商业银行	125	2~10级
	农村商业银行	1 604	2~10级

(续表)

机构分类	机构类型	机构数量	评级结果分布
银行机构	农村合作银行	23	5~10 级
	农村信用社	513	2~10 级
	村镇银行	1 645	3~10 级
	民营银行及其他	21	3~7 级
	外资法人银行	42	2~6 级
	小计	3 994	—
非银行机构	企业集团财务公司	251	1~D 级
	汽车金融公司	25	3~10 级
	金融租赁公司	68	3~10 级
	消费金融公司	30	3~7 级
	小计	374	—
总计		4 368	—

中国人民银行金融机构评级每季度开展一次。评级等级划分为 11 级,分别为 1~10 级和 D 级,级别数值越大表示机构风险越高,D 级表示机构已倒闭、被接管或撤销,评级结果为 8~10 级和 D 级的机构被列为高风险机构。

资料来源:中国人民银行官网。

(三)平衡计分卡

平衡计分卡是为了弥补传统以财务指标评价为主的绩效评价模式的缺陷,在 20 世纪 90 年代由美国哈佛大学商学院教授 Robert Kaplan 和 RSI 公司总裁 David Norton 提出的一种绩效评价方法。平衡计分卡是根据企业组织的战略要求而精心设计的指标体系,主要从财务维度、客户维度、内部流程维度和学习与成长维度来设置绩效评价指标。它将企业战略目标逐层分解转化为各种具体的相互平衡的绩效评价指标体系,并对这些指标的实现状况进行不同时段的考核,从而为企业战略目标的实现服务。平衡计分卡反映了财务、非财务衡量方法之间的平衡,长期目标与短期目标之间的平衡,外部和内部的平衡,结果和过程平衡,管理业绩和经营业绩的平衡等多个方面。所以,平衡计分卡能反映组织综合经营状况,使业绩评价趋于平衡和完善,有利于组织长期发展。

商业银行应用平衡计分卡进行绩效评价四个维度具体内容如下所述。

1. 财务维度

财务维度在这四个指标中最为重要。商业银行通过这个指标,能够综合地反映银行经营业绩,可以直接体现股东的利益。常用的指标包括净资产收益率和资产收益率等。

2. 客户维度

客户维度是指银行要始终将客户放在中心位置,重视客户的需求与满意度。客户是商业银行利润的来源,因此,银行想要获得更多利润,必须强化对客户重视程度。常用的指标包括客户满意度、新客户占比和市场份额等。

3. 内部流程维度

内部流程维度主要反映各种业务流程满足客户和利益相关者需求的程度。它是商业银行改善其经营业绩的重点，客户利益相关者价值的实现要从内部过程中获得支持。常用的指标有内部控制、客户服务和业务办理效率等。

4. 学习与成长维度

学习与成长维度主要反映如何创造一种支持银行改变、革新和成长的氛围。该维度主要评价其获得持续发展的能力。用长远的眼光来看，银行唯有不断地学习创新，才能实现其长远的发展。学习与成长维度是银行实现其他三项维度的重要推动力量。在如今日益激烈的竞争环境里，银行和员工的学习能力将是其取得竞争优势的关键。

平衡计分卡的四个维度不是相互孤立的，而是内部互相联系的。平衡计分卡最重要的核心思想就是通过财务、客户、内部流程、学习与成长四个维度指标互相影响，将银行的战略目标融入其中。财务维度是银行最注重的维度，也是一个银行存在和发展的基础。要提高银行的利润水平，就必须坚持顾客至上，满足顾客多样化的需求，提高顾客的满意度和忠诚度。而要满足客户，必须加强自身建设，提高银行整体的运营水平。提高银行内部运营效率的前提是银行及员工的学习能力。因而，这四个方面组成了一个密不可分的有机整体，以此循环往复地实现银行的价值和战略目标。

（四）经济增加值法

经济增加值是指从税后净营业利润扣除了包括股权和债务在内的所有资金成本后的经济利润。在传统的以会计资本为核心的考核体系中，会计利润被视为反映银行及其各业务部门经营绩效的绝对指标。然而，在以经济资本为核心的绩效考核体系中，反映银行及其各业务部门经营绩效的绝对指标是经济增加值（EVA）。EVA 代表的是扣除资本成本后的资本收益。EVA 的基本理念可以概括为，只有当银行的资本收益超过为获取该收益所投入的全部成本时，银行才能为股东创造价值。考虑资本成本，特别是权益资本成本，是 EVA 的显著特点。不仅仅是一种有效的银行业绩度量指标，EVA 还是一个银行全面管理的框架，为管理者和员工提供激励机制，支持战略评估、资金运用以及并购或出售的定价决策。

1. EVA 与商业银行价值关系的理论分析

第一，EVA 将资本投入视为一种成本，并衡量银行实际经营结果与股东所要求的最低回报之间的关系。对于银行来说，资本是一项成本，而对于股东来说，资本是赚取回报的工具。股东将资本投入银行中，其最终目的是获得与其投资相匹配的回报。如果银行创造的后续收益未能达到股东的最低回报要求，尽管表面上看似乎为银行创造了利润，但实际上却降低了股东的财富。

第二，EVA 是一种衡量股东利润的方法。传统的会计利润衡量方法通常只关注会计报表上的收入和成本之间的差额，而没有考虑到资本作为一种投入是需要成本和回报的。因此，表面上看似盈利的银行，实际上由于未能达到最低资本要求，可能会损害股东的财富。EVA 修正了这个误区，并明确指出，在资本运用过程中管理人员必须像支付工资一样为资本支付费用。

第三，EVA 是一种易于理解的财务衡量方法。EVA 的优势在于概念简单，非财务管理人员也容易理解。它等于营运利润减去资本费用。通过评估资本使用的费用，EVA 使管理者开始重视资产和收入的管理，并适当地权衡两者之间的关系。银行管理者将 EVA 的理念应用到日常管理中，就能够避免仅仅基于经济利润的决策，而转向价值创造的决策。同时，EVA 还避免了多个财务目标引发的概念混淆。银行用于表达财务目标的方法繁杂且多样，涵盖了业务增长率、市场占有率以及利润水平等多个指标。EVA 有效地解决了这些问题，只使用一种财务衡量指标，把所有决策过程归结为一个问题："如何提高 EVA？"所有经营活动都根据这一个指标进行，该指标始终以增加股东投资价值为标准。

2. EVA 的功能

第一，EVA 更准确和全面地评估银行的经营绩效。传统的会计指标（如权益报酬率、总资产报酬率等）没有考虑到资本成本，不能反映资本净收益和资本运营的增值效益。通过计算 EVA 并对会计数字进行调整，可以消除会计扭曲，使评估结果与经济现状相吻合。第二，为银行提供更好的管理框架。EVA 可以作为一个全面财务管理体系的基础。该体系涵盖了指导营运和制定战略的政策、方法和过程，以及衡量指标。在 EVA 体系下，管理决策的方方面面都包括在内，包括战略规划、资本分配、并购或撤资估值、年度计划和日常运营计划等。第三，为企业提供新的激励制度。使用 EVA 进行评价时，经营者不仅关注实际收益的大小，还考虑所使用资本的大小和成本。这将使经营者的激励与股东的动机（即财产增值）相一致。通过与股东的利益取向一致，可以促使经营者思考和行动与所有者类似。

第二节　商业银行财务报表

一、资产负债表

资产负债表是反映商业银行在某一特定时点（如月末、季末、年末）的全部资产、负债和所有者权益情况的会计报表，是商业银行经营活动的静态体现。它根据"资产＝负债＋所有者权益"这一平衡公式，依照一定的分类标准和次序，将某一特定日期的资产、负债和所有者权益的具体项目予以适当地排列编制而成，表明商业银行在某一特定日期所拥有或控制的经济资源、所承担的现有义务和所有者对净资产的要求权。

（一）资产负债表的作用

资产负债表作为商业银行主要的财务报表之一。其主要作用包括：一是能够帮助报表使用者了解银行所掌握的各种经济资源，以及这些资源的分布和构成。二是通过对资产负债表对比和分析，可以了解银行资金实力、清偿能力等财务信息，也可以预测银行未来的盈利能力和财务状况的变动趋势。三是综合反映商业银行资产业务活动及风险资产管理状况，是国家经济管理部门加强和改善宏观金融管理的重要依据。

（二）资产负债表的构成

1. 资产

资产是指商业银行过去的交易或者事项形成的、由商业银行拥有或者控制的、预期会给商业银行带来经济利益的资源。其主要内容包括现金及存放中央银行款项、存放同业款项、各项贷款、拆放同业、交易性金融资产、买入返售资产以及其他资产。

2. 负债

负债是指商业银行过去的交易、事项形成的现时义务,履行该义务预期会导致经济利益流出银行。其主要内容包括各项存款、向中央银行借款、同业存放款项、同业拆入、卖出回购款项、存入保证金、交易性金融负债以及其他负债。

3. 所有者权益

所有者权益是指所有者在银行资产中享有的经济利益,其金额为资产减去负债后的余额。商业银行的所有者权益,主要包括实收资本(或股本)、资本公积、盈余公积、未分配利润和一般风险准备金等。

(三) 资产负债表的格式

银行的资产负债表一般采用账户式资产负债表样式,将资产负债表分为左、右两边,左方列示资产项目,右方列示负债与所有者权益项目,左、右两方的合计数保持平衡。中国工商银行 2023 年 12 月 31 日的资产负债表,如表 11-3 所示。

表 11-3　中国工商银行资产负债表(2023 年 12 月 31 日)　　单位:百万元

项目	期初	期末
资产:		
现金及存放中央银行款项	3 427 892	4 042 293
存放同业及其他金融机构款项	365 733	414 258
贵金属	123 858	139 425
拆出资金	826 799	702 459
衍生金融资产	87 205	75 399
买入返售款项	864 122	1 224 257
客户贷款及垫款	22 591 676	25 386 933
金融投资	10 533 702	11 849 688
以公允价值计量且其变动计入当期损益的金融投资	747 474	811 957
以公允价值计量且其变动计入其他综合收益的金融投资	2 223 096	2 230 862
以摊余成本计量的金融投资	7 563 132	8 806 849
长期股权投资	65 790	64 788
固定资产	274 839	272 832
在建工程	17 072	24 186
递延所得税资产	101 117	104 669
其他资产	330 341	395 982
资产合计	39 610 146	44 697 079
负债:		

(续表)

项目	期初	期末
向中央银行借款	145 781	231 374
同业及其他金融机构存放款项	2 664 901	2 841 385
拆入资金	522 811	528 473
以公允价值计量且其变动计入当期损益的金融负债	64 287	62 859
衍生金融负债	96 350	76 251
卖出回购款项	574 778	1 018 106
存款证	375 452	1 018 106
客户存款	29 870 491	33 521 174
应付职工薪酬	49 413	52 098
应交税费	102 074	79 263
已发行债务证券	905 953	1 369 777
递延所得税负债	3 950	3 930
其他负债	718 486	750 603
负债合计	36 094 727	40 920 491
股东权益：		
股本	356 407	356 407
其他权益工具	354 331	354 331
其中：优先股	134 614	134 614
资本公积	148 174	148 164
减：库存股	0.00	—
其他综合收益	(23 756)	(4 078)
盈余公积	392 487	428 359
一般风险准备	496 719	561 637
未分配利润	1 771 747	1 912 067
归属于母公司股东的权益	3 496 109	3 776 588
少数股东权益	19 310	19 701
股东权益合计	3 515 419	3 776 588
负债及股东权益总计	39 610 146	44 697 079

资料来源：中国工商银行官网。

（四）资产负债表列示说明

(1)"现金及存放中央银行款项"，是银行资产中流动性最强的部分。库存现金是指商业银行金库中的现钞和硬币,存放中央银行款项是应付法定存款准备金的要求和支付清算、债券交易和同业交易等的需要。

(2)"存放同业及其他金融机构款项",是商业银行存放在其他商业银行、金融机构的资金,主要是同业存款。部分商业银行将富有的资金存放在其他商业银行,也有部分商业银行存放于其他商业银行用于入场结算的需要。

(3)"拆出资金",是商业银行对其他商业银行或金融机构拆借出去的资金。该类资金期限较短,且一般为无抵押状态。

(4)"买入返售款项",是商业银行同其他金融机构进行买入返售交易,当期买入特定资产并约定将来特定时间卖回,其行为可看作一种有抵押的资金出借行为。标的资产通常为票据和债券等。

(5)"客户贷款及垫款",其中,客户贷款是商业银行资产比重中最大的一项,也是银行收入的主要来源。商业银行将资金借给客户,并合约规定客户以固定或可变利率支付利息并到期归还本金。垫款是商业银行为客户提供担保、承兑等服务,当客户违约时,代为支付而产生的资产。

(6)"金融投资",是商业银行使用自有资金参与的证券投资,主要包括有价证券和金融产品的投资。我国商业银行不允许投资股票,因此,商业银行投资的有价证券主要为各种债券,金融产品指数基金、券商资管产品等。

(7)"长期股权投资",是商业银行对外参与长期股权投资后形成的资产。股权多来源于其他商业银行和金融机构。

(8)"固定资产"和"在建工程",是商业银行的固定资产,如房产和设备等。这类资产的账面数额都是扣除折旧后的净资产,数值通常较小,部分商业银行此科目为零。

(9)"其他资产",是指上述资产以外的其他资产,数值通常较小。

(10)"向中央银行借款",是指本银行向中央银行借入的款项,包括再贷款、中期借贷便利(MLF)、常备借贷便利(SLF)等货币政策工具。

(11)"同业及其他金融机构存放款项"和"拆入资金",是指银行向其他金融机构的借款以及其他金融机构存入本银行的款项。

(12)"客户存款",是商业银行的最主要负债,包括活期存款、定期存款以及各种类型的创新存款。

(13)"卖出回购款项",是指银行按回购协议卖出票据、证券、贷款等金融资产所融资的资金。

(14)"已发行债务证券",即发行的债券,主要包括发行的金融债,资本债、银行同业存单等。

二、利润表

利润表又称损益表,是指反映商业银行在一定会计期间的经营成果的财务报表。它全面揭示了银行在某一特定时期实现的各种收入、发生的各种费用或支出,以及实现的利润或发生的亏损情况。

(一)利润表的作用

1. 有助于银行管理的未来决策

利润表综合反映了银行一定会计期间的营业收入、营业支出以及各具体会计要素的增减变化,通过分析利润的增减变化,可以寻求其变动的根本原因,找出问题,为未来决策提供依据。

2. 有助于评价银行管理人员的经营业绩

利润表中提供的盈利或亏损方面的信息,是一项综合性的信息,揭示了银行一定会计期间经营成果,以此可以评价银行管理人员的经营业绩。

3. 有助于预测银行未来的经营前景及获利能力

利润表提供了对于过去经营活动的客观记录和历史反映,有助于预测银行未来利润的发展趋势及其变动。

4. 有助于投资者进行投资决策

通过阅读和分析利润表,有利于投资者了解银行的盈利状况,监督银行的经营管理,以保护其自身的合法权益。

(二)利润表的格式

我国商业银行一般采用多步式利润表格式,将净利润的计算分解为多个步骤,各个步骤相配比。它主要分为四部分:第一部分反映主要经营业务的构成情况,包括营业收入与营业支出的构成。第二部分营业利润,它等于营业收入减去营业支出。第三部分是利润总额,它等于营业利润加上营业外收入,再减去营业外支出。第四部分是净利润,它等于利润总额减去所得税。各项目之间通过多步式的加减关系,最后得出净利润。多步式利润表的最大优点是能充分反映各收支项目间的内在联系,为管理者提供科学的决策支持。

中国工商银行 2023 年 12 月 31 日的利润表,如表 11-4 所示。

表 11-4 中国工商银行利润表(2023 年 12 月 31 日) 单位:百万元

项目	金额
一、营业收入	843 070
利息净收入	655 013
其中:利息收入	1 405 039
减:利息支出	(750 026)
手续费及佣金收入	119 357
其中:手续费及佣金收入	137 891
减:手续费及佣金支出	(18 534)
汇兑收益	(7 785)
投资净收益	45 876
其中:对联营公司的投资收益	5 022
公允价值变动净收益	2 711
其他业务收入	27 898
二、营业支出	843 070
营业税金及附加	(10 662)

(续表)

项目	金额
业务及管理费用	(227 266)
研发费用	—
资产减值损失	(150 816)
其他业务支出	(33 566)
三、营业利润	420 760
加：营业外收入	1 976
减：营业外支出	(770)
四、利润总额	421 966
减：所得税	(56 850)
五、净利润	365 116
归属于母公司的净利润	363 993
少数股东权益	1 123
六、每股收益	
基本每股收益(元/股)	0.98
稀释每股收益(元/股)	0.98
七、其他综合收益	19 227
八、综合收益总额	384 343

资料来源：中国工商银行官网。

(三) 利润表编制说明

除下列项目以外的其他项目，比照一般企业利润表的列报方法处理：

(1)"营业收入"项目，反映"利息净收入""手续费及佣金净收入""投资收益""公允价值变动收益""汇兑收益"和"其他业务收入"等项目的金额合计。

(2)"利息净收入"项目，应根据"利息收入"项目金额，减去"利息支出"项目金额后的余额计算填列。"利息收入""利息支出"项目分别反映银行经营存贷款业务等确认的利息收入和发生的利息支出。

(3)"手续费及佣金净收入"项目，反映"手续费及佣金收入"项目余额减去"手续费及佣金支出"项目金额后的金额。"手续费及佣金收入""手续费及佣金支出"等项目，反映银行确认的包括办理结算业务等在内的手续费、佣金收入和发生的手续费、佣金支出，应根据"手续费及佣金收入""手续费及佣金支出"等科目的发生额分别填列。

(4)"汇兑收益"项目，反映银行外币货币性项目因汇率变动形成的净收益，应根据"汇兑损益"科目的发生额分别填列，如为净损失，以"一"号列示。

(5)"营业支出"项目，反映"营业税金及附加""业务及管理费""资产减值损失""其他业务支出"等项目的金额合计。

(6)"业务及管理费用"项目,反映银行在业务经营和管理过程中发生的电子设备运转费、安全防范费、物业管理费等费用,应根据"业务及管理费"科目的发生额分别填列。

三、现金流量表

现金流量表是指反映商业银行在一定会计期间经营活动、投资活动和筹资活动产生的现金和现金等价物流入和流出的报表。

(一)现金流量表的作用

第一,现金流量表可以弥补资产负债表和利润表的不足。现金流量表将银行的利润同资产、负债、所有者权益变动结合起来,动态、全面地反映一定会计期间内银行现金的来源和运用情况,体现银行财务状况变动结果及原因。

第二,商业银行可利用现金流量表分析银行在一定期间内现金的生成能力和使用方向,反映现金在流动中的增减变动情况及其影响因素,并可以预测银行未来的现金流量和潜在的发展能力。

(二)现金流量表格式

现金流量表以现金及现金等价物为基础编制,现金是指商业银行库存现金以及可以随时用于支付的存款。现金等价物是指银行持有的期限短、流动性强、易于转换为已知金额现金、价值变动风险很小的投资。

现金流量表划分为经营活动、投资活动和筹资活动列报现金流量。经营活动是指商业银行投资活动和筹资活动以外的所有交易和事项。投资活动是指商业银行长期资产的购建和不包括在现金等价物范围的投资及其处置活动。筹资活动是指导致商业银行资本及债务规模和构成发生变化的活动。

现金流量表包括主表和附表两部分。主表采用报告式结构,附表是对主表信息的补充说明和验证。附表主要包括三个方面的内容:一是采用间接法时,将净利润调节为经营活动的现金流量;二是不涉及现金收支的投资和筹资活动;三是现金及现金等价物净增加情况。

中国工商银行2023年12月31日的现金流量表,如表11-5所示。

表11-5 中国工商银行现金流量表
(2023年12月31日) 单位:百万元

一、经营活动产生的现金流量	
客户存款净额	3 531 968
向央行借款净额	85 524
同业及其他金融机构存放款项净额	167 083
存放同业及其他金融机构款项净额	54 398
拆入资金净额	—
拆出资金净额	31 333
买入返售款项净额	23 917
卖出回购款项净额	437 224

(续表)

存款证净额	2 116
收取的利息、手续费及佣金的现金	1 263 526
处置抵债资产收到的现金	541
收到的其他与经营活动有关的现金	41 140
经营活动现金流入小计	5 638 770
客户贷款及垫款净额	(2 898 902)
存放同业及其他金融机构款项净额	—
存放中央银行款项净额	(178 368)
拆入资金净额	(6 886)
拆出资金净额	—
买入返售款项净额	—
以公允价值计量且其变动计入当期损益的金融资产净额	(26 740)
以公允价值计量且其变动计入当期损益的金融负债净额	(714)
支付的利息、手续费及佣金的现金	(636 325)
支付给职工以及为职工支付的现金	(140 926)
支付的各项税费	(170 816)
支付的其他与经营活动有关的现金	(162 091)
经营活动现金流出小计	(4 221 768)
经营活动产生的现金流量净额	1 417 002
二、投资活动产生的现金流量	
收回投资收到的现金	3 453 713
取得投资收益收到的现金	360 575
处置联营及合营企业所收到的现金	2 730
处置固定资产、无形资产和其他长期资产收回的现金	7 527
投资活动现金流入小计	3 824 545
投资支付的现金	(4 683 824)
投资联营及合营企业所支付的现金	(1 372)
购建固定资产、无形资产和其他长期资产支付的现金	(14 494)
增加在建工程所支付的现金	(16 707)
投资活动现金流出小计	(4 716 397)
投资活动产生的现金流量净额	(891 852)
三、筹资活动产生的现金流量	
发行债务证券所收到的现金	1 422 308
支付债务证券利息	(49 151)

（续表）

偿还债务证券所支付的现金	(956 689)
分配普通股股利所支付的现金	(108 169)
支付给其他权益工具持有者的股利或利息	(14 964)
支付给少数股东的股利	(31)
支付其他与筹资活动有关的现金	(7 860)
筹资活动现金流出小计	(1 136 864)
筹资活动产生的现金流量净额	285 444
四、汇率变动对现金及现金等价物的影响	18 287
五、现金及现金等价物净增加额	828 881
加：期初现金及现金等价物余额	1 926 851
六、期末现金及现金等价物余额	2 755 732

资料来源：中国工商银行股份有限公司 2023 年度报告。

（三）现金流量表列示说明

"客户存款净额"和"同业及其他金融机构存放款净额"，本项目反映商业银行本期吸收的境内外金融机构以及非同业存放款项以外的各种存款的净增加额。本项目可以根据"吸收存款""同业存放"等科目的记录分析填列。

"向中央银行借款净额"，本项目反映商业银行本期向中央银行借款的净增加额，根据"向中央银行借款"科目的记录分析填列。

"拆入资金净额"，本项目反映商业银行本期从境内外金融机构拆入款项所取得的现金，减去拆借给境内外金融机构款项而支付的现金后的净额。本项目可以根据"拆入资金"和"拆出资金"等科目的记录分析填列。本项目如为负数，应在经营活动现金流出类中单独列示。

"收取的利息、手续费及佣金的现金"，本项目反映商业银行本期收到的利息、手续费及佣金。本项目可以根据"利息收入""手续费及佣金收入""应收利息"等科目的记录分析填列。

"支付利息、手续费及佣金的现金"，本项目反映商业银行本期支付的利息、手续费及佣金。本项目可以根据"手续费及佣金支出"等科目的记录分析填列。

"发行债务证券所收到的现金"，本项目反映商业银行发行债券收到的现金。本项目可以根据"应付债券"等科目的记录分析填列。

第三节　商业银行财务分析方法

一、比率分析法

比率分析法是指利用财务报表中某些财务数据之间的关系，将不同的相关经济指标进行比较，从而反映商业银行经营绩效的一种分析方法。根据财务比率反映的经济内容，可以从盈利能力、经营效率、风险性和清偿力四个方面对银行经营绩效分别进行评价。

(一) 盈利能力

盈利性指标是衡量商业银行运用资金赚取收益的能力。盈利性指标的核心是资产收益率和净资产收益率，利用这两个指标及其他派生的财务指标可以较好地分析银行的盈利能力。

1. 资产收益率

资产收益率(Return on Asset，简称 ROA)又称资产回报率或资产利润率，是指银行净利润与资产总额的比率。其计算公式为：

$$资产收益率 = 净利润 \div 资产总额 \times 100\%$$

这一比率是指每单位资产创造多少净利润，反映了银行的获利能力。资产收益率是应用最为广泛的衡量银行盈利能力的指标之一，不应低于 0.6%，该指标越高，表明银行的资产盈利水平越高。

2. 净资产收益率

净资产收益率(Return on Equity，简称 ROE)，又称股东权益报酬率或净值报酬率，是公司税后利润除以净资产得到的百分比率。其计算公式为：

$$净资产收益率 = 净利润 \div 平均净资产 \times 100\%$$

该指标反映股东权益的收益水平，用以衡量公司运用自有资本的效率。指标值越高，说明投资带来的收益越高。该指标体现了自有资本获得净收益的能力。

3. 银行利润率

银行利润率是指银行净利润与总收入的比率。其计算公式为：

$$银行利润率 = 净利润 \div 总收入 \times 100\%$$

这一比率说明了银行能够支配多少利润。比例越大，说明银行能支配的利润越多。反之，则可支配利润越少。

4. 银行利差率

银行利差率是指银行利差与盈利资产的比率。其计算公式为：

$$银行利差率 = (利息收入 - 利息支出) \div 盈利资产 \times 100\%$$

利差收入在商业银行的收支中所占的比例最大，是影响商业银行经营绩效的关键因素。盈利资产是指那些能给银行带来利息收入的资产。在一般情况下。除去现金资产和固定资产，均可看作盈利资产。这一比率越高，说明银行盈利资产的获利能力越强。

5. 非利息净收入率

非利息净收入率是指银行非利息净收入与资产总额的比率。其计算公式为：

$$非利息净收入率 = (非利息收入 - 非利息支出) \div 资产总额 \times 100\%$$

这一比值越大，不仅说明银行的获利能力越强，也反映其经营管理效率越高。

6. 成本收入比率

成本收入比率是指银行在经营过程中所消耗的成本与所获得的收入之间的比值。其计算公式为：

$$成本收入比率 = 经营成本 \div 经营收入 \times 100\%$$

其中，经营成本包括人力成本、房屋租金和设备维护费用等各项经营成本；经营收入包括贷款利息收入、手续费收入、投资收益等各项经营收入。该比率反映银行每一单位的收入需要支付多少成本。该比率越低说明银行单位收入的支出越低，银行获取收入的能力越强。因此，银行成本收入比率是衡量银行盈利能力的重要指标。

（二）经营效率

经营效率的高低标志着银行的经营管理水平，主要评价指标有两个。

1. 资产利用率

资产利用率是指银行总收入与资产总额之比。其计算公式为：

$$资产利用率 = 总收入 \div 资产总额 \times 100\%$$

该比率反映了银行资产的利用效率，即一定数量的资产能够实现多少收入，该比率越高，说明银行利用一定量的资产所获得的收入越多，其经营效率越高。

2. 财务杠杆比率

财务杠杆比率又称资本乘数，是指资产总额与资本总额的之比。其计算公式为：

$$财务杠杆比率 = 资产总额 \div 资本总额 \times 100\%$$

这一比率指标说明银行资本的经营效率，即一定量的资本能创造多少倍资产，这一比值越大说明资本不足，银行的经营风险较大。反之，说明一定量的资本所创造的资产过少，资本没有得到充分利用。

（三）风险性

商业银行在经营活动中由于各种因素而导致经济损失的可能性就是银行风险。近年来，复杂多变的经济环境和日益加大的金融风险迫使银行更加重视对风险的衡量与控制。在财务分析中，风险性指标将这些因素主要分为利率风险指标和信用风险指标两大类，以反映商业银行面临的风险程度和抗风险能力。

1. 利率风险指标

（1）利率风险缺口＝利率敏感性资产－利率敏感性负债

（2）利率风险比例＝利率敏感性资产÷利率敏感性负债

当缺口为0或比值为1时，银行不存在利率风险敞口，利差收益不受利率变化的影响；当缺口不为0或比值为1，均意味着存在利率风险敞口。指标值与均衡值（0或1）偏差越大，银行面临的利率风险越大。

2. 信用风险指标

（1）不良贷款/贷款总额。按照贷款质量进行划分，不良贷款主要包括次级贷款、可疑贷款和损失贷款。那么，不良贷款/贷款总额的比值越高，银行贷款面临的信用风险越大，未来发生的可能的贷款损失也越大。

（2）贷款净损失/贷款余额。该指标衡量了银行贷款资产的质量状况，比值越大，说明银行贷款资产质量越差，信用风险程度越高。

(3) 贷款损失保障倍数。该指标是银行当期利润加上贷款损失准备金后与贷款净损失之比,比值越大,说明银行有充分的实力应付贷款资产损失,相同的贷款损失造成的银行利润波动幅度小,信用风险带来的不利影响较小。

此外,还有拨备覆盖率和贷款拨备率等指标,这些指标在第十二章详细讲解,在此不再赘述。

(四) 清偿力

清偿力是指银行运用其全部资产偿还债务的能力,反映了银行债权人的权益所保障的程度,清偿力充足与否也极大地影响着银行的信誉。而清偿力不足的根本原因是资本金不足,未能与资产规模相匹配,因而,传统的清偿力指标主要着眼于资本充足情况。

1. 资本充足程度指标

商业银行的资本包括一级资本与二级资本。一级资本包括核心一级资本与其他一级资本。商业银行资本充足率监管要求包括最低资本要求、储备资本和逆周期资本要求、系统重要性银行附加资本要求以及第二支柱资本要求。根据《巴塞尔协议Ⅲ》要求,商业银行各级资本充足率最低要求为:核心一级资本充足率不得低于5%;一级资本充足率不得低于6%;资本充足率不得低于8%。

2. 准备金充足程度指标

准备金充足程度指标包括资产损失准备充足率和贷款损失准备充足率。资产损失准备充足率是指信用风险资产实际计提准备与应提准备之比,不应低于100%。贷款损失准备充足率为贷款实际计提准备与应提准备之比,不应低于100%。

3. 净值/资产指标

净值是银行全部资金中属于银行所有者的部分,具有保护性功能,即吸收银行资产损失,保护债权人权益的功能。净值/资产比例综合了资本与资产总量,简单地反映出银行在保护债权人权益的前提下,使用自有资本应对资产损失的能力。较高的净值/资产比例表明银行的偿付能力较强。

4. 现金股利/利润

未分配利润项目在银行净值中的占比最高,是影响银行资本充足和清偿能力的重要因素。一方面,未分配利润来源于历年的利润留存,而现金股利则是银行资本的净流出。较高的股利分配率会降低银行内部积累资本的能力;另一方面,分配现金股利会导致银行现金资产的减少,相对增加风险资产的比重。因此,较大的现金股利/利润比值意味着银行的偿付能力未达到应有的标准。

二、杜邦分析法

杜邦分析法是指利用主要财务比率之间的关系来综合分析企业财务状况的一种方法。这种分析方法最早由美国杜邦公司使用,故名杜邦分析法。杜邦分析法是指一种用来评价公司盈利能力和股东权益回报水平,从财务角度评价企业绩效的一种经典方法。其基本思想是利用企业财务比率之间的关系来综合分析企业财务状况。杜邦分析法还可以应用于分析银行的资本结构和财务风险。通过比较不同银行的权益乘数、债务比例和利息覆盖率等指标,评估银行资本结构的稳定性和财务风险的承受能力。

(一)两因素的杜邦财务分析法

两因素的杜邦财务分析法以净资产收益率为核心,揭示了银行盈利性和风险性之间的制约关系,对银行绩效进行全面分析评估。其计算公式为:

$$净资产收益率(ROE) = 净利润 \div 净资产 \times 100\%$$
$$ROE = 资产收益率(ROA) \times 资本乘数(EM)$$

其中:

$$资产收益率(ROA) = 净利润 \div 资产总额 \times 100\%$$
$$资本乘数(EM) = 资产总额 \div 净资产 \times 100\%$$

净资产收益率是股东所关心的与股东财富直接相关的重要指标。上面的两因素模型显示,净资产收益率受资产收益率和资本乘数的共同影响,资产收益率是银行盈利能力的集中体现,它的提高会带来净资产收益率的提高。同时,净资产收益率指标也可体现银行的风险状况,提高资本乘数可以改善净资产收益率水平,但也带来更大风险。一方面,资本乘数加大,银行净值比重降低,清偿能力风险加大,资产损失较易导致银行破产清算。另一方面,资本乘数会放大资产收益率的波动幅度,较大的资本乘数导致净资产收益率的不稳定。

(二)三因素的杜邦财务分析法

银行净资产收益率取决于多个因素。将其分解可以扩展为三因素分析模型,能更好地从净资产收益率指标出发分析评价银行的绩效。

$$ROE = ROA \times EM = PM \times AU \times EM$$

公式中,$PM=$净利润/总收入,称为银行利润率;$AU=$总收入/资产总额,称为资产利用率。

该模型显示,银行净资产收益率指标取决于上面三个因素,其中,银行利润率和资产利用率也包含着丰富的内容。首先,银行利润率的提高,要通过合理的资产和服务定价来扩大资产规模、增加收入,同时,控制费用开支使其增长速度小于收入增长速度才能得以实现,因而,该指标是银行资金运用能力和费用管理效率的体现。其次,资产利用率体现了银行的资产管理效率,良好的资产管理可以在保证银行正常经营的情况下,提高其资产利用率,导致资产收益率指标的上升,最终给股东带来更高的回报率。

(三)四因素的杜邦财务分析法

银行利润率不仅同资金运用以及费用管理效率相关,还与银行的税负支出有关,因此,可以将银行利润率进一步分解为:

$$PM = TME \times EME$$

公式中,$TME=$净利润/税前利润,代表税负管理效率;$EME=$税前利润/总收入,代表支出管理准备效率。

商业银行的税前利润是其营业中的应税所得,不包括免税收入和特殊的营业外净收入。净利润/税前利润越高,说明银行的税负支出越少,税负管理较为成功,税前利润/总收入也反映了银行资金运用和费用管理效率,实际上将 PM 分解为 TME 和 EME 后,就得到了四因素的杜邦分析模型。由此可得：

$$ROE = TME \times EME \times AU \times EM$$

从杜邦分析模型中可以看出，净资产收益率指标涉及银行经营中的各个方面，杜邦分析法通过综合性极强的净资产收益率，间接反映了银行经营中各方面情况及其相互间的制约关系，进而可以较好地对银行绩效进行全面的分析评价。

第四节　商业银行绩效评价中的风险修正——RAROC方法

一、RAROC方法的内涵

（一）RAROC方法的产生背景

商业银行在经营过程中面临着各种各样的风险，包括信用风险、市场风险与操作风险等。这就决定了在对商业银行进行绩效评价时，必须将风险因素纳入评价体系中。然而，这一认识的形成在实务和理论层面却经历了漫长的过程。从全球来看，可以发现银行绩效评价方式经历了从单纯强调规模到强调盈利再到注重风险的演变。以美国为例，从19世纪中后期到第二次世界大战前，商业银行的经营者十分强调资产负债规模的增加，也就是将银行"做大"。第二次世界大战后，尤其是20世纪70年代之后，西方商业银行普遍放弃了对规模的片面追求，转而运用财务指标分析经营绩效，尤其是运用杜邦分析模型，其核心是资产收益率，并且可将其分解成三因素或四因素模型，通过对组成部分的时间序列分析和同行业竞争者的比较来评价银行的经营效率。与规模考核相比，财务指标分析更注重资金的运用效率。

然而，财务指标分析也存在着自身无法克服的弊端，主要体现在没有将风险和收益纳入一个框架内评估，即在不考虑风险的情况下或者风险等量假设下评价收益。众所周知，会计信息基于账面价值，是静态的，难以反映现实中的不确定性，这是以会计信息为基础的财务指标分析的致命弱点。与此相伴而生的是银行盈利和风险在时间上的错配，比如，一笔贷款发生在经济繁荣时期，根据会计的权责发生制原则，盈利也被计入当期，然而当随后的经济形势恶化后，贷款无法收回，损失被计入了后续年份，从而夸大了繁荣时期的盈利而加剧了衰退时期的亏损，不能反映银行每一年真实的绩效。

经风险调整的资本回报率（RAROC），即通常所说的经济资本回报率作为资本回报水平的衡量指标，是一个基于风险调整的绩效评价框架，可用以分析风险调整后的绩效表现，也可以用于观察不同业务的获利能力。RAROC概念最早是由信孚银行于20世纪70年代提出的，后被其他商业银行采用推广和不断完善。目前，该指标已逐渐成为商业银行普遍应用的绩效评价手段之一。

（二）RAROC的计算方法

风险调整后的资本回报率为经预期损失和以经济资本计量的非预期损失调整后的收益率。RAROC的中心思想是将风险带来的未来可预计的损失量化为当期成本，直接对当期盈利进行调整，衡量经风险调整后的收益大小，并考虑为可能的最大风险做出资本储备。

RAROC 计算公式的分子为经风险调整的收益,反映的是银行收益创造能力,RAROC 的分母为经济资本,反映的是银行承受的风险水平。其计算公式为:

$$RAROC = (收入 - 资金成本 - 经营成本 - 预期损失) \div 非预期损失(经济资本)$$

从这一公式我们可以看到,RAROC 所涉及的基本概念有收入、资金成本、经营成本、预期损失和非预期损失(经济资本)。

1. 收入

收入是指商业银行在日常经营过程中获得的总收入,包括利息收入和非利息收入。

2. 资金成本

资金成本是商业银行筹集和使用资金的成本。其主要包括吸收存款或发行债券等筹集来的资金所产生的利息支出。

3. 经营成本

经营成本又称经营费用,是指商业银行在日常经营管理过程中所发生的管理费用,包括工资、固定资产折旧和电子设备运转维护费等。

4. 预期损失

预期损失是商业银行预期在特定时期内资产可能遭受的平均损失。一般情况下,实际损失总是大于或者小于平均损失值,但根据大数定律,实际损失平均值趋于期望损失。因而,在预测损失时,用期望损失估计预期损失,表示对未来平均损失的预测。预期损失是比较确定的,实际发生的损失一般围绕平均损失上下波动。因此,在管理上可以把平均损失值看成相对确定的,以准备金的形式计入银行的经营成本,可通过定价转移到金融产品价格中去。商业银行将预期损失视为风险成本,作为总成本的一部分。

5. 非预期损失

非预期损失是相对于预期损失来说发生概率较小的那部分损失。它是一定置信水平下的最大损失值超出预期损失平均值以外的损失。预期损失平均值是确定的,超出预期损失平均值以外的非预期损失值是相对不确定的,随置信水平的改变而不同。在数量上,非预期损失等于经济资本。经济资本是指在一定置信水平下,用来缓冲资产或业务非预期损失的资本。

【例 11-1】 银行对某一客户贷款金额为 1 亿元,贷款利率 7%,平均存款利率 3%,经营成本 200 万元,对客户的评级后,客户违约概率 5%,违约损失率 30%,非预期损失为 500 万元。计算 RAROC。

$$RAROC = \frac{风险调整收益}{经济资本} = \frac{收入 - 资金成本 - 经营成本 - 预期损失}{经济资本}$$

$$= \frac{700 - 300 - 200 - 150}{500} = 10\%$$

进一步地,预期损失和非预期损失之间的联系和区别,如图 11-1 所示。此外,该图中还涉及极端损失的概念。极端损失是指超出非预期损失之外的可能威胁到商业银行安全性和流动性的重大损失。极端损失发生的概率极低,但一旦发生,损失巨大,如战争或重大灾害,是银行无法主动控制的。极端损失在损失分布图上表现为向右边不断延伸的部分。预期损失与置信水平的设定无关,而非预期损失和极端损失是通过置信度来划分的。置信度是人为设定的,可大可小,但也不是随意设定的,与商业银行的风险偏好、风险管理要求密切相关。非预期损失和极端损失是不能通过定价转移的。巴塞尔委员会在 2004 年 1 月发布的文件《改变信用的预期和非预期损失的整体处理方法》中,将预期损失和非预期损失分开处理。对预期损失通过计提损失准备金和冲减利润方式来缓冲,对一定置信水平下的非预期损失,用资本来缓冲。对于规模巨大的灾难性损失,如地震、火灾等,可通过购买商业保险转移风险,但对于因衍生产品交易等过度投机行为造成的灾难性损失,则应当采取严格限制高风险业务或行为的做法予以规避。

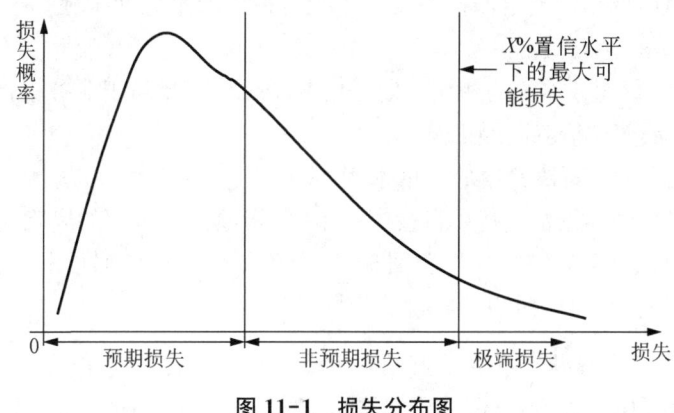

图 11-1　损失分布图

二、RAROC 方法的作用

(一)风险评估

RAROC 是一种将风险与回报结合起来考虑的指标,能够帮助银行确定是否值得承担特定的风险以及如何有效分配资源。银行通过计算 RAROC 可以对不同业务或投资项目的风险进行评估和比较。

(二)决策支持

RAROC 提供了一个衡量不同业务和投资项目效益的标准。银行可以使用 RAROC 来评估业务线、产品线或投资组合的经济回报,并将其作为决策的依据。

(三)资本分配

银行可以根据不同业务或投资项目的预期 RAROC 来分配资本,并根据风险水平和回报率的变化来调整资本结构。同时,RAROC 可以帮助银行优化资本利用,降低风险集中度,并提高整体盈利能力。

(四)绩效评估

RAROC 可作为银行绩效评估和激励机制的重要指标之一。银行通过对业务部门或员工设定 RAROC 目标,可以评估承担适度风险基础上的回报水平,从而提高经营效益。

三、RAROC 方法在银行绩效评价中的应用

(一)RAROC 应用于银行绩效评价的流程

风险调整的资本回报率的价值在于可以解决绩效评价和资本配置中的一系列问题。通

常,绩效评价和资本配置是一个动态循环的流程,可分为以下四个具体的步骤:

第一步,度量风险,确定可供配置的经济资本总量。经济资本总量的确定要在科学合理度量商业银行面临风险的基础上,这样才能真正达到覆盖风险,增加银行价值。

第二步,确定银行所能接受的最低回报率。这一回报率的估算可以依据资本资产定价模型、股利定价模型等方法计算,并结合银行自身情况确定。

第三步,进行经济资本的配置,即将有限的经济资本在各类风险、各个层面和各种业务之间配置,实现银行总体在可接受风险下收益的最大化。配置的基本原则或者判断标准就是各类业务经过风险调整的资本回报率要高于银行设定的最低回报率。这是使用RAROC绩效评价的关键和核心步骤。

第四步,随着银行业务本身的变化定期运用RAROC模型对于业务进行动态考核。

(二) RAROC 绩效评价的应用举例

1. RAROC 在银行投资决策中的应用举例

RAROC可以帮助银行在进行项目投资决策时,将项目所承担的风险充分考虑进去,计算出考虑不同项目风险差异的实际投资回报率,避免仅仅简单依据投资收益来进行投资决策的误判,真正实现银行投资风险和收益的相统一。

【例11-2】 假设某家银行在某一时期内有三个投资机会可选择,分别为A、B、C,银行要求的最低回报率 $HR=8.5\%$,这三个投资的预期收益分别为180万元、170万元和160万元,投资额均需2亿元,假设银行根据资产对资本10∶1的比率配置投资资本,因此该项投资所需资本P为2 000万元。

银行会选择[预期收益E(R)/投资资本P]>HR的投资项目,用E(R)表示预期产生的收益,用P表示项目投资所需的资本。银行运用资本回报率衡量的投资决策举例,如表11-6所示。

表11-6 银行运用资本回报率(ROE)衡量的投资决策举例

投资项目	E(R)	P	ROE=E(R)/P	HR	是否投资
A	180	2 000	180/2 000=0.090	0.085	是
B	170	2 000	170/2 000=0.085	0.085	是
C	160	2 000	160/2 000=0.080	0.085	否

从表11-6中可知,如果按照传统的资本回报率评价标准进行产品绩效评价并配置资本,那么银行会选择投资A或B,最佳选择是A。不过这种投资决策忽略了风险对银行投资的影响。在有效市场假设下,高收益必定伴随着高风险,传统的资本回报率指标难以判断各投资项目的风险。最终,银行经营管理者可能为取得短期的收益而承担过度风险。

在RAROC绩效评价体系下,情况却截然不同,以上的决策错误也将得到修正。出于便于比较的考虑,假设A投资需要占用的经济资本额为2 160万元,B投资需要占用的经济资本额为2 000万元,C投资的对应经济资本数额为1 840万元,EP是每个投资项目的经济资本数量,RAROC通过E(R)/EP近似。银行运用RAROC衡量的投资决策举例,如表11-7所示。

表 11-7　银行运用 RAROC 衡量的投资决策举例

投资项目	E(R)	EP	RAROC=E(R)/EP	HR	是否投资
A	180	2 160	180/2 160=0.0833	0.085	否
B	170	2 000	170/2 000=0.0850	0.085	是
C	160	1 840	160/1 840=0.0870	0.085	是

在考虑了投资项目风险的情况下,投资 B 或 C 的 RAROC 等于或大于银行要求的最低回报率,因而是可以进行投资的,而且最佳选择变为 C。银行的战略决策应当向投资 C 进行倾斜。由于投资 A 的 RAROC 小于银行要求的最低回报率 HR,银行将不会选择 A 项目进行投资。

根据上例可知,银行通过传统的资本回报率指标筛选投资项目,容易倾向于选择高风险的项目,而使用 RAROC 方法,则可以综合反映项目的风险和收益,避免单纯考虑收益而忽视项目背后的风险。同时,RAROC 计算也比较简单,便于将其与银行要求的最低回报率进行对比,从而做出更加科学的投资决策。如果某项目计算出的 RAROC 超过银行要求的最低回报率,那么,该项目就可以为股东创造价值;反之,会损害股东价值。因此,RAROC 方法可以有效避免银行过度承担风险,真实评价经济资本占用的使用效益,提高股东价值。

2. RAROC 在银行内部资本配置中的应用举例

RAROC 的原则就是在经济资本总量一定的前提下,银行必须向能够提供最大的 RAROC 的分行倾斜。对于绩效更高的分行,可以增加分配的经济资本量,以支持其业务量的增加,创造更多的价值。对于绩效相对较低的分行,则减少分配的经济资本量,缩减其业务量,并将释放出来的经济资本投入能够创造更多利润的分行。此外,需要注意的是,在经济资本配置时要考虑分行在不同业绩评价周期内纵向的绩效表现,如果该分行处于绩效上升阶段,说明该分行有较大发展潜力,可以考虑增加经济资本的投入;反之,可以减少对其经济资本投入。

【例 11-3】　假设一家商业银行经济资本限额为 100 亿元。该银行有两个分行,分别为 A 和 B。A 分行的 RAROC 是 16%,B 分行的 RAROC 为 10%。试分析该银行如何基于 RAROC 在 A、B 两个分行之间进行资本分配。银行有三个可选方案。

方案一:对 A、B 两个分行平均分配经济资本,各 50 亿元经济资本。

则该商业银行总的 $\text{RAROC} = \frac{\text{总的风险调整后收益}}{\text{总的经济资本}} \times 100\%$

$= \frac{\text{A 的风险调整后收益} + \text{B 的风险调整后收益}}{\text{总的经济资本}} \times 100\%$

$= \frac{\text{A 的 RAROC} \times \text{A 的经济资本} + \text{B 的 RAROC} \times \text{B 的经济资本}}{\text{总的经济资本}} \times 100\%$

$= \frac{16\% \times 50 + 10\% \times 50}{100} \times 100\%$

$= 13\%$

方案二:分配给 A 分行 100 亿元经济资本,B 分行不分配。

则该商业银行总的 $\text{RAROC} = \dfrac{\text{总的风险调整后收益}}{\text{总的经济资本}} \times 100\%$

$= \dfrac{A \text{ 的风险调整后收益} + B \text{ 的风险调整后收益}}{\text{总的经济资本}} \times 100\%$

$= \dfrac{A \text{ 的 RAROC} \times A \text{ 的经济资本} + B \text{ 的 RAROC} \times B \text{ 的经济资本}}{\text{总的经济资本}} \times 100\%$

$= \dfrac{16\% \times 100 + 10\% \times 0}{100} \times 100\%$

$= 16\%$

方案三：分配给 A 分行 80 亿元经济资本，分配给 B 银行 20 亿元经济资本。

则该商业银行总的 $\text{RAROC} = \dfrac{\text{总的风险调整后收益}}{\text{总的经济资本}} \times 100\%$

$= \dfrac{A \text{ 的风险调整后收益} + B \text{ 的风险调整后收益}}{\text{总的经济资本}} \times 100\%$

$= \dfrac{A \text{ 的 RAROC} \times A \text{ 的经济资本} + B \text{ 的 RAROC} \times B \text{ 的经济资本}}{\text{总的经济资本}} \times 100\%$

$= \dfrac{16\% \times 80 + 10\% \times 20}{100} \times 100\%$

$= 14.8\%$

根据上述结果，在追求商业银行 RAROC 最大化的前提下，方案二是最合适的选择。商业银行应把所有资本配置到 A 分行。

在实践中，还要考虑以下因素：

分行或部门、产品的风险调整回报率指标并非一成不变的，某一类业务、某一个地区范围内的客户资源是有限的。当银行把所有资源都投到这个地区扩大业务规模时，一般会面临客户资源不足的问题，从而降低收益。由于边际客户和业务的收益呈递减的趋势，随着业务的扩大，银行在这个地区的 RAROC 也呈递减的趋势。银行无条件将资源从 RAROC 低的分行转移到 RAROC 相对较高的分行是有成本的，并且这样的成本很有可能超出了银行可以承受的范围。因而，在上例中，银行在实践中可能会选择方案三，把更多的经济资本配置到 RAROC 较高的 A 分行，同时把一些资本也分配给 RAROC 较低的 B 分行，由此得到的总 RAROC 水平还是高于平均分配的方案一的 RAROC 水平。

思政案例

中国商业银行在全球银行排名中屡获佳绩

一、思政目标

本案例围绕以振兴中华为己任的爱国意识教育展开，重点让学生理解我国商业银行取得辉煌经营业绩的同时也需要尽更多的社会责任。同时，教育学生应该以为实现中华民族伟大复兴的中国梦为己任，努力成为有理想、有担当、有作为的新时代大学生。

二、案例内容

银行的一级资本实力是衡量银行资本充足状况的重要指标，反映了银行抗风险和利润增长能力,是全球银行综合实力的标尺。2023年7月5日,英国《银行家》杂志发布了2023年度世界银行1 000强榜单。在全球一级资本排名前1 000家银行中,2023年是我国连续第二年有140家银行上榜,仅次于美国的196家。在全球前20强银行排名中(表11-8),中资银行更是占据半壁江山。其中,工、建、农、中四家国有大型商业银行连续第六年蝉联榜单前4名。中国工商银行以4 973亿美元的一级资本,连续11年位居榜首。排在中国工商银行之后的是中国建设银行、中国农业银行以及中国银行。此外,交通银行超越汇丰控股(HSBC),位居第九。汇丰控股是前10名中唯一一家欧洲银行。

2023年,中资银行一级资本总额为3.3万亿美元,总资产总额仍增长1.12%,达到42万亿美元,贷款总额增长1.57%,达到24.8万亿美元,存款总额增长0.87%,达到31.3万亿美元。总体而言,我国持有全球32.67%的一级资本和27.69%的资产。"考虑到强势美元的效应,中国在一级资本和资产增长方面仍然继续超越其最接近的竞争对手美国。然而,面对经济放缓,中国大型银行的增长速度有所放缓。"英国《银行家》总编辑马克奈特表示。

表11-8 全球银行20强(按一级资本排名)

排名	银行名称	所属国家	一级资本(百万美元)
1	中国工商银行	中国	497 281
2	中国建设银行	中国	407 229
3	中国农业银行	中国	379 867
4	中国银行	中国	339 484
5	摩根大通	美国	245 631
6	美国银行	美国	208 446
7	花旗银行	美国	169 145
8	富国银行	美国	152 567
9	交通银行	中国	145 443
10	汇丰控股	英国	139 067
11	招商银行	中国	131 588
12	中国邮政储蓄银行	中国	117 312
13	法国农业信贷银行	法国	113 898
14	三菱日联金融集团	日本	111 355
15	法国巴黎银行	法国	110 048
16	高盛集团	美国	108 552
17	兴业银行	中国	106 979
18	上浦东发展银行	中国	97 110
19	中信银行	中国	96 063
20	西班牙桑坦德银行	西班牙	88 333

三、思考题

1. 请思考我国银行业如何保持高质量发展。
2. 请思考银行如何更好地履行社会责任？

资料来源：

2023世界银行1 000强榜单观察：中国四大行再次包揽前四，https://baijiahao.baidu.com/s?id=1770668501966863702&wfr=spider&for=pc。

本章小结

1. 绩效评价是商业银行发展转型的重要工具，是实现战略目标的指挥棒。商业银行应建立一套科学合理的绩效评价体系，充分发挥绩效评价激励约束作用，引导商业银行转型升级。

2. 商业银行的财务报表主要有资产负债表、利润表和现金流量表。资产负债表是反映商业银行在某一特定时点全部资产、负债和所有者权益情况的会计报表。利润表是反映商业银行在一定会计期间的经营成果的财务报表。现金流量表是反映商业银行在一定会计期间经营活动、投资活动和筹资活动产生的现金和现金等价物流入和流出的报表。

3. 比率分析法是以绩效评价指标为核心，从盈利能力、经营效率、风险性和清偿力四个方面对银行经营绩效分别进行评价，最后形成科学完整的结论。

4. 杜邦分析法是一种用来评价公司盈利能力和股东权益回报水平，从财务角度评价企业绩效的一种经典方法。其基本思想是将企业净资产收益率逐级分解为多项财务比率乘积，这样有助于深入分析比较企业经营业绩。

5. RAROC是风险调整后资本回报率，即风险调整后净利润与占用的经济资本的比率。RAROC是商业银行内部绩效测评的主要指标，是商业银行经济资本配置的依据。

本章思维导图

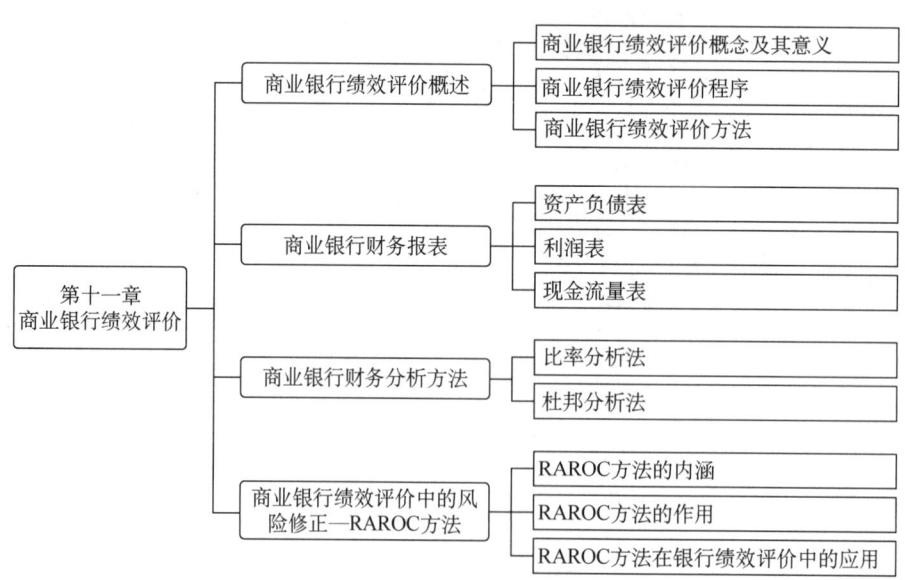

图11-2 思维导图

思 考 题

1. 商业银行绩效评价的作用是什么?
2. 商业银行资产负债表的主要内容及作用是什么?
3. 商业银行利润表的作用是什么?
4. 怎样理解商业银行的现金流量表?
5. 商业银行绩效评价中盈利性指标有哪些?
6. 如何理解四因素杜邦分析法?
7. RAROC 的定义和作用是什么?
8. RAROC 应用于银行绩效评价的流程?

本章涉及的主要法律法规

《商业银行绩效评价办法》
《商业银行监管评级办法》

第十二章　商业银行全面风险管理

本章学习目标

　　风险管理能力是商业银行稳健经营和可持续发展的基石，是银行的核心竞争力。商业银行全面风险管理的目的在于最大限度地减少所承受的各种风险带来的损失，《巴塞尔协议》将银行风险区分为八大类风险，其中最主要的风险有四类，即信用风险、市场风险、流动性风险和操作风险。限于篇幅，同时由于本书第十章中已经讲述了市场风险管理的主要方法，因而本章中将主要探讨信用风险、流动性风险和操作风险的管理，其他风险不再涉及。学生通过本章学习，应掌握商业银行风险的概念和分类；掌握全面风险管理的内涵和流程；掌握信用风险的识别、评估、监测和控制措施；掌握操作风险的识别、评估、监测和控制措施；掌握流动性风险的识别、评估、监测和控制措施。

第一节　商业银行全面风险管理概述

一、银行风险概述

（一）风险的概念

　　当前，商业银行处在一个充满不确定性的经营环境里、各类风险层出不穷。风险管理的前提是正确认识风险。风险是指商业银行在经营活动中，因不确定因素的影响，而遭受经济损失或不能获得额外收益的可能性。风险具有普遍性、客观性和可变性。对于商业银行而言，在当今复杂多变的经营环境下，风险是普遍存在的，而且风险可能会随着时间和空间的变化不断变化，同时，无论商业银行采取何种措施，均不可能将风险完全消除，只能尽可能地将其带来的损失降至最低。风险是把"双刃剑"，可能带来一定的损失，同时也可能带来超额收益。

（二）银行风险的分类

　　巴塞尔委员会颁布的《巴塞尔协议》，将银行面临的主要风险划分为八大类，即信用风险、市场风险、操作风险、法律风险、流动性风险、国别风险、声誉风险和战略风险。除这些风险之外，我国银保监会还要求商业银行将洗钱和恐怖融资风险纳入全面风险管理体系进行统一管理，但该风险在此不再赘述。

1. 信用风险

　　信用风险是指债务人或交易对手未能履行合同规定的义务或信用质量发生变化，影响金融产品价值，从而给债权人或金融产品持有人造成经济损失的风险。传统上，对于大多数的商业银行而言，信用风险主要来自贷款，是债务人未能如期偿还债务而给银行造成的损失可能性。因此，信用风险往往被称为违约风险。但是随着金融市场的发展，银行越来越深入地介入各类市场交易中。一旦交易对手履约能力不足或者交易对手的信用评级下降，即发生了信用质量下降问题,可能使得银行持有的资产组合的价值缩水。这种情况尤其在银行从事衍生品交易时带来的负面影响更大。国际互换与衍生品协会将信用风险种类定义为破产、无力偿付到期债务、债务交叉违约、债务提前到期而无法偿还、债务拒绝清偿或展期、债务重整(债务的重新安排导致不利)和其他事件七种。

2. 市场风险

市场风险是指因市场价格(利率、汇率、股票价格和商品价格)的不利变动而使银行表内和表外业务发生损失的风险。市场风险存在于银行的交易和非交易业务中,主要包括利率风险、汇率风险、股票风险和商品风险。这里的商品,是指可以在二级市场上交易的某些实物产品,如农产品、矿产品(包括石油)和贵金属(不包括黄金)等。我国的商业银行由于实行分业经营和对投资于商品市场的限制,其主要面临的市场风险为利率风险和汇率风险。

由于我国商业银行绝大部分业务都在银行账簿内记录,因而利率变动对商业银行账簿经济价值的影响就较大,从而产生银行账簿利率风险。银行账簿记录的是商业银行未划入交易账簿的相关表内外业务。银行账簿利率风险是指利率水平和期限结构等不利变动导致银行账簿经济价值和整体收益遭受损失的风险,主要包括缺口风险、基准风险和期权性风险。缺口风险是指利率变动时,由于不同金融工具重定价期限不同而引发的风险。基准风险是指定价基准利率不同的银行账簿表内外业务,尽管期限相同或相近,但由于基准利率的变化不一致而形成的风险。收益率曲线风险是在市场利率发生变动的情况下,由于收益率曲线的斜率和形状发生不同的变化而导致的风险。期权性风险是指银行持有期权衍生工具,或其银行账簿表内外业务存在嵌入式期权条款或隐含选择权,使银行或交易对手可以改变金融工具的未来现金流水平或期限,从而形成的风险。期权性风险可分为自动利率期权风险和客户行为性期权风险两类。自动利率期权风险来源于独立期权衍生工具或金融工具合同中的嵌入式期权条款(如浮动利率贷款中的利率顶或利率底)。客户行为性期权风险来源于金融工具合同中的隐含选择权(如借款人的提前还款权,或存款人的提前支取权等)。

3. 操作风险

操作风险是指由不完善或有问题的内部程序、员工和信息科技系统,以及外部事件所造成损失的风险。操作风险主要来源于各类操作风险事件。根据《巴塞尔协议》的分类,这些风险事件包括七种类型:①内部欺诈,②外部欺诈,③就业制度和工作场所安全,④客户、产品和业务活动,⑤实物资产的损坏,⑥营业中断和信息技术系统瘫痪,⑦执行、交割和流程管理。这些风险普遍存在于商业银行业务与经营的活动中,具有普遍性。此外,操作风险还具有非营利性特征,是一种纯粹风险,即只有带来损失的可能性而无获利的机会。

随着计算机、网络通信和软件工程等现代信息技术在商业银行业务交易处理、经营管理和内部控制等方面的应用日益普及,商业银行信息科技风险不断增加。信息科技风险是指在商业银行运用信息科技技术过程中,由于自然因素、人为因素、技术漏洞和管理缺陷等产生的操作、法律和声誉等风险。信息科技风险具有隐蔽性强、突发性强、应急处置难度大、影响范围广且后果具有灾难性等特征。商业银行信息科技风险管理的目标是通过建立有效的机制,实现对商业银行信息科技风险的识别、计量、监测和控制,促进商业银行安全、持续、稳健运行,推动业务创新,提高信息技术使用水平,增强核心竞争力和可持续发展能力。

4. 法律风险

法律风险是指商业银行因日常经营和业务活动无法满足或违反法律规定，导致不能履行合同、发生争议/诉讼或其他法律纠纷而造成经济损失的风险。在我国，银保监会颁布的《商业银行操作风险管理指引》中，将法律风险归属于操作风险管理范畴。

此外，与法律风险密切相联系的风险还有合规风险，具体是指商业银行因没有遵循法律、法规或准则可能遭受法律制裁、监管处罚、重大财务损失和声誉损失的风险。商业银行应综合考虑合规风险与信用风险、市场风险、操作风险和其他风险的关联性，确保各项风险管理政策和程序的一致性。

5. 流动性风险

流动性风险是指商业银行虽然有清偿能力，但无法及时获得充足资金或无法以合理成本及时获得充足资金以应对资产增长或支付到期债务的风险。流动性风险如不能有效控制，将有可能损害商业银行的清偿能力。

流动性风险可以分为融资流动性风险和市场流动性风险。融资流动性风险是指商业银行在不影响日常经营或财务状况的情况下，无法及时有效地满足资金需求的风险。市场流动性风险是指由于市场深度不足或市场动荡，商业银行无法以合理的市场价格出售资产以获得资金的风险。

6. 国别风险

国别风险是指由于某一国家或地区经济、政治、社会变化及事件，导致该国家或地区借款人或债务人没有能力或者拒绝偿付银行债务，或使银行在该国家或地区的商业利益遭受损失的风险。国别风险可能由一国或地区经济状况恶化、政治和社会动荡、资产被国有化或征用、政府拒付对外债务、外汇管制或货币贬值等情况引发。国别风险存在于授信、国际资本市场业务、设立境外机构、代理行往来和由境外服务提供商提供的外包服务等经营活动中。

7. 声誉风险

声誉是指商业银行所有利益相关者基于持久努力、长期信任建立起来的无形资产。声誉风险是指由商业银行经营、管理及其他行为或外部事件导致利益相关方对商业银行负面评价的风险。声誉事件是指引发商业银行声誉风险的相关行为或事件。重大声誉事件是指造成银行重大损失、市场大幅波动、引发系统性风险或影响社会经济秩序稳定的声誉事件。

8. 战略风险

战略风险是指商业银行在追求短期商业目的和长期发展目标的过程中，因不适当的发展规划和战略决策给商业银行造成损失或不利影响的风险。它主要体现在四个方面：一是商业银行战略目标缺乏整体兼容性；二是为实现战略目标而制定的经营策略出现缺陷；三是为实现战略目标所需要的资源匮乏；四是整个战略实施过程的质量难以保证。

二、全面风险管理内涵

(一) 全面风险管理的概念

商业银行风险管理是指商业银行为了最大限度地减少因承担风险而可能遭受的损失，运用各种风险管理方法和工具，对不同风险进行识别和分析、评估和计量、监测和报告、控制和缓释等活动的总称。全面风险管理模式出现的背景是从 20 世纪 80 年代后,银行面临的风险越来越多,银行损失的来源不再是单一的信用风险,而是信用风险、市场风险、操作风险、流动性风险、声誉风险和战略风险等各种类型的风险,且这些风险互相交织在一起。

全面风险管理是指商业银行围绕总体经营目标,通过在管理的各个环节和经营过程中执行风险管理的基本流程,培育良好的风险管理文化,建立健全全面风险管理体系,包括风险管理的治理架构、风险偏好和策略、风险管理的政策和流程、风险管理信息系统和内部控制系统,对银行所有风险进行统一有效管理,从而实现风险管理总体目标的过程和方法。

(二) 全面风险管理的原则

1. 匹配性原则

全面风险管理应当与宏观经济风险状况和银行的系统重要性等相适应,并根据环境变化予以调整。

2. 全覆盖原则

全面风险管理应当覆盖商业银行各项业务,包括本外币、表内外和境内外业务;覆盖所有分支机构、附属机构,部门、岗位和人员;覆盖所有风险种类和不同风险之间的相互影响;贯穿决策、执行和监督全部管理环节。

3. 独立性原则

银行业金融机构应当建立独立的全面风险管理组织架构,赋予风险管理部门足够的授权、人力资源及其他资源配置,建立科学合理的报告渠道,与业务条线之间形成相互制衡的运行机制。

4. 有效性原则

银行业金融机构应当将全面风险管理的结果应用于经营管理,根据风险状况、市场和宏观经济情况评估资本和流动性的充足性,有效抵御所承担的总体风险和各类风险。

三、全面风险管理体系构建的要素

2016 年 9 月,我国银保监会公布《银行业金融机构全面风险管理指引》,其中明确银行业金融机构应建立全面风险管理体系,采取定性和定量相结合的方法,识别、计量、评估、监测、报告、控制或缓释所承担的各类风险,并指出全面风险管理体系的构建要素。

(一) 全面风险管理的治理架构

银行业金融机构应当建立组织架构健全、职责边界清晰的风险治理架构,明确董事会、监事会、高级管理层、业务部门、风险管理部门和内审部门在风险管理中的职责分工,建立多层次、相互衔接、有效制衡的运行机制。在职责分工方面,董事会及专门委员承担全面风险管理的最终责任;监事会承担全面风险管理的监督责任;高级管理层承担全面风险管理的实施责任;业务条线部门承担风险管理的直接责任;风险管理职能部门承担制定政策和流程,日常监测和管理风险的责任;内部审计部门承担业务部门和风险管理部门履责情况的审计责任。

国际范围内先进银行的风险治理架构的特征有全面性、集中性、垂直性、独立性和有效性等。全面性是指风险管理组织架构全面渗透到银行的各项业务过程和各个操作环节,覆盖所有的部门、岗位和人员。集中性是指在集团、地区层面设有完全独立于业务单元的风险管理部门,在风险政策制度、计量分析和风险监控等方面,实行全行整体层次上的集中管理。垂直性是指建立隶属关系实行垂直管理的风险组织架构和报告线路。在总行设首席风险官,一级分行设风险总监,二级分行设风险主管,向县级支行派出风险经理。风险总监由总行统一派出,不受分行的管辖。独立性是指风险管理组织体系以独立风险管理部门为依托,与各个业务部门在职能上独立,由董事会、风险管理委员会及首席风险官直接领导。有效性是指风险管理组织和措施能够保证风险管理的目标得以实现。

1. 董事会及专门委员会

在现代公司治理中,形成了股东大会、董事会、监事会和高管层为核心的"三会一层"治理机制。董事会受托于公司股东,向股东大会负责,是商业银行的决策机构。商业银行董事会应当根据银行风险状况、发展规模和速度,建立全面的风险管理战略、政策和程序,判断银行面临的主要风险,确定适当的风险容忍度和风险偏好,督促高级管理层有效地识别、计量、监测、控制并及时处置商业银行面临的各种风险。此外,我国《银行保险机构公司治理准则》中还规定,国有银行保险机构应当将党的领导融入公司治理各个环节,将党建工作要求写入公司章程,列明党组织的职责权限、机构设置、运行机制和基础保障等重要事项,落实党组织在公司治理结构中的法定地位。国有银行保险机构应当坚持和完善"双向进入、交叉任职"领导体制,符合条件的党委班子成员可以通过法定程序进入董事会、监事会和高级管理层,董事会、监事会和高级管理层中符合条件的党员可以依照有关规定和程序进入党委。党委书记、董事长一般由1人担任,党员行长(总经理)一般担任副书记。重大经营管理事项必须经党委研究讨论后,再由董事会或高级管理层做出决定。国有银行保险机构要持续健全党委领导下以职工代表大会为基本形式的民主管理制度,重大决策应当听取职工意见,涉及职工切身利益的重大问题必须经过职工代表大会或者职工大会审议,保证职工代表依法有序参与公司治理。民营银行保险机构要按照党组织设置有关规定,建立党的组织机构,积极发挥党组织的政治核心作用,加强政治引领,宣传贯彻党的路线方针政策,团结凝聚职工群众,维护各方合法权益,建设先进企业文化,促进银行保险机构持续健康发展。

在董事会中还设立了相关专门委员会,发挥专业职能,完成董事会授权的上述风险管理职责。董事会专门委员会向董事会提供专业意见或根据董事会授权就专业事项进行决策。各专门委员会成员应当是具有与专门委员会职责相适应的专业知识和工作经验的董事。各专门委员会负责人原则上不宜兼任。审计、提名、薪酬、风险管理、关联交易控制委员会中独立董事占比原则上不低于1/3,审计、提名、薪酬、关联交易控制委员会应由独立董事担任主任委员或负责人。审计委员会成员应当具备财务、审计、会计或法律等某一方面的专业知识和工作经验。

与风险直接相关的专门委员会包括风险管理委员会、关联交易控制委员会和审计委员会。风险管理委员会主要负责监督高级管理层关于信用风险、流动性风险、市场风险、操作风险、合规风险和声誉风险等风险的控制情况,对商业银行风险政策、管理状况及风险承受能力进行定期评估,提出完善商业银行风险管理和内部控制的意见。关联交易控制委员会主要负责关联交易的管理、审查和批准,控制关联交易风险。审计委员会主要负责检查商业银行风险及合规状况、会计政策、财务报告程序和财务状况,还负责商业银行年度审计工作,提出外部审计机构的聘请与更换建议,并就审计后的财务报告信息真实性、准确性、完整性和及时性做出判断性报告,提交董事会审议。

2. 监事会

监事会是商业银行的内部监督机构,对股东大会负责,除依据《公司法》等法律法规和商业银行章程履行职责外,还应当重点关注以下事项:①监督董事会确立稳健的经营理念、价值准则和制定符合公司情况的发展战略。②对公司发展战略的科学性、合理性和稳健性进行评估,形成评估报告。③对公司经营决策、风险管理和内部控制等进行监督检查并督促整改。④对董事的选聘程序进行监督。⑤对公司薪酬管理制度实施情况及高级管理人员薪酬方案的科学性、合理性进行监督。⑥法律法规、监管规定和公司章程规定的其他事项。

3. 高级管理层

高级管理层由商业银行总行行长、副行长、财务负责人及监管部门认定的其他高级管理人员组成。高级管理层向董事会负责,是商业银行的执行机构。同时,高管层接受监事会监督。高级管理层依法在职权范围内的经营管理活动不受干预。

银行业金融机构高级管理层在风险管理方面必须执行董事会的决议,履行以下职责:①建立适应全面风险管理的经营管理架构,明确全面风险管理职能部门、业务部门以及其他部门在风险管理中的职责分工,建立部门之间有效制衡、相互协调的运行机制。②制定清晰的执行和问责机制,确保风险偏好、风险管理策略和风险限额得到充分传达和有效实施。③对董事会设定的风险限额进行细化并执行,包括但不限于行业、区域、客户和产品等维度。④制定风险管理政策和程序,定期评估,必要时调整。⑤评估全面风险和各类重要风险管理状况并向董事会报告。⑥建立完备的管理信息系统和数据质量控制机制。⑦对突破风险偏好、风险限额以及违反风险管理政策和程序的情况进行监督,根据董事会的授权进行处理。⑧风险管理的其他职责。

4. 风险管理部门

商业银行应当建立独立的风险管理部门,并确保该部门具备足够的职权、资源以及与董事会进行直接沟通的渠道。风险管理部门在风险总监的领导下,负责全面风险管理,牵头履行全面风险的日常管理,包括但不限于以下职责:①实施全面风险管理体系建设,牵头协调各类具体风险管理部门。②识别、计量、评估、监测、控制或缓释全面风险和各类重要风险,及时向高级管理人员报告。③持续监控风险偏好、风险管理策略、风险限额及风险管理政策和程序的执行情况,对突破风险偏好、风险限额以及违反风险管理政策和程序的情况及时预警、报告并提出处理建议。④组织开展风险评估,及时发现风险隐患和管理漏洞,持续提高风险管理的有效性。

在风险管理部门的组织形式上,注重强调"三道防线"在风险管理流程中的作用,分别对应的是商业银行风险管理的前、中和后台。"三道防线",是指在银行内部构造三个不同职责的对风险管理承担不同职责的部门,相互协调配合,分工协作,提高风险管理的有效性。第一道防线是业务条线部门。具体责任人员是前台业务人员,是商业银行业务经营和风险管理的最前线。第二道防线是风险管理职能部门。专门的风险管理部门能够有效监控和评估各个业务条线的风险活动。第三道防线是内部审计部门。《商业银行内部审计指引》规定,商业银行应设立独立的内部审计部门,审查、评价并督促改善商业银行经营活动、风险管理、内控合规和公司治理效果,编制并落实中长期审计规划和年度审计计划,开展后续审计,评价整改情况,对审计项目的质量负责。内部审计部门向总审计师负责并报告工作。

中国工商银行的全面风险管理的治理架构,如图 12-1 所示。

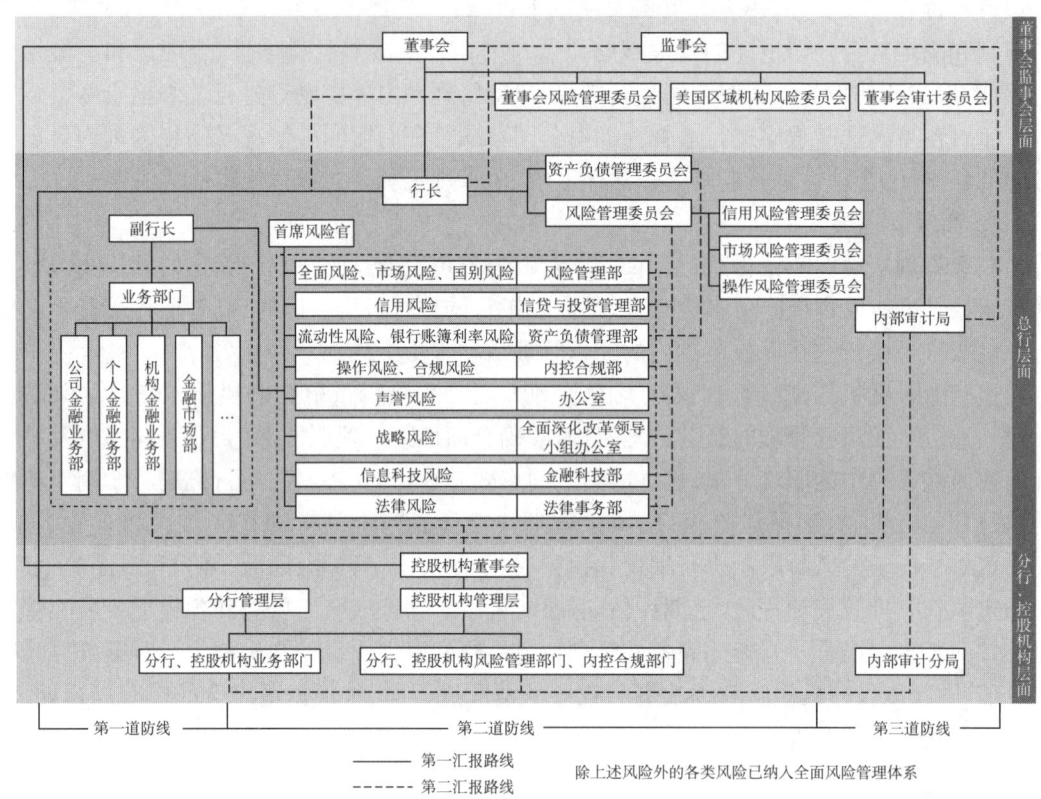

资料来源:中国工商银行 2023 年年报

图 12-1　中国工商银行的全面风险管理的治理架构

(二)风险文化、风险偏好和风险限额

1. 风险文化

风险文化是指商业银行在经营管理活动中逐步形成的风险管理理念、哲学和价值观,通过商业银行的风险管理战略、风险管理制度及员工的风险管理行为体现出来的一种企业文化。风险管理文化是商业银行风险管理体系中的一种"不成文的规定",包括员工的风险观、风险管理意识和职业道德等,决定了商业银行在风险管理上的价值取向、行为规范和道德水准。风险文化的作用在于能够有效地使员工形成正确的风险意识,并自觉约束自我的各种行为,从而保持与银行风险管理的目标相一致。

2. 风险偏好

风险偏好是指商业银行在追求实现战略目标的过程中,愿意且能够承担的风险类型和风险总量。风险偏好是董事会负责设定,作为银行资本管理和各项业务经营的导向,也是银行战略设定的指路牌。商业银行一般通过风险偏好声明向利益相关者传达。风险偏好一般可分为激进型和稳健型等不同类型。

3. 风险限额

风险限额是有效传导银行风险偏好的重要工具。《银行业金融机构全面风险管理指引》明确规定,银行业金融机构应当根据风险偏好,按照客户、行业、区域和产品等维度设定风险限额。风险限额应当综合考虑资本、风险集中度、流动性和交易目的等。全面风险管理职能部门应当对风险限额进行监控,并向董事会或高级管理层报送风险限额使用情况。风险限额临近监管指标限额时,银行业金融机构应当启动相应的纠正措施和报告程序,采取必要的风险分散措施,并向银行业监督管理机构报告。

从国际范围看,风险限额主要包括集中度限额、VaR 限额和止损限额三种形式。集中度限额是指设定单个风险敞口的规模上限。VaR 限额是指对业务敞口的风险价值(Value at Risk)进行额度限定。止损限额是指对银行持有的资产价值实际损失设定的最高额度。我国商业银行一般按照风险类型采取比率指标或者绝对额指标对风险限额进行设定。我国商业银行实践中常用的风险限额指标体系,如表 12-1 所示。

表 12-1 银行风险限额指标体系

序号	风险偏好类型	指标	限额值
1	整体风险偏好	资本充足率	不低于 $x\%$
2		经济资本净回报率	不低于 $x\%$
3		外部评级	不低于 x
4	信用风险偏好	不良贷款率	不低于 $x\%$
5		贷款拨备率	不低于 $x\%$
6		风险集中度(单一客户和集团客户)	不高于 $x\%$
7		信用风险非预期损失限额	不高于 x 亿元
8		某行业的信贷限额	不高于 x 亿元
9		某品种信贷产品的投放额度	不高于 x 亿元
10	市场风险偏好	交易账户 VaR 值	不高于 x 亿元
11		人民币利率风险压力测试损失限额	不高于 x 亿元
12		某产品或组合敞口限额	不高于 x 亿元
13		某产品或组合敏感度限额	不高于 $x\%$
14	操作风险限额	案件风险率	每年不高于百万分之 x
15		操作风险非预期损失额	每日操作风险非预期损失低于 x 亿元
16		业务系统中断恢复时间	低于 x 小时
17	流动性风险偏好	流动性覆盖率	不低于 $x\%$
18		净稳定资金比率	不低于 $x\%$
19		核心负债依存度限额	不低于 $x\%$
20		流动性比率限额	不低于 $x\%$

(续表)

序号	风险偏好类型	指标	限额值
21	国别风险	国别风险敞口限额	根据不同等级限定
22	声誉风险偏好	客户满意度	不低于同业水平

(三) 全面风险管理政策与流程

1. 全面风险管理政策

全面风险管理政策是银行为了确保达到全面风险管理目标而制定的一系列规章制度和办法，使得风险识别、计量、缓释和监控能力与银行的规模、复杂性及风险状况相匹配。

完善的全面风险管理政策应包括：

（1）全面风险管理的方法，包括各类风险的识别、计量、评估、监测、报告、控制或缓释，风险加总的方法和程序。

（2）风险定性管理和定量管理的方法。商业银行对能够量化的风险，应通过风险计量技术，加强对相关风险的计量、控制和缓释；对难以量化的风险，应当建立风险识别、评估、控制和报告机制，确保相关风险得到有效管理。

（3）风险管理报告。报告内容至少包括总体风险和各类风险的整体状况；风险管理策略、风险偏好和风险限额的执行情况；风险在行业、地区、客户、产品等维度的分布；资本和流动性抵御风险的能力。

（4）压力测试安排。压力测试体系中应明确压力测试的治理结构、政策文档、方法流程、情景设计、保障支持、验证评估以及压力测试结果运用。应当定期开展压力测试，覆盖各类风险和表内外主要业务领域，并考虑各类风险之间的相互影响。压力测试结果应当运用于银行业金融机构的风险管理和各项经营管理决策中。

（5）新产品、重大业务和机构变更的风险评估。每项业务都应有对应的风险管理政策和程序。未制定的，不得开展该项业务。

（6）资本和流动性充足情况评估。

（7）应急计划和恢复计划。应急计划应当说明可能出现的风险以及在压力情况下（包括会严重威胁银行生存能力的压力情景），应当采取的措施。

2. 全面风险管理的流程

（1）风险识别/分析。风险识别/分析是指对影响商业银行各类经营目标实现的潜在风险事件或因素予以全面识别，进行系统分类并查找风险原因的过程。这是全面风险管理的第一步，目的在于及早发现商业银行所面临的风险，并确定严重程度，为下一步的风险计量和评估做好准备。

（2）风险计量/评估。风险计量/评估是在风险识别/分析基础上，对风险发生的可能性、风险将导致的后果及严重程度进行充分的分析和评估，从而确定风险水平的过程。风险计量一般基于银行积累的历史数据以及专家经验判断，根据风险类型、风险分析的目的及信息数据的可获得性，采取定性、定量或者定性和定量相结合的方式进行。

（3）风险监测/报告。风险监测是银行通过制定监测指标密切关注各种风险的变化和发展趋势，在风险恶化之前提交相关部门，以便尽快采取恰当风险控制措施，保证风险控制在设定目标之内。风险监测随着风险变化而动态变化,不是静止的。根据风险监测信息分析而形成的书面报告称为风险报告。风险报告是将风险信息传递给内外部门和机构,使其能够了解银行风险状况的工具,是银行实施全面风险管理的媒介,贯穿于风险管理的整个流程和层面。

(4) 风险控制/缓释。风险控制/缓释是商业银行对已经识别和计量的风险采取分散、对冲、转移、规避和补偿等策略以及合格的风险缓释工具进行有效管理和控制风险的过程。风险分散是指通过多样化的投资来分散和降低风险的方法。风险对冲是指通过投资或购买与标的资产收益率波动负相关的某种资产或衍生品,来冲销标的资产潜在风险损失的策略。风险转移是指银行将自身的风险暴露转移给第三方,包括出售风险头寸、购买保险或进行避险交易(如互换、期权等)。风险规避是指银行拒绝或退出某种业务或市场,以规避承担该业务或市场带来的风险。风险补偿是指在事前对风险承担的价格补偿。

根据风险控制手段采取的时机不同,风险控制分为事前控制和事后控制两种。事前控制是指银行在开展某项业务活动之前制定一定的标准或方案,避免银行业务开展后承担的风险超过自身承受能力。常见的事前控制方法包括限额管理、风险定价和应急预案等。限额管理是对风险限额进行设定、超额调整、超限额报告和处理的相关制度。风险定价根据风险计量的结果,对风险低、回报高的业务确定较低的价格,而对于风险高、回报低的业务确定较高的价格,以对风险进行补偿。应急预案是针对极端市场压力环境下采取的应对突发事件和风险的各种措施。事后控制是指银行在风险持续监控的基础上,根据所承担的风险水平和变化趋势,采取一系列风险转移或缓释工具来降低水平,从而将风险控制在银行目标之内的各种手段。其主要包括风险缓释或转移、风险资本的重新分配和提高风险资本水平等。抵质押和担保是风险缓释的常用手段。

专栏 12-1

商业银行应报告的重大风险事项

商业银行应密切关注以下重大风险事项,并及时向银行监管机构上报。具体包括:

(1) 重大信贷风险事项:①大额或主要资金交易对方发生违约行为或预期违约;②某类个贷借款人违约率大幅攀升;③其他应报告的重大信用风险事项。

(2) 重大市场风险事项:①主要交易对方所在国家货币的急剧升值或贬值;②交易、投资或持有的债券、股票等有价证券的市场价格发生大幅波动或其他市场异常情况;③持有的主要金融产品的市场价格发生大幅波动;④其他应报告的重大市场风险事项。

(3) 重大利率风险事项:①中央银行存贷款基准利率的调整;②中央银行利率管理政策的重大变化;③主要交易对方国家中央银行再贴现率的调整;④其他应报告的重大利率风险事项。

(4) 重大突发性事件:①辖内发生的金融诈骗、盗窃、抢劫、涉枪、爆炸等案件;②辖内本行机构或同业机构发生的挤兑事件;③辖内机构、人员遭受的火灾、水灾、地震等重大自然灾害或意外事件;④其他应报告的重大突发性事件。

(5) 重大法律风险事项:①对商业银行业务可能产生不利影响的国家法律、法规、司法解释、规章或国际条约等的发布及修改;②主要交易对方的法律地位发生重大变化;③其他应报告的重大法律风险事项。

（6）各报告单位认为应报告的其他重大风险事项。

资料来源：中国银行业协会银行业专业人员资格考试办公室：《风险管理》，中国金融出版社，2021年4月，第135页。

(四) 内部控制与内部审计

1. 内部控制

1) 内部控制的概念

内部控制是指商业银行董事会、监事会、高级管理层和全体员工参与，通过制定和实施系统化的制度、流程和方法，实现控制目标的动态过程和机制。

商业银行内部控制的目标在于：①保证国家有关法律法规及规章的贯彻执行；②保证商业银行发展战略和经营目标的实现；③保证商业银行风险管理的有效性；④保证商业银行业务记录、会计信息、财务信息和其他管理信息的真实、准确、完整和及时。

2) 内部控制的原则

内部控制应遵循四个原则：第一，全覆盖原则。商业银行内部控制应当贯穿决策、执行和监督全过程，覆盖各项业务流程和管理活动，覆盖所有的部门、岗位和人员。第二，制衡性原则。商业银行内部控制应当在治理结构、机构设置及权责分配、业务流程等方面形成相互制约、相互监督的机制。第三，审慎性原则。商业银行内部控制应当坚持风险为本、审慎经营的理念，设立机构或开办业务均应坚持内控优先。第四，相匹配原则。商业银行内部控制应当与管理模式、业务规模、产品复杂程度和风险状况等相适应，并根据情况变化及时进行调整。

3) 内部控制实施的要素

内部控制的要素包括内部环境、风险评估、控制活动、内部监督、信息与沟通五大要素。内部环境主要包括治理结构、机构设置及权责分配、内部审计、人力资源政策和企业文化等。风险评估包括设置风险目标、风险识别、风险分析和风险应对等。控制活动一般包括不相容职务分离控制、授权审批控制、会计系统控制、财产保护控制、预算控制、运营分析控制和绩效考评控制等。内部监督是商业银行对内部控制建立与实施情况进行监督检查，主要目的是发现内部控制的缺陷，保证内部控制目标的实现。内部监督主要包括各类监督活动、缺陷认定和责任追究。信息与沟通主要包括信息收集、信息传递、信息共享和反舞弊机制。

4) 内部控制活动的重点

内部控制活动主要包括不相容职务分离控制和授权审批控制两方面。

（1）不相容职务分离控制。其主要体现在：第一，对于银行机构和岗位设置方面，商业银行要明确划分相关部门之间、岗位之间、上下级机构之间的职责，建立职责分离、横向与纵向相互监督制约的机制。涉及资产、负债、财务和人员等重要事项变动均不得由一个人独自决定。第二，对于商业银行资金业务，要体现权限等级和职责分离的原则，做到前台交易与后台结算分离、自营业务与代客业务分离、业务操作与风险监控分离，建立岗位之间的监督制约机制。第三，对于商业银行柜台业务，严格执行"印、押、证"三分管制度。商业银行应当建立会计、储蓄事后监督制度，配置专人负责事后监督，实现业务与监督在空间与人员上的分离。第四,对于商业银行代理业务,商业银行要严格按照会计制度正确核算和确认各项代理业务收入,坚持收支两条线,防止代理收入被截留或挪用。第五,对于商业银行基金托管业务,银行的人事、行政和财务上独立于基金管理人,双方的管理人员不得相互兼职。要确保基金托管业务与基金代销业务相分离,基金托管的系统、业务资料应当与基金代销的系统、业务资料有效分离。第六,对于商业银行会计业务,岗位设置应当实行责任分离、相互制约的原则,严禁一人兼任非相容的岗位或独自完成会计全过程的业务操作。第七,对于银行的信息系统,商业银行要明确计算机信息系统开发人员、管理人员与操作人员的岗位职责,做到岗位之间的相互制约,各岗位之间不得相互兼任。

(2) 授权审批控制。商业银行根据风险大小,对不同种类、期限、担保条件的授信确定不同的审批权限,审批权限应当采用量化风险指标。同时,商业银行应建立有效的授信决策机制,包括设立授信审查委员会,负责审批权限内的授信。行长不得担任授信审查委员会的成员。授信审查委员会审议表决应遵循集体审议、明确发表意见和多数同意通过的原则,全部意见应当记录存档。商业银行各级机构应明确规定授信审查人、审批人之间的权限和工作程序,严格按照权限和程序审查、审批业务,不得故意绕开审查、审批人。

2. 内部审计

1) 内部审计的概念

内部审计是一种独立、客观的监督、评价和咨询活动,是银行业金融机构内部控制的重要组成部分。内部审计通过系统化和规范化的方法,审查评价并改善银行业金融机构经营活动、风险状况、内部控制和公司治理效果,促进银行业金融机构稳健发展。

内部审计的目标是保证国家有关经济金融法律法规、方针政策、监管部门规章的贯彻执行;在银行业金融机构风险框架内,促使风险控制在可接受水平;改善银行业金融机构的运营,增加价值。内部审计工作应当独立于经营管理,以风险为导向,确保客观公正。

2) 内部审计的特征

内部审计具有独立性、客观性。第一,独立性。内部审计的活动独立于所审查的活动之外,具体可以理解为内部审计部门的独立性和内部审计人员的独立性。内部审计部门独立性是指享有经费、人员、内部管理、业务开展方面的独立性,不受管理层和其他方面的干扰。人员的独立性是指内部审计人员在审计活动中不受任何来自外部的干扰,独立自主地开展审计工作。第二,客观性。内部审计的客观性具体是指要求内部审计必须保持公正、不偏不倚的态度。内部审计人员在审计工作时,不与任何方面达成重大的质量妥协,不能把对其他事务的判断凌驾于审计事务的判断之上。商业银行需要以制度形式明确赋予内部审计部门履行职责所必需的权限,不能将内部审计人员置于无法做出客观专业判断的处境中。内部审计部门应建立内部审计人员的审计回避制度,确保内部审计的客观性。

3) 内部审计的对象

《银行业金融机构内部审计指引》规定,商业银行内部审计的事项包括七个方面:经营管理的合规性及合规部门工作情况;内部控制的健全性和有效性;风险状况及风险识别、计量、监控程序的适用性和有效性;信息系统规划设计、开发运行和管理维护的情况;会计记录和财务报告的准确性和可靠性;与风险相关的资本评估系统情况;机构运营绩效和管理人员履职情况等。

第二节 信用风险管理

一、信用风险的识别

商业银行一般按照客户类型来识别信用风险,主要将客户划分为法人客户和个人客户两大类。法人客户根据组织形式不同,可以进一步划分为单一法人客户和集团法人客户。在本书第五章中已经对单一法人客户和个人客户的信用风险识别内容进行了讲解,在此主要讲述集团法人客户信用风险识别的内容。

(一)集团法人客户的信用风险识别

1. 集团法人客户的界定

集团法人客户是指存在控制关系的一组企、事业法人客户或同业单一客户。商业银行应按照《企业会计准则第33号——合并财务报表》规定的控制关系判断标准,根据实质重于形式原则识别集团客户。

识别集团客户应至少考虑以下特征:

(1)一方在股权上或经营决策上直接或间接控制另一方或被另一方控制。

(2)两方共同被第三方控制。

(3)一方主要投资者个人、关键管理人员或其亲属(包括三代以内直系亲属关系和二代以内旁系亲属关系)直接或间接控制另一方。

(4)存在其他关联关系,可能不按公允价格原则转移资产和利润,应视同集团客户管理。商业银行识别集团客户时,对于不受大额风险暴露监管要求约束的主体,如果两个客户同受其控制,但客户之间不存在控制关系,可以不认定为集团客户。

2. 集团法人客户信用风险

集团法人客户信用风险是指由于商业银行对集团客户多头授信、过度授信和不适当分配授信额度,或集团客户经营不善以及集团客户通过关联交易、资产重组等手段在内部关联方之间不按公允价格原则转移资产或利润等情况,导致商业银行不能按时收回由于授信产生的贷款本金及利息,或给商业银行带来其他损失的可能性。

集团法人客户信用风险主要来自银行对其的授信业务。授信是指商业银行向客户直接提供资金支持,或者对客户在有关经济活动中可能产生的赔偿、支付责任做出保证。它包括但不限于贷款、贸易融资、票据承兑和贴现、透支、保理、担保、贷款承诺和开立信用证等表内外业务。

3. 集团法人客户风险识别的要点

(1)充分获取集团法人客户的基本信息。商业银行在对集团法人客户授信时,应要求集团客户提供真实、完整的信息资料,包括但不限于集团客户各成员的名称、相互之间的关联关系、组织机构代码、法定代表人及证件、实际控制人及证件、注册地、注册资本、主营业务、股权结构、高级管理人员情况、财务状况、重大资产项目、担保情况和重大诉讼情况以及在其他金融机构授信情况等。必要时,商业银行可要求集团客户聘请独立的具有公证效力的第三方出具资料真实性证明。

(2) 重点识别关联方及其相关信息。在授信前,商业银行应重点关注客户的注册资金、股权分布和股权占比变更情况;通过间接持股形成的关联关系,通过非股权投资方式形成的隐性关联关系;客户核心资产重大变动及其净资产10%以上的变动情况;客户对外融资、大额资金流向、应收账款情况;客户主要投资者、关键管理人员及亲密亲属的个人信用记录。

(3) 充分搜集、调查、核实客户本身及关联方的授信情况。商业银行要进行充分的资信尽职调查,对照授信对象提供的资料,对重点内容或存在疑问的内容进行实地核查,并在授信调查报告中反映出来。调查人员应当对调查报告的真实性负责。

(4) 全面和深入分析集团内各个关联方之间的关联交易情况。全面分析集团的股权结构,找到最终控制人和所有关联方,判断关联方的交易是否属于正常交易。尤其要关注以下交易是否属于关联交易:①与无正常业务关系的单位或个人发生重大交易;②价格、利率、租金及付款条件异常的交易;③与特定客户或供应商发生大额交易;④实质与形式不符的交易;⑤易货交易;⑥进行明显缺乏商业理由的交易;⑦处理方式异常的交易;⑧资产负债表日前后发生的重大交易;⑨互为提供担保或连环提供担保;⑩存在有关控制权的秘密协议;⑪除本权益性投资外,资金以各种方式供单位或个人长期使用。

(5) 商业银行对法人客户的识别频率与额度授信周期应当保持一致。在定期识别期间,密切注意集团法人客户成员单位发生产权关系变动,导致其与集团关系发生变化的,应及时要求上报有关材料给牵头行,牵头行汇总后上报给管辖行,进行集团法人客户资料更新。同时,定期核实是否超过授信限制和风险承担能力。

我国银行监管机构要求一家商业银行对单一集团客户授信余额不得超过该商业银行资本净额的15%。否则将视为超过其风险承受能力。当一个集团客户授信需求超过一家银行风险的承受能力时,商业银行应当采取组织银团贷款、联合贷款和贷款转让等措施分散风险。计算授信余额时,可扣除客户提供的保证金存款及质押的银行存单和国债金额。

(二) 集团法人客户的信用风险特征

第一,内部关联交易问题突出。根据《银行保险机构关联交易管理办法》规定,银行机构关联交易是指与关联方之间发生的利益转移事项。其中,关联方是指与银行机构存在一方控制另一方,或对另一方施加重大影响,以及与银行机构同受一方控制或重大影响的自然人、法人或非法人组织。集团法人客户内部进行关联交易的动机主要包括实现集团公司的统一管理和控制以及规避政策障碍和粉饰财务报表。

银行机构的关联交易主要包括四个类型:一是授信类关联交易,是指银行机构向关联方提供资金支持,或者对关联方在有关经济活动中可能产生的赔偿、支付责任做出保证,包括贷款(含贸易融资)、票据承兑和贴现、透支、债券投资、特定目的载体投资、开立信用证、保理、担保、保函、贷款承诺、证券回购、拆借以及其他实质上由银行机构承担信用风险的表内外业务等。二是资产转移类关联交易,包括银行机构与关联方之间发生的自用动产与不动产买卖,信贷资产及其收(受)益权买卖,抵债资产的接收和处置等。三是服务类关联交易,包括信用评估、资产评估、法律服务、咨询服务、信息服务、审计服务、技术和基础设施服务、财产租赁以及委托或受托销售等。四是存款和其他类型关联交易,以及根据实质重于形式原则认定的可能引致银行机构利益转移的事项。

我国银行监管机构为更加有效地管理银行关联交易,将关联交易区分为重大关联交易和一般关联交易。银行机构重大关联交易是指银行机构与单个关联方之间单笔交易金额达到银行机构上季末资本净额1%以上,或累计达到银行机构上季末资本净额5%以上的交易。银行机构与单个关联方的交易金额累计达到上述标准后,其后发生的关联交易,每累计达到上季末资本净额1%以上,则应当重新认定为重大关联交易。一般关联交易是指重大关联交易以外的其他关联交易。

第二,连环担保问题较为普遍。连环担保是指两家以上的关联方之间的相互担保行为。通过连环担保申请银行贷款,虽然符合相关法律规定,但是,却隐藏着巨大的信用风险,造成风险在企业集团内部传递并放大,实质上贷款处于担保不足或无担保状态。

第三,真实财务状况难掌握。由于集团法人客户可以调节合并报表的关键数据,从而造成商业银行难以准确掌握客户的真实财务情况。例如,合并报表与承贷主体报表不分,在合并报表时未剔除集团关联企业之间的投资款项,母公司财务报告未披露关联方之间的关联交易等。同时,这些操作也造成银行对集团法人客户的风险识别和贷后管理难度加大。

第四,易诱发系统性金融风险。一些集团法人客户利用规模和行业优势取得大量银行贷款,并利用控股地位调动关联方资金,在不熟悉的行业和区域盲目投资,形成了庞大的资金链条网络。一旦资金链条中的某个环节出现问题,很容易引发"多米诺骨牌式"的崩溃,从而引发系统性风险。可能引发资金链条断裂并导致系统性风险的因素包括:

(1)宏观经济因素。一旦宏观经济形势走弱,有可能导致借款人履约能力下降,造成信用风险爆发。

(2)行业风险因素。当贷款集中于某一类或几类行业,而这些行业均处在同一产业链或属于关联产业,一旦这些行业面临产业结构调整或者原材料价格上涨等不利因素,可能导致借款人出现经营能力下降和偿还能力不足问题。

(3)区域风险。区域风险是指某个特定区域的政治、经济、社会等方面出现不利变化时,处于该地区的借款人可能因履约能力下降而给商业银行造成损失。

专栏 12-2

关联交易管理制度与禁止性规定

为加强商业银行的关联交易管理,《银行保险机构关联交易管理办法》明确要求银行机构应当制定关联交易管理制度。关联交易管理制度包括关联交易的管理架构和相应职责分工,关联方的识别、报告、信息收集与管理,关联交易的定价、审查、回避、报告、披露、审计和责任追究等内容。董事会应当设立关联交易控制委员会,负责关联交易管理、审查和风险控制。董事会对关联交易管理承担最终责任,关联交易控制委员会、涉及业务部门、风险审批及合规审查的部门负责人对关联交易的合规性承担相应责任。关联交易控制委员会由3名以上董事组成,由独立董事担任负责人。关联交易控制委员会应重点关注关联交易的合规性、公允性和必要性。银行机构应当在管理层面设立跨部门的关联交易管理办公室,成员应当包括合规、业务、风控、财务等相关部门人员,并明确牵头部门、设置专岗,负责关联方识别维护、关联交易管理等日常事务。

同时,该办法中还明确了五个禁止性规定。具体为:一是银行机构不得通过掩盖关联关系、拆分交易等各种隐蔽方式规避重大关联交易审批或监管要求。二是银行机构不得利用各种嵌套交易拉长融资链条、模糊业务实质、规避监管规定，不得为股东及其关联方违规融资、腾挪资产、空转套利、隐匿风险等。三是银行机构不得直接通过或借道同业、理财、表外等业务，突破比例限制或违反规定向关联方提供资金。四是银行机构不得接受本行的股权作为质押提供授信。银行机构不得为关联方的融资行为提供担保（含等同于担保的或有事项），但关联方以银行存单、国债提供足额反担保的除外。五是银行机构向关联方提供授信发生损失的，自发现损失之日起2年内不得再向该关联方提供授信，但为减少该授信的损失，经银行机构董事会批准的除外。

资料来源：银行保险机构关联交易管理办法.

二、信用风险的评估与计量

信用风险评估与计量是信用风险管理的重要环节。目前，主要的信用风险评估和计量的方法有很多种，大致经历了专家判断法、信用评分模型和违约概率模型三个阶段。前两种属于传统的信用风险评估与计量方法，而违约概率模型属于现代信用风险评估与计量方法。

（一）传统信用风险管理方法

1. 专家判断法

专家判断法是历史最悠久的信用风险分析方法，是依赖信贷专家和高级信贷人员的专业知识、技能和经验，运用专业性分析工具，来分析评价各种关键要素，并依据各自的主观判断来综合评定信用风险的系统。在实务中，国际国内银行业形成了一些被广泛认可的专家判断系统，如企业信用分析的5Cs系统、5Ps系统和5Ws系统等。5Cs系统在第五章中已有介绍，在此不再赘述。这些方法的优点是简单易行，但主要缺陷是主观性太强，容易出现判断的偏差。

2. 信用评分模型

信用评分模型是利用可观察到的借款人的相关特征变量，运用不同的量化方法和模型，计算出具体得分数值，并根据分值大小将借款人归类到不同的风险等级，来刻画借款人信用风险高低。对于个人客户而言，这些特征变量包括年龄、性别、居住地、婚姻状况、职业、收入、资产和负债等。对于法人客户而言，主要包括基本信息、行业特征、财务信息和经营信息等。信用评分模型提高了信用风险评价的客观性，但是要求银行需积累大量的历史数据，对数据的要求较高。

信用评分模型的关键在于特征变量的选择和各自权重的确定。在权重确定方面有两类方法，一类是主观性赋权模型，包括平衡打分卡、层次分析法、模糊综合评价法、网络层次分析法和数据包络分析法等；另一类是客观性赋权模型，包括线性概率模型、线性识别模型、Z计分模型和ZETA模型、基于不同残差分布的违约识别模型（Probit模型、Logit模型和极值模型）等。这些方法不再一一详细赘述。其中，商业银行用得较多的是平衡计分卡模型、Z计分模型和Logit模型等，下面分别加以说明。

（1）平衡计分卡模型。该方法是商业银行在评估中小企业考核信用状况时常用的方法，将中小企业主的个人信用指标、企业主的资产状况指标、中小企业的履约能力和偿债能力等列入一个自动计算的计分表格中。同一笔业务,只要录入的要素相同,结果就是一致的,从而保证审批标准的客观性和标准化,避免人为因素的干扰。这种方法能够应对大量中小企业授信审批的需求,实现自动审批,提高审批效率。

(2) Z计分模型。Z计分模型是美国纽约大学斯特商学院教授爱德华·阿尔特曼在1968年提出的以财务比率为基础的多变量模型。该模型运用多元判别分析法,通过分析一组变量,使其在组内差异最小化的同时实现组间差异最大化,在此过程中,要根据统计标准选入或舍去备选变量,从而得出Z判别函数。这些变量充分反映了借款人的财务状况和还本付息能力高低。然后,根据Z值的大小同衡量标准相比,从而区分出高破产风险企业和低破产风险企业,分别将其归入高违约风险等级和低违约风险等级。最初,阿尔特曼分析了美国破产和非破产企业的特征,选择了五个财务指标来构建判别函数,分别是营运资本/总资产、留存收益/总资产、息税前利润/总资产、股票市值/债务账面价值和销售收入/总资产。如果是非上市公司,可以把股票市值换为账面价值,同样可以使用。

(3) Logit模型。该模型又称为逻辑回归模型,是最早的离散选择模型,也是目前应用最广泛的信用风险计量模型。该模型中因变量是破产和正常经营两种情况,自变量是不同的财务比率指标。该模型残差分布假设符合累积Logistic分布。其判别规则是,如果模型得出的概率大于0.5,表明企业破产概率较大,违约风险等级较高;如果模型得出的概率低于0.5,表明企业破产概率较小,违约风险等级较低。

(二) 现代信用风险管理方法

现代信用风险管理方法开始于20世纪80年代。按照使用的计量方法不同,可以分为基于期权技术、风险价值(VaR)、保险精算、风险中性定价和宏观模拟等不同类型。限于篇幅,本书主要介绍KMV模型和CreditMetrics模型,以分析风险计量思路为主,略去公式推导过程。

1. 基于期权定价技术的KMV模型

1997年,美国KMV公司利用布莱克-斯科尔斯的欧式看涨期权定价模型开发出Credit Monitor模型,简称KMV模型,又称预期违约概率模型(Expected Default Frequency,简称EDF)。该模型是实际中应用最为广泛的信用风险模型之一。理解这个模型的核心是把公司与银行的借贷关系看作期权交易,公司股权价值相当于期权费。那么,在债务到期日,如果公司资产的市场价值高于公司债务违约点,则公司股权价值为公司资产市场价值与债务之间的差额;如果此时公司资产价值低于公司债务违约点,则公司变卖所有资产用以偿还债务,公司损失全部股权价值。KMV公司根据有关统计分析后发现,违约最频繁的分界点为公司1年以下短期债务的价值加上未清偿长期债务账面价值的一半。那么,在得到公司未来时刻的预期价值及违约点后,就可以确定公司价值下降百分之多少时即达到违约点。KMV公司将要达到违约点资产价值需下降的百分比对资产价值标准差的倍数称为违约距离,即违约距离=(资产的预期价值-违约点)÷(资产的预期价值×资产值的波动率)。

该模型以期权定价公式为基础,具有比较充分的理论依据,特别适用于上市公司信用风险度量。其具体计算步骤为:首先,利用Black-Scholes期权定价公式,根据公司股权的市场价值及其波动性、到期时间、无风险借贷利率及负债的账面价值估计出公司资产的市场价值、资产价值的波动性。其次,根据公司的负债计算出公司的违约实施点,计算借款人的违约距离。最后,根据公司的违约距离与预期违约率(EDF)之间的对应关系,求出预期违约率(EDF)。

KMV模型的优点在于:第一,该模型是动态模型,通过股票价格来测算上市公司的预期违约概率,因而市场信息也能被反映在模型当中,能够及时反映风险的变化。第二,该模型具有一定的前瞻性,预测能力较强。第三,该模型将违约与公司特征而不是公司的初始信用等级联系在一起。第四,EDF指标本质上是一种对风险的基数衡量法,与传统的序数衡量法不同,可以反映信用风险水平差异的程度,但也存在相对更适用于上市公司以及难以对短期风险利差准确估计等缺点。

2. 基于风险价值的 CreditMetrics 模型

风险价值是指在正常的市场条件和给定的置信水平下,用于评估和计量金融资产在一定时期内可能遭受的最大价值损失。1997年,摩根大通集团联合7家国际著名金融机构共同开发出CreditMetrics模型,该模型可以应用于几乎所有的信贷产品及其组合,还可以应用于互换等金融衍生品,因而,在银行信用风险评估与计量领域已成为行业标准模型之一,并得到了金融监管当局的高度认可。该模型的最大优势在于将信用等级转移、违约率、违约回收率和违约相关性纳入了一个统一的框架。

该模型的基本假设为:①风险期限固定为1年;②市场风险与信用风险无关,即模型中唯一的变量是信用等级;③同一信用等级的违约率相同,且等于历史平均违约率;④不同债务人的信用等级的联合分布采用两者资产回报率的联合分布来估计;⑤违约损失的回报率不为0;⑥采取盯市的范式。为简单起见,以单一资产为例,该模型的计算过程主要包括:首先,确定公司当期的信用等级转换概率。一般采用标准普尔、穆迪等外部评级公司公开的各个信用等级的转换矩阵。其次,确定公司所借贷款未来的价值分布。信用等级的变化会通过信用风险的价差反映出来,从而影响贷款的市场价值。一般采用现金流贴现原理来计算。最后,估计贷款的价值分布和计算VaR值。一般有两种计算方法,一种是采用正态分布,另一种采用蒙特卡洛模拟法得到基于债务价值的实际分布。在分布确立后,就可以得到具体的VaR值。

该模型的优点是拓展了违约的概念,采用盯市范式,可以更好地反映资产价值变化;适应性强,应用范围广;可以采取蒙特卡洛模拟方法代替硬性的正态分布假设,使得计算结果更加可靠。该模型也存在一些问题,如违约率直接取自历史数据平均值,有点脱离实际,是依赖信用状况变化历史数据向后看的方法;忽略了市场风险,但现实中往往市场风险和信用风险紧密联系。

三、信用风险监测

信用风险监测是指风险管理人员通过各种监控技术,动态捕捉信用风险指标的异常变动,判断是否达到引起关注的水平或已经超过阈值。如果风险达到或超过阈值,就应及时调整授信政策,优化资产组合,采取风险控制的相关措施,以有效控制信用风险。信用风险监控的指标主要有三类,包括信用风险水平类、信用风险迁徙类和信用风险抵补类指标。

(一)信用风险水平指标

信用风险水平指标主要包括不良资产率、单一集团客户授信集中度和全部关联度三类指标。

1. 不良资产率

不良资产率为不良资产与资产总额之比，不应高于4%。该项指标为一级指标，包括不良贷款率一个二级指标，不良贷款率为不良贷款与贷款总额之比，不应高于5%。

2. 单一集团客户授信集中度

单一集团客户授信集中度为最大一家集团客户授信总额与资本净额之比，不应高于15%。

该项指标为一级指标，包括单一客户贷款集中度一个二级指标，单一客户贷款集中度为最大一家客户贷款总额与资本净额之比，不应高于10%。

3. 全部关联度

全部关联度为全部关联方授信总额与资本净额之比，不应高于50%。

全部关联方授信总额是指商业银行全部关联方的授信余额，扣除授信时关联方提供的保证金存款以及质押的银行存单和国债金额。

关联方的界定按照《商业银行与内部人和股东关联交易管理办法》及相关法规要求执行。关联方包括关联自然人、法人或其他组织。

（二）信用风险迁徙指标

信用风险迁徙类指标用来衡量商业银行信用风险变化的程度，表示资产质量从前期到本期变化的比率，属于动态指标。

信用风险迁徙类指标包括正常贷款迁徙率和不良贷款迁徙率。这两项指标为一级指标。正常贷款迁徙率包括正常类贷款迁徙率和关注类贷款迁徙率两个二级指标。不良贷款迁徙率指标包括次级类贷款迁徙率和可疑类贷款迁徙率两个二级指标。

1. 正常贷款迁徙率

正常贷款迁徙率为正常贷款中变为不良贷款的金额与正常贷款之比。正常贷款包括正常类和关注类贷款。

正常贷款迁徙率的计算公式为：

$$\text{正常贷款迁徙率} = \left(\text{期初正常类贷款中转为不良贷款的金额} + \text{期初关注类贷款中转为不良贷款的金额}\right) \div \left(\text{期初正常类贷款余额} - \text{期初正常类贷款期间减少金额} + \text{期初关注类贷款余额} - \text{期初关注类贷款期间减少金额}\right) \times 100\%$$

期初正常类贷款中转为不良贷款的金额，是指期初正常类贷款中，在报告期末分类为次级类/可疑类/损失类的贷款余额之和。期初关注类贷款中转为不良贷款的金额，是指期初关注类贷款中，在报告期末分类为次级类/可疑类/损失类的贷款余额之和。期初正常类贷款期间减少金额，是指期初正常类贷款中，在报告期内，由于贷款正常收回、不良贷款处置或贷款核销等原因而减少的贷款。期初关注类贷款期间减少金额，是指期初关注类贷款中，在报告期内，由于贷款正常收回、不良贷款处置或贷款核销等原因而减少的贷款。

下面举例说明正常贷款迁徙率的计算过程。

【例12-1】 假设某商业银行在2018年第一季度初的贷款共计1 000亿元，其中正常类、关注类、次级类、可疑类和损失类贷款分别为900亿元、50亿元、30亿元、15亿元和5亿元。该季度正常回收的存量贷款为 100 亿元,全部为正常类贷款,清收处置不良贷款 25 亿元,其他不良贷款形态未发生变化,新发放贷款 225 亿元,均为正常类贷款。截至该季度末,正常类和关注类贷款分别为 950 亿元和 40 亿元,则该银行本季度的正常贷款迁徙率为:该行本季度初正常贷款的余额为 950 亿元(900+50),期内减少额为 100 亿元,期末正常贷款为 990 亿元(950+40),其中来自原正常贷款的为 765 亿元(990-225),期内贷款迁徙为不良贷款的金额为 85 亿元(950-100-765),所以正常贷款迁徙率为 10%[85/(950-100)×100%]。

(1) 正常类贷款迁徙率。正常类贷款迁徙率为正常类贷款中变为后四类贷款的金额与正常类贷款之比。其计算公式为:

$$\text{正常类贷款迁徙率} = \frac{\text{期初正常类贷款向下迁徙金额}}{\left(\text{期初正常类贷款余额} - \text{期初正常类贷款期间减少金额}\right)} \times 100\%$$

期初正常类贷款向下迁徙金额是指,期初正常类贷款中,在报告期末分类为关注类/次级类/可疑类/损失类的贷款余额之和。

(2) 关注类贷款迁徙率。关注类贷款迁徙率为关注类贷款中变为不良贷款的金额与关注类贷款之比。其计算公式为:

$$\text{关注类贷款迁徙率} = \frac{\text{期初关注类贷款向下迁徙金额}}{\left(\text{期初关注类贷款余额} - \text{期初关注类贷款期间减少金额}\right)} \times 100\%$$

期初关注类贷款向下迁徙金额是指,期初关注类贷款中,在报告期末分类为次级类/可疑类/损失类的贷款余额之和。

2. 不良贷款迁徙率

(1) 次级类贷款迁徙率。次级类贷款迁徙率为次级类贷款中变为可疑类贷款和损失类贷款的金额与次级类贷款之比。其计算公式为:

$$\text{次级类贷款迁徙率} = \frac{\text{期初次级类贷款向下迁徙金额}}{\left(\text{期初次级类贷款余额} - \text{期初次级类贷款期间减少金额}\right)} \times 100\%$$

期初次级类贷款向下迁徙金额是指,期初次级类贷款中,在报告期末分类为可疑类/损失类的贷款余额之和。期初次级类贷款期间减少金额是指期初次级类贷款中,在报告期内,由于贷款正常收回、不良贷款处置或贷款核销等原因而减少的贷款。

(2) 可疑类贷款迁徙率。可疑类贷款迁徙率为可疑类贷款中变为损失类贷款的金额与可疑类贷款之比。其计算公式为:

$$\text{可疑类贷款迁徙率} = \frac{\text{期初可疑类贷款向下迁徙金额}}{\left(\text{期初可疑类贷款余额} - \text{期初可疑类贷款期间减少金额}\right)} \times 100\%$$

期初可疑类贷款向下迁徙金额是指,期初可疑类贷款中,在报告期末分类为损失类的贷款余额。期初可疑类贷款期间减少金额是指,期初可疑类贷款中,在报告期内,由于贷款正常收回、不良贷款处置或贷款核销等原因而减少的贷款。

(三)信用风险抵补指标

1. 预期损失率

预期损失率是商业银行发放的贷款或交易组合在整个经济周期内预计的平均损失,具

体可由信用风险损失分布的数学期望计算得到。其计算公式为:

$$预期损失率 = (预期损失 / 资产风险暴露) \times 100\%$$

2. 拨备覆盖率

该指标全称是不良贷款拨备覆盖率,是指商业银行各类损失准备与不良贷款余额之比。其计算公式为:

$$拨备覆盖率 = \left[\left(一般准备 + 专项准备 + 特种准备 \right) / \left(次级类贷款 + 可疑类贷款 + 损失类贷款 \right) \right] \times 100\%$$

根据银行监管机构颁布的《银行贷款损失准备计提指引》,一般准备是根据银行全部贷款余额的一定比例计提的、用于弥补尚未识别的可能性损失的准备。银行应按季计提一般准备,一般准备年末余额应不低于年末贷款余额的 1%;专项准备是指根据《贷款风险分类指导原则》,对贷款进行风险分类后,按每笔贷款损失的程度计提的用于弥补专项损失的准备。对于正常类贷款,可以不计提,对于关注类贷款,计提比例为 2%,对于次级类贷款,计提比例为 25%,对于可疑类贷款,计提比例为 50%,对于损失类贷款,计提比例为 100%。其中,次级和可疑类贷款的损失准备,计提比例可以上下浮动 20%;特种准备指针对某一国家、地区、行业或某一类贷款风险计提的准备。特种准备由银行根据不同类别(如国别、行业)贷款的特殊风险情况、风险损失概率及历史经验,自行确定按季计提比例。

3. 贷款拨备率

贷款拨备率是贷款损失准备与各项贷款余额之比。该指标是巴塞尔委员会为应对贷款分类的周期性而引入的一个没有风险敏感性的指标。其计算公式为:

$$贷款拨备率 = [(一般准备 + 专项准备 + 特种准备) / 各项贷款余额] \times 100\%$$

4. 贷款损失准备充足率

贷款损失准备充足率是商业银行实际计提的贷款损失准备与应提的贷款损失准备之间的比率。其计算公式为:

$$贷款损失准备充足率 = (贷款实际计提准备 / 贷款应提准备) \times 100\%$$

综上所述,商业银行信用风险监测的主要指标,如表 12-2 所示。

表 12-2 商业银行信用风险监测的主要指标

项目	指标	计算公式	监管标准
信用风险水平	不良资产率	不良资产÷贷款总额×100%	≤4%
	不良贷款率	不良贷款÷贷款总额×100%	≤5%
	单一客户贷款集中度	最大一家客户贷款总额÷资本净额×100%	≤10%
	单一集团客户授信集中度	最大一家集团客户授信总额÷资本净额×100%	≤15%
	全部关联度	全部关联方授信总额÷资本净额×100%	≤50%

(续表)

项目	指标		计算公式	监管标准
信用风险迁徙	正常贷款迁徙率	正常类贷款迁徙率	正常类贷款中变为后四类贷款的金额÷正常类贷款×100%	
		关注类贷款迁徙率	关注类贷款中变为不良贷款的金额÷关注类贷款×100%	
	不良贷款迁徙率	次级类贷款迁徙率	次级类贷款中变为可疑类贷款和损失类贷款的金额÷次级类贷款×100%	
		可疑类贷款迁徙率	可疑类贷款中变为损失类贷款的金额÷可疑类贷款×100%	
信用风险抵补	预期损失率		(预期损失÷资产风险暴露)×100%	
	拨备覆盖率		贷款损失准备÷不良贷款余额×100%	120%~150%
	贷款拨备率		贷款损失准备÷各项贷款余额×100%	1.5%~2.5%
	贷款损失准备充足率		贷款实际计提准备÷应提准备×100%	≥100%

四、信用风险控制措施

(一) 规避风险

风险的规避手段主要包括信贷准入、信贷退出和限额管理。

信贷准入是指银行通过制定信贷政策,明确银行对客户开办某项信贷业务或产品的最低要求。常见的制定信贷准入策略考虑的因素包括客户的信用等级、客户的财务及经营状况、银行的信贷投向和国家的政策限制等。对于不符合信贷准入的项目和客户,银行不能开展授信业务,以规避由此带来的信用风险。

信贷退出是指银行在对存量信贷资产进行风险收益评估基础上,主动收回对超出其风险容忍度的贷款,以优化信贷结构,提高信贷资产质量,达到降低风险承受水平和总量的目的。收益评估的基准指标可以依据银行的RAROC以及同业的贷款收益水平衡量。对于低于基准的信贷资产要主动进行管理,逐步降低信贷存量水平直至退出。

限额管理是指银行根据自身风险偏好、风险承担能力和风险管理策略,对银行承担的信用风险设定上限,防止银行承担过度风险。设定风险限额的目的在于确保所发生的风险损失能够被事先设定的风险资本加以覆盖。一般来说,风险限额分为对单一客户的授信限额、集团客户的授信限额、区域风险与国家风险限额、信贷组合限额(集中度限额、行业限额和产品限额)。

(二) 降低风险

商业银行信贷业务环节多、流程长,涉及银行诸多部门和岗位,因此,加强信贷业务关键环节的内部控制是降低信用风险的主要手段,主要包括有效的授信决策机制、授信岗位设置、授信操作规范、授信风险责任制和贷后管理等。

(三)风险缓释

信用风险缓释是指银行运用合格的抵质押品、净额结算、保证和信用衍生工具等方式转移或降低信用风险。信用风险缓释工具应符合国家法律规定、确保可实施,应具备应完备手续、确有代偿能力并易于实现、与债务人风险之间无实质的正相关性。信用风险缓释覆盖的范围,原则上应包括借款本金、利息、复利、罚息、违约金、实现债权的费用和所有其他应付费用。

一般而言,可以作为信用风险缓释的工具包括抵质押品、保证、信用衍生工具和净额结算等。常见的抵质押品包括金融质押品、应收账款、商用和自住房地产和土地使用权等。信用衍生工具是用来分离和转移信用风险的各种工具和技术的统称。常见的信用衍生工具包括信用违约互换、总收益互换、信用联结票据和信用利差期权等。2016年9月,中国银行间市场交易商协会发布《信用违约互换业务指引》《信用风险缓释凭证业务指引》和《信用联结票据业务指引》等公告,标志着我国信用衍生工具市场进一步完善。

(四)承担风险

银行信用风险的承担,意味着银行需要获取相应的回报,需要通过适当的贷款定价来覆盖风险的成本,并提取相应的准备金,以抵补风险损失。在贷款定价中,要遵循风险与收益相配比原则,不同贷款定价的差异要反映不同客户和项目信用风险的差异。

第三节 操作风险管理

一、操作风险识别

(一)操作风险识别的概念

操作风险识别是指通过一定的标准和手段,鉴别分析业务活动中可能导致操作风险的隐患和产生风险的环节,以确定风险的性质、种类以及风险产生原因和影响程度的过程。操作风险的识别可以根据前文中所述的风险来源和风险事件来识别,同时考虑银行所处的内外环境、战略目标、产品和服务的变化等因素。

(二)操作风险识别的方法

操作风险的识别可以根据风险事件发生的时间分为事前识别和事后识别。事前识别是在操作风险事件尚未发生时,通过对产品和业务的操作流程及人员、技术和外部环境进行分析,以找出潜在的风险环节和部位的过程。事后识别是指在操作风险事件发生后,确定风险事件是否为既定操作风险事件的类别,并分析发生的原因和影响。商业银行存在以下重大变更情形的,应当强化操作风险的事前识别、评估等工作:①开发新业务、新产品。②新设境内外分支机构、附属机构。③拓展新业务范围、形成新商业模式。④业务流程、信息科技系统等发生重大变更。⑤其他重大变更情形。

二、操作风险评估

操作风险与控制自我评估是国际主流的操作风险评估工具,具体是指银行各业务管理部门按照操作风险评估流程,识别并评估业务经营活动中固有风险,再通过分析现有风险控制措施的有效性,评估残余风险,进而提出优化风险控制措施建议的一系列管理活动。

简言之,操作风险与控制自我评估主要评估固有风险、控制措施和剩余风险。固有风险是指在没有任何管理措施的情况下,业务经营活动中本身所具有的风险。剩余风险是实施了旨在改变风险可能性和影响强度的管理控制活动后仍然保留的风险。这两个风险之间的关系可简单表示为"固有风险减去控制措施等于剩余风险"。操作风险与控制自我评估的特征为全面性、及时性、客观性、前瞻性和重要性。

三、操作风险监测

操作风险的监测是针对风险评估发现的关键风险因素,通过设计风险指标及门槛值,对关键风险因素进行量化,以跟踪和掌握风险大小变化,并发布操作风险提示信息,以降低损失事件发生频率和影响程度的过程。

(一) 关键风险指标

关键风险指标是代表某一业务领域操作风险变化指标的统计指标,是识别操作风险的重要工具。它一般包括业务交易量、员工水平、技能水平、客户满意度、市场变动、产品成熟度、地区数量和产品等。通过界定这些指标的阈值,监测指标数值大小及变化,揭示当前操作风险水平及变化趋势。良好的关键风险指标体系要满足整体性、重要性、敏感性和可靠性等原则,且须明确数据口径、门槛值和报告路径等信息。

常用的关键风险具体指标包括每亿元资产损失率、每万人案件发生率、百万元以上案件发生比率、超过一定期限尚未确认的交易数量、失败交易占总交易数量的比例、员工流动率、客户投诉次数、错误和遗漏的频率以及严重程度等。《商业银行风险监管核心指标》将操作风险损失率作为操作风险监控的核心指标。操作风险损失率为操作造成的损失与前三期净利息收入加上非利息收入平均值之比。

此外,商业银行应当在重大操作风险事件发生 5 个工作日内,及时向银行监管机构报告。这些重大操作风险事件主要包括:①形成预计损失 5 000 万元(含)以上或者超过上年度末资本净额 5%(含)以上的事件。②形成损失金额 1 000 万元(含)以上或者超过上年度末资本净额 1%(含)以上的事件。③造成重要数据、重要账册、重要空白凭证、重要资料严重损毁、丢失或者泄露,已经或者可能造成重大损失和严重影响的事件。④重要信息系统出现故障、受到网络攻击,导致在同一省份的营业网点、电子渠道业务中断 3 小时以上;或者在两个及以上省份的营业网点、电子渠道业务中断 30 分钟以上。⑤因网络欺诈及其他信息安全事件,导致本机构或客户资金损失 1 000 万元以上,或者造成重大社会影响。⑥董事、高级管理人员、监事及分支机构负责人被采取监察调查措施、刑事强制措施或者承担刑事法律责任的事件。⑦严重侵犯公民个人信息安全和合法权益的事件。⑧员工发起、主导或者组织实施非法集资类违法犯罪的事件。⑨其他需要报告的重大操作风险事件。

(二) 损失数据收集

操作风险损失数据收集是指操作风险损失数据的收集、汇总、监控、分析和报告工作。这些损失数据包括损失事件信息和会计记录中确认的财务影响。在数据收集过程中,要遵循重要性、准确性、统一性、谨慎性和全面性原则。同时,在收集数据时要明确损失数据的口径(总损失和净损失),建立适当的数据阈值,分析不同数据采集时点的差异(发生日、发现日、核算日等),明确合并级分拆事件规则(一次事件多次损失和有因果关系的多次损失等)。

四、操作风险控制措施

(一)降低风险

降低操作风险的主要手段是强化内部控制,对可能出现操作风险的各个环节进行有效控制,以最大限度地降低风险。

当前,我国商业银行操作风险主要存在于授信、资金业务、存款业务、中间业务、会计和计算机系统等领域。《银行保险机构操作风险管理办法(征求意见稿)》要求,商业银行应当将加强内部控制作为操作风险管理的有效手段。内部控制措施至少包括:①明确部门间职责分工,避免利益冲突。②密切监测风险偏好及其传导机制的执行情况。③加强各类业务授权和信息系统权限管理。④建立重要财产的记录和保管、定期盘点、账实核对等日常管理和定期检查机制。⑤加强不相容岗位管理,有效隔离重要业务部门和关键岗位,建立履职回避以及关键岗位轮岗、强制休假、离岗审计制度。⑥加强员工行为管理,重点关注关键岗位员工行为。⑦对交易和账户进行定期对账。⑧建立内部员工揭发检举的奖励和保护机制。⑨配置适当的员工并进行有效培训。⑩建立操作风险管理的激励约束机制。⑪其他内部控制措施。

(二)缓释风险

操作风险缓释是在量化分析操作风险点分布、发生概率和损失程度基础上,采用适当的缓释工具,限制、降低或分散操作风险。

目前,主要的操作风险缓释手段有业务连续性管理计划、商业保险手段和业务外包等。业务连续性管理计划是指为实现业务连续性而制定的各类规划及实施的各项流程。商业银行应当制定与其业务规模和复杂性相适应的应急和业务连续方案,建立恢复服务和保证业务连续运行的备用机制,并应当定期检查、测试其灾难恢复和业务连续机制,确保在出现灾难和业务严重中断时这些方案和机制的正常执行。商业保险手段是商业银行通过购买商业保险的手段将风险缓释。商业银行可购买保险以及与第三方签订合同,并将其作为缓释操作风险的一种方法,但不应因此忽视控制措施的重要作用。业务外包是指商业银行将某些业务外包给具有较高技能和规模的机构来管理以转移操作风险。常见的外包业务包括客户服务呼叫中心等技术外包、程序外包、营销外包和法律事务等专业性服务外包和后勤性外包。需要明确的是外包的是业务,最终操作风险的管理责任不会减弱。

(三)规避风险

规避风险是指通过撤销风险高的高危地区营业网点和关闭高风险业务等方式避免操作风险的发生。需要注意的是,规避风险的实际成本会非常高,可能会造成业务和产品的市场占有率出现大幅下降,从而影响商业银行的经营业绩。

(四)承受风险

商业银行在使用上述各类风险控制的手段后,对于那些无法降低或者难以避免的风险只能采取主动承担的手段,通过提高产品定价、增加拨备和补充资本等方式进行主动管理,以最大限度地减轻对银行经营的负面影响。

第四节　流动性风险管理

流动性风险管理是识别、计量、监测和控制流动性风险的全过程。商业银行应当坚持审慎性原则，充分识别、有效计量、持续监测和适当控制银行整体及在各产品、各业务条线、各业务环节和各层机构中的流动性风险，确保商业银行无论在正常经营环境中还是在压力状态下，都有充足的资金应对资产的增长和到期债务的支付。

一、流动性风险识别

流动性风险是银行所有风险中最具破坏力的风险。对流动性风险进行有效管理的第一步就是充分识别流动性风险的来源。总体上，流动性风险来源于银行内部因素、银行外部因素和风险转换因素三个方面。

从银行内部因素来看，流动性风险主要来源于三个方面，一是资产负债期限结构，主要表现为资产和负债的错配，即大量短期借款（负债）用于长期贷款（资产），出现"借短贷长"现象。二是资产负债的币种结构不合理。三是资产负债的分布结构不合理，表现为资金来源（负债）和运用（资产）同质性强、集中度高，现金流量单一。

从银行外部因素来看，宏观因素是驱动银行体系进而影响单个银行流动性的根本因素。宏观经济过热和过冷时期，伴随着货币政策的紧缩和宽松，银行的流动性也会出现收紧和宽松的局面。对于国内商业银行而言，外汇占款是影响商业银行流动性的另外一个因素。还有不同市场对银行流动性的影响也不同。例如，货币市场、债券市场、资本市场和外汇市场的波动都会影响银行流动性。季节性因素、新股发行也是影响我国银行流动性的重要因素。

从风险转换因素来看，信用风险、市场风险、操作风险及其他风险也可能引发流动性风险。流动性风险也可能又引发或者加剧信用风险、市场风险、操作风险及其他风险。这些风险相互交织在一起，互为强化，最终给银行经营造成致命的影响。

二、流动性风险评估与计量

在融资流动性风险方面，全球各国对流动性风险评估和计量的指标有很多，但《巴塞尔协议》主要从短期和中长期对流动性风险进行计量。短期中现金流分析在本书第四章中进行分析，在此不再赘述。

在市场流动性方面，风险评估和计量主要从银行流动性供给需求的因素、银行体系流动性、金融市场流动性和单个银行流动性等进行计量。

（一）融资流动性风险的评估和计量

1. 短期流动性风险计量

（1）流动性比率。该指标主要衡量短期（1个月）内流动性资产和流动性负债的匹配情况。流动性比例的计算公式为：

$$流动性比例 = 流动性资产余额 \div 流动性负债余额$$

其中，流动性资产包括现金、黄金、超额准备金存款、1个月内到期的贷款及其他短期资产。流动性负债包括活期存款、1个月内到期的定期存款、1个月内到期的其他负债等。

我国监管机构要求商业银行流动性比例的监管标准为不低于25%。

(2) 流动性覆盖率。该指标旨在确保商业银行具有充足的合格优质流动性资产,能够在规定的流动性压力情景下,通过变现这些资产满足未来至少30天的流动性需求。流动性覆盖率的计算公式为:

$$流动性覆盖率 = 合格优质流动性资产 \div 未来30天现金净流出量$$

其中,合格优质流动性资产是指满足具有风险低、易于定价、价值稳定、与高风险资产的相关性低等基本特征,能够在无损失或极小损失的情况下快速变现的各类资产。

我国监管机构要求流动性覆盖率的监管标准为不低于100%。

(3) 优质流动性资产充足率。该指标为确保商业银行保持充足的、无变现障碍的优质流动性资产,在压力情况下,银行可通过变现这些资产来满足未来30天内的流动性需求。优质流动性资产充足率的计算公式为:

$$优质流动性资产充足率 = 优质流动性资产 \div 短期现金净流出$$

我国监管机构要求商业银行优质流动性资产充足率的监管标准最低为100%。

(4) 超额备付金率。银行为适应资金营运的需要,保证存款支付和资金清算时有随时可调用的资金,按规定在中国人民银行开设存款账户,存入一定数量的准备用于支付的款项。由于此存款账户和法定存款准备金使用同一个存款账户,因此,超额备付金就是超过法定存款准备金要求数量以外保留的准备金,其应达到的数额用占其存款总额的比率来衡量。其计算公式为:

$$超额备付金率 = \left(\frac{在中央银行存款 + 库存现金 - 法定准备金}{存款总额}\right) \times 100\% = \left(\frac{超额准备金存款 + 库存现金}{存款总额}\right)$$

商业银行短期融资流动性风险计量指标,如表12-3所示。

表12-3 商业银行短期融资流动性风险计量指标

指标名称	计算公式	监管要求
流动性比率	流动性资产余额÷流动性负债余额	≥25%
流动性覆盖率	合格优质流动性资产÷未来30天现金净流出量	≥100%
优质流动性资产充足率	优质流动性资产÷短期现金净流出	≥100%

2. 中长期流动性风险计量

(1) 核心负债依存度。该指标反映中长期较为稳定的负债占总负债的比例。其计算公式为:

$$核心负债依存度 = 核心负债 \div 总负债$$

其中,核心负债包括距到期日3个月以上(含)定期存款和发行债券以及活期存款的50%。总负债是指按照金融企业会计制度编制的资产负债表中负债总计的余额。

我国监管机构要求核心负债依存度的最低监管标准为60%。

(2) 流动性缺口率。该指标反映资产负债错配的程度，用 90 天内表内外流动性缺口与 90 天内到期表内外流动性资产之比。本指标计算本外币口径数据。其计算公式为：

$$流动性缺口率 = 流动性缺口 \div 90 天内到期表内外资产$$

其中，流动性缺口为 90 天内到期的表内外资产减去 90 天内到期的表内外负债的差额。我国监管机构要求流动性缺口率的监管标准最低为 -10%。

(3) 流动性匹配率。该指标衡量商业银行主要资产与负债的期限配置结构，旨在引导商业银行合理配置长期稳定负债、高流动性或短期资产，避免过度依赖短期资金支持长期业务发展，提高流动性风险抵御能力。流动性匹配率的计算公式为：

$$流动性匹配率 = 加权资金来源 \div 加权资金运用$$

我国监管机构要求商业银行流动性匹配率的最低监管标准为不低于 100%。

(4) 净稳定资金比例。该指标旨在确保商业银行具有充足的稳定资金来源，以满足各类资产和表外风险敞口对稳定资金的需求。净稳定资金比例的计算公式为：

$$净稳定资金比例 = 可用的稳定资金 \div 所需的稳定资金$$

其中，可用稳定资金估算银行持续处于压力之下，仍然有稳定的资金来源可维持银行持续经营和生存 1 年以上。所需稳定资金估算在持续 1 年的流动性紧张环境中，无法通过自然到期、出售或抵押借款而变现的资产数量。

《巴塞尔协议》要求商业银行的净稳定资金比例不低于 100%。

(5) 存贷比。该指标可以在一定程度上衡量银行以相对稳定的负债(存款)支持流动性较弱的资产(贷款)扩张的能力。其计算公式为：

$$存贷比 = 贷款余额 \div 存款余额$$

一般而言，该指标不应超过 75%。该指标通过计算月度日均比例与期末比例也可以作为观察银行存贷款稳定性状况的手段。

(6) 其他指标。它们主要包括同业市场负债比例和融资集中度指标等。

同业市场负债是对同业市场流动性高度敏感的不稳定资金来源。同业市场负债比例是衡量商业银行从同业机构交易对手获得的资金占总负债的比例。其计算公式为：

$$同业市场负债比例 = (同业拆借 + 同业存放 + 卖出回购款项) \div 总负债$$

我国监管机构要求商业银行同业市场负债比例不高于 33.3%。

融资集中度指标反映商业银行融资来源的集中程度。融资集中度的管理目的是避免商业银行的融资来源过度集中于某一个或者某一类客户、市场和地区，提高流动性资金来源的稳定性。它主要有两个指标：

一是最大十户存款比例，其具体计算公式为：

$$最大十户存款比例 = 最大十家存款客户存款合计额 \div 各项存款$$

二是最大十家同业融入比例，具体计算公式为：

$$最大十家同业融入比例 = (最大十家同业机构交易对手同业拆借 + 同业存放 + 卖出回购款项) \div 总负债$$

商业银行中长期融资流动性风险计量指标，如表 12-4 所示。

表 12-4　商业银行中长期融资流动性风险计量指标

指标名称	计算公式	监管要求
核心负债依存度	核心负债÷总负债	≥60%
流动性缺口率	流动性缺口÷90天内到期表内外资产	≥-10%
流动性匹配率	加权资金来源÷加权资金运用	≥100%
净稳定资金比例	可用的稳定资金÷所需的稳定资金	≥100%
存贷比	贷款余额÷存款余额	≤75%
同业市场负债比例	(同业拆借+同业存放+卖出回购款项)÷总负债	≤33.3%
融资集中度	最大十户存款比例=最大十家存款客户存款合计额÷各项存款	≤10%
融资集中度	最大十家同业融入比例=(最大十家同业机构交易对手同业拆借+同业存放+卖出回购款项)÷总负债	≤10%

(二) 市场流动性风险的评估和计量

商业银行流动性评估要时刻关注市场流动性因素的变化,评估银行体系流动性供给因素和金融市场流动性以及单个银行流动性指标的变化。这些因素具体包括:①影响银行体系流动性供给的因素,主要包括外汇储备的变化、央行公开市场操作的力度、法定准备金率的调整等。②银行体系流动性指标的变化,主要包括回购利率、SHIBOR等货币市场利率的走势。③金融市场流动性指标,主要包括股票市场指数、国债市场指数、信用债市场利率/相对国债点差、银行债市场利率/相对国债点差等。这些市场的相对点差高低反映了与无风险国债市场均衡相对比的偏离程度。④单个银行流动性指标,包括银行自身的信用债/相对国债的点差等。

三、流动性风险监测与报告

(一) 流动性风险的监测

1. 资产负债期限错配方面

商业银行应当定期监测所有表内外项目在不同时间段的合同期限错配情况,并分析其对流动性风险的影响。合同期限错配情况的分析和监测可以涵盖隔夜、7天、14天、1个月、2个月、3个月、6个月、9个月、1年、2年、3年、5年和5年以上等多个时间段。相关参考指标包括但不限于各个时间段的流动性缺口和流动性缺口率。

2. 融资来源的多元化和稳定程度方面

商业银行应当按照重要性原则,分析商业银行的表内外负债在融资工具、交易对手和币种等方面的集中度,对负债集中度的分析应当涵盖多个时间段。相关参考指标包括但不限于核心负债比例、同业融入比例、最大十户存款比例和最大十家同业融入比例。当商业银行出现对短期同业批发融资依赖程度较高、同业批发融资增长较快和发行同业存单增长较快等情况时,或商业银行在上述方面明显高于同质同类银行或全部商业银行平均水平时,应当及时了解原因并分析其风险变化。

3. 无变现障碍资产监测方面

商业银行应分析其种类、金额和所在地。相关参考指标包括但不限于超额备付金率、优质流动性资产以及向中央银行或市场融资时可以用作抵(质)押品的其他资产。

4. 银行体系的流动性风险监测方面

商业银行应当密切跟踪研究宏观经济形势和金融市场变化对银行体系流动性的影响,分析、监测金融市场的整体流动性状况。发现市场流动性紧张、融资成本提高、优质流动性资产变现能力下降或丧失、流动性转移受限等情况时,应当及时分析其对商业银行融资能力的影响。

(二)流动性风险报告

流动性风险报告是将风险管理信息传递给银行各个层次的管理机构和部门,协助风险管理信息的交流。其主要内容包括流动性风险偏好、流动性风险管理策略、主要政策和程序、内部风险管理指标和限额和应急计划及其测试情况等。风险报告体系主要源自流动性风险的计量基础和限额体系。一份典型的流动性风险报告应包括现金头寸分析、期限错配分析、资金来源与运用匹配分析、流动性压力测试和各条线流动性分析等内容。

四、流动性风险的预警

商业银行根据业务规模、性质、复杂程度及风险状况,监测可能引发流动性风险的特定情景或事件,采用适当的预警指标,前瞻性地分析其对流动性风险的影响。

可参考的情景或事件包括但不限于:①资产快速增长,负债波动性显著上升。②资产或负债集中度上升。③负债平均期限下降。④批发或零售存款大量流失。⑤批发或零售融资成本上升。⑥难以继续获得长期或短期融资。⑦期限或货币错配程度加剧。⑧多次接近内部限额或监管标准。⑨表外业务、复杂产品和交易对流动性的需求增加。⑩银行资产质量、盈利水平和总体财务状况恶化。⑪交易对手要求追加额外抵(质)押品或拒绝进行新交易。⑫代理行降低或取消授信额度。⑬信用评级下调。⑭股票价格下跌。⑮出现重大声誉风险事件。

考虑到短期流动性风险、中长期流动性风险和其他风险转换问题,商业银行至少应建立短期流动性风险预警和中长期流动性风险预警两类预警机制,其中,短期流动性风险预警机制为三级,中长期流动性风险预警机制为两级。表 12-5 和表 12-6 分别以某银行为例,列示其短期流动性风险和中长期流动性风险的预警机制。

表 12-5 某银行短期流动性风险的三级预警机制

预警级别	责任部门	应急措施
1. 一级预警 (1) 清算/交易系统故障(不超过 24 小时),导致清算/备付金账户透支; (2) 本外币备付率持续 1 周低于 2%; (3) 存款 1 天内下降超过 200 亿元,同时 1 周内持续下降超过 400 亿元或存款的 5%; (4) 市场净融入资金超过 400 亿元; (5) 银行间市场 7 天以内回购利率波动 1 周内超过 100 个基点	资金部(牵头) 清算结算部 科技部 同业部 公司部 计财部	第一,加强同业沟通,维护交易与清算系统安全; 第二,适度调整同业存款及 FTP 定价利率; 第三,限制同业存放、短期融出资金业务; 第四,加大市场融资力度,适度减持待售账户流动性债券; 第五,动员分行加大各类存款营销力度,并出台阶段性鼓励政策

(续表)

预警级别	责任部门	应急措施
2. 二级预警 (1) 本外币超额准备金率连续 1 周低于 1.5%; (2) 存款持续 1 周下降超过存款总规模的 10%; (3) 市场净融入资金(拆借/回购)超过 5 000 亿元; (4) 银行间市场 7 天以内回购利率波动 1 周内超过 100 个基点	流动性应急工作组(牵头) 资金部 同业部 公司部 零售部 风险部 计财部 办公室	第一,控制信贷投放,限制同业存放、短期融出资金及其他短期资产运作; 第二,利用利率、FTP 等价格手段调控全行系统流动性; 第三,加大市场融资力度,同时减持债券、压缩票据、同业存放业务; 第四,资金部应将流动性情况及时向资产负债管理委员会或行办会报告; 第五,办公室做好对外应急事件宣传安排
3. 三级预警 (1) 本外币备付率连续 1 周低于 1%; (2) 存款短时间内持续大幅下降超过存款总规模的 20%; (3) 市场出现恐慌性挤兑; (4) 1 周到期现金流不足存款总额的 1%; (5) 市场融资能力下降,出现支付危机	流动性应急工作组(牵头) 资金部 同业部 公司部 零售部 风险部 计财部 办公室 清算结算部 科技部	第一,立即报告监管机构,并保持密切沟通; 第二,加大分支行现金储备; 第三,加强公关传讯工作,稳定公众不安情绪; 第四,寻求央行或同业紧急救助资金; 第五,资金部实时反馈有关流动性危机的改善情况,随时向应急领导小组汇报; 第六,对在应急期间施行的措施,事后须向资产负债管理委员会及风险管理委员会专题通报

表 12-6 某银行中长期流动性风险的两级预警机制

预警级别	责任部门	应急措施
1. 绿灯 (1) 流动性压力测试政策或偶然 1 次不通过; (2) 核心负债依存度较为稳定,保持在股份制商业银行均值以上(48%); (3) 中长期贷款比例保持在股份制商业银行附近,并不占据前两位	计财部(牵头) 资金部 同业部 公司部 零售部	保持正常的业务发展策略和定价策略
2. 黄灯 (1) 流动性压力测试连续 2 次未能通过; (2) 核心负债依存度连续 3 个月下滑并保持低于股份制银行的均值; (3) 中长期贷款比例高于均值,并占据前两位	计财部(牵头) 资金部 同业部 公司部 零售部	第一,提高备付金率,并将中长期流动性预警情况报告资产负债管理委员会; 第二,适度利用利率、FTP 等价格手段调控全行系统流动性; 第三,动员分行加大各类存款营销力度,并出台鼓励性措施; 第四,控制过度短借长贷,尤其限制同业和资金条线的期限错配比例

资料来源:中国银行业协会银行业专业人员资格考试办公室:《风险管理》[M],中国金融出版社,2021 年 4 月,第 300—301 页。

五、流动性风险控制措施

(一) 资产管理

商业银行的资产组合可以通过资产到期、资产出售和资产抵押方式提供流动性。因而，通过对资产到期日、资产组合和抵押品管理可以有效控制流动性风险。在具体管理措施上，商业银行可以通过制定特定的比例来管理资产到期日，如中长期贷款比例等；在资产的组合管理中，对集中度、变现能力进行精细化安排；在抵押品管理中，采取回购等方式获得流动性。

(二) 负债管理

负债是商业银行获取融资资金的主要渠道，尤其是对于依赖批发性融资的银行，更要重视流动性的负债端管理。其主要包括负债来源的分散化管理和保持"市场接触"管理。在负债来源的分散化管理方面，尽量在期限、交易对手、抵押状态、金融工具类型和机构的地理位置等方面保持适度的分散性。在保持"市场接触"管理方面，在融资市场上保持适当的活跃度，建立交易对手的风险识别和监测机制，并与中央银行保持密切沟通，理解中央银行对紧急融资的要求和原则，并做好准备。

(三) 压力测试

压力测试是一种银行风险管理和监管分析工具，用于分析假定的、极端但可能发生的不利情景对银行整体或资产组合的冲击程度，进而评估其对银行资产质量、盈利能力、资本水平和流动性的负面影响。压力测试可以分析银行承受流动性压力事件的能力，帮助银行发现并预防未来可能发生的流动性危机，以提高在流动性压力情况下履行其支付义务的能力。

压力测试时常用的主要假设情景包括：①流动性资产价值的侵蚀。②零售存款的大量流失。③批发性融资来源的可获得性下降。④融资期限缩短和融资成本提高。⑤交易对手要求追加保证金或担保。⑥交易对手的可交易额减少或总交易对手减少。⑦主要交易对手违约或破产。⑧表外业务、复杂产品和交易、超出合约义务的隐性支持对流动性的损耗。⑨信用评级下调或声誉风险上升。⑩母行或子行、分行出现流动性危机。⑪多个市场突然出现流动性枯竭。⑫外汇可兑换性以及进入外汇市场融资的限制。⑬中央银行融资渠道的变化。⑭银行支付结算系统突然崩溃。

(四) 应急计划

商业银行应当根据其业务规模、性质、复杂程度、风险水平、组织架构及市场影响力，充分考虑压力测试结果，制定有效的流动性风险应急计划，确保其可以应对紧急情况下的流动性需求。

流动性风险应急计划应当符合以下要求：①设定触发应急计划的各种情景。②列明应急资金来源，合理估计可能的筹资规模和所需时间，充分考虑跨境、跨机构的流动性转移限制，确保应急资金来源的可靠性和充分性。③规定应急程序和措施，至少包括资产方应急措施、负债方应急措施、加强内外部沟通和其他减少因信息不对称而给商业银行带来不利影响的措施。④明确董事会、高级管理层及各部门实施应急程序和措施的权限与职责。⑤区分法人和集团层面应急计划，并视需要针对重要币种和境外主要业务区域制定专门的应急计划，对于存在流动性转移限制的分支机构或附属机构，应当制定专门的应急计划。

思政案例

包商银行被监管机构接管

一、思政案例目标

本案例围绕以风险合规为核心的金融法治教育展开，重点让学生理解银行风险管理的重要性；强化学生对银行全面风险管理的理解；培养学生风险合规意识；提高学生对银行审慎经营的认识。

二、案例内容

包商银行成立于1998年12月，是内蒙古自治区最早成立的股份制商业银行，全称为包商银行股份有限公司，前身为包头市商业银行。2007年9月，经银监会批准改名为包商银行。包商银行曾是国内中小微金融领域的先行者。2005年，包商银行在国开行和世界银行的推动下，率先引进德国IPC公司微贷技术，开展小微金融业务，曾被评为"全国小企业金融服务先进单位"。根据中国银行业协会发布的"2018年中国银行业100强榜单"，包商银行位列第37位。

但是，包商银行在经营中存在着诸多风险，也成为随后风险爆发从而被接管的导火索。第一，公司治理不完善，存在股东资质不合规、股权管理不到位等问题，尤其是大股东占比过高。根据监管披露的信息，明天集团持有包商银行89%的股权，股权关联度过度集中。在银行运作过程中，"明天系"的"一股独大"导致包商银行股东大会没有发挥科学、民主决策的作用，使股东大会变成了"形式化"或"走过场"，蜕变成大股东干预和掏空包商银行的合法外衣，股东监督机制名存实亡。2005年以来，明天集团通过大量的不正当关联交易、资金担保及资金占用等手段进行利益输送，包商银行被逐渐"掏空"，造成严重的财务与经营风险，直接侵害其他股东及存款人的利益。清产核资结果显示，2005～2019年的15年里，"明天系"通过注册209家空壳公司，以347笔借款的方式套取信贷资金，形成的占款高达1 560亿元，且全部成了不良贷款。第二，资本充足率下降明显。自2015年起，包商银行资本充足率开始下降。根据公开数据整理，包商银行资本充足率在2015年为12.22%，但到2017年12月底，资本充足率已经降至9.3%，低于监管层要求的非系统性银行资本充足率10.5%的水平。第三，包商银行盈利能力持续恶化，净利润同比增速明显下降，由2014年年末的22.1%持续下降至2017年三季度末的−13.9%。第四，不良贷款率持续攀升。根据大公国际跟踪评级报告显示，截至2017年3月末，包商银行逾期贷款余额达101.46亿元，其中，逾期90天以上的贷款余额57.23亿元，逾期90天以上贷款占不良贷款比率为192.21%，表明大量逾期贷款没有认定为不良贷款。第五，包商银行对同业资金的依赖程度高，流动性风险大。2018年9月底，包商银行同业负债2 211亿元，在总负债中占比达44%左右。第六，贷款管理的相关制度缺失，案件频发，内部控制松懈。据中国裁判文书网上与包商银行相关诉讼案件显示，涉及贷款、担保、保证和追偿等信息上万条。

2019年5月24日，根据《中华人民共和国银行业监督管理法》和《中华人民共和国商业银行法》相关条款，中国人民银行和中国银保监会宣布对包商银行进行接管，期限为1年。清产核资结果显示，以2019年5月24日接管日为基准，包商银行资不抵债金额为2 200亿元。2020年11月23日,北京一中院裁定受理包商银行破产清算,并指定包商银行清算组担任包商银行管理人。2021年2月7日,北京一中院裁定宣告包商银行破产,包商银行风险处置工作基本完成。包商银行成为我国近20年来第一家被宣布监管接管的商业银行。

三、思考题

1. 请分析导致包商银行被监管机构接管的主要原因。
2. 请分析银行应如何对关联交易进行更加有效的管理。

资料来源:
[1] 周学东.中小银行金融风险主要源于公司治理失灵——从接管包商银行看中小银行公司治理的关键[J].中国金融,2020(15):19-21.
[2] 任泽平,方思元,杨薛融.包商银行事件:成因、影响及展望[EB/OL].搜狐网.https://www.sohu.com/a/321146284_467568.2019年6月17日.

本章小结

1. 《巴塞尔协议》将商业银行面临的主要风险划分为八大类,即信用风险、市场风险、操作风险、法律风险、流动性风险、国别风险、声誉风险和战略风险。

2. 商业银行全面风险管理是指商业银行围绕总体经营目标,通过在管理的各个环节和经营过程中执行风险管理的基本流程,培育良好的风险管理文化,建立健全全面风险管理体系,对银行所有风险进行统一有效管理,从而实现风险管理总体目标的过程和方法。全面风险管理的最主要特征为风险管理的全面性,体现为对所有风险、表内外所有业务、经营管理的全过程以及所有人员和机构的有效管理,即全风险、全业务、全过程和全员性。

3. 内部控制是商业银行董事会、监事会、高级管理层和全体员工参与,通过制定和实施系统化的制度、流程和方法,实现控制目标的动态过程和机制。内部控制活动中的重点是不相容职务分离控制和授权审批控制。

4. 内部审计是一种独立、客观的监督、评价和咨询活动,是银行业金融机构内部控制的重要组成部分。内部审计通过系统化和规范化的方法,审查评价并改善银行业金融机构经营活动、风险状况、内部控制和公司治理效果,促进银行业金融机构稳健发展。内部审计的特征是独立性和客观性。

5. 银行机构关联交易是指与关联方之间发生的利益转移事项。银行机构的关联交易主要包括授信类关联交易、资产转移类关联交易、服务类关联交易、存款和其他类关联交易。关联交易分为重大关联交易和一般关联交易。

6. 商业银行信用风险评估和计量方法大致经历了专家判断法、信用评分模型和违约概率模型三个阶段。前两种属于传统的信用风险评估与计量方法,而违约概率模型属于现代信用风险评估与计量方法。

7. 信用风险监控的指标主要有两类,分别是信用水平类指标和信用风险迁徙类指标,分别静态和动态的反映信用风险的变化。信用水平类指标主要包括不良资产率、单一集团客户授信集中度、全部关联度三类指标。风险迁徙类指标包括正常贷款迁徙率和不良贷款迁徙率。信用风险控制措施包括规避风险、降低风险、缓释风险和承担风险。

8. 操作风险的识别主要有两种方法,分别是自我评估法和因果分析法。操作风险与控制自我评估是国际主流的操作风险评估工具。操作风险与控制自我评估主要评估固有风险、控制措施和剩余风险。操作风险的监测通过关键风险指标和操作风险损失数据收集进行。

操作风险的控制主要为降低风险、缓释风险、规避风险和承受风险。

9. 流动性风险来源于银行内部因素、外部因素和风险转换因素三个方面。短期流动性风险计量指标包括流动性比率、流动性覆盖率、优质流动性资产充足率和超额备付金率。中长期流动性风险计量指标包括核心负债依存度、流动性缺口率和流动性匹配率、净稳定资金比例。

流动性风险控制措施主要包括资产管理、负债管理、压力测试和应急计划。

本章思维导图

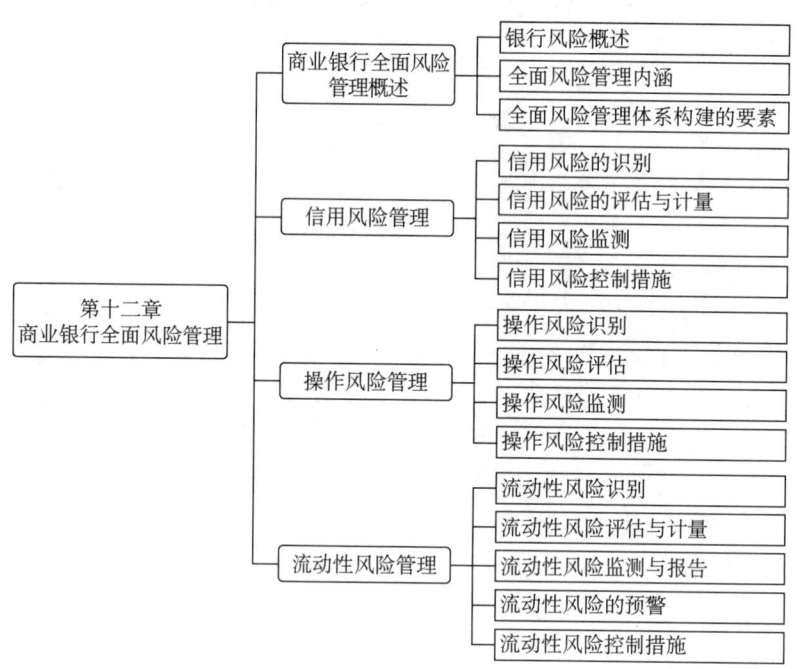

图 12-2　思维导图

思 考 题

1. 风险、收益与损失之间的关系是什么？
2. 银行面临的风险主要有哪些？
3. 简述全面风险管理的定义、原则和管理要素。
4. 全面风险管理的流程是什么？
5. 内部控制的重点是什么？
6. 内部审计的内容是什么？如何保证审计的效果？
7. 简述集团法人客户风险识别的要点。
8. 现代信用风险管理方法的发展脉络和趋势是什么？
9. 如何理解信用风险监测的迁徙指标？

10. 如何正确运用信用风险控制措施来有效管控风险？
11. 操作风险的识别和评估的要点是什么？
12. 短期和中长期流动性风险识别的核心指标是什么？
13. 简述压力测试的概念。
14. 简述应急计划的基本制定要素。

本章涉及的主要法律法规

《银行业金融机构全面风险管理指引》
《银行保险机构公司治理准则》
《商业银行股权管理暂行办法》
《商业银行集团客户授信业务风险管理指引》
《商业银行大额风险暴露管理办法》
《商业银行银行账簿利率风险管理指引（修订）》
《银行保险机构操作风险管理办法》
《商业银行信息科技风险管理指引》
《银行保险机构关联交易管理办法》
《商业银行流动性风险管理办法》
《商业银行风险监管核心指标》

第十三章 商业银行发展趋势

> **本章 学习目标**

在信息技术和互联网发展冲击下，商业银行需要摒弃传统经营思维和模式，主动创新，全面适应快速变化的市场，积极建设网络银行、开放银行、智慧银行和物联网银行。学生通过本章学习，应了解商业银行的未来发展趋势；掌握网络银行、智慧银行、开放银行和物联网银行的定义和特征；熟悉新型银行业态的应用场景。

第一节 网络银行

一、网络银行概述

（一）网络银行的概念

网络银行是指商业银行利用计算机局域网络、无线和有线通信网络、互联网等现代信息技术向客户提供各类金融产品和服务活动的新型金融业态。它具体包括自助银行、电话银行、移动银行、互联网银行和直销银行等不同形态。

（二）网络银行的特征

1. 交易的电子化和数字化

网络银行将传统银行所使用的纸质票据和单据进行数字化转换，从而实现了交易的数字化、电子化和无纸化。同时，网络银行普遍采用数字签名，大大提高了交易的安全性。

2. 业务处理效率高

电子化和数字化交易的广泛使用，改变了商业银行原有的手工处理业务的方式，大大提高了业务处理的速度，缩短了客户办理业务等待的时间，提高了客户的服务满意度，充分体现了以客户为中心的现代银行服务理念。

3. 高度的开放性

网络技术覆盖面广、网络信息传输速度快和信息量大，使客户不论在世界的任何地方，都可以享受到银行的各类服务，不受时空限制和地理位置限制，有效地拓展了银行服务范围。客户只要能够接入银行的服务网络，就能够享受到"任何时间、任何地点、任何方式"的开放式服务，彻底摆脱物理网点地理方位的限制，打破银行"朝九晚五"的营业时间制约，实现全天候不间断服务。

4. 交易成本低

网络银行客户的交易不依赖于客户和业务发生的地点，银行的交易处理也不依赖于员工的人工操作。所有业务进行自动化处理，具有明显的"非人格化"特征。因而，网络银行交易节省了大量的人力成本，提高了业务处理速度，同时也降低了单笔业务的营运费用，客户的边际成本不断下降,体现了规模经济的优势。

二、网络银行产生的主要动因

(一) 信息技术的推动

商业银行是信息密集型的经济组织。信息技术推动了银行业与科技深度融合。1946年2月14日,世界上第一台通用电子数字计算机"埃尼阿克"在美国研制成功,标志着全球进入信息化时代。随着计算机从最初的电子管时代快速发展到20世纪70年代大规模集成电路时代,功耗、体积、价格进一步下降,速度和可靠性不断地提高,软件工程技术此时也开始发展,两者结合后,一些银行开始将其运用在业务数据输入、输出、审核及账务处理中。20世纪80年代,局域网技术开始兴起,推动银行在内部组建局域服务网络,客户可以通过远程计算机个人终端(PC机)用专线连接上银行专用内部网络办理业务。同时,ATM、POS机等金融自动化技术也开始大范围使用,尤其是20世纪90年代,因特网逐渐成熟,银行开始建设专门的网站,面向客户提供金融服务。

(二) 电子商务的兴起

电子商务的各类交易不能离开电子支付,这极大地带动了网络银行的发展。商业银行作为全社会资金运动和交易的中心,也已经成为电子支付的核心。2005年10月,中国人民银行公布《电子支付指引》,将电子支付界定为单位、个人直接或授权他人通过电子终端发出支付指令,实现货币支付与资金转移的行为。电子支付的类型按照电子支付指令发起方式分为网上支付、电话支付、移动支付、销售点终端交易、自动柜员机交易和其他电子支付。我国电子支付从2005年起快速发展,交易规模持续增加,尤其是以第三方支付为代表的新型支付技术在规模和技术上均领先全球。

(三) 客户需求的变化

客户需求是引领商业银行业务发展和转型的重要推动力。当前,随着互联网的飞速发展,尤其是移动互联网的普及,越来越多的客户习惯于在互联网空间进行金融交易。商业银行不向网络银行转型将会失去客户。同时,客户对银行产品和服务的需求已经发生了转变,对金融产品和服务的便捷性、高效性和个性化的要求越来越高,银行与客户的交互方式也迅速变化,客户更偏好非接触式服务。例如,越来越多的客户习惯于在手机等移动终端安装的银行App上办理各种业务,到银行柜台的必要性锐减。

(四) 银行竞争的需要

在互联网时代,向网络银行转型是商业银行面临的必然选择,否则在同业竞争中将面临客户流失和市场份额丧失的风险。相反地,越早在网络银行建设中先发制人的银行往往能够占据市场先机,获得更多客户认可和更大市场份额。以招商银行为例,该行在1995年6月首次推出集多储种、多币种、多功能服务于一身的电子货币卡"一卡通",引领了中国银行业从存折时代迈入银行卡时代。

三、我国网络银行发展的历史演进

(一) 银行电子化阶段(20世纪80年代至1996年)

20世纪80年代初,伴随着全球信息化推行步伐,我国商业银行信息化建设开始起步,并在"微机开路,应用先行"的建设模式下,逐步以计算机处理代替手工操作,以银行基层营业网点为单位,开发了单机版的储蓄、对公系统,从而实现了在存款、贷款和汇款等业务领域的微机单点应用,开启了单机电子化银行的先河。随着银行单机电子化的普及,我国进入电子支付时代,非现金支付工具逐渐取代现金并普及应用。20世纪80年代后期,在单机电子化和银行业务发展的双重推动下,商业银行开始逐步从单机网点向同城网络建设实施战略转移,在加快网点电脑化建设的同时,开始有计划地建设微机同城网络,开发了网络版微机系统,开始了银行业务的网络化处理。随之兴起的银行通存通兑系统就是这一时期的典型代表。20世纪90年代末期,我国储蓄业务逐渐在全国实现通存通兑,对公业务、ATM自助银行也实现了联网运行,我国商业银行逐步建成了以业务、授权和清算三大网络为主体的全国电子化服务网络,实现了汇兑业务从手工联行时代向电子支付结算时代的跨越。之后形成全国电子化服务网络,也为网络银行的发展奠定了技术基础。

(二)银行互联网化阶段(1997年至2013年)

20世纪90年代末期,随着互联网在我国的快速兴起,银行业也开始拥抱互联网。标志性事件就是1997年招商银行推出的"一网通"业务,开启了银行互联网化阶段的先河。随后各大商业银行迅速跟上,中国银行、中国建设银行和中国工商银行等也相继推出了各自的网上银行系统。这标志着我国银行业已经迈入了"水泥+鼠标"的线上线下相融合的全新服务模式。在这一阶段,我国互联网用户规模迅速增长,用户数量从1999年的400万,发展到2012年年底的5.64亿。这直接催生了电子商务的快速发展,也拉动了我国银行电子支付业务的发展。2013年7月2日,招商银行推出国内首家微信银行,将银行业务与微信App的功能融为一体,大大提高了客户的金融服务体验,推动我国银行业进入移动银行新时代。

(三)互联网直销银行阶段(2014年至2015年)

2014年以来,伴随着我国金融监管环境逐渐宽松,一些互联网企业巨头也看到了直销银行的巨大商机,纷纷利用自身的网络优势、客户优势和金融科技优势组建互联网银行。在形态上,互联网银行不设置线下的物理经营网点,普通员工少而科技人员多,以降低营运费用。在经营重点上,主要面向网络客户群体,利用"弱实名制"的监管便利,用影像识别软件比对开户人上传身份证影像和人脸影像、个人预留公安部照片三者一致的做法,来保证客户信息的鉴真性。在风险控制方面,彻底抛弃传统银行的重视抵押物和保证的做法,以大数据和云计算为依托,利用客户的交易信息和行为数据,对客户的信用状况进行评价。我国四家互联网银行基本信息,如表13-1所示。

表13-1 四家互联网银行基本信息　　　　　　　　单位:亿元

项目	微众银行	网商银行	新网银行	苏宁银行
银行全称	深圳前海微众银行	浙江网商银行	四川新网银行	江苏苏宁银行
开业时间	2015年1月	2015年6月	2016年12月	2017年6月
注册地	广东省深圳市	浙江省杭州市	四川省成都市	江苏省南京市

(续表)

项目	微众银行	网商银行	新网银行	苏宁银行
主要股东	腾讯、百业源、立业等	蚂蚁金服、复星、万向等	新希望、小米、红旗连锁等	苏宁云商、日出东方等
主要贷款产品	微粒贷、微业贷	网商贷	好人贷、好商贷	苏宁云贷
总资产（2022年年底）	4 738.62	4 410.89	848.2	1 042.89
净利润（2022年）	89.37	35.38	6.8	10.05

资料来源：Wind数据库，各银行2022年报，国信证券经济研究整理。

(四) 互联网交易型银行阶段(2016年至今)

随着人工智能、大数据等技术在银行业中的应用，一种去中介化和更低成本的交易模式应运而生，这就是互联网交易型银行。互联网交易型银行是通过互联网服务于客户交易的银行。银行在其中不再发挥信用中介职能，而主要作为信息中介，采用完全数字化的方式为个人及企业提供包括投融资、支付结算和风险管理等金融交易服务。成熟的互联网交易型银行具有去信用中介化、交易互联网化、投融资平台化、交易的生态化四大特征。互联网交易型银行生态体系涵盖了银行、交易平台、支付机构、增信机构、投资者、融资者和场景合作方，由五大交易构成：①企业自交易，即由核心企业向价值链上下游提供金融交易服务。②银行投融资平台交易，是指银行作为信息中介提供交易金融服务，打通自有客户的资金与资产。③跨平台交易，即作为信息中介的不同银行客户之间的交易，实现广义的投融资人置换。④债权转让交易，即投资者之间的资产二级转让交易。⑤场外开放平台交易，即将金融交易嵌入交易场景，在更开放的交易生态中实现投融资交易。

从2012年起，国内商业银行向互联网交易化转型的实践方面，广发银行、交通银行和浦发银行等已经开始实践，建立交易型银行的思维和模式逐渐成熟。2013年，交通银行明确提出要由资产持有型向交易型银行转变和从做存量向做流量转变的战略转型思路。2013年，招商银行强化了与平台之间的合作，与广东网金控股股份有限公司合作搭建的"小企业E家"平台，开创了银行的异业联盟模式，在业内起到了巨大的示范效应。还有一些金融机构直接设立交易性的互联网平台来推动转型，如平安控股集团旗下的陆金所资产交易平台和建设银行旗下的善融商务平台等。2016年，招商银行合并原现金管理部与贸易金融部，成立了国内首个交易银行部。未来的互联网交易型银行将逐步向投融资平台和去中介化方式升级，嵌入丰富的多元化应用场景，改变业务组织架构，向综合业务平台升级发展。

第二节 智慧银行

一、智慧银行概述

(一) 智慧银行的概念

智慧银行是传统银行、网络银行的高级阶段，是传统银行在智能化趋势的背景下，以客户为中心,重新审视银行和客户的实际需求,并利用人工智能和大数据等新兴技术实现银行服务方式与业务模式的再造和升级。

智慧银行是指银行充分运用先进互联网技术和信息科技成果,深入挖掘和满足客户需求,能够灵活、快速地为客户提供全方面金融智能服务模式的新型金融业态。这种智能服务模式以交易处理离柜化、业务流程精简化、产品营销协同化和客户体验人性化为目标,注重业务流程优化创新,借助智能设备组合应用,提供以客户自助服务为基础、银行服务人员为协同的新型服务模式。

(二) 智慧银行的特征

1. 高度智能化

高度智能化主要表现在:第一,服务无人化。智慧银行借助人工智能、VR/AR 等各类智能设备提供业务服务,银行营业网点内部实现 5G 网络覆盖,基本均能实现"无人"自助体验。第二,营销智能化。智慧银行的背后是大数据和云计算的支持,能够从客户的场景交易信息中抽象出客户的偏好和交易特点,从而为客户提供更加精细化的服务。第三,风险控制智能化。智慧银行改变了传统的人工为主的风险控制方式,引入大数据主导的新型风险控制体系,风险控制的场景更加多元化和个性化,可以针对不同业务和不同客户群体,实行精准风险管理。同时,智能风控还可以做到实时反欺诈、智能反洗钱以及信贷客户关联关系探查等方面。第四,投顾业务智能化。智慧银行利用云计算等技术,搜集金融市场上所有的金融产品,并根据客户的需求进行有效的整合,为客户提供针对性的、自动化的投资咨询建议。第五,银行管理智能化。智慧银行技术在银行的内部管理中全面运用,实现业务运营集约化、内部管理精细化、流程操作自动化,提高了银行经营效率。

2. 运营科技化

近年来,随着信息技术迭代更新加速、用户使用场景更加多元以及客户需求持续变化,银行已经不满足于传统的科技外包以及与科技公司合作的模式,均不断加大科技投入,并探索设立自己独立的金融科技公司,金融科技化属性日趋明显。根据 IDC 数据显示,2022 年中国银行业 IT 投资规模达到 1 445.67 亿元,与 2021 年度的 1 334.97 亿元相比,增长 8.3%,2026 年预计达到 2 212.76 亿元人民币,年复合增长率为 11.2%。

3. 服务个性化

服务个性化主要体现在:第一,智慧银行能够敏锐地探知到客户的真实感受和潜在需求。第二,智慧银行运用先进技术手段,能够在获取客户个人静态信息和交易动态信息基础上实现精准化"画像",推出"千人千面"智能营销模型,实现客户精准营销。第三,智慧银行可以建立包含所有客户各类信息数据的分布式数据库,满足互联网高频、高并发场景需求。第四,智能风控技术能够有效保护客户信息和财产安全,提高客户的忠诚度。第五,智慧银行能够有效优化银行服务流程,提高服务效率,同时能提供跨时空的、方便快捷的全方位服务,实现敏捷化银行服务。第六,智慧银行能够有效支撑银行打造移动互联网生态场景体系,实现金融服务移动化、线上化、场景化,提高了触客、获客、黏客及活客的能力。

二、智慧银行产生的主要动因

(一) 金融科技的"ABCD"技术的驱动

金融科技的"ABCD"技术,即人工智能(AI)、区块链(Blockchain)、云计算(Cloud Computing)和大数据(Big Data)。这些技术为银行业带来了技术变革及数据收集、处理方式革新的机遇。

人工智能是研究、开发用于模拟、延伸和扩展人的智能的理论、方法、技术及应用系统的一门新的技术科学。其本质是以人类智能相似的方式做出反应的智能机器,该领域的研究包括机器人、语言识别、图像识别、自然语言处理和专家系统等。目前,人工智能技术在商业银行中的应用包括智能客服、智能投顾、智能风控、智能营销和智能反诈等。

区块链本质上是一种特殊的分布式账本技术。分布式账本是由网络节点维护、验证、加密以及审核后的共识记录。区块链是一种实现分布式账本的方法,它在分布式账本的基础上还包含了储存信息的"区块",并通过在原有链条上产生新的区块来验证交易的有效性。基于这种技术架构,区块链以去中心化的方式集体维护一个可信数据库,提供了一种在不可信环境中进行信息与价值传递交换的机制,具有公开透明、安全可靠和开放共识的特点。在金融领域内,区块链技术在加密代币、支付清算、供应链金融、证券和保险等细分领域得到落地应用。例如,在银行业中,基于区块链的跨境支付模式拥有效率更高、成本更低和流动性更强等优势;在供应链金融方面,通过应用区块链赋能的真实数据和有效权利等,银行供应链金融可以将客户延伸到供应链的再上游和再下游,实现一家银行做全链条、一家银行做全国业务的突破。

云计算属于分布式计算的一种方式,是指通过网络"云"将巨大的数据计算处理程序分解成无数个小程序,然后通过多部服务器组成的系统进行处理和分析这些小程序得到结果并返回给用户。云计算服务已经不单单是一种分布式计算,而是分布式计算、效用计算、负载均衡、并行计算、网络存储、热备份冗杂和虚拟化等计算机技术混合演进并跃升的结果。云计算具备资源高效聚合与分享、多方协同的特点,它将能够整合银行产业链各方参与者所拥有的面向最终客户的各类服务资源,包括产品、网点服务和客户账户信息等,为客户提供更加全面、整合和实时的服务信息,解决客户当前面临的信息不对称困境。

大数据是指传统数据处理软件不足以处理的大或复杂的数据集。大数据具有"5V"的特点,即大量(Volume)、高速(Velocity)、多样(Variety)、低价值密度(Value)和真实性(Veracity)。金融行业数据资源丰富,而且业务发展对数据依赖程度高。大数据技术在金融领域的应用起步早、发展快,已经成为金融行业的基础能力。大数据技术能够支持银行进行数据集成、数据存储、数据计算、数据管理和数据分析等。大数据技术在银行最典型的应用就是可以有效提高银行信贷风险评估的精准度和有效性,提升信贷审批的效率。

(二) 基于 Web2.0 的下一代网络银行推动

互联网技术的发展从早期的 Web1.0 的单向简单信息浏览发展到注重用户信息交互和内容生成的 Web2.0 阶段,并催生了基于 Web2.0 的下一代网络银行。随着互联网 Web2.0 的迅速发展,金融市场的变化、竞争对手的压力、客户越来越个性化的需求使得传统的以交易为中心的网络银行已经不能符合银行业务发展的需求。与传统的以银行为中心的网络银行相比,基于Web2.0的下一代网络银行是网上金融超市,是以用户为中心的网上营销平台,为终端用户提供良好的客户体验。在Web2.0技术的催生下,互联网产生了海量的以内容为主的行为数据和以交易为主的动态数据,这为银行收集客户相关大数据信息提供了便利。同时,在银行内部也积累了大量的历史交易数据。这使得智慧银行的产生具备了大数据分析的基本前提。

(三) 银行市场竞争的倒逼

在互联网金融时代,银行市场竞争不仅仅局限在银行业内部,以阿里巴巴、腾讯等为代表的互联网巨头和电商机构也开始大规模介入各类银行业务。同时,这些机构利用自身的技术优势和客户优势,已经逐渐建立起来共生共荣闭环发展的生态圈层体系。例如,蚂蚁金服作为阿里集团旗下提供金融服务的主要机构,其品牌众多,包括支付宝、芝麻信用、蚂蚁聚宝、蚂蚁达克、蚂蚁金融云、网商银行、余额宝、招财宝、蚂蚁花呗、蚂蚁借呗和众安保险共计11个线上品牌。此外,蚂蚁金服旗下还有保险代理公司、商业保理公司、小额贷款公司、融资担保公司、基金销售公司和基金管理公司。蚂蚁金服持有第三方支付、基金管理、基金销售、银行和保险等相关的金融牌照。这些非银行金融机构造成银行客户的脱媒,大量存款资金从银行流失,客户也从传统银行转出。

专栏 13-1

国内智慧银行建设情况分析

中国工商银行:构建"G＋B＋C"数字生态圈。 自2022年推出了"数字工行(D－ICBC)"集团品牌后,中国工商银行致力于加快构建"G＋B＋C"(即政务＋产业＋消费)的数字金融生态圈。截至目前,在G端工行已与全国29个省市开展政务数据合作,深化行内数据与教育、交通和旅游等行业数据的融合应用,推进智慧政务和便民金融服务。在B端推出工银聚融产品,结合客户供应链场景服务需求,提供电子供应链上游采购和下游销售等服务;构建了涵盖信用贷款、抵质押贷款、供应链融资的数字普惠产品体系。在C端,推出"云工行"非接触服务,为广大客户提供随时随地可办理的金融服务;在同业率先完成互联网适老化与无障碍改造,最大限度消除"数字鸿沟"。

中国建设银行:5G＋智能银行,不断优化的金融服务体验。 中国建设银行依托金融云、5G、物联网、AI等创新技术,打造出新概念5G＋智能银行。5G＋智能银行引入了金融太空舱、智能柜员机、仿真机器人、家居银行、共享空间直播和客户成长互动等应用场景,能够提供327个常见快捷金融服务功能,实现手机银行、微信银行与网点的线上线下融合,让金融业务办理过程更加智能化、趣味化。为了保障网络数据安全,建设银行与中国移动联合创新,打造了定制化的"建设银行无线虚拟专网",实现了业务数据加密传输,整网全部使用国产自主可控设备,让金融安全渗透到每一个网络节点,筑牢金融安全生命线,确保客户的每一笔交易都放心安心。

浦发银行:人工智能在信用卡呼叫中心的应用。 浦发银行是首家在呼叫中心推行服务营销一体化模式的银行,该银行充分运用大数据对客户进行深入挖掘,利用人工智能输出精准营销策略。一是搭建数据中心,将行内与客户沟通交流的数据以统一标准录入。二是构建大数据分析平台,将与客户行为、偏好有关的数据由大数据模型重新统一定制标签,结合各类标签生成客户画像。三是搭建智能决策平台,基于人工智能的机器学习技术,结合客户的购买行为、服务行为、消费场景等历史数据分析,由智能机器人自主决策,输出精准服务与营销方案,最终以智能机器人外呼、短信触发等手段触达客户。截至2020年,呼叫中心AI占比达85%以上,替代约800名外呼人员,该技术已广泛应用于客户营销、产品推介、催收、追保和大额核实等场景。

平安银行:阿波罗智能审批平台赋能风控全流程。平安银行智慧风控平台将授信业务风控全流程纳入线上化、数字化管理。通过智慧风控平台,贷前依托评级模型体系开展智能尽调,自动导入信息数据,实现客户经理80%去手工。贷中塑造风险预警模型体系,审批方面采用标准化业务自动审批+非标准化业务辅助人工结合,单笔业务平均审批时长缩短50%。贷后应用限额模型体系,攻克智能预警+智慧贷后,实现贷后管理精细化以及贷后动作自动化。鉴于风控能力稳步提升,2016年以来平安银行不良率大幅下降,从2016年的1.74%下降到2022年的1.05%。拨备覆盖率由2016年的155%提升至2022年的290%,在上市股份行中排名由第八上升至第二。

资料来源:

[1] 张漫游.银行科技转型这十年:从"自主创新"到"科技自立自强"[N].中国经营报,2022年10月8日。

[2] 华泰证券:《金融行业专题报告:科技赋能金融,重构业态模式》,2023年7月11日。

第三节 开放银行

一、开放银行概述

(一) 开放银行的概念

关于开放银行的定义,国内尚未达成一致。在中国互联网金融协会发布的《2019开放银行发展研究报告》中,将开放银行界定为以用户为中心,以API、SDK等技术实现方式为特点,通过双向开放的形式深化银行与第三方机构的业务连接与合作的新型银行业态。这种业态将金融服务能力与客户的生活、生产场景相融合,提升金融资源优化配置和服务效率,实现多方合作共赢。API是开放应用程序编程接口(Application Programming Interface)的简称,是一组定义、程序及协议的集合,通过API接口实现计算机软件之间的相互通信。SDK是软件开发工具包(Software Development Kit)的简称,一般都是一些软件工程师为特定的软件包、软件框架、硬件平台和操作系统等建立应用软件时的开发工具的集合。开放银行的基本框架,如图13-1所示。

(二) 开放银行的形态

根据发展程度,开放银行可分为三种形态,分别是银行即服务、开放账户信息和共享收益平台。开放银行的初级形态是银行即服务,是指银行通过API、SDK等技术把银行产品和服务打包,无缝衔接到合作方平台和场景中,提供更加高效的服务。开放账户信息是指银行向其他银行和合作方开放银行账户信息,实现客户的共享。共享收益平台是开放银行的高

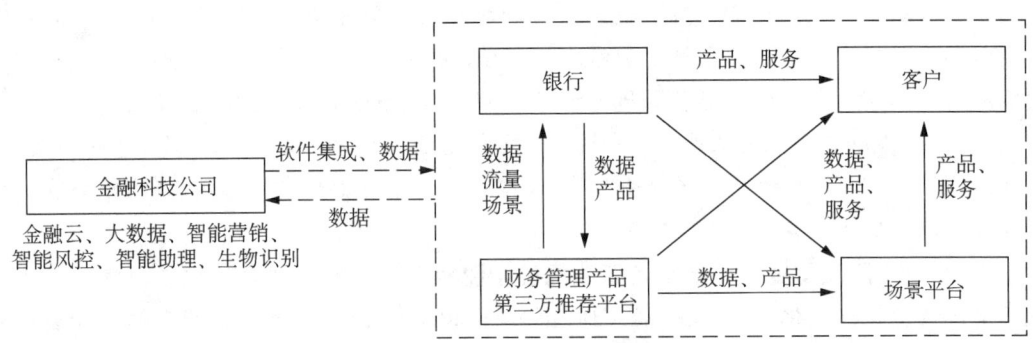

图 13-1　开放银行的基本框架

资料来源：亿欧智库。

级形态，是指银行与各个合作方共同建立互惠互利的生态服务体系，充分发挥网络效应和范围经营效应，共享合作收益。

（三）开放银行的特征

1. 开放化

开放银行通过 API 或者 SDK 技术开放了银行的客户账户数据和产品及服务的信息后，这些数据和信息可以被第三方平台和其他合作机构获得，有利于进行重新搭配组合，丰富平台的场景内容。开放银行摆脱了服务的地域限制和时间限制，实现产品销售和服务的 24 小时不断线，直接通过网络在线购买产品和服务，实现了全球范围内的金融服务广覆盖。开放银行延长了银行服务时间范围，免去了客户奔波到物理网点的麻烦，使得客户服务获取时间能够更加机动，有利于吸引并留住互联网客群，增强用户黏性，提高客户活跃度。

2. 场景化

以支付宝、微信为代表的场景平台，构建了包括社交、消费、出行、娱乐、旅行和教育等在内的丰富多彩生活场景，吸引并留存线上用户，获得了巨大的流量。相比之下，银行的自身场景应用较少，日活跃用户较低。但是，一旦银行通过 API 或者 SDK 技术接入这些第三方场景平台后，就可以共享场景，并通过提供支付、查询、缴费、贷款、理财和信用卡还款等服务，有机地融入不同场景中，大大拓展了银行产品应用的场景。

3. 平台化

开放银行不是单一技术或业务解决方案，而是一种平台生态的新服务模式，是银行业在数字化转型的新阶段。银行可以通过 API 或 SDK 等技术，以平台化的开放思维，建设自己的开放平台，也可以把银行服务嵌入该行之外的第三方平台。用户通过第三方平台能够无缝使用银行产品和服务，扩大银行和第三方平台服务范围，同时用户体验得到优化，拓宽银行服务边界，实现银行服务升级并创造新的价值。

4. 生态化

开放银行的创新在于，其不是提供独立的服务，而是基于金融科技，形成以商业银行为中心的开放生态系统，实现银行、场景、客户的无缝连接，实现与其他银行业金融机构、金融科技公司和行业企业等合作伙伴共享信息和服务，共同构建开放的泛银行生态系统。这个生态化的系统共有两种形式：一种是银行自建生态系统。银行利用与客户之间的资金循环，基于客户的消费和生产场景,构建相对封闭的价值链条;另一种是银行对接已经成熟的第三方平台,利用其已有的生态系统,将各类银行产品和服务融入其中,建立起优势互补、分工协作和合纵互联的生态网络。

5. 普惠性

开放银行的产品具有门槛低、利率高、覆盖广和选择多的特点。这与普惠金融的理念相匹配。由于开放银行通过互联网和金融科技大幅降低了银行服务的进入门槛,使得大众能够更广泛地获取专业的银行产品和服务。以银行财富管理服务为例,在传统银行模式下,一般的服务起点在1万元资金以上,而在开放银行中,这个起点已经降到了1分钱。银行不再只关注所谓的高净值资产客户,改变了一直奉行的"二八"经营原则,使得原来难以进入财富管理领域的低净值的"长尾"客户也享受到了同样的服务。

二、开放银行产生的主要动因

(一) 客户需求的变化

客户的期望不断提高、需求越来越多样化和个性化,要求随时随地都能享受到银行全面、直观和无缝隙的体验。近年来,互联网和移动设备的普及改变了大众的消费习惯,数字化成为各行业趋势。这些需求在银行的新客户群体体现得更为明显。新客户年龄的下降与银行互联网化关系密切,互联网场景能够吸引年轻客户的关注。

(二) 银行业外部竞争的加剧

2013年以来,我国互联网金融蓬勃发展。余额宝、P2P网络借贷平台和众筹等互联网金融模式迅速成长。这些银行业之外的竞争对手给银行的经营造成了极大威胁,造成银行在负债端和资产端都面临客户流失、存款下降和贷款降低的"脱媒"局面。此外,长期以来,我国银行业务开展依赖于自有场景的构建,以线下网点作为主要服务提供渠道,被动地服务存量客户,没有从根本上解决新客获取难题,而开放银行却使得银行可以借助外部多元化场景,扩大银行客群的覆盖范围,提高客户的活跃度,解决银行流量增加乏力的困境。

(三) API 经济模式的推动

API经济是基于应用程序编程接口技术所产生的经济活动的总和。API经济是信息网络化时代产生的一种崭新的经济现象。API作为不同生态成员之间的连接器,在构建生态黏性、缩短生态距离和拓展生态边界等方面发挥重要作用,成为数字生态银行转型的重要抓手。

对于商业银行而言,运用API技术有以下好处:第一,运用此技术,不用修改银行的核心业务系统,保证银行业务连续性和安全性的同时又能增强数据的共享性和拓展性。第二,可以实现分层管理,有助于银行可以控制开放的范围,确保数据安全。

(四) 监管层的政策支持

开放银行是我国"互联网+"战略在银行业的体现。2015年7月,国务院发布的《关于积极推进"互联网+"行动的指导意见》,明确指出金融业是"互联网+"应用的关键领域之一,鼓励各金融机构利用云计算、移动互联网和大数据等技术手段,加快金融产品和服务创新。2016年7月,中国银监会发布的《中国银行业信息科技"十三五"发展规划监管指导意见（征求意见稿）》，鼓励银行建立互联网金融技术平台，在保障安全和合规的基础上逐步开放互联网金融服务接口，并支持银行与其他机构开展跨界合作，积极拓展金融跨境、跨领域和跨行业服务能力，构建互联网金融生态圈，形成联合竞争优势。2019 年 8 月，国务院办公厅发布的《关于促进平台经济规范健康发展的指导意见》，鼓励银行业金融机构基于互联网和大数据等技术手段为平台经济发展提供支持。2019 年 9 月，中国人民银行发布的《金融科技发展规划（2019—2021 年）》，支持金融机构借助 API、SDK 等手段深化跨界合作，将金融业务整合解构和模块封装，支持合作方在不同应用场景中自行组合与应用，借助各行业优质渠道资源打造新型商业范式，实现资源最大化利用，构建开放、合作和共赢的金融服务生态体系。2022 年 4 月，中国人民银行发布的《金融科技发展规划（2022—2025 年）》，持续推进移动金融客户端应用软件（App）、应用程序接口（API）等数字渠道迭代升级。

三、开放银行的建设模式

（一）自建模式

商业银行资助搭建开放平台，自主构建各种场景，开发技术接口，向合作机构输出创新能力，赋能开放银行生态圈。这种模式适合大型银行，自身的数据资源和技术优势强大，但是建设周期较长，风险也较大。

（二）合作共建模式

商业银行与金融科技公司共同合作，利用金融科技公司开发的产品或者服务，组建合作项目组，联合设立实验室，共同推进开放银行生态网络建设，以达到开放共赢的效果。根据各家银行公布的信息，百度公司与中国农业银行和浦发银行、腾讯公司与中国建设银行和华夏银行等均建立了联合实验室，推进双方的合作。这种模式多数以中小银行为代表。

（三）投资模式

商业银行通过股权投资和兼并收购的方式投资金融科技公司，开发开放银行技术和平台。

（四）联盟模式

一般是大型银行与中小银行或者是中小银行之间建立的联盟性组织，吸收金融科技公司等合作方，共同进行数据交换和技术开发，完善合作平台。这种模式下，中小银行往往自身难以开发金融生态系统平台，多数是依靠大型商业银行的开放生态系统平台进行联合改造，合作探索创新开放生态平台。

四、开放银行的国内外实践

（一）欧美银行业开放银行的实践

开放银行最早出现在欧美。2004 年，PayPal 公司首次推出 PayPal API。这被视为全球金融领域服务开放的先声。银行可以通过 API 接入 PayPal 平台为客户提供服务，实现了金融服务嵌入生活场景，客户无须到银行实体物理网点就可以享受到无处不在的服务。这被视为是银行开放服务的革命性创新。2007 年，欧洲议会和欧盟理事会通过《欧洲支付服务法案》（简称 PSD），目的是建立统一的欧洲支付市场。2013 年 1 月，欧盟委员会对该方案进一步修订,发布支付服务命令方案 PSD2,成为欧盟开放银行的立法基础。2013 年 6 月,英国竞争和市场服务局在欧盟之后推出开放银行计划。同年 8 月,英国财政部牵头成立开放银行工作组,研究开放银行的框架和标准。2016 年 1 月,在欧盟的 PSD2 正式生效不久,英国在 2016 年 3 月率先发布了《开放银行标准》。2018 年 1 月,英国竞争和市场管理局要求汇丰银行等 9 家机构开放数据共享。至此,英国成为全球第一个开放银行落地实施的国家。

开放银行在欧美主要有两种不同形态。一种是大型商业银行自主搭建开放平台,对接外部生态圈。其典型代表有西班牙对外银行和美国花旗银行等。另一种是中小银行与其他机构合作,通过开发 API 接口,融入第三方平台的生态圈,实现资源的共享。其典型代表是德国的 Fidor Bank。

1. 西班牙对外银行

西班牙对外银行成立于 1857 年,是一家全球性金融集团,目前在 35 个国家有业务分布。2015 年,西班牙对外银行确定了数字型发展战略,提出建立 21 世纪全球最佳数字银行的目标,在数字销售、客户体验、分销网络、数字能力、基础设施、组织和文化等维度进行业务的转型。开放银行就是其数字化战略的重要组成部分。2016 年 2 月,西班牙对外银行宣布上线 API 开放平台,从集中式业务模式转向协作式模式转变,为互联网金融创业公司、个人开发者提供关键数据支持和 API 接口调用权限。最初开放的接口包括支付、授权、账户和银行卡等四类接口。2017 年 5 月,西班牙对外银行正式推出 API Market,进一步开放了 8 个大类的接口。任何用户均可以在金融沙盒环境内免费调用,并进行数据和服务的深度开发,完成监管沙盒测试,与西班牙对外银行达成合作意向后,投放市场。截至 2019 年上半年,西班牙对外银行已经在西班牙、墨西哥和美国等国家共计开放 12 类 API 接口,已经成为欧洲开放银行的领导者。

2. 德国 Fidor Bank

德国 Fidor Bank 成立于 2009 年,是一家纯在线银行,主要特色是发展社群金融,将银行业务与社交群体联系起来,在线上与客户交流金融信息和讨论金融话题,了解客户的金融需求,改进客户的用户体验。除此之外,该银行通过开放 API 的方式,向企业和其他金融机构提供支付、线上社区运营等服务。在线上贷款创新方面,该银行甚至可以将 Facebook 上粉丝的"点赞"数量作为存贷款业务利率定价的参考,每多获得 2 000 个赞,客户的储蓄存款年利率就会提高 1 个百分点,贷款年利率就会减少 1 个百分点,直到两者分别达到上限和下限。

(二)我国银行业开放银行的实践

虽然开放银行的立法欧美走在全球前列,但实际上开放银行的实践,中国并未落后。2003 年 10 月,淘宝平台推出支付宝,我国各家银行陆续开放 API 接口支持本行客户通过支付宝进行支付,催生了我国移动支付业务的快速发展。2013 年,中国银行正式发布中银开放平台,同时开放了 1 600 个接口,涉及网点查询、汇率牌价查询、移动支付和跨国金融等。2018 年以来,浦发银行明确推出建设 API 银行战略,之后各家银行开始快速跟进。2018 年被称为我国开放银行的发展元年。

1. 中国工商银行的生态开放银行

2018 年 4 月,中国工商银行推出互联网金融服务平台,提供账户管理、资金结算和投资理财等 9 大类 34 种业务的标准化封装输出,合作业务涵盖了政府民生、高校、交通出行、汽车交易和餐饮零售等领域。实际上,这也是该行的开放化转型的体现,目标是向客户提供数字化、智能化和开放化的金融服务,构建开放的智慧银行生态系统。一是将业务架构由内部延展至外部机构,搭建跨界生态平台,形成"全覆盖、全渠道、全领域"的全新生态业务架构。二是打造"核心业务＋开放生态平台"双核心的 IT 架构,建设开源、自主可控的科技生态系统,强化开放业务、场景建设和价值链的对外延伸支撑能力。三是形成"自有平台＋开放平台"融合共生的建设模式,以自有的"三融"平台为开放基石,以 API 开放平台、金融生态云平台为跨界抓手,探索良性互动、优势互补和共赢发展的新生态。

2. 浦发银行的无界开放银行

2018 年 7 月,浦发银行推出 API 无界开放银行平台,将业务与技术、开放与生态、能力与场景形成有机统一体,发布了 37 类超过 300 个服务品种类型,以开放、共享、高效、直达为特征的 API 开放平台为媒介,提供账户类、支付结算类和产品销售等基本金融产品为主和订单管理、权益兑换等增值金融产品为辅的产品体系,涵盖了零售电商和跨境电灯多个场景,与银联、京东、携程和万科等近 130 家合作机构的应用进行对接,将服务能力和创新业务进行输出,形成金融服务无界延伸的新生态系统。

第四节　物联网银行

一、物联网银行概述

(一)物联网银行的概念

广义上,物联网银行是指通过将物联网思维和技术植入传统商业银行中的所有活动的总称。狭义上,物联网银行是指银行业金融机构充分利用物联网思维和技术,有机整合各类场景等经济活动中的信息流、资金流和物流,为客户提供存、贷、汇等金融服务的新型智慧金融组织模式。

(二)物联网银行的特征

1. 智能化

物联网银行通过利用各种信息传感设备和智能计算技术,对用户海量的感知数据和信息进行大数据分析,并进行云计算等处理,实现银行的智能化信贷决策和风险控制,塑造新服务、新产品和新业务模式。

2. 精细化

物联网银行利用射频识别、二维码、传感器等感知、捕获、测量技术随时随地对生产场景和生活场景进行信息采集和获取,对客户的金融需求能够通过真实场景进行无缝精准嵌入,通过精准的用户画像与借款场景,以用户资质、还款能力、还款表现、行为习惯等多维度信息综合判断用户真实金融需求,向客户提供千人千面的个性定制化服务。

3. 普惠化

传统经营模式下,银行信息获取的滞后性明显,且偏重于固定资产的抵押担保,对固定资产偏弱的中小微民营企业的金融服务覆盖率较低。针对中小微企业可抵押固定资产偏少和存货动产丰富等特征,物联网银行可实现对这些企业的真实生产场景进行全流程、多维度和穿透式信息感知,最大限度地降低双方的信息不对称程度,有效缓解中小微企业融资难、融资贵问题。

二、物联网银行产生的主要动因

(一)物联网技术的发展

物联网让万物通过网络连接在一起,形成物物相联、人物互联和人人互联的"人、物、网"三维立体网络空间。物联网具有的重要特征为:第一,全面感知性,即利用射频识别装置、传感器和二维码等随时随地获取物体的信息。第二,可靠传递性,即通过各种电信网络与互联网的融合,将物体的信息实时准确地传递出去。第三,智能处理,即利用云计算、模糊识别等各种智能计算技术,对海量的数据和信息进行分析和处理,对物体实施智能化的控制。

(二)客户的需求发生变化

第一,对信息资源要求量更大,信息传递的时效性更强,更加强调互动性。第二,群落特征更加明显,更加相信群体的判断。第三,渴望与外界联系,尤其是社交媒体沟通,更倾向于获得个性化的建议,期望定制化的服务。第四,对技术的使用体验感更强,期望的满意度更高。在这种客户需求引导下,银行也需要改变自身的角色,利用物联网技术进行转型,成为个性化咨询服务的提供者、价值聚合的枢纽以及综合化和便利化服务的接入者。

(三)有效缓解信息不对称

物联网技术能够帮助银行在收集信息时,通过物联网思维和技术对客户的生产场景、生活场景等信息实现动态实时获取,拓宽信息收集内容,降低信息收集成本,提高信息收集效率,最大限度地缓解了银行与客户之间的信息不对称程度,降低交易中的风险。

三、物联网银行的典型应用场景

(一)支付服务方面

银行可通过智能设备,如智能手机、智能家居等,将银行服务延伸并无缝融入消费者的日常生活,为客户打造随时、随地、随心的智能服务和无感支付。例如,基于内置无线射频或NFC(近场通信)模块的智能穿戴设备,可为个人客户提供便捷的近场支付功能;停车场摄像头识别车辆车牌并关联银行账户实现停车缴费,为客户提供了顺畅、便捷的支付体验。

(二)普惠金融方面

在小微企业融资方面,银行可运用物联网实时掌握其授信企业的采购渠道、原料库存、生产过程、成品积压、销售情况以及用户的使用情况,可按需贷款、按进度放款,物联网还可帮助银行开展贷前调查、贷中管理、贷后预警,预防欺诈违约案件。在动产质押融资方面,物联网的传感、导航和定位等技术将使物流环节(尤其是仓储和货运环节)变得可视化,银行可从时间、空间和物理状态量等维度全面感知和监控质押动产的存续状态和变化,以提高风控精细化水平。服务"三农"方面,物联网传感器可及时获取农作物真实的生长环境和长势,使银行有条件自动化预测产量和预期收益,为农户提供合适的贷款服务,或面向农户提供辅助农业种植的增值服务,促进农户生产效率提升,实现银行和客户的双赢。

思政案例

中原银行打造供应链平台,支持小微企业发展

一、思政目标

本案例紧紧围绕以金融科技创新为核心的科技报国教育展开,重点让学生理解金融科技创新在商业银行经营中的重要性,感悟如何以科技助推金融服务提质增效,从而促进实体经济发展,强化学生对金融科技的认识,培养学生创新思维,提高学生对金融科技的认识水平。

二、案例内容

中原银行自2014年成立以来,高度重视金融科技建设,持续加强科技基础设施与数字化能力建设,努力提升数字化应用水平,赋能业务发展。为落实河南省委、省政府"十大战略"中关于实施数字化转型战略的安排部署,中原银行积极打造特色供应链平台,为产业链上核心企业提供针对性的解决方案。截至2023年8月,平台入驻上下游企业1232家,实现融资量84亿元。

(一)打造供应链平台,金融服务提质升级

为助力企业数字化转型,构建企业现代化运营管理模式,中原银行积极探索供应链金融新模式,于2021年正式启动新代供应链平台开发建设。作为供应链平台的明星产品,"原e链"是中原银行基于对核心企业的投信,借助大数据、区块链、人工智能等科技,通过企业网银、银企直联、中原银行供应链金融系统以及第三方金融科技平台,交互业务信息、单据和凭证,受让供应商的应收账款,为核心企业的上游供应商提供线上化反向保理的金融服务。

(二)资金"快"服务"实",全力支持小微企业

核心企业的上下游客户中不乏中小微企业,这些企业大多处于产业链末端,由于不能提供足额抵质押担保,加之风险承受能力不强,取得融资支持较为困难。中原银行推出的"原e链"产品,由供应商直接占用核心企业的授信额度,在该行申请反向保理融资,无需供应商担保抵押,解决了中小微企业融资难的问题;供应商享受国家对中小微企业的金融支持政策,融资成本约为市场常规利率的50%,解决了中小微企业融资贵的问题。

"原e链"产品有区块链技术加持,信用穿透化共享,可以反欺诈、防篡改;大数据技术深度介入,底层资产交叉验证、多重验真;人工智能驱动业务流程,图文识别与中征自动查询登记;移动端数据采集与分析,5G技术应用其中;债权可拆分转让,让债权资产流动起来,实现产业链资金良性融通。科技水平的提升促进了金融服务模式的变革,使金融科技充分发挥服务实体经济的优势。

(三)值得推广的主要经验

中原银行基于区块链技术搭建的供应链平台,依托核心企业的增信,通过反向保理融资,使许多原本从银行贷款困难的上下游中小企业也能拿到低成本的资金,解决了这部分小企业融资难、融资贵的问题。同时,对于核心企业来说,也增强了与供应链上下游企业之间的合作粘度,实现了双赢。

三、思考题

1. 金融科技创新给商业银行经营带来了哪些机遇和挑战？
2. 商业银行如何防范金融科技创新带来的风险？

资料来源：

大河财立方.中原银行加快推进数字化转型,全力打造供应链平台,提升金融服务水平[EB/OL]. https://baijiahao.baidu.com/s?id=1775470498735039887&wfr=spider&for=pc.2023年8月28日.

本章小结

1. 网络银行是指商业银行利用计算机局域网络、无线和有线通信网络、互联网等现代信息技术向客户提供各类金融产品和服务活动的新型金融业态。它具体包括自助银行、电话银行、移动银行、互联网银行和直销银行等不同形态。

2. 智慧银行是指银行充分运用先进互联网技术和信息科技成果,深入挖掘和满足客户需求,能够灵活快速地为客户提供全方面金融智能服务模式的新型金融业态。智慧银行具有高度智能化、运营科技化和服务个性化的特征。

3. 开放银行是以用户为中心,以API、SDK等技术实现方式为特点,通过双向开放的形式深化银行与第三方机构的业务连接与合作的新型银行业态。开放银行具有开放化、场景化、平台化、生态化和普惠性的特征。

4. 物联网银行是通过将物联网思维和技术植入传统商业银行中的所有活动的总称。物联网银行具有智能化、精细化和普惠化的特征。目前,物联网技术主要应用于商业银行支付结算以及普惠金融业务等方面。

本章思维导图

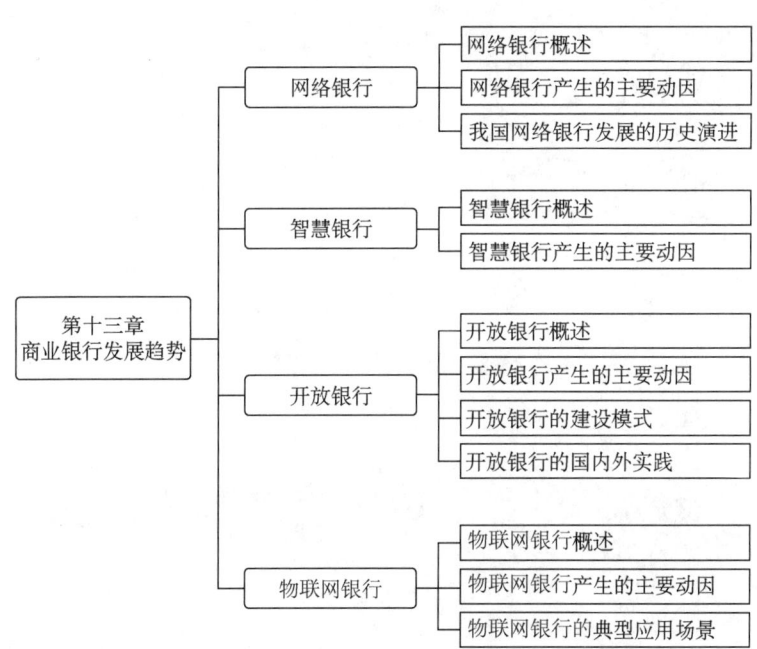

图 13-2　思维导图

思 考 题

1. 推动银行业务和经营业态创新发展的动力是什么?
2. 如何理解网络银行和传统银行的关系?
3. 金融科技的"ABCD"技术分别是什么?如何推动银行智慧化经营?
4. 开放银行的风险有哪些?如何有效控制?
5. 未来物联网银行的应用场景如何开拓?

本章涉及的主要法律法规

《电子银行业务管理办法》
《区块链信息服务管理规定》

参 考 文 献

[1] 戴国强.商业银行经营学(第六版)[M].北京:高等教育出版社,2022.
[2] 张桥云.商业银行经营管理[M].北京:机械工业出版社,2022.
[3] 庄毓敏.商业银行业务与经营(第六版)[M].北京:中国人民大学出版社,2022.
[4] 胡继晔.金融监管[M].北京:高等教育出版社,2023.
[5] 张丽华.商业银行经营学[M].济南:山东人民出版社,2014.
[6] 王向荣.商业银行经营管理(第三版)[M].上海:格致出版社,上海人民出版社,2024.
[7] 王良,薛斐.商业银行资产负债管理实践[M].北京:中信出版集团,2023.
[8] 陆静.商业银行经营管理[M].北京:清华大学出版社,北京交通大学出版社,2011.
[9] 高绪阳,谭博仁.中国商业银行内部资金转移定价的理论与实践[M].北京:经济管理出版社,2019.
[10] 彼得 S.罗斯.商业银行管理(第9版)[M].刘园,译.北京:机械工业出版社,2018.
[11] 王小燕,阮坚.银行资金转移定价原理、实验与案例[M].北京:清华大学出版社,2022.
[12] 刘宏海.商业银行经济资本管理与价值创造[M].北京:中国金融出版社,2019.
[13] 刘肖原,范淑芳.商业银行经营与管理(第二版)[M].北京:中国人民大学出版社,2014.
[14] 中国银行业协会银行业专业人员职业资格考试办公室.银行管理[M].北京:中国金融出版社,2023.
[15] 中国银行业协会银行业专业人员职业资格考试办公室.风险管理[M].北京:中国金融出版社,2023.
[16] 中国银行业协会银行业专业人员职业资格考试办公室.银行业法律法规与综合能力[M].北京:中国金融出版社,2023.
[17] 中国银行业协会银行业专业人员职业资格考试办公室.公司信贷[M].北京:中国金融出版社,2020.
[18] 中国银行业协会银行业专业人员职业资格考试办公室.个人贷款[M].北京:中国金融出版社,2021.
[19] 中国银行业协会银行业专业人员职业资格考试办公室.个人理财(第2版)[M].北京:中国财富出版社有限公司,2022.
[20] 戴国强.商业银行经营学(第五版)[M].北京:高等教育出版社,2018.
[21] 庄毓敏.商业银行业务与经营(第五版)[M].北京:中国人民大学出版社,2019.
[22] 彭建刚.商业银行管理(第六版)[M].北京:中国金融出版社,2023.
[23] 鲍静海,马丽华.商业银行经营与管理(第二版)[M].北京:高等教育出版社,2018.
[24] 王向荣.商业银行经营管理[M].上海:格致出版社,上海人民出版社,2015.
[25] 胡修,金发奇,杨大光.商业银行经营与管理[M].武汉:武汉大学出版社,2015.
[26] 李成.商业银行经营学[M].西安:西安交通大学出版社,2016.
[27] 杨米沙.金融营销[M].北京:中国人民大学出版社,2014.
[28] 赵占波.金融营销学[M].北京:北京大学出版社,2014.
[29] 陆剑清,黄溥君笑.金融营销学精讲[M].大连:东北财经大学出版社,2017.
[30] 周浩明,肖紫琼,龚治国.商业银行经营与管理[M].上海:上海交通大学出版社,2014.
[31] 蔡则祥,曹源芳.商业银行业务经营与管理[M].北京:高等教育出版社,2019.
[32] 朱淑珍.金融风险管理[M].北京:北京大学出版社,2019.
[33] 陆静.商业银行经营管理[M].北京:清华大学出版社,北京交通大学出版社,2011.

[34] 约翰·赫尔.风险管理与金融机构[M].北京:机械工业出版社,2018.

[35] 刘肖原,范淑芳.商业银行经营与管理(第二版)[M].北京:中国人民大学出版社,2014.

[36] 王周伟.风险管理(第2版)[M].北京:机械工业出版社,2017.

[37] 王周伟.风险管理计算与分析:软件实现[M].北京:机械工业出版社,2016.

[38] 李伟民.金融大辞典[M].哈尔滨:黑龙江人民出版社,2002.

[39] 宋玮.商业银行管理[M].北京:清华大学出版社,2012.

[40] 史建平.商业银行管理[M].北京:北京大学出版社,2011.

[41] 蔡鸣龙.商业银行信贷管理(第二版)[M].厦门:厦门大学出版社,2016.

[42] 张丽华.商业银行经营学[M].济南:山东人民出版社,2014.

[43] 张素琴.商业银行经营管理[M].北京:中国农业大学出版社,2004.

[44] 唐士奇.现代商业银行经营管理原理与实务[M].北京:中国人民大学出版社,2019.

[45] 王梅.商业银行业务与经营[M].北京:中国金融出版社,2014.

[46] 中国银行业协会.中国贸易金融行业发展报告(2022—2023)[R].北京:中国银行协会贸易金融专业委员会2023年全体会员大会,2023.

[47] 罗丽媛.2022年民营银行年报分析[J].银行家,2023(6):34-41.

[48] 邓伟,宋清华,杨名.经济政策不确定性与商业银行资产避险[J].经济学季刊,2022(1):217-236.

[49] 王妙香.市场回暖 交付提速:全球通用飞机市场回顾与展望[J].大飞机,2023(7):8-12.

[50] 张骏逸.商业银行资产负债全景管理探析[J].金融纵横,2021(07):60-66.

[51] 彭家文.探索价值引领的高质量商业银行资产负债管理体系[J].中国银行业,2023(5):48-50,57,6.

[52] 何佳,杨静,王馥君,赵静,刘帅.商业银行内部资金转移定价研究[J].华北金融,2019(7):34-43.

[53] 蒋露.银行理财监管的演进逻辑与未来方向研究:由定性之争迈向信义标准.金融监管研究[J].2023(4):97-114.

[54] 周学东.中小银行金融风险主要源于公司治理失灵:从接管包商银行看中小银行公司治理的关键[J].中国金融,2020(15):19-21.

[55] 张骏逸.商业银行资产负债全景管理探析[J].金融纵横,2021(7):60-66.

[56] 谢晓雪.硅谷银行破产事件对商业银行的启示[J].中国金融,2023(7):34-35.

[57] 中国人民银行研究局课题组,周学东.美国中小银行危机与储贷危机的比较分析[J].中国金融,2023(18):73-76.

[58] 民生证券.2022年银行业研究手册 银行自营投资分析.[EB/OL].https://www.vzkoo.com/read/2022101097f5bdb33da94326a7987a6c.html.

[59] 银行业理财登记托管中心.中国银行业理财市场半年报告(2023年上).

[60] 任泽平,方思元,杨薛融.包商银行事件:成因、影响及展望[EB/OL].搜狐网.https://www.sohu.com/a/321146284_467568.2019年6月17日.

[61] 方正证券研究所证券研究报告.银行理财净值化转型进展如何?[R].2018年10月.

[62] 华泰证券研究所证券研究报告.资管新生态,重塑新格局:资管新规时代各类资管机构的未来展望[R].2019年12月.

[63] 光大证券研究所证券研究报告.解码同业业务的兴衰更替——同业业务风险研究[R].2019年12月.

[64] 兴业证券研究所证券研究报告.同业业务放缓表外业务重塑[R].2017年8月.

[65] 亿欧智库.2019开放银行与金融科技发展研究报告[R].2019年6月.

[66] 韦玲艳.2019中国开放银行发展专题分析(案例篇)[R].易观智库,2019年11月.

[67] 亿欧智库.2019银行业财富管理研究报告:开放银行时代的银行财富管理新思路[R].2019年12月.

[68] 陆岷峰,汪祖刚.关于"物联网＋银行"发展战略的研究[J].当代经济管理,2017,39(12):76-82.

[69] 陆岷峰.打造具有物联网基因的现代化商业银行[N].金融时报,2017-09-04.

[70] 吴朝平.API开放银行:金融科技背景下商业银行转型升级的重要方向[J].金融理论与实践,2020(1):67-72.

[71] 费方域,许永国.开放银行是上海金融科技中心建设的关键[J].新金融,2019(6):19-24.

[72] 王卫东.传统银行向智慧银行的转变[J].中国金融,2015(18):79-80.

[73] 王卫东,黄晟,甘绮翠,邱琪铮,崔澈.智慧的银行:推动中国银行业转型与创新[R].IBM商业价值研究院,2009:4-5.

[74] 尹龙.网络银行与电子货币:网络金融理论初探[D].成都:西南财经大学,2002.

[75] 丘永萍.银行的演进:中国网络银行发展三十年[J].互联网经济,2017(4):90-95.

[76] 中国民生银行,中国金融认证中心.中国直销银行白皮书[R].2018年1月.

[77] 林玥.我国直销银行运营模式比较及选择研究[D].上海:上海社会科学院,2019.

[78] 宁小军.互联网交易型银行:未来金融交易变革的趋势[J].银行家,2016(8):113-115.

[79] 宁小军.中国互联网交易型银行的发展之路:探究国内传统银行的转型尝试[J].银行家,2016(9):118-119.

[80] 罗兰贝格分析.互联网交易型银行发展三个阶段[OL].中国经济网,2016-10-19.

[81] 前瞻产业研究院.中国智慧银行深度调研与投资战略规划分析报告[R].2017年5月.

[82] 中国信通院,腾讯研究院.金融区块链研究报告[R].2018年7月.

[83] 中国信息通信研究院.中国金融科技前沿技术发展趋势及应用场景研究[R].2018年1月.

[84] 许子明,田杨锋.云计算的发展历史及其应用[J].信息记录材料,2018,19(8):66-67.

[85] 新零售金融智库.云计算到底能为银行的业务带来什么?[R].2018年1月.

[86] 埃森哲咨询公司.物联网银行[R].2014.

[87] 邵平.物联网金融与银行发展[J].中国金融,2015(18):16-18.

[88] 方正证券研究所证券研究报告.表外资产并非荒蛮之地:兼论表外不良率和一个悖论[R].2018年9月.

[89] 普益标准.银行理财能力排行报告[EB/OL].https://www.pystandard.com/newsview.aspx?t=17&ContentId=13280&page=1.

[90] 信银理财.https://www.citic_wealth.com.

[91] 南财理财通.2023年上半年银行理财产品实际运作报告[EB/OL].https://gym.sfccn.com.

[92] 陆宇航.银行理财子公司有望引领市场[N].金融时报,2022-08-09(006).

[93] 李志辉.商业银行管理学(第四版)[M].北京:中国金融出版社,2022.

[94] 光大证券固收研究报告.优先股深度分析[R].2023年5月.

[95] 光大证券固收研究报告.关注银行优先股及其投资机会[R].2022年11月.

[96] 中金固定收益研究报告.关注银行优先股的配置价值[R].2023年2月.

[97] 新华社.国务院决定支持商业银行多渠道补充资本金[EB/OL].2019-2-11,http://www.gov.cn/zhengce/2019-02/11/content_5364866.htm.

[98] 中国人民银行.建设覆盖全社会的征信体系[EB/OL].http://www.pbc.gov.cn/redianzhuanti/118742/4657542/4677461/index.html.

[99] 《应收账款质押登记办法》(2019年修订版).

[100] 中国人民银行.关于构建绿色金融体系的指导意见[R].2016年8月.

[101] 中国新闻网.报告:中国已成为全球最大绿色信贷市场[R].2023年10月.